SOBRE
CARREGADOS

BRIGID SCHULTE

SOBRE CARREGADOS

TRABALHO, AMOR E LAZER QUANDO NINGUÉM TEM TEMPO

Tradução
Edite Siegert

SÃO PAULO, 2017

Sobrecarregados: trabalho, amor e lazer quando ninguém tem tempo
Overwhelmed: work, love, and play when no one has the time
Copyright © 2014 by Brigid Schulte

Copyright © 2017 by Novo Século Editora Ltda.

COORDENAÇÃO EDITORIAL
Vitor Donofrio

EDITORIAL
Giovanna Petrólio
João Paulo Putini
Nair Ferraz
Rebeca Lacerda

GERENTE DE AQUISIÇÕES
Renata de Mello do Vale

ASSISTENTE DE AQUISIÇÕES
Acácio Alves

TRADUÇÃO
Edite Siegert

PREPARAÇÃO
Tássia Carvalho

DIAGRAMAÇÃO
João Paulo Putini

REVISÃO
Gabriel Patez

CAPA
Dimitry Uziel

Texto de acordo com as normas do Novo Acordo Ortográfico da Língua Portuguesa (1990), em vigor desde 1º de janeiro de 2009.

Dados Internacionais de Catalogação na Publicação (CIP)
(Câmara Brasileira do Livro, SP, Brasil)

Schulte, Brigid
Sobrecarregados: trabalho, amor e lazer quando ninguém tem tempo
Brigid Schulte ; tradução Edite Siegert.
São Paulo : Figurati, 2016.

Título original: Overwhelmed: work, love, and play when no one has the time.

1. Estresse (Psicologia) 2. Equilíbrio 3. Maternidade 4. Trabalho I. Título.

16-02532   CDD-306.8743

Índice para catálogo sistemático:
1. Mães e filhos : Relacionamento : Trabalho : Sociologia   306.8743

NOVO SÉCULO EDITORA LTDA.
Alameda Araguaia, 2190 – Bloco A – 11º andar – Conjunto 1111
CEP 06455-000 – Alphaville Industrial, Barueri – SP – Brasil
Tel.: (11) 3699-7107 | Fax: (11) 3699-7323
www.novoseculo.com.br | atendimento@novoseculo.com.br

*Para Liam e Tessa,
que seus horizontes sejam claros e vastos,
e para Tom, sempre.*

SUMÁRIO

PARTE UM – CONFETE DE TEMPO

1. O teste do tempo — 11
2. Lazer é para freiras — 33
3. Ocupados demais para viver — 60
4. O incrível cérebro que encolhe — 81

PARTE DOIS – TRABALHO

5. A funcionária ideal não é a sua mãe — 101
6. Uma história de duas partes — 138

Ponto luminoso – Começando por baixo — 161

7. Quando o trabalho funciona — 175

Ponto luminoso – Se o Pentágono pode, por que você não poderia? — 199

PARTE TRÊS – AMOR

8. A revolução interrompida dos sexos — 209
9. O culto da maternidade intensiva — 231

Ponto luminoso – Mãe Natureza — 251

10. Os novos pais — 262

Ponto luminoso – Crianças corajosas e felizes — 270

PARTE QUATRO – LAZER

11. Aconchego dinamarquês   281

12. Vamos brincar   307

Ponto luminoso – Realmente planeje as férias   327

PARTE CINCO – NA DIREÇÃO DA SERENIDADE

13. Encontrando tempo   335

Ponto luminoso – Horizontes de tempo   355

14. Em direção à serenidade do tempo   359

APÊNDICE: FAÇA UMA COISA   365

AGRADECIMENTOS   375

PARTE UM
CONFETE DE TEMPO

1
O TESTE DO TEMPO

O tempo é a alma deste mundo
- PITÁGORAS[1] -

PASSA POUCO DAS 10H DA MANHÃ de uma terça-feira e estou disparando pela Rota 1 em College Park, Maryland. A luz de verificação do motor está acesa no painel do carro. O adesivo do IPVA no para-brisa venceu. O celular que acabei de usar para falar com o professor de um de meus filhos desapareceu na fenda do assento. E estou atrasada.

Entro cantando os pneus na garagem do estacionamento lotado da Universidade de Maryland e subo vários andares até finalmente encontrar uma vaga no último pavimento. As palmas de minhas mãos estão suadas. Minha respiração está ofegante. Meu coração bate acelerado e sinto-me um pouco nauseada. Engato a marcha na posição P (de parar), remexo desajeitadamente na máquina de tíquetes de estacionamento e desço as escadas correndo.

Só mais tarde, ao relembrar este dia frenético, percebo que o céu de outono exibia um azul penetrante e que as folhas estavam tingidas de vermelho. Porém, enquanto caminho, os hormônios do estresse que percorrem minhas veias deixam todo o meu corpo tenso e fazem meus olhos enxergarem apenas um túnel estreito e atordoante. Porque estou dominada pelo medo.

Este é o dia que venho evitando por mais de um ano. Hoje vou encontrar John Robinson, um sociólogo que durante mais de meio século estuda como as pessoas gastam seu recurso mais precioso e não renovável: o tempo. Robinson foi um dos primeiros cientistas sociais nos Estados Unidos a não apenas coletar diários detalhados em que pessoas comuns contam o que fazem em determinado dia, mas também a publicar volumes acadêmicos que resumem o jeito pelo qual vivemos nossas vidas. Em virtude desse trabalho pioneiro, seus colegas o chamam de Pai Tempo. E Pai Tempo desafiou-me a também manter um diário.

Ele me disse que sua pesquisa prova que eu, uma mulher com cabelos de fogo lutando para, além de trabalhar como repórter do *Washington Post* em um trabalho exaustivo de período integral, ser também o tipo de mãe dedicada que leva um peru de Ação de Graças para o banquete da pré-escola e monta uma apresentação de slides para a quinta série, tem 30 horas de lazer em uma semana comum.

Hoje ele vai dissecar a confusão dos meus diários e me mostrar onde estão todas essas horas de lazer. Sinto-me como um inseto espetado em um quadro, prestes a ter as asas arrancadas e ser despedaçada.

Afinal, é assim que parece que vivo a minha vida: espalhada, fragmentada e exausta. Sempre estou fazendo mais de uma coisa ao mesmo tempo e sinto que não faço nenhuma delas especialmente bem. Encontro-me sempre atrasada e fora do prazo, com mais uma coisa e mais uma coisa e mais uma coisa para fazer antes de sair às pressas pela porta. Horas inteiras evaporam enquanto faço o que precisa ser feito. Quando termino, entretanto, não posso dizer o que fiz ou por que aquilo parecia tão importante. Sinto-me como a Rainha Vermelha em *Alice através do espelho*, a toda, correndo o mais depressa que posso – geralmente depois de quatro ou cinco horas de sono –, sem chegar a lugar algum. Como o sonho que sempre tenho sobre participar de uma corrida usando botas de esqui.

E acho que, desde que meus filhos nasceram, nunca tive um único dia normal.

Certa manhã, quando fui acordar meu filho que luta *tae kwon do*, levei um chute e derramei meu café em todos os livros de sua estante. Rapidamente, enxuguei as páginas para que não colassem umas nas outras, inutilizando toda a coleção. O que, obviamente, fez com que eu me atrasasse para o trabalho e jogou meus planos para o dia na lata de lixo. Minha irmã Mary também enfrenta dias como esse. Ela os chama de Dias Idiotas.

Houve um dia em que meu marido, Tom, encontrava-se novamente no exterior e eu fui a uma reunião com a diretoria da escola para discutir o motivo de nosso filho de 10 anos, que sabe mais sobre a Segunda Guerra Mundial do que eu jamais vou saber, repetir a quinta série. Arrastei nossa filha de 8 anos comigo, ainda usando pijama e chinelos, porque ela, doente, tinha ficado em casa. E, nervosa, mantive um olho no BlackBerry porque estava ocupada transmitindo uma manchete terrível sobre um aluno universitário que fora decapitado em um restaurante Au Bon Pain.

Houve também a época em que a quantidade de trabalho que eu precisava realizar me pressionou tanto que eu respondi "não" para minha filha quando ela pediu: "Mamãe, você pode vir comigo na excursão da escola hoje?". Eu disse a ela que já tínhamos feito isso antes. Eu não a acompanhei em nenhuma. Então, seus grandes olhos azul-acinzentados se encheram de lágrimas. Fiquei totalmente sem fôlego. Perguntei-me se, no final da vida, eu me lembraria de todas as tarefas que pareciam tão urgentes – das quais nem me lembro agora –, ou daquele maravilhoso dia no bosque com uma filha que vinha sofrendo de dores de estômago inexplicáveis, que se tornara socialmente insegura desde que a melhor amiga tinha se mudado, e que ainda queria que eu ficasse com ela. Eu fui. Passei três horas no bosque com ela, checando o BlackBerry cheia de culpa, e então, depois de colocá-la na cama naquela noite, continuei a trabalhar por mais quatro horas.

Já assei cupcakes para o dia de São Valentim até as 2h da manhã e terminei de redigir histórias às 4h quando tudo estava calmo e eu finalmente tinha tempo para me concentrar sem interrupções. Realizei entrevistas que espero pareçam profissionais sentada no saguão do consultório do dentista de meus filhos, no banheiro dos professores, em reuniões escolares, no carro, fugindo de várias aulas e até mesmo na grama, rapidamente emudecendo o som do telefone após cada pergunta para manter os gritos de um barulhento jogo de futebol no mínimo. Sempre há um eletrodoméstico quebrado. Minha lista de afazeres nunca termina. Eu ainda preciso elaborar um orçamento para a família por quase 20 anos. A roupa lavada forma uma pilha desarrumada tão grande e perpétua que minha filha desistiu de encontrar roupas passadas.

No trabalho, consegui carona para meus filhos irem ao balé e à aula de música. Em casa, estou constantemente escrevendo e respondendo a e-mails, realizando entrevistas e pesquisas para o trabalho. "Só um segundo", escuto minha filha me imitando enquanto brinca com as bonecas. "Espere, me dê um minutinho." Ela colou post-its amarelos na minha testa enquanto me encontrava sentada diante do computador para me lembrar de subir para a hora de contar histórias.

Meus editores se lembram de todos os prazos que estourei. Meu filho, Liam, enumerou cada uma das muitas reuniões e apresentações que perdi em toda a sua vida. Eu falhava até com Max, nosso gato. Perguntei na loja de animais o que poderia fazer para que ele parasse de arranhar os tapetes. "Ele acha que você é a mãe dele. Ele está mostrando que precisa de mais atenção", a funcionária me informou. "Você não consegue tempo para brincar com ele todos os dias?"

"Não posso espirrar um pouco de água nele em vez de brincar?"

Muitas vezes, acordo durante a noite em pânico ao me lembrar de todas as coisas que preciso fazer ou não consegui terminar. Preocupo-me com o fato de que vou morrer e me dar conta de que minha vida se perdeu nesse mundaréu frenético de tarefas diárias. Certa vez, minha irmã Claire me disse que, quando sorrimos, nosso cérebro libera uma substância química que atenua a ansiedade. Tentei sorrir. Às 4h. Na cama. No escuro.

Não funcionou.

De certa forma, sei que o que somos depende muito de como decidimos passar determinados dez minutos ou determinada hora. Aprendi com vários adesivos em para-brisas que esta é a minha única vida, e, com os romanos, que o tempo voa. E sei pelos budistas que devemos viver o momento. Acordo cheia de boas intenções para aproveitar meu dia ao máximo – realizar um bom trabalho, passar um tempo de qualidade com meus filhos, comer menos salgadinhos, parar de sair dirigindo com a carteira em cima do carro. Mas, então, uma das crianças vomita, ou a babá avisa que está doente, ou a torneira da cozinha começa a espirrar água, ou uma reportagem falha e tudo desaba.

Atravesso rapidamente o campus da universidade de Maryland como se fosse o dia do Juízo Final. Espero que esses pequenos fragmentos de tempo agitados, insuficientes e caóticos que venho reunindo acabem por representar uma vida significativa. Porém, enquanto corro para o prédio de Sociologia em que Robinson trabalha, sinto muito medo de que eles mostrem tudo, menos isso. Tenho pavor de que toda a confusão que geralmente mantenho escondida atrás de uma profissional simpática e competente não resista e transborde.

"Desculpe pelo atraso", digo, ofegante. John Robinson apenas dá de ombros. Logo descubro que ele não é escravo do relógio. O homem tem 74 anos de idade. Alto, magro e curvado, usa calças cáqui, uma camisa polo amarelo-canário e sapatos confortáveis. Seus cabelos longos e finos estão penteados como os dos Beatles em início de carreira. Robinson me conduz até uma sala de conferências, dizendo que prefere conversar comigo ali, e não no escritório (mais tarde eu descobriria o motivo).

Sentamo-nos. Pego minha mochila e tiro dela dois pequenos caderninhos pretos de pele de toupeira de 8 x 12 cm, repletos de rabiscos malucos. Robinson me desafiara a manter um registro de todo o meu tempo um ano e meio atrás. A tarefa era parte de uma pesquisa de um grupo de trabalho interno no *Washington Post* para descobrir por que tão poucas mulheres liam o jornal. "Talvez devêssemos contratar babás para elas", um editor brincou. O assunto, entretanto, era sério. Antigamente, as mulheres sempre estiveram entre os assinantes mais fiéis do jornal. Atualmente, contudo, parecia que somente mulheres com mais idade e já aposentadas tinham tempo. Começamos a falar com mulheres com idade entre 28 e 49 anos e ouvimos respostas parecidas com estas:

"Normalmente leio o jornal à meia-noite, na cama... Não tenho tempo pela manhã. Faço todas as tarefas domésticas. Pago as contas, coloco o lixo na calçada, levo a roupa para a lavanderia. Assim, pela manhã, enquanto meu marido lê o jornal, estou em constante movimento preparando as crianças para a escola e me aprontando para o trabalho. Homens são diferentes. Eles conseguem ler o jornal cercados de pilhas de roupa suja. Eu não."

Uma mulher confessou que cancelara a assinatura porque a pilha de jornais não lidos tinha se transformado em uma lembrança incômoda de todas as coisas que não havia conseguido fazer. "É só mais uma coisa que faz com que eu me sinta mal."

O grupo de trabalho interno, formado por muitas mães que agarram freneticamente fragmentos de tempo para ler o jornal para o qual trabalhamos, logo constatou que pesquisadores de marketing nos rotulam como "famílias frenéticas". Era minha tarefa reunir os dados sobre o uso do tempo que mostram o quanto as mulheres, especialmente as mães, são ocupadas e carentes de tempo. Sem saber por onde começar, procurei "mulheres ocupadas e sem tempo" no Google, e lá apareceu John Robinson.

Quando telefonei para ele, afirmei que nós achávamos que estávamos atarefadas demais para ler o jornal.

"Errado", ele interrompeu. "As mulheres têm tempo", afirmou. "Elas têm pelo menos 30 horas de lazer todas as semanas. Não é tanto quanto os homens têm, mas elas têm mais tempo para lazer do que tinham na década de 1960, mesmo que mais mulheres estejam trabalhando fora."[1]

Pisquei. Com força. Tive a impressão de que haviam batido na minha cabeça com uma frigideira.

Rapidamente, revi o que pude lembrar sobre a semana anterior. Eu ficara acordada até uma hora ultrajante na noite passada fazendo meu filho terminar um trabalho escolar. Tirei uma folga do emprego por ter trabalhado no final de semana, mas usei-a limpando o fogão, em vez de fazendo o imposto de renda, e falando ao telefone com o atendimento ao cliente da Apple para descobrir por que motivo todos os ícones do Mac tinham se transformado em pontos de interrogação. As únicas atividades que, com algum esforço, eu poderia considerar "lazer" foram nossa habitual Noite de Filme e Pizza em Família na sexta-feira, e um jantar na casa de amigos com as crianças a tiracolo. Houve também os poucos minutos todas as noites em que eu lutava para manter os olhos abertos tempo suficiente a fim de ler mais do que o mesmo parágrafo de um livro. Mas *30 horas*?

"Não sei do que está falando", finalmente consegui balbuciar. "Eu não tenho 30 horas de lazer todas as semanas."

"Tem, sim", ele replicou. "Venha e faça um estudo do tempo comigo, e vou lhe mostrar onde está seu tempo para o lazer."

※ ※ ※

Adiei a proposta por meses. Parte de mim queria provar que Robinson estava errado. Em alguns dias, eu me sentia tão sobrecarregada que mal conseguia respirar. Porém, honestamente, sentia-me mais amedrontada do que zangada. E se o Pai Tempo estivesse certo? E se ele constatasse que eu desperdiçava o meu tempo? Esbanjando aqueles preciosos momentos budistas?

Desperdiçando a minha única vida? E se eu tivesse 30 horas de lazer e simplesmente me encontrasse estressada, desorganizada, neurótica ou qualquer outra coisa demais para perceber?

Para falar a verdade, nunca fui boa em administrar o tempo. Certa vez, um amigo pegou meu relógio às escondidas enquanto viajávamos pela Ásia durante as férias da faculdade e o adiantou dez minutos para que não continuássemos a perder os trens. E outro, sacudindo a cabeça enquanto eu enlouquecia escrevendo sete trabalhos finais na última semana da faculdade, disse-me: "Você, querida, gasta o tempo como se tivesse um desconto". Durante a infância, eu constantemente saía correndo pela porta com sapatos e escova de dente na mão para ir à escola ou à igreja.

Trabalhar e ser mãe simplesmente me fizeram perder o controle.

Assim, tive de me perguntar: era só eu? Seriam as outras pessoas mais centradas, mais organizadas ou apenas melhores em encontrar tempo para realizar um bom trabalho, ser bons pais, dobrar a roupa limpa e, como explica a nossa Declaração da Independência, buscar a felicidade em seus abundantes momentos de prazer?

Perguntei aos amigos. Eles perguntaram a seus amigos. Enviei questionários por mala direta e na mídia social. "Procurando mães com tempo de lazer." Consegui respostas como esta:

"Se você a encontrar, provavelmente eu a colocaria em um museu ao lado do Pé Grande, de um unicórnio, uma sereia e um político honesto. Sinceramente, acho que as únicas mães que têm tempo de lazer são as que possuem 'empregados'. Consigo me exercitar cerca de 5 horas por semana, mas isso não é realmente lazer – só é menos caro do que uma psicoterapia."

Uma amiga contou 15 horas de lazer na semana. Outra, dividida entre o trabalho de psicoterapeuta em Nova York e cuidar do filho pequeno e da sogra em estado terminal, nem mesmo tentou. "Eu daria qualquer coisa por um bando de esposas mórmons e algumas companheiras muçulmanas de harém", ela escreveu via e-mail. "Estou tão cansada que não consigo falar." Minha amiga Márcia me lembrou de que nossos maridos conseguiam arranjar tempo para a saída mensal a fim de tomar cerveja com os vizinhos, mas que nossas tentativas para uma equivalente "noite das mulheres" iam por água abaixo. Todas estavam ocupadas demais. E, ela disse, mesmo quando conseguia uma noite livre, o marido e os filhos não paravam de perguntar o que deveriam fazer ou onde podiam achar suas coisas. "Sinto-me como se nunca conseguisse me sentar", disse a mãe de duas crianças que recentemente deixou o emprego de advogada. "Exceto no carro." Outra mãe informou que, quando encontrava um tempo livre, passava-o perguntando ansiosamente do que estava se esquecendo. "Parece que não consigo apenas relaxar e aproveitar o momento", ela disse. "Preciso encontrar algo – qualquer coisa – para fazer, porque é isso que geralmente estou fazendo – alguma coisa".

Quando li que alguns cientistas sociais acreditavam que a escassez de tempo era de fato uma indulgente "reclamação *yuppie*", perguntei a uma amiga que trabalha com famílias de imigrantes pobres se eu poderia assistir a uma de suas reuniões mensais noturnas. Um grupo de cerca de 50 pessoas se encontrava na cantina da escola local. Quando fui de mesa em mesa, muitas explicaram como juntavam dois ou três empregos mal pagos de meio período para pagar o aluguel. Elas viviam em apartamentos com duas, e, às vezes, três outras famílias. Não tinham condições de pagar uma creche e empurravam as crianças de uma *abuela* a um vizinho, e de lá a um aparelho de televisão em algum lugar ou, então, carregavam-nas para o trabalho. Elas estavam sempre se preocupando com as lições de casa que não entendiam e sentiam medo demais de pedir uma licença para cuidar de um filho doente ou ir conversar com um professor. Parada diante do grupo, perguntei quem se sentia pressionada e tinha a impressão de nunca conseguir fazer em um dia todas as coisas que queria ou precisavam ser feitas. Todas as 50 mãos se ergueram. Perguntei se tinham tempo para se divertir e relaxar. Elas olharam para mim em silêncio. Finalmente, uma mulher respondeu em espanhol. "Talvez na igreja", ela disse. "Ou dormindo."

Quando comecei a pensar mais sobre tempo para lazer, percebi que eu sempre o adiava, como se esperasse atingir um momento decisivo: *se* pudesse terminar de arrancar todas as ervas daninhas, podar o bambu que se alastrava, tirar todos os giz de cera e dentes de tubarão e trabalhos de matemática e brinquedos e pedaços de conchas e pedras e roupas pequenas demais dos armários das crianças, comprar mais ração para gatos, consertar a cafeteira, terminar essa reportagem, pagar essas contas, preencher esses formulários, fazer aquela ligação, mandar aquele presente de casamento com cinco meses de atraso – *então* eu poderia me sentar e ler um livro. Como se lazer fosse algo que eu precisasse conquistar. Mesmo quando parecia haver algum tempo livre, ele era tão curto que eu não sabia o que fazer. Assim, eu simplesmente passava para o próximo item da lista de afazeres.

Quando criança, lembro-me de ficar perdida durante horas em mundos imaginários, de brincar com bolas de gude ou LEGOs ou bonecas ou nos bosques atrás de nossa casa no Oregon. Lembro-me de tocar piano e das longas horas passadas estendida na cama lendo. Lembro-me também, entretanto, de que minha mãe, geralmente com uma cesta de roupas para dobrar na mão, aproximava-se de mim e suspirava: "Gostaria de ter tempo para fazer isso". Será que, de alguma forma, assimilei a ideia de que me tornar adulta e mãe significava desistir do tempo para aquilo que proporciona alegria?

Conversei com mães que disseram que amavam e temiam os feriados. Elas desejavam e detestavam as férias. "Tanto trabalho", disseram. E mesmo quando davam a impressão de estar se divertindo – indo para a piscina ou andando de bicicleta com a família –, por dentro, muitas vezes, sentiam-se preocupadas. Elas pensavam no rodízio que precisavam planejar para levar as crianças à escola, na lição de casa que devia ser entregue, nas compras de supermercado que deveriam ser feitas e, o tempo todo, sentindo o clima emocional e garantindo que todos estivessem satisfeitos. O cérebro delas funcionava em um perpétuo modo logístico.

Lembrei-me da estressada mãe profissional representada por Tina Fey em *Uma noite fora de série*. Sua fantasia sobre lazer? Ficar em um quarto de hotel com lençóis limpos, totalmente sozinha, tomando um refrigerante diet.

✺ ✺ ✺

Certamente não foi assim que os filósofos gregos imaginaram o lazer. Para eles, viver uma vida de lazer era o objetivo maior de um ser humano. Os gregos acreditavam que o verdadeiro lazer, livre da labuta pesada do trabalho, não apenas revigorava a alma, mas também a libertava. Era um tempo e um espaço em que se podia ser totalmente humano.[2] Pensei em minha filha, Tessa, que certo dia encontrei sentada em uma cadeira abraçando-se e sorrindo. "Adoro sentir a minha alma. Você não gosta?", ela perguntou.

Honestamente, na maioria dos dias, tenho a sensação de que não tive tempo. Se, como Ovídio disse, "em nosso lazer revelamos o tipo de pessoa que somos", em que tipo de pessoa isso me transformava? Não que eu não *quisesse* revigorar a minha alma. Eu apenas estou sempre ocupada demais para fazê-lo.

"Ah", Ben Hunnicutt, um estudioso do tema lazer na Universidade de Yowa, disse-me, quando lhe fiz essa confissão. "Um dos sete pecados capitais."

Eu tinha ligado para ele certa manhã a fim de conversar sobre lazer e o encontrei tocando um *Divertimento* de Mozart. Ben caminhara por uma hora e meia após o almoço com a mulher e a neta no dia anterior, e riu afetuosamente ao lembrar o poema que escreveram a respeito. Ele estava se preparando para o grupo de canto noturno. Embora não tivesse certeza de quantas horas gastava com lazer, encontra tempo para isso todos os dias.

Eu ainda estava abalada por seu comentário inicial.

"Estar ocupada demais é pecado?", perguntei.

"Na Idade Média, o pecado da indolência tinha duas formas", ele contou. "Uma era a paralisia, a incapacidade de fazer alguma coisa, o que poderíamos encarar como *preguiça*. Contudo, o outro lado era algo chamado *acedia*, ou seja, correr freneticamente por aí. A sensação de que 'não existe um lugar verdadeiro para o qual estou indo, mas, por Deus, estou me divertindo muito chegando lá.'"

Para Hunnicutt, as pessoas do mundo moderno estão tão envolvidas em suas ocupações que perderam a capacidade de até imaginar o que é o lazer. Ele me sugeriu que lesse *Crossing Brooklyn Ferry*, de Walt Whitman, poema em que o autor incita as pessoas a pôr o pé na estrada e "deixar os papéis em branco na escrivaninha, e o livro fechado na estante! / Deixe as ferramentas na oficina! Deixe o dinheiro ficar sem ser ganho!".

Mas eu só conseguia imaginar a hipoteca da casa sendo executada caso ela ficasse "sem ser paga" e os rostos de duas crianças desconcertadas correndo atrás de mim no meio da rua gritando: "Mamãe! Mamãe! Volte!".

"Bem, então o que é o lazer para você?", ele insistiu.

Parei.

"Tirar um dia de folga por doença."

Comecei a fazer meu diário nos pequenos cadernos pretos de pele de toupeira porque meu tempo era muito desorganizado para inseri-lo nos ordenados retângulos do modelo que John Robinson me apresentou. Sua planilha de Excel parecia muito simples: "O que você fez?", com opção de escolher entre 11 atividades diferentes, como "Trabalho remunerado", "Dormir", "Trabalho doméstico" e "Lazer". Mas cada atividade parecia se alastrar para as demais. E, por eu sempre parecer realizar mais do que uma tarefa por vez, tive de criar minha própria categoria: "Fazendo alguma outra coisa?".

Liguei para Robinson, desesperada. Eu estava no trabalho, almoçando na minha escrivaninha. Conversava com ele em uma linha e mantinha a farmácia em espera em outra tentando aviar uma receita de EpiPen para o meu filho. Eu estava trabalhando em uma reportagem num computador. No outro, acessava o site do Departamento de Estado tentando descobrir como conseguir um atestado de óbito para o meu cunhado que tinha morrido na China.

"Que raios de tempo é esse?", perguntei. "Trabalho? Casa? Crianças? Cuidado pessoal? Todos os quatro?"

Robinson me disse para simplesmente escrever o diário e ele descobriria.

Os livrinhos pretos, então, tornaram-se confessionários não apenas do que eu fazia com o meu tempo, mas também de como me sentia a respeito.

Sentada na sala de conferências com Robinson, agarrando meus diários do tempo com firmeza, sou dominada por uma sensação de inadequação. Espero que os livros mostrem que vou para a cama cedo, uso o fio dental regularmente, faço um trabalho excepcional, nunca grito com meus filhos e terminei os livros de recortes para eles. Espero que mostrem que tenho vivido a vida expressiva que jovens garotas gostariam de imitar em vez de fugir dela aos gritos. Porém, os livrinhos estão tomados por marcas e manchados com tintas de diferentes cores, resultado de serem levados durante mais de um ano do trabalho para casa, para jogos de hóquei e beisebol, enfrentando caronas solidárias, festas na vizinhança, acampamentos de grupo de escoteiras e aulas de flauta, bateria e balé. Um deles caiu na secadora. Eles foram carregados até a Target e o Starbucks, onde anotei certa vez, com inveja: *Quem são essas pessoas sentadas por todos os lados tomando café à tarde?*

Os cadernos de notas obedientemente relatam constrangimentos como as contas pagas com atraso e o tempo gasto no telefone no modo de gerenciamento de crise por ter adiado alguma tarefa por um tempo longo demais. Eles narram as horas tediosas que passei esperando o cara do telefone, o técnico da TV a cabo, o encanador ou o sujeito que prometeu finalmente consertar a lava-louças com tanta ineficácia que o apelidamos de Flor Delicada. Eles contam os dias que passei sem tomar uma ducha usando as roupas de exercícios com intenção de ir à academia, mas sem nunca conseguir chegar lá.

Eu até registrei uma sessão com uma leitora de tarô que minhas amigas insistiram que eu procurasse em uma festa de Halloween da vizinhança.

> Carta do Espírito: Estagnação. Humm. Você está procurando algo e está se sentindo presa. Tire uma carta e veja o que pode fazer a respeito.
>
> Contrariedade.
>
> Aaah. Tire outra.
>
> O eremita.
>
> Você precisa de algum tempo para si mesma e se acalmar. O que pode fazer para conseguir esse tempo? Você pode levantar mais cedo?

Ao analisar o meu tempo, sei exatamente quantos minutos são necessários para partir um coração: sete. Foi esse o tempo que minha filha levou para me dizer, em lágrimas, quando, certa noite, eu finalmente cortei suas unhas compridas demais no banheiro, que eu estava sempre no computador e nunca passava tempo suficiente com ela. E que ela queria ser professora quando crescesse. "Porque pelo menos assim vou poder passar mais tempo com meus filhos."

Na sala de conferências, a mão ainda nos livrinhos de notas pretos, penso em confete. É isso que minha vida parece ser: confetes de tempo – uma grande explosão caótica de pedaços, recortes e fragmentos. E, realmente, o que é uma pilha de confete?

John Robinson me encara com curiosidade.

Prendo a respiração e passo os caderninhos para o outro lado da mesa com relutância.

Ele semicerra os olhos diante dos rabiscos que são a minha letra.
"O que é esta palavra?"
Olho.
"Pânico", digo, corando. "Acordo em pânico."
Leio a passagem de 16 de setembro.

2h-4h Tento respirar. Descubro que o pânico surge no meio do peito — muitas vezes em um ponto ardente. Medo no ventre. Pavor logo abaixo dele. Estranhamente, os "deveria ter feito" e a autorrecriminação vêm no ombro esquerdo. Preocupações com dinheiro. Irritação comigo mesma por não podermos ou não conseguirmos encontrar a solução. Preocupação por não passar tempo suficiente com as crianças. Com o fato de elas estarem crescendo depressa demais diante de meus olhos e mesmo assim eu estar perdendo tudo.
Despertador tocando às 6h. Levanto-me. Felizmente. Finalmente arrumo o edredom na cama — ele tem estado amassado e limpo aos pés da cama há dias.

Robinson suspira.
"Você tem alguma coisa que use menos o fluxo de consciência?"
John Robinson vem provocando pessoas há décadas. Estudando como elas passam os 1.440 minutos do dia, desenvolveu algumas noções muito rígidas sobre o comportamento humano. Ele insiste que, embora a maioria dos americanos *sinta* que está trabalhando mais do que nunca, isso não é verdade. Os diários de tempo que ele analisa mostram que a média de horas passadas no trabalho, não só nos Estados Unidos, mas também em todo o mundo, realmente tem se mantido constante ou diminuído nos últimos 40 anos. Todo mundo, ele afirma, tem mais tempo para o lazer.[3]

Em vez disso, Robinson insiste no fato de que "exageramos" nossas horas de trabalho a fim de mostrar o quanto somos importantes. Seus estudos constatam que dormimos mais do que imaginamos. Assistimos a muita televisão. E não chegamos sequer perto de estarmos tão ocupados quanto nos sentimos. Americanos sobrecarregados de trabalho? Mães chegando em casa depois do trabalho para a exaustiva "segunda jornada" de cuidar da casa e dos filhos?

Crianças com obrigações demais? Todos ocupados demais para tempo de lazer? Errado. Errado. Errado. E errado.[4]

Robinson reitera que a culpa por sentirmos que não temos lazer é totalmente nossa.

"O tempo é uma cortina de fumaça e é uma desculpa conveniente", ele me disse. "Dizer 'não tenho tempo' é só outra forma de dizer 'prefiro fazer outra coisa'. O tempo livre está aí. É só uma questão do que você quer fazer com ele."

O que Robinson não discute é o fato de que as pessoas *sentem* que têm menos tempo e levam vidas frenéticas e agitadas. Afinal, foi ele quem elaborou um modo de medir essa percepção – uma "escala para condensar o tempo" de dez perguntas que pesquisadores agora usam em todo o mundo. Uma questão pergunta se você sente que o seu cônjuge não o conhece mais. Outra, se você só não tem tempo para se divertir. Seus estudos constataram com consistência que são as mulheres que mais se sentem esmagadas pelo tempo.[5]

"A sensação de que há muitas coisas acontecendo, de que as pessoas não conseguem controlar suas vidas e assim por diante é muito comum", ele me disse. "Porém, quando lemos os diários das pessoas, simplesmente não parece existir evidências que a corroborem. Não estou afirmando que as pessoas são preguiçosas, mas os números não combinam com o que dizem e com o que os diários mostram. É um paradoxo. As pessoas não querem acreditar quando lhes dizemos que elas têm 30 ou 40 horas de tempo livre por semana."

Em seu livro publicado em 1997, *Time for Life* (Tempo para a vida), Robinson equipara a moderna cultura americana à desnorteada agitação das formigas cujo formigueiro acaba de ser pisoteado. A corrida insana faz com que desejemos tempo, o que, ele escreve, "não resulta em morte, mas sim, como observaram os antigos filósofos atenienses, em nunca começar a viver".[6]

A especialidade de Robinson, a ciência de medir como as pessoas usam o tempo, mal chega a 100 anos. Na maior parte da história da humanidade, as pessoas notavam o passar do tempo pelo movimento do sol, pelas tarefas que tinham de ser realizadas até o crepúsculo, pelas marés, pela mudança das estações. Entretanto, com a invenção do relógio e a chegada da era industrial, estudos sobre tempo e movimento nas fábricas para impulsionar a produtividade dos "estúpidos" operários manuais viraram moda.[7] Tempo se transformou em dinheiro. Ele podia ser ganho, gasto ou desperdiçado. Nos anos 1920, a Secretaria de Agricultura dos Estados Unidos analisou o que esposas de fazendeiros faziam com o tempo delas e ofereceram conselhos sobre como usá-lo de modo mais eficiente. A antiga União Soviética foi o primeiro país a usar, extensivamente, diários de tempo com o intuito de medir a produção coletiva das fazendas e a produtividade dos trabalhadores como parte de seus esforços centrais de planejamento.[8]

Robinson começou a medir o tempo nos anos 1960. Em 1972, ele participou de um trabalho pioneiro para coletar diários de tempo em 12 países desenvolvidos ao redor do mundo. Foi então que compreendeu pela primeira vez como a percepção sobre o tempo pode não só ser poderosa, mas também poderosamente errada. Todos supunham que as esposas americanas, com todos os eletrodomésticos que poupam tempo, ficariam livres do pesado trabalho doméstico. Em vez disso, a comparação dos diários de tempo mostrou que elas passavam tanto tempo limpando quanto as mulheres na Bulgária, que não os tinham.[9]

Persistente, ele começou a realizar estudos sobre o uso do tempo em pequena escala. Um deles foi financiado pela AT&T porque os executivos queriam saber quanto tempo as pessoas passavam ao telefone (muito). O Órgão de Proteção de Meio Ambiente dos Estados Unidos financiou outro estudo nos anos 1990 para descobrir quanto tempo as pessoas passavam ao ar livre. (Não muito. Menos que 8% de seu tempo, uma estatística, ele diz, que usaram com o objetivo de conseguir melhorar os padrões do ar dentro de casa.[10]) As pessoas, porém, eram céticas sobre o valor de se estudar o tempo. Nos anos 1970 e 1980, quando sua pesquisa foi patrocinada pela Fundação Nacional de Ciências, Robinson afirmou que seu trabalho era desprezado e considerado um desperdício do dinheiro do contribuinte.

Contudo, ao longo do tempo, à medida que Robinson e os outros conseguiram mostrar que os diários de tempo descreviam padrões de comportamento humano de uma forma que outros levantamentos e indicadores econômicos não conseguiam, acadêmicos e governos começaram a coletar diários e analisar o tempo de modo rotineiro. Hoje, a Associação Internacional para Pesquisa de Uso do Tempo (Iatur, na sigla em inglês) conta com 1.200 membros que diligentemente esquadrinham diários de tempo coletados em mais de 100 países.[11] E, desde 2003, o Departamento de Estatística do Trabalho dos

Estados coletou diários de mais de 124 mil pessoas para o Levantamento Americano de Uso de Tempo, um esforço que custa mais de 5 milhões de dólares por ano para investigar o que os americanos fazem com seu tempo.[12]

Algumas descobertas são óbvias: mães, mesmo as que têm um trabalho remunerado fora de casa, ainda se dedicam duas vezes mais ao trabalho doméstico e aos cuidados com os filhos do que os pais.[13] Se eu já não soubesse disso intuitivamente, esse fenômeno com certeza se revelava no meu diário de tempo: *Sábado, 9h-10h30, arrumar a casa depois da festa de aniversário de 11 anos enquanto o marido fuma charuto no quintal dos fundos.* Outras descobertas refletem o que diferentes culturas valorizam ou as forças que moldam suas vidas: Robinson descobriu que as pessoas passam mais tempo fazendo caminhadas na Espanha, relaxando na Itália e na Eslovênia e assistindo à TV na Bulgária. Nos Estados Unidos, as pessoas ficam mais tempo diante do computador do que em outros países, realizam mais trabalho voluntário e passam a maior parte do tempo cuidando dos filhos e de adultos idosos.[14]

Alguns estudos do tempo estão hoje abrindo caminho para importantes discussões sobre políticas importantes. Economistas feministas argumentaram durante anos que o trabalho não remunerado doméstico e com os filhos – o invisível "trabalho de amor" conhecido como o trabalho das mulheres – possui valor intrínseco. Elas alegam que durante séculos o trabalho doméstico das mulheres liberou os homens para que se concentrassem somente no trabalho remunerado, mantivessem a economia em atividade e civilizações multiplicando-se. Dizem que, se tempo é dinheiro, então documentar quanto tempo as mulheres passam cuidando dos filhos, dos idosos e dos doentes, levando as crianças à escola, supervisionando o trabalho doméstico, recolhendo meias sujas, lavando louça e assim por diante é uma forma de mostrar seu valor.[15] Em 2012, a Colômbia se tornou o primeiro país a aprovar uma lei que inclui a mensuração do trabalho doméstico não remunerado em seu Sistema de Contas Nacional.[16]

❦ ❦ ❦

Na sala de conferências da Universidade de Maryland, John Robinson declara que meus caderninhos de anotações são ilegíveis e os devolve para mim por cima da mesa sem analisá-los. Eu pretendia digitar o conteúdo deles e analisá-los primeiro, mas me encontrava tão envolvida no trabalho que não tive tempo de completar a tarefa em apenas uma semana. Tiro as folhas de papel cuidadosamente digitadas referentes à semana de 29 de setembro a 5 de outubro. Robinson as pega, apanha um marca-texto amarelo e sai em busca do lazer.

Ele destaca cada corrida, cada exercício com um DVD às 6h com o som baixo para não acordar as crianças, cada aula de ioga. *Lazer.*

"Exercício é lazer?", pergunto. "Isso se parece mais com obrigação." E, quero acrescentar, foram necessários nove anos, Lexapro, um eczema causado por estresse e 15 quilos a mais para descobrir como esprimê-lo na minha agenda logo no início do dia.

"Exercício é lazer."

Sempre que leio o jornal, ele marca o fato com o marca-texto.

"Mas é meu trabalho."

"Ler é lazer."

Ele encontra uma meia-noite de quarta-feira, quando eu estava me distraindo no computador, arrebentando em um jogo de gamão (ok, perdendo feio), fazendo download de fotos e enviando-as via e-mail para a família, respondendo a e-mails e contratando um serviço de limpeza para a casa de meus amigos Jeff e Mollly, pois ele luta contra um câncer de estômago e ela está ocupada dando apoio à família enquanto tenta descobrir como salvar a vida do marido. *Raaaasp* faz o marca-texto.

Deitar na cama por 20 minutos em uma manhã especialmente cansativa e ouvir a NPR enquanto tento *sair* da cama. Lazer.

"O quê? Eu estava tentando levantar! Isso não deveria estar em algum lugar entre dormir e cuidados pessoais?"

"Ouvir rádio é lazer."

A Noite de Filme e Pizza em Família na sexta-feira com as crianças. Visitar minha amiga doente com os filhos. Conversar com uma amiga no celular sobre o tempo de lazer dela enquanto levava a bicicleta do meu filho para o conserto. Lazer. Lazer. Lazer.

Para John Robinson e seu marca-texto amarelo, 4 de outubro, domingo, foi um dia repleto de lazer para mim.

É assim que eu sentia que era viver: eu tinha passado a manhã cuidando de Jeff para que Molly e os filhos fossem à igreja. Com alguns minutos livres para levar minha filha para o teste do *Quebra-nozes* do qual ela queria participar, parei em frente de casa e descobri que ela não estava pronta.

"Não achamos as meias de balé", meu marido disse.

"ELAS ESTÃO NA SECADORA!", gritei. "EU DISSE ISSO ANTES DE SAIR!"

Então, depois de tirar as meias da secadora, jogá-las para a minha filha no carro e chegar ao teste em cima da hora, no caminho de volta para casa, o carro morreu. Eu deslizei para uma faixa central coberta de grama e chamei um guincho. Minha filha e eu jogamos jogo da velha e forca enquanto esperamos. Por duas horas.

Raaaaasp, lá foi o marca-texto.

"Espere um minuto", digo. "Esperar pelo guincho é lazer?"

"Ah, você estava jogando com sua filha", Robinson se corrige. "Isso é cuidar das crianças."

"Então, se eu estivesse com o carro quebrado na beira da calçada sozinha, isso seria lazer?"

"Sim."

Robinson não usa o marca-texto nos melhores dez minutos do dia. Eu tinha ido dar uma olhada no meu filho de 11 anos depois da hora de ler histórias em família como faço todas as noites. É minha parte predileta do dia, quando a tempestade da lição de casa, das tarefas domésticas e da loucura do dia explodiu, gastou sua energia e passou. Eu me deito e me aconchego ao seu ombro.

"Mãe, que superpoder você teria se pudesse escolher?"

"Humm. Acho que eu gostaria de voar", respondi. "E você?"

"Eu me transformaria em qualquer coisa que quisesse", ele falou enquanto era carregado sonhadoramente para o sono. "Se eu quisesse voar, poderia me transformar em um passarinho. Poderia ser um alce. Ou um crocodilo."

Robinson classifica esses efêmeros e adoráveis minutos como cuidados com os filhos.

No final, Robinson descobre 28 horas do que ele chama de lazer para a semana.

"Mas acho que elas não pareceram muito *recreativas*", protestei.

"Eu só meço o tempo", Robinson responde, dando de ombros. "Não sou cronoterapeuta."

Eu tinha receio, além de não ter tempo de lazer, de que Robinson descobrisse que eu não trabalhava o bastante. Em vez disso, ele constatou que eu normalmente trabalhava mais de 50 horas por semana, muitas vezes em horários estranhos e em fragmentos picados (sou paga para trabalhar 37 horas e 5 minutos). Dormi uma média de seis horas por noite, quando foi calculado também o tempo de sono mais longo durante o final de semana. Se contarmos a preocupação e o arrancar de cabelos nos semáforos vermelhos, passei quase todas as horas em que fico acordada realizando multitarefas.

Descobrimos que, de alguma forma, eu obsessivamente "punha ordem" em frações de tempo – recolhendo sapatos enlameados de sob a mesa da cozinha, jaquetas deixadas no chão, lixo postal que chega aos montes – que somavam quase *uma hora* todos os dias. E a culpa por não passar tempo suficiente com as crianças? Certa semana, quando elas e a babá ficaram doentes e eu trabalhei em casa, das 73 horas que meus filhos ficaram acordados na semana, passei 66 na presença deles. É verdade que nem todas foram tempo de qualidade. ("Amo você. Estou trabalhando. Feche a porta e vá embora.") Mas eu estava lá.

Comecei a questionar tudo que eu supunha ser verdadeiro em minha vida. Por que eu sempre tinha a impressão de não trabalhar o suficiente? Por que eu imaginava que nunca passava tempo considerável com meus filhos? Eu precisava realmente manter a casa tão arrumada? Por que eu sentia que não merecia relaxar até terminar a lista de afazeres? Por que todas as conversas pareciam começar com "Como vai você?" "Exausta." "E você?" "Também." Estávamos, ao proclamar nossas atividades frenéticas, conforme Robinson insistia, apenas nos exibindo?

Por que meu marido fumava um charuto enquanto eu arrumava a bagunça da festa de aniversário? Por que eu tinha a impressão de que ele tinha uma carreira enquanto eu apenas tentava não ser demitida? No início de nosso relacionamento, Tom e eu prometemos que seríamos parceiros com a mesma quantidade de responsabilidades e, mesmo assim, ambos pressupomos automaticamente que era *eu* quem deveria levar as crianças ao médico, participar de excursões, ser voluntária na feira de livros da escola e ficar em casa quando elas adoecessem. Por quê? Por que eu me sentia tão culpada por trabalhar? Seriam os hormônios? A forma como os neurônios do meu cérebro estavam conectados? Por que eu desafiava a ordem natural? Ou tentava provar a todas as pessoas que tinham dito "Bem, *eu* nunca deixaria ninguém criar o *meu* filho" que, mesmo lançando mão de creches, eu também *estava* criando meus filhos?

Robinson e eu andamos até a sala de refeições do campus para almoçar. Ele não faz quase nada depressa. Em meio à refeição, garçons se dirigem até a mesa para avisar que a sala fecha às 14h30 e que já são 14h45.

"Não estou com pressa", Robinson declara. Indiferente aos garçons que estão.

Pergunto se ele conhece pessoas que descobriram um jeito de reunir fragmentos de tempo em momentos mais longos e uniformes a fim de realizar um trabalho expressivo, passar tempo de qualidade com os filhos, o parceiro e a família e encontraram espaço para revigorar a alma. Lembrei-me do psicólogo Erik Erikson, que disse: "As vidas mais ricas e plenas tentam atingir um equilíbrio interior entre três esferas: trabalho, amor e brincadeira".

"Para onde eu poderia ir a fim de encontrar isso?", pergunto. "Encontrar 'Trabalho, Amor e Brincadeira' para todos nós?"

Robinson dá de ombros e afirma que, embora sempre tivesse pretendido passar tempo com pessoas a fim de compreender as "cosmologias pessoais" da família americana moderna, ele nunca o fez. Então, sorri fracamente.

"Sou melhor em condensar números."

Ele pensa.

"Sabe", começa. "Se você realmente quiser descobrir, deve vir à próxima conferência da Iatur."

"Iatur?"

"A Associação Internacional para Pesquisa de Uso do Tempo. É daqui a alguns meses."

"Onde?"

"Paris."

NOTAS

1. Brigid Schulte, "The Test of Time: A Busy Working Mother Tries to Figure Out Where All Her Time Is Going", *Washington Post*, 17 jan. 2010.

2. Benjamin Kline Hunnicutt, "Leisure and Play in Plato's Teaching and Philosophy of Learning", *Leisure Sciences* 12 (1990): 211-217.

3. John P. Robinson and Geoffrey Godbey, *Time for Life: The Surprising Ways Americans Use Their Time* (University Park: Pennsylvania State University Press, 1997), 95.

4. Ibid., 43-56, 82-153.

5. Ibid. 236-38. Veja p. 237 para a escala de condensação de tempo.

6. Ibid., 34.

7. Pauline Maier et al., *Inventing America* (Nova York: W. W. Norton, 2003), 693-94.

8. GPI Atlantic, *Developing a Community Genuine Progress Index: Materials for Community Development Planners*, vol. 2, "Appendix 3: Time Use & Health", 2003, 234-68, www.gpiatlantic.org/pdf/communitygpi/vol2appendix03.pdf. Veja também Jonathan Gershuny, *Time-Use Surveys and the Measurement of National Well-Being* (Oxford: University of Oxford, Centre for Time Use Research, 2011).

9. Robinson, entrevistas com o autor ao telefone, via e-mail e pessoalmente em College Park, MD, de 2009 a 2011. Também Alexander Szalai, ed., *The Use of Time: Daily Activities of Urban and Suburban Populations in Twelve Countries* (The Hague: Mouton, 1973).

10. Robinson and Godbey, *Time for Life*, 323. Para a metodologia de coleta de dados do Levantamento Nacional Humano do Padrão de Atividades (NHAPS, na sigla em inglês), veja J. Robinson e J. Blair, "Estimating Exposure to Pollutants Through Human Activity Pattern Data: The National Micro-Environmental Activity Pattern Survey", *Annual Report, Survey Research Center* (College Park: University of Maryland, 1995). Veja "The National Human Activity Pattern Survey (NHAPS): A Resource for Assessing Exposure to Environmental Pollutants", *Journal of Exposure Analysis and Environmental Epidemiology* 11 (2001): 231-52, doi:10.1038/sj.jea.7500165.

11. International Association for Time Use Research, www.iatur.org/.

12. Bureau of Labor Statistics. "American Time Use Survey", www.bls.gov/tus/. O estudo do tempo é uma ciência inexata. Lares que fizeram parte do Levantamento Populacional Atual da Agência do Censo durante oito meses são chamados para lembrar o que fizeram nas últimas 24 horas, começando à meia-noite. Então economistas extrapolam as respostas para representar estatisticamente toda uma semana de dias comuns, como se toda terça-feira fosse como cada quinta-feira e o trabalho estafante da segunda-feira não fosse um animal totalmente diferente de todas as vertiginosas sextas-feiras. Robinson disse que diários mais longos seriam mais precisos, mas tão pesados que ninguém iria preenchê-los. Cientistas sociais checam esses dados de tempo em busca de indicações sobre nosso modo de vida, como trabalhamos, que tipo de progresso fazemos em termos de igualdade de gêneros e quanto tempo conseguimos ter para lazer.

13. Suzanne M. Bianchi, John P. Robinson, Melissa A. Milkie, *Changing Rhythms of American Family Life* (Nova York: Russell Sage Foundation, 2006), 53-58.

14. John P. Robinson, "Time Use and Qualities of Life", *Social Indicators Research: Special Issue*, Conferência Iatur, Washington, D.C., 2007.

15. Kristen Gerancher, "The Economic Value of Housework: New Survey to Track Women-Dominated Labor", CBS.MarketWatch.com, 2001 (Washington, D.C.: Center for Partnership Studies, 2012), www.partnershipway.org/learn-more/articles-by-riane-eisler/economics-business-organizational-development/the-economic-value-of-housework. Também Janet C. Gornick and Marcia K. Meyers, eds., *Gender Equality: Transforming Family Divisions of Labor*, the Real Utopias Project, vol. 6 (Nova York: Verso, 2009).

16. iatur.org. Em 1995, a Conferência Mundial das Nações Unidas sobre Mulheres pediu a organizações de estatística nacionais e internacionais que medissem o trabalho não remunerado e refletissem seu valor em contas-satélite no PIB. Até 2013, poucas o tinham feito. Veja também www.levyinstitute.org/pubs/wp_541.pdf

2
LAZER É PARA FREIRAS

"Blorft" é um adjetivo que acabo de inventar que significa "completamente sobrecarregada, mas continuando como se tudo estivesse bem e reagindo ao estresse com o torpor de um gambá". Tenho estado blorft todos os dias pelos últimos sete anos.

- TINA FEY, BOSSYPANTS -

PARIS EM JULHO É QUENTE. Sufocantemente quente. Vim direto do aeroporto esta manhã para me sentar em uma sauna do Amphitéâtre Jean Moulin no prédio do Instituto de Estudos Políticos na rua Saint-Guillaume. Cochilo em uma pesada névoa de fome, *jet-lag* e calor, ouvindo a lenga-lenga das apresentações sobre "tempo e tempo enquadrado" e outras tecnicalidades incompreensíveis sobre o estudo do tempo na conferência anual da Iatur. Sou sacudida do meu estupor quando uma palestrante começa a despejar os resultados de um levantamento sobre 200 pais que trabalham e o estresse do tempo.

Dois terços desses pais sentiam que não conseguiam realizar todas as tarefas em um dia conforme planejado.

Cinquenta por cento preocupavam-se por não passar tempo suficiente com a família.

Quase metade sentia-se encurralada todos os dias.

Se precisassem de mais tempo, 60% disseram que diminuiriam as horas de sono.

E 46% afirmaram não ter tempo para lazer, ainda que fosse aquilo de que mais gostavam.

Suponho que ela esteja falando sobre a América *workahólica* e com desempenho exagerado. Mas a mulher joga um slide em PowerPoint na tela. Aquela é a Austrália.[1]

E tem o Canadá. A apresentadora, Helen Perkins, uma psicóloga social da Universidade Griffith, na Austrália, afirma que, no Canadá, um levantamento com mais de 30 mil trabalhadores e famílias trabalhadoras constatou que quase 90% relataram níveis moderados a altos de "sobrecarga de atribuições" – o que significa que eles tentavam fazer muitas coisas ao mesmo tempo a fim de atender às demandas do trabalho e da vida. Esqueça o lazer.

Essa pressão sobre o tempo tem um custo enorme. Em um extenso relatório governamental, *Vida profissional no Canadá no novo milênio*, a Secretaria de Saúde do Canadá descobriu que um crescente número de pessoas encontra-se no limite da sobrecarga de atribuições. Ainda mais indivíduos estão deprimidos e ansiosos. À medida que as semanas de trabalho se tornam mais longas e o tempo para lazer encolhe, as pessoas adoecem com mais frequência, ficam mais distraídas, desatentas, improdutivas e menos inovadoras. Toda essa pressão de tempo custou às empresas e ao sistema de saúde aproximadamente 12 bilhões de dólares apenas no ano de 2001. "A ligação entre horas no trabalho e sobrecarga de atribuições, esgotamento e problemas de saúde física e mental – segundo o relatório – (sugere) que essas cargas de trabalho não são sustentáveis no longo prazo."[2]

Endireito o corpo na cadeira e começo a tomar notas furiosamente. Eu fui, seguindo a sugestão de John Robinson, a Paris para a conferência da Iatur. Consegui juntar um bando de babás e cuidadoras para as crianças porque Tom se encontrava, novamente, no exterior, apanhei o felizmente ainda-não-totalmente-esgotado cartão Visa e, com uma sensação de descrença hilariante de que eu realmente estava fazendo aquilo, saltei em um avião para Paris. Eu procurava descobrir se outras pessoas viviam em uma frenética chuva de confete de tempo ou se eu, como John Robinson defendia, era só exageradamente dedicada. Além disso, eu queria descobrir se alguém, em qualquer lugar, constatara como ter tempo para todos os elementos da Boa Vida. Quem estava realizando um trabalho significativo que adorava tinha muito tempo para uma vida rica e ligações humanas profundas fora dele e revigorava a alma com tempo de lazer? Quem estava conectado em trabalho, amor e brincadeira?

Folheio o programa da Iatur, "O planejamento da vida diário", e encontro um estranho consolo. Rapidamente vejo que não sou a única que tenta controlar os contornos da louca algazarra da vida moderna, um estado tão intenso que passei a pensar nele como a Sobrecarga. Sei que não é o termo mais refinado, mas o "blorft" de Tina Fey também não é. Porém, essa sensação-de-tudo-ao-mesmo-tempo de que você está se esforçando demais sem tempo para descansar e mais um pouco exigia seu próprio substantivo.

Em uma sessão após a outra, os pesquisadores do tempo de todo o mundo relataram crescentes níveis da sobrecarga de atribuições para mulheres e, cada vez mais, homens, a sensação de que a vida está acelerando em um ritmo arriscado e que, embora muitas pessoas o almejem, elas parecem não encontrar nem um momento de paz. "Este é *o* tema quente na pesquisa do tempo neste exato momento", disse Kimberly Fisher, uma socióloga que estuda o tempo em Oxford. Muitos pesquisadores lutam com a sobrecarga de atribuições em suas vidas. Há um grande interesse em tentar compreender por que a pressão do tempo está aumentando.

Surgiu toda uma nova geração de pesquisadores de tempo, Fisher explicou, e eles não veem mais o tempo nos retângulos perfeitos e bem-iluminados das atividades distintas que John Robinson viu. O tempo é obscuro. Poroso. Ele não tem arestas afiadas. Eles descobriram que, muitas vezes, mais importante do que a atividade que estamos realizando em um momento do tempo, é como nós nos *sentimos* a respeito. A nossa percepção de tempo é, de fato, a nossa realidade.

Vários pesquisadores de tempo até levam vidas que se assemelham muito com a minha. Janice Compton, uma pesquisadora da Universidade de Manitoba, confessou que teve dificuldades em ler um e-mail que eu lhe enviara "com o meu filho de 6 anos pulando ao meu redor tentando me contar sua última batalha do Homem-Aranha".

Em suas apresentações, os cientistas sociais procuravam compreender por que tantas pessoas, americanas em especial, trabalham tantas horas, por que mulheres ainda realizam muito mais tarefas que envolvem a casa e o cuidado com os filhos do que os homens, mesmo quando ambos trabalham período integral, e por que muitas mulheres em todo o mundo ainda não estão perto de atingir a igualdade na liderança em praticamente todos os campos, de acadêmicos e empresariais a ciência e política, mesmo que somem metade da força de trabalho em muitos países, sejam cada vez mais instruídas e muitas vezes apresentem melhor desempenho que os homens. Os cientistas enumeraram diferentes países para ver se a sobrecarga divergia entre democracias sociais com políticas de apoio à família e nas que não as possuem. Pesquisadores se espantaram com cômputos que mostravam que, mesmo com tantas horas de trabalho, os pais – americanos em especial – estão passando cada vez mais tempo com os filhos. E eles queriam saber por que tão poucas pessoas no mundo – mulheres em especial, principalmente americanas – relatam sentir que têm pouquíssimo tempo para o lazer. Um estudioso inclusive descreveu o lazer das mulheres como "férias diminutas" – aqueles momentos efêmeros para sonhar acordado ou admirar um pôr do sol, talvez, ou como eu fiz certa noite procurando o capacete de bicicleta do meu filho e notei que a lua estava excepcionalmente linda.[3]

Um campo totalmente novo de pesquisas começa a analisar por que a sobrecarga é importante. Em que ponto a sobrecarga de atribuições leva ao esgotamento e à fadiga no trabalho? Quando ela começa a pôr à prova o sistema familiar? Quanta sobrecarga é necessária antes de ocorrer um colapso físico ou emocional? Alguns pesquisadores estão colhendo amostras de sangue e saliva dos trabalhadores durante todo o dia a fim de medir o ponto em que o cortisol, hormônio do estresse, atinge o pico quando a pressão do tempo comprime o corpo e a mente. Apresentações inteiras mostraram a relação inversa do aumento da sobrecarga de atribuições e do declínio das taxas de natalidade em todo o mundo, o que significa que muitas sociedades logo terão um excedente preocupante de pessoas idosas e menos trabalhadores jovens para sustentá-los. Nos Estados Unidos, a taxa de fertilidade começou a cair quando ocorreu a crise econômica em 2008, mas ela já tinha baixado entre pessoas com curso superior, o que alguns cientistas sociais chamaram de nível de "crise".[4] Steven Philip Kramer, professor de estratégia na Universidade de Defesa Nacional, adverte que os países que falham em tratar da igualdade de gênero, redefinir o conceito tradicional de família, modificar a imigração e aprovar políticas governamentais que ajudem homens e mulheres a combinar com maior facilidade trabalho e família "o fazem por sua conta e risco".[5]

Eu começava a descobrir que a sobrecarga envolvia muito mais do que apenas dar um vale-presente de um spa para acalmar sua mãe ou aconselhá-la a respirar fundo nos semáforos vermelhos (o conselho que eu recebi). Isso era sobre vida sustentável, populações saudáveis, famílias felizes, bons negócios, economias saudáveis e uma vida boa.

Nos intervalos, algumas pesquisadoras, que também lutavam contra a sobrecarga de atribuições, contaram histórias de filhas ou alunas que declaravam que queriam qualquer coisa que não fosse uma vida louca e atribulada. Apesar de Sheryl Sandberg, diretora de operações do Facebook, logo dizer a elas que *entrassem de cabeça* em suas carreiras e não recuassem na ambição por medo de não haver tempo para consolidar uma carreira e uma família, os pesquisadores se preocupavam com o fato de que muitas mulheres que conheciam já o tinham feito. "Minha filha decidiu ser professora. Não que ela seja apaixonada pela profissão, mas não vê outra forma de ter tempo para trabalhar e ter uma família", confidenciou uma pesquisadora. "E ela nem tem namorado ainda." Eu mesma logo receberia um e-mail de uma colega talentosa, desgastada com duas crianças pequenas, um emprego exaustivo e um marido que não costumava chegar em casa antes das 21 ou 22h. Ela anunciou que estava farta e que se demitira do emprego para ficar em casa com os filhos. O assunto do e-mail: "Tirando o corpo".

Enquanto leio atentamente os estudos sobre o tempo tentando entender por que a sensação de estar sobrecarregada aumentava, uma verdade fundamental surgiu com clareza: quando as mulheres começaram a trabalhar no mundo dos homens, a vida delas mudou totalmente. No entanto, as culturas do ambiente de trabalho, políticas governamentais e atitudes culturais, de modo geral, ainda agem como se estivéssemos, ou devêssemos estar, no ano de 1950 na América suburbana e rural: homens trabalham. Mulheres tomam conta da casa e da família. Pais sustentam. Uma boa mãe está sempre disponível para os filhos. Entretanto, obviamente, a vida não tem mais essa divisão rígida. E até que as atitudes, mesmo inconscientes, alcancem o modo como de fato vivemos nossas vidas, a sobrecarga vai se avolumar. Em nenhum momento essa separação entre expectativa e realidade se torna mais evidente do que quando a mulher tem um filho. Estudos do tempo constatam que as mães, principalmente as que trabalham fora, encontram-se entre os seres humanos mais carentes de tempo do planeta, principalmente mães solteiras, pressionadas não apenas pela sobrecarga de atribuições, mas também pelo que os sociólogos chamam de "densidade de tarefas" – a intensa responsabilidade que ela carrega e o grande número de trabalhos que realiza em cada uma dessas atribuições.[6] Essa sensação de que não se consegue vencer a sobrecarga que Anne-Marie Slaughter captou com tanta perfeição quando escreveu sobre demitir-se do cargo de diretora de planejamento de políticas do Departamento de Estado com o intuito de estar mais disponível para os filhos. Seu artigo de 2012 no *The Atlantic*, "Why Women Still Can't Have It All" (Por que as mulheres ainda não podem ter tudo), tornou-se um dos mais lidos na longa e respeitável história da revista e liberou uma torrente de raiva e frustração contidas em todo o mundo.

Porém, estudos sobre o tempo mostram que hoje mais homens também querem Ter Tudo – uma carreira expressiva e uma vida familiar intensa – e descobrem o quanto isso é difícil. Pais estão começando a sentir tanta pressão do tempo quanto as mães e, em alguns casos, até mais.[7] O Levantamento Geral Social, um projeto da Fundação Nacional de Ciências que desde 1972 tem acompanhado as diferentes opiniões dos americanos, mostrou um aumento uniforme na quantidade de homens e mulheres que afirmam "sempre" se sentir pressionados. A maior mudança, entretanto, tem ocorrido entre os pais de crianças pequenas. Nesses anos intensivos de trocar fraldas, espalhar sucrilhos, perder mamadeiras debaixo dos assentos até que o carro fique com cheiro azedo, as mães sempre foram oprimidas. Quando questionadas se tinham muito tempo livre em 2004, exatamente 0% das mães com crianças com menos de 6 anos responderam que sim. Contudo, a quantidade de pais que se sentiam pressionados quase *dobrou* de 1982 a 2004, e insignificantes 5% sentiam que muitas vezes tinham tempo para lazer – muito menos do que nos anos anteriores.[8] "Acho que você pode ter chegado a um novo diagnóstico: SPV", disse Tom Smith, diretor do Levantamento Geral Social no Centro Nacional de Pesquisas de Opinião da Universidade de Chicago, quando verifiquei as descobertas com ele. "Sobrecarregados pela Vida."

A tecnologia acelera essa sobrecarga. Na conferência, pesquisadores procuraram explicar como a explosiva velocidade, completa disponibilidade de informações, as rápidas e desorientadoras mudanças na economia e na política e a incerteza quanto ao futuro estão submergindo as pessoas.

Todos esses olhares roubados pelo smartphone, os rompantes de envio viciantes de mensagens e verificação de e-mails a toda hora no iPhone, Android ou BlackBerry na cama e a conexão constante – até levar aparelhos eletrônicos ao banheiro durante as compras[9] – não aparecem nos diários de tempo. No entanto, essa atividade estilhaça a experiência do tempo em milhares de pedacinhos. Além disso, viver em uma névoa tecnológica sempre ligada leva a uma exaustão mental. "As pessoas não têm tanto espaço mental para relaxar em um ambiente longe do trabalho. Mesmo que algo não seja urgente, espera-se que você esteja disponível para encontrar uma solução", explicou Kimberly Fisher, de Oxford, certa tarde, tomando café em um bistrô em Paris. "Então, mesmo que verificar o seu smartphone e outros aparelhos às 23h não consuma realmente tanto *tempo*, você sente que nunca se afastou por completo do trabalho e não teve a chance de relaxar."

Nos Estados Unidos, a pressão do tempo é intensa.

Em seus estudos sobre a força de trabalho em processo de mudança, o Instituto de Famílias e Trabalho, uma organização de pesquisa independente, descobriu que quase 40% dos trabalhadores americanos pesquisados, em todos os níveis da escada socioeconômica, relatam sentir-se sobrecarregados. Eles trabalham o maior número de horas e as mais "extremas" de qualquer país industrializado do mundo.[10] Quase ¼ dos integrantes da geração dos "anos dourados", os que têm 62 anos ou mais e que se considera que estão curtindo o lazer, afirmaram que ainda se sentem comprimidos por todas as tarefas que precisavam e queriam fazer em um dia.[11] "Trabalhar demais simplesmente é nossa realidade", disse-me Ellen Galinsky, diretora do instituto. "Existe essa sensação de uma responsabilidade interminável."

Metade dos trabalhadores pesquisados em 2008 sentia que havia muitas tarefas a serem finalizadas em uma semana de trabalho normal. Dois terços afirmaram que não tinham tempo suficiente para si mesmos ou para os cônjuges, e ¾ sentiam que não passavam bastante tempo com os filhos (mesmo que mães *e* pais americanos, inclusive os que trabalham em período integral, passem mais tempo com os filhos do que os pais em muitos outros países).[12] Vários dizem que trabalharam nas férias ou não conseguiram tirá-las todas de uma vez. Os Estados Unidos são o único país com uma economia avançada que não garante tempo de descanso remunerado. Quase ¼ de todos os trabalhadores americanos não têm férias remuneradas, e a maioria deles é de trabalhadores com salários baixos ou que trabalham meio período. E aqueles cujas empresas oferecem férias remuneradas obtêm cerca de 14 dias ao ano, muito menos do que o mínimo de 30 dias, mais os feriados nacionais, para trabalhadores em outros países industrializados. Mesmo assim, quase 6 em 10 trabalhadores americanos dizem que não tiram todas as férias merecidas, colocando os Estados Unidos simultaneamente no final da lista global de tempo de férias oferecido e no topo da lista para trabalhadores que dispensam essas férias.[13] Um crescente número de trabalhadores relataram sentir-se sobrecarregados, com saúde abalada, cansados de tanto trabalhar, deprimidos, zangados com os empregadores por esperarem muito, ressentidos com pessoas que pensavam que eles estavam afrouxando o ritmo de trabalho, e tão exaustos que ficavam propensos a cometer erros e realizar um trabalho de menor qualidade.[14]

Até mães que optaram por deixar a força de trabalho para cuidar da casa e dos filhos sentem-se pressionadas pelo tempo. "Entrevistei muitas mães que tinham parado de trabalhar porque imaginaram que a vida seria muito mais sossegada. Não foi", Galinsky disse. "Para mulheres de hoje, a lista de tarefas está sempre se renovando… Ela é sobrecarregada por tudo que se tem de fazer e por ter essa fita rodando em sua cabeça quase todo o tempo."

Esse fenômeno em que a fita roda sem parar é tão comum entre as mulheres que até tem um nome. Pesquisadores o chamam de "tempo contaminado". Ele é produto tanto da sobrecarga de atribuições – trabalhar e ainda assumir a responsabilidade principal pelos filhos e pela casa – quanto da densidade de tarefas. Constitui uma poluição mental, explicou um pesquisador. O cérebro fica lotado com todas as exigências do trabalho e da agenda dos filhos, da logística familiar e dos afazeres. Naturalmente, as mães podem delegar tarefas da lista de compromissos, mas mesmo isso ocupa espaço no cérebro – não apenas pedir, mas também verificar e garantir que a tarefa seja realizada, e morder a língua quando não foi feita tão bem ou com a rapidez desejada. Assim, talvez não seja surpreendente que os pesquisadores do tempo estejam descobrindo que, embora o "tempo livre" ajude a aliviar a sensação da pressão do tempo para os homens, e nos anos 1970 tenha ajudado um pouco as mulheres, em 1998 não oferecia alívio algum a elas.[15]

Afinal de contas, alívio da sobrecarga é exatamente o que os pesquisadores do tempo buscam. Enquanto computavam minutos, analisavam diários de tempo internacionais e falavam sobre "análise de regressão segmentada", o que os estudiosos em Paris disseram que desejavam descobrir eram as chaves para transformar não apenas a pressão moderna de infindáveis horas de trabalho fragmentadas, mas também o tempo frenético com a família e os pequenos momentos insatisfatórios de confetes de tempo de lazer em um estado afortunado que chamaram de... *serenidade do tempo*.

Fortalecida por saber que não estou sozinha, ansiosamente me dirijo a um seminário sobre estresse do tempo e famílias trabalhadoras nos Países Baixos esperando encontrar algumas respostas.

Tanto nos Países Baixos quanto nos Estados Unidos, cerca de 75% de todas as mães com filhos em idade escolar trabalham fora.[16] Porém, a maioria das mulheres nos Países Baixos trabalha meio período, enquanto os Estados Unidos possuem a maior proporção de mães que trabalham em período integral e que voltam a trabalhar o dia todo até seis meses depois de ter um filho.[17] Estou curiosa para ver se o trabalho de meio período é a resposta para a sobrecarga. Pelo menos é o que muitas americanas esgotadas gostariam de pensar. O Centro de Pesquisas Pew constatou que 60% das mães trabalhadoras pesquisadas em 2007 disseram que o trabalho de meio período seria a sua situação de trabalho ideal e que essa quantidade se manteve relativamente firme depois de uma recessão econômica difícil.[18] (Porém, não igualmente para os pais. Setenta e cinco por cento continuam a afirmar que o trabalho em período integral é o ideal.)[19]

Assim, estou esperando Marielle Cloin, pesquisadora do Instituto para Pesquisa Social em Haia, que vai relatar que essas mães holandesas que trabalham meio período encontraram a solução.

Contudo, ela descobriu que pessoas com nível mais alto de instrução sentiam mais a pressão do tempo do que as menos instruídas. Ela constatou que as mulheres sentem mais a pressão do tempo que os homens. E as mães que trabalham meio período? Exatamente elas são as que sentem a maior pressão do tempo.

Essas mães trabalhavam menos horas em um emprego remunerado do que os homens, mas mais horas dedicadas ao trabalho não remunerado de cuidar dos filhos e da casa. Lazer para mães trabalhadoras de meio período era, como o meu, espalhado, e muitas vezes interrompido por trabalho, tarefas domésticas ou filhos. Os homens tinham mais lazer total e o usufruíam em longos períodos de tempo contínuo.[20]

"Receio que o modelo de trabalho de meio período preferido para as famílias nos Países Baixos tem péssimo resultado quando se trata de pressão do tempo", ela confessa ao grupo, referindo-se à estrutura familiar predominante com o pai que trabalha em tempo integral e a mãe em meio período. Alcanço Cloin no saguão após sua apresentação. Pergunto por que ela acredita que o trabalho de meio período não é a resposta que leva à serenidade do tempo.

"É a sobrecarga de atribuições", ela explica. "É a constante mudança de uma atribuição a outra que cria essa sensação de pressão do tempo. Quando tudo que se espera de você é que trabalhe o dia todo, você trabalha o dia todo em um longo período", ela diz. Contudo, os dias das mães analisadas eram cheios de começos e paradas, o que faz com que o tempo pareça mais fragmentado: você precisa tirar as crianças de casa a tempo para a escola, você vigia o relógio no trabalho para se certificar de chegar em casa a tempo de dar-lhes o almoço, você os leva de volta à escola, você volta ao trabalho, torna a apanhá-los, arrastá-los para suas atividades, compra comida, realiza tarefas, realiza um pouco mais de trabalho, ajuda com a lição de casa, trabalha mais um pouco, prepara o jantar. "É exaustivo", ela completa.

"Tempo para lazer?", pergunto.

Cloin sacode a cabeça.

"Grande parte do lazer da mãe foi passado com os filhos", ela afirma. "Vemos repetidas vezes que a primeira coisa que se altera na vida das mães é o 'tempo para si mesma.'"

TRABALHO

Ao longo dos dias seguintes, enquanto eu assistia a uma sessão após outra, coloquei pesquisadores contra a parede e verifiquei relatórios; o que descobri foi, sucessivamente, fascinante, frustrante, contraditório, atordoante e irritante. Mais que tudo, fui atingida pela descoberta do quanto eu desconhecia as forças que tinham moldado a minha vida. Logo me dei conta de que eu nunca poderia começar a entender por que o tempo de lazer parecia tão ilusório até ter uma melhor compreensão da pressão do tempo nas outras duas arenas da vida que sempre o afastavam: trabalho e amor.

Eu não entendia como John Robinson e outros podiam insistir que o tempo de lazer aumentava porque as horas de trabalho diminuíam,[21] contradizendo Juliet Schor que, em *The Overworked American* (O americano sobrecarregado de trabalho), contou que os americanos trabalhavam um mês a mais nos anos de 1990 do que nos de 1960. Pesquisas também relataram que a maioria dos americanos sentia que tinha, no máximo, 16 horas e 30 minutos de lazer por semana.[22]

O que realmente ocorre é que as horas de trabalho e tempo de lazer na América estão se dividindo. Se você tem instrução e uma carreira bem remunerada, é provável que esteja trabalhando um número insanamente alto de horas e tenha pouco tempo de lazer. Se você é pobre e pouco instruído, enfrenta dificuldades em encontrar trabalho, e o seu "lazer" muitas vezes se resume apenas a horas vazias de preocupação de como pagar o aluguel. Os resultados de Robinson são enganadores, porque dividem proporcionalmente essas duas tendências muito diferentes. Os sociólogos Kathleen Gerson e Jerry Jacobs argumentam no livro *The Time Divide* (A divisão do tempo) que a divisão no tempo do trabalhador começou em 1938, quando o governo dos Estados Unidos aprovou a Lei de Padrões Justos de Trabalho. Essa lei, ainda em vigor atualmente, criou duas classes de trabalhadores: assalariados e horistas. A lei não limitou o número de horas semanais trabalhadas, como muitos outros países fazem. Contudo, protegeu os horistas de trabalho excessivo com a exigência de que os empregadores pagassem horas extras depois de 40 horas de trabalho. Trabalhadores assalariados não receberam essa proteção para trabalho excessivo.[23]

À medida que as décadas passaram, nos anos 1970, os empregos fabris muito bem remunerados por hora que requeriam apenas um diploma do ensino médio desapareceram no exterior. A economia de serviços, com um imenso apetite por trabalhadores assalariados com ensino superior, expandiu. O número de profissionais assalariados, que em 1938 correspondia a apenas um em cada sete, dobrou em 1995, e continua a crescer. Em termos gerais, então, a lei americana não apenas permite aos empregadores que exijam desses trabalhadores à exaustão sem lhes pagar horas extras, como também não os obriga a contratar mais pessoal – o que exigiria pacotes de benefícios dispendiosos – a fim de dividir a carga. Agora, quase 40% dos homens e 20% das mulheres americanas com instrução superior relatam trabalhar mais de 50 horas por semana no emprego,[24] assim como espantosos 32% de mães solteiras em funções especializadas.[25]

Porém, para verdadeiramente entender por que a sobrecarga tem aumentado, é melhor analisar o que aconteceu às *famílias*, argumentam os sociólogos Michael Hout e Caroline Hanley. Eles afirmam que essa é a única forma de captar a enorme mudança ocorrida no local de trabalho e na família. No final dos anos 1960, cerca de 38% das mães americanas com crianças pequenas trabalhavam fora, muitas delas em regime de meio período. Nos anos de 2000, o número chegou a 75%, muitas das quais trabalhando em período integral. Os pesquisadores descobriram que pais (homens e mulheres) trabalhavam 13 horas a mais por semana em 2000 do que em 1970. Isso representa 676 horas – cerca de 28 dias – de trabalho remunerado adicional para uma família. E isso se soma a todas as horas não remuneradas passadas cuidando dos filhos e mantendo a casa em ordem. Portanto, se famílias trabalhadoras descontentes sentem que estão trabalhando mais agora, é porque de fato estão.[26]

AMOR

Durante muitas de nossas conversas, John Robinson contou com orgulho que homens e mulheres estavam se aproximando de "uma androginia do tempo igualitária", visto que os homens realizam mais trabalhos domésticos e com os filhos do que em décadas passadas e mais mulheres trabalham fora.

Na verdade, essa grande apresentação em Paris descreveu o que chamamos de uma "convergência" internacional do tempo.

É verdade, as cargas de trabalho remuneradas e não remuneradas *não diferem* tanto para pais e mães. Em casais com duas rendas, os pais trabalham em média 67 horas por semana, e mães, 71 horas.[27] Contudo, descobri depois que o que é importante não é o tempo total, mas *onde* o tempo é gasto. Pais passam mais tempo no trabalho, cerca de 13 horas a mais do que as mães.[28] As mães, mesmo empregadas, ainda cuidam duas vezes mais dos filhos e da casa, assim como a socióloga Arlie Hochschild relatou em seu trabalho pioneiro de 1989, *The Second Shift* (O segundo turno). E essas horas a menos constituem o grande motivo de elas ainda ficarem atrás dos homens no que se refere a salário, promoções, salas melhores e papéis de liderança em praticamente todas as profissões.

Quando se trata de trabalho doméstico, o trabalho enfadonho que Simone de Beauvoir tão habilmente descreveu como "mais como a tortura de Sísifo... o limpo se torna sujo, o sujo se torna limpo, repetidas vezes, dia após dia", as mulheres ainda fazem a parte principal dele. Embora estejam trabalhando bem menos, e os homens, mais, em relação aos anos 1960, as mulheres ainda gastam cerca do dobro de tempo esfregando e lustrando. Os pais aumentaram as horas semanais de trabalho doméstico de quatro em 1965 para dez em 1985, antes de recuar para um pouco mais de nove horas em 2003. E eles não acrescentaram nem mais um minuto depois disso.[29]

Em um levantamento sobre trabalho doméstico na Grã-Bretanha, os pesquisadores constataram que os homens costumavam realizar as tarefas de que gostavam, como cozinhar e fazer compras. As mulheres, porém, ainda trabalhavam duro, realizando as tarefas, gostassem ou não.[30] Um quarto dos homens italianos não faz trabalho doméstico algum. Homens no Japão e na Coreia do Sul passam menos que uma hora realizando afazeres domésticos.[31] Na África do Sul, as mulheres realizam três vezes mais trabalhos domésticos e com os filhos do que os homens, mesmo quando elas trabalham e os maridos estão desempregados.[32] Novas pesquisas constataram que a quantidade de serviço doméstico realizado pelas mulheres depende em grande parte da remuneração *delas*. Quanto maior o salário das mulheres, menos trabalho doméstico elas realizam.³³ Isso não significa que os maridos realizem mais tarefas, mas que elas relaxam ou têm condições de pagar alguém para fazê-las.

Os pesquisadores chamam esse desequilíbrio de tempo entre trabalho remunerado e tarefas domésticas não pagas de "divisão do trabalho por gênero" e, afirmam, ele permanece estacionado há anos. Em um levantamento sobre casais alemães, a economista berlinense Miriam Beblo me explicou que, mesmo quando mais casais com mentalidade mais igualitária decidem viver juntos – antes de se casar, antes de ter filhos –, as mulheres passam mais tempo realizando tarefas domésticas enquanto os homens usufruem mais tempo de lazer. Para casais que se casam, a proporção é ainda maior,³⁴ aumentando mais quando chega o primeiro filho. Ao longo dos anos, vi cada vez mais pais carregando bebês em cangurus BabyBjörn e levando o bebê para um passeio, indo ao supermercado, levando os filhos à escola e apanhando as filhas no balé. Levantamentos mostram que os pais se sentem mais comprimidos pelo tempo do que as mães. Mesmo assim, os pesquisadores do uso do tempo relatam que a razão entre a dedicação das mães aos filhos e dos pais varia de 2:1 nos Estados Unidos, no Canadá, nos Países Baixos e na Noruega para mais de 3:1 na Estônia, na Áustria, na França e na Palestina, e para quase 10:1 na África do Sul.³⁵

Encontrei-me com Lyn Craig, uma socióloga e pesquisadora do tempo da Austrália, que vem tentando desvendar a sobrecarga há anos. Na América, como em outros países desenvolvidos, os homens praticamente triplicaram o tempo dedicado ao cuidado dos filhos, de 2h30 por semana, de 1965 a 1985, para cerca de 7 horas em 2003.³⁶ Contudo, esse aumento é "trivial", diz ela, comparado a mães que ainda trabalham o dobro de horas. E, ao analisar com atenção o que os pais realmente *fazem*, Craig descobriu em um estudo de tempo de pais australianos que eles ainda são principalmente o pai "de brincadeira". Embora o papel dos pais continue a evoluir, seus estudos mais recentes mostram que eles são os que brincam, lutam e fazem palhaçadas, enquanto a mãe continua a integrante "padrão" a cargo de todo o resto. "Uma maior proporção do cuidado com os filhos e trabalho doméstico dos homens é realizada na presença da mãe. Assim, os homens estão *ajudando*", Craig explica. "Esse não é um cuidado dado em equipe. Os pais têm tarefas delegadas, o que não libera tempo para a mãe tampouco alivia sua carga." ³⁷

Porém, a descoberta que realmente fez minha cabeça girar foi esta: na América, as mães modernas passam *mais tempo* cuidando dos filhos do que nos anos 1960, mesmo que um número maior trabalhe em tempo integral fora de casa. Em média, as mães passam aproximadamente 14 horas por semana cuidando dos filhos, mais do que as dez horas em 1965, e elas quase triplicaram a quantidade de tempo que gastam em "cuidados interativos" de alta qualidade, lendo ou brincando com os filhos.[38] Quanto mais instruídos são os pais, mais tempo eles passam com as crianças.[39]

E, ainda, a pesquisadora do tempo da UCLA (Universidade da Califórnia em Los Angeles) disse-me que a maioria dos pais não sente que seja suficiente. Notícias de destaque indutoras de pânico sobre estudos ligando o emprego das mães à obesidade infantil, a dificuldades de aprendizado, notas baixas e comportamento perigoso podem ter alguma relação com isso,[40] ela disse, além das sempre crescentes expectativas sobre o que é necessário para ser uma "boa" mãe e, cada vez mais, um pai "comprometido". "Tem havido um aumento real no que achamos necessário fazer por nossos filhos", ela me disse. "E isso se reflete no aumento de horas passadas com as crianças."

Parece um enigma do tempo quase impossível de ser decifrado. Como as mães podem passar mais tempo no trabalho *e* mais tempo com os filhos? Bianchi disse que as mães tendem a escolher empregos que nem sempre propiciam um crescimento acelerado na carreira para que reduzam o tempo ou o tornem mais flexível. Elas não fazem tantas tarefas domésticas, e convivem com montes de poeira, deixam gavetas transbordando com tralhas ou contratam alguém para cuidar do assunto. Elas não gastam tanto tempo cuidando de si mesmas e têm menos tempo para os cônjuges ou parceiros. Elas dormem menos. Uma pesquisadora em Paris ressaltou: "Mães que trabalham fora falando sobre dormir é como ouvir um vegetariano falando sobre carne".

E as mães têm desistido do tempo para se divertir.

LAZER

Certa noite, na conferência em Paris, me junto a Lyn Craig e, durante o jantar no bairro da Universidade, pressiono-a sobre tempo de lazer. Houve uma época, ela diz, em que os pesquisadores de tempo quase sempre masculinos codificavam o trabalho doméstico e os cuidados com os filhos como lazer.[41] Os homens tinham de trabalhar o dia inteiro, conta ela, e pensavam que ficar em casa com os filhos soava divertido. Uma vez um novo grupo de pesquisadores, a maioria mulheres, amadureceu e insistiu que os trabalhos domésticos com os filhos *não* eram sinônimo de lazer, e descobriram que o lazer das mulheres difere do dos homens, tanto em quantidade quanto em qualidade.

Embora o tempo de lazer para homens e pais tenha permanecido relativamente inalterado até pouco tempo, quando as mulheres passaram a trabalhar elas sacrificaram virtualmente cada pedacinho do que antes tinha sido tempo de lazer pessoal a fim de passá-lo com os filhos. Longe também está o "puro" lazer dos adultos – apenas encontros para um café, jogos de cartas e reuniões para um drinque ou jantar como nos anos de 1960. Distante, também, está grande parte dos serviços de voluntariado. Os afazeres de fim de semana muitas vezes se concentram nas atividades esportivas das crianças, torcendo na lateral do campo, ou em atividades culturalmente enriquecedoras, como idas a um museu ou zoológico, ou levando-as para aulas de violoncelo. Mais do que nunca, as famílias socializam-se juntas: sair para jantar geralmente significa levar toda a família. O tempo das mães para si mesmas e o tempo com adultos diminuíram cerca de sete horas por semana de 1975 a 2000. A queda no simples lazer das mães que trabalham fora caiu ainda mais: elas tinham 9 horas de simples lazer e 15 horas de tempo livre total.[42]

Homens costumam usufruir períodos mais longos e ininterruptos de tempo em qualquer atividade, seja para se concentrar no trabalho, seja para mergulhar totalmente na possibilidade de sair e experimentar "puro" lazer sozinhos – jogando golfe, pescando ou assistindo a um jogo no sofá todos os domingos à tarde. Os italianos, por exemplo, usufruem uma hora e meia a mais de tempo de lazer ininterrupto *todos os dias* do que as italianas.[43] O lazer das mulheres tende a ser fragmentado e cortado em pedaços pequenos, muitas vezes insatisfatórios, de 10 minutos aqui, 20 minutos ali, que os pesquisadores chamam de "episódios".[44] Esse é o entrecortado "tempo solto" que encontrei em meus diários, pendurado entre o fim de uma atividade e o início de outra, e que é curto demais para algo além de um rápido item da lista de afazeres.

O lazer das mães, Craig afirma, costuma ser mais interrompido, contaminado por ruídos mentais, e "com uma finalidade". "Tudo gira em torno de atender às necessidades da família", Craig diz, até medir a temperatura emocional de todos. "É como se ela tivesse deveres de anfitriã – ela está se certificando de que todos estão se divertindo. No geral, é bom estar com a família e há prazer nessa atividade, mas é estressante. Você pode estar na piscina. Isso é definido como lazer, mas está constantemente olhando para os lados a fim de vigiar seu filho. Você não está verdadeiramente relaxando. Eu encaro esse fato como estar de plantão no corpo de bombeiros. Você sobe e desce o mastro. Você treina. Você está sempre alerta. Sempre pronto."

Rachel Connelly, uma economista do trabalho na Faculdade Bowdion, pegou os mesmos diários de tempo analisados por John Robinson, subtraiu todo o tempo de lazer quando as mães têm aquela *sensação* de estar "de plantão" e conseguiu um resultado muito diferente. "Na verdade, vi mulheres que não têm lazer algum", ela me disse mais tarde.[45]

Depois do jantar, Craig e eu caminhamos pelas ruas escuras de Paris matutando para encontrar uma forma de escapar à sobrecarga. Craig, uma mulher magra com cabelos castanhos na altura dos ombros, tem um senso de humor perverso, a curiosidade imparcial de um erudito e a paixão de um advogado. "O que está faltando nessa conversa sobre 'ter tudo'", ela diz, "é o reconhecimento de que, se fica por conta das mulheres trabalhar fora como acontece agora, elas não podem ter tudo. Não se pode trabalhar e cuidar mais dos filhos sem ficar imensamente estressado pelo tempo. Só é possível ter tudo se outros fatores mudarem no comportamento de outras pessoas – se os homens realmente reduzirem as horas de trabalho e aumentarem o tempo cuidando dos filhos e realizando tarefas domésticas, se as culturas mudarem e ficarmos preparados para dar apoio social aos pais. As mulheres fizeram todas as mudanças que puderam unilateralmente. Não vejo o que mais elas podem fazer".

Há uma exceção, ela diz, enquanto caminhamos pelas ruas silenciosas. As mães na Dinamarca, 80% delas empregadas, a maioria em período integral, não só têm tanto tempo de lazer quanto os pais dinamarqueses, como também têm mais tempo de "puro" lazer para si mesmas do que mães *e* pais em qualquer outro país que ela analisou.

Isso, pensei, eu preciso ver.

Depois de analisar o meu diário do tempo meses antes, John Robinson ficou convencido de que eu era um caso perdido e que ele precisava me dar aulas particulares sobre lazer, dizendo: "Se você não puder ir para Paris e se divertir, então realmente há algo errado com você". No último dia da conferência, Robinson agarra meu braço e diz que chegou a hora para uma última aula.

Ele quer me levar para almoçar. Estou usando jeans, uma camiseta suada de 5 dólares comprada na Target e chinelos, e os meus pés e tornozelos ficaram desconfortavelmente inchados no calor. Robinson usa os sensatos sapatos de sola de borracha e uma camisa amassada de mangas curtas pedindo uma lavagem. Ele está carregando uma sacola de plástico amarrotada. Vejo um pequeno e simples bistrô.

Entramos em um táxi e Robinson pede ao motorista que nos leve para a Place de la Concorde, aos pés do Champs-Élysées. Descemos no Hôtel de Crillon, um glorioso cinco estrelas, um palácio construído em 1758. Aqui, Benjamin Franklin assinou um tratado com os franceses no qual eles reconheceram a Declaração da Independência. Na frente, perto de onde estou parada, Luís XVI perdeu a cabeça na Revolução Francesa. O hotel se parece com Versalhes. E as pessoas tranquilamente entram e saem em ternos bem feitos, minissaias curtíssimas e saltos impossivelmente altos com tornozelos não inchados. Parecem não comprar na Target. *Nunca*.

Cada vez mais envergonhada, acompanho Robinson para o interior, meus chinelos batendo ruidosamente nos pisos lustrosos de mármore. Os funcionários elegantes, sem piscar um olho, conduzem-nos graciosamente para uma sala de refeições dourada e coberta de espelhos, quase vazia. Robinson trouxe também Jonathan Gershuny, outra *éminence grise*[*] do uso do tempo de Oxford, para me instruir nos caminhos do lazer. Sob a luz suave dos lustres de cristal do século 19, os homens pedem *quais ballottine* com vinagre *chardonnay*, e eu, um pargo, legumes à *julienne*, folhas de algas e salada de rúcula. Os dois homens estão trabalhando em um novo levantamento que mostra como todos em cada profissão superestimam a quantidade de tempo que realmente trabalham.[46] Todos preguiçosos.

---

[*] Em tradução literal, eminência parda. É um poderoso assessor ou conselheiro que atua "nos bastidores" ou extraoficialmente. (N.E.)

Para John Robinson, achar tempo para lazer é fundamental para a boa vida. E um ato de vontade. Certa vez, ele manteve um diário. Na época, ele estava em meio a um grande projeto, trabalhando no escritório até as 23h todas as noites. "Calculei que estava trabalhando 100 horas naquela semana, mas, quando medi o tempo, foram apenas 72. Foi então que comecei a encarar com ceticismo a percepção das pessoas em relação ao tempo." Ele decidiu mudar. "Eu não estava vivendo o tipo de vida que queria." Assim, ele começou a viajar e a sair todas as noites. "Um dia sem música ao vivo", ele gosta de dizer agora, "é como um dia sem a luz do sol". Divorciado, com dois filhos adultos e vivendo sozinho, às vezes Robinson toma o metrô na capital com a seção de fim de semana do *Washington Post* sem ideia de para onde está se dirigindo. Ele desce quando sente vontade e sai em busca de aventura. Assiste à televisão até tarde porque pode e corre quatro quilômetros todos os dias. Passa os invernos em um condomínio em Berkeley, é um orgulhoso membro da Burp, uma sociedade belga de degustação de cerveja, e realiza uma peregrinação anual para Burning Man (Homem em Chamas), uma espécie de festival contracultural, que culmina em um grande incêndio no deserto de Nevada.

Alguns dias antes, Robinson me dera a primeira de suas "aulas de lazer" – apenas se divertir – levando-me para uma loja de trajes de casamento de segunda mão perto da estação de trem. Eu o segui obedientemente enquanto ele vasculhava os cabides de roupas até que minha cabeça começou a doer e eu só queria me sentar.

"Sabe de uma coisa?", perguntei. "Detesto fazer compras."

"Oh", ele fez, genuinamente surpreso. "E aqui estou eu achando que foi isso que fizemos a tarde toda."

Em outra aula, Robinson disse que, para criar tempo para lazer, outras prioridades devem ser colocadas de lado. Como limpar. Como limpar um (leia-se: dele) escritório. Finalmente, certo dia ele me permitiu que entrasse depois de assistir a uma de suas aulas de estudos do tempo. "Temos que rastejar para entrar", ele advertiu ao abrir a porta. Com papéis, livros, caixas, mapas, arquivos, fotografias e pilhas de entulho espalhados sobre toda a mobília e o chão enterrando o que em algum momento deve ter sido uma escrivaninha, o escritório dele parecia o fundo de um lixão depois de atingido por um furacão. "Eu queria limpá-lo", ele disse, dando de ombros e, com o braço, empurrou pilhas de papéis de cima de um sofá de veludo vermelho para encontrar um lugar para eu me sentar.

No Hôtel de Crillon, enquanto esperamos pela comida, Robinson me diz que se eu, ou outras mulheres, nos sentimos prisioneiras do trabalho doméstico, somos as únicas culpadas por essa situação. Por que as mulheres ainda cozinham e limpam mais do que os homens? Por que temos menos tempo de lazer? Nossos padrões são altos demais. "Você *precisa* conseguir fazer uma cirurgia de coração no chão de sua cozinha? As louças precisam estar superlimpas? Contanto que você não esteja espalhando doenças, elas estão suficientemente limpas", ele brinca. "As mulheres são suas próprias piores inimigas." (Ele não viu o chão grudento da minha cozinha. Tampouco parece entender que, quando tudo o mais parece desmoronar, pelo menos ter a casa arrumada é uma forma de nos ajudar a respirar.)

Aparentemente, a aula de lazer de hoje, enquanto estamos sentados, encharcados de suor, malvestidos e deslocados neste aposento esbanjando prestígio, regalias e poder, é para simplesmente *aproveitar*. Criar tempo para o lazer quando lhe dá vontade, não importa o que estiver vestindo.

Para essa última aula, Robinson pede a Jonathan Gershuny que faça uma longa dissertação sobre a história do lazer desde o início da humanidade e por que, atualmente, o lazer também está sofrendo com a pressão do tempo. Gershuny se dobra sobre o prato habilidosamente arrumado colocado a sua frente e começa. Os primeiros humanos precisavam uns dos outros para sobreviver. A vida era dura, certamente, mas eles ainda encontravam tempo para pintar nas paredes das cavernas. Tempo de lazer, na verdade, era crítico para o progresso: inovações como a roda e as ferramentas saltaram diretamente das horas ociosas. Contudo, assim que a sobrevivência ficou assegurada, o valor do trabalho para os homens e mulheres se tornou diferente. As mulheres realizavam o trabalho rotineiro, duro e monótono de capinar o jardim e limpar as raízes, enquanto os homens passaram à "exploração", atividades de status elevado que exigiam coragem e inteligência, e eram muito mais divertidas, como a caça, os esportes, o sacerdócio e a guerra. O lazer, ele diz, é apenas outra versão da exploração. Ele implica atividades que envolvam inteligência, paixão exacerbada, habilidade e maestria. "Assim, o começo da aula de lazer se dá com o sexo do lazer", ele diz. "Homens."

Ao longo do tempo, quanto mais um homem pudesse se distanciar desse trabalho pesado, mais alto era seu status. Com a chegada das classes, castas sociais e do sistema feudal na Europa, a "classe superordenada" – a aristocracia – mostrou seu poder sendo ociosa e dominando um grande séquito que também podia se dar ao luxo de matar o tempo enquanto todos os demais de posição inferior levavam vidas de esforço interminável. A classe superior americana dos anos 1890, os capitães da indústria, embora fosse ocupada, também mantinha grandes comitivas em "ociosidade conspícua" para exibir sua posição.

As tortas de morango e as línguas de chocolate com sorvete de banana e café chegaram e se foram. Ponho meu caderno de anotações na mesa.

"Sabe, isso tudo é mesmo fascinante", digo. "Mas o que o senhor me contou foi a história do lazer dos homens. O que quero saber é se alguma vez houve uma história ou expectativa de lazer para as mulheres. John acha que existe algo errado com as mulheres quando acham que não há tempo de lazer. Mas elas alguma vez o tiveram? Lembrei o antigo ditado: 'O trabalho de uma mulher nunca termina'. E todas as imagens com que cresci – a avó dos *The Waltons* estava sempre passando roupa. Acho que nunca a vi relaxando, como o avô, sentado na varanda da frente lendo o jornal."

Gershuny para e se recosta na delicada poltrona revestida de seda.

"Sim. Bem. Mulheres", ele reflete, olhando para o lustre de cristal, esfregando a barba e franzindo o cenho, parecendo confuso com a pergunta. Historicamente, ele começa, o lazer das mulheres – as senhoras que almoçavam – era puramente um reflexo do status dos homens ao seu redor.

"Mulheres", ele fala finalmente, "sempre preferiram estar na classe de *trabalhadoras*".

Gershuny me aponta a obra inspiradora sobre lazer de Thorstein Veblen que, em 1899, escreveu *A teoria da classe ociosa*. Depois, quando consegui lê-la, lá está, *bam*, bem na página 2: "O trabalho manual, a indústria, o que quer que tenha a ver diretamente com o trabalho diário para ganhar o sustento, é ocupação exclusiva da classe inferior", Veblen escreveu. "Essa classe inferior inclui escravos e outros dependentes, e também todas as mulheres em geral."

🐻 🐻 🐻

Quando voltamos para a conferência, procuro Kimberly Fisher que, como secretária da Iatur, decorou um arquivo quase completo de todos os estudos do tempo já realizados. Eu lhe pergunto sobre a história do lazer para mulheres. Se as senhoras ociosas que almoçavam eram apenas reflexos do status dos maridos, que tipo de lazer as mulheres usufruíam?

Fisher, uma mulher com cabelos ruivos ondulados, óculos grandes e que se movimenta e fala rapidamente, para no mesmo instante. Ela inclina a cabeça, como se surpresa por eu ter de fazer a pergunta.

"É por isso que as mulheres se tornavam freiras."

☙ ☙ ☙

Depois de alguns dias quentes em Paris, eu saí de minha própria sobrecarga apenas tempo suficiente para começar a ver sua forma e pressão e como ela consome a todos. Mas eu ainda tinha respostas sobre o que fazer a respeito.

Os muitos lugares em que eu procurara sugeriam que a única forma de escapar à sobrecarga era contratar ajuda – ótimo, quando se tem condições financeiras – ou largar tudo. John Robinson, tentando ser útil, emprestou-me um vídeo especial da PBS de 1994, *Runing Out of Time* (Ficando sem tempo), que mostra como um casal estressado resolveu o problema de pressão do tempo mudando-se para uma fazenda.[47] A protagonista do romance *Não sei como ela consegue* deixou o emprego, mudou para o interior e começou a passar o dia pulando em poças de água com a filha. Esperando encontrar uma resposta mais realista, quando terminei atirei o livro, apesar de hilário, para o outro lado do quarto.

E se você gosta de seu trabalho ou, pelo menos, algumas partes dele? E se não pode se demitir ou não saberia o que fazer em uma fazenda? E se você não tem condições de contratar ajuda ou o simples esforço de juntar o dinheiro todos os meses a fim de pagar a hipoteca já o esgota? Largar tudo é realmente a única saída para você?

E se você quisesse – ou precisasse – encontrar tempo para fazer um bom trabalho *e* pular em poças de água com seu filho? Será que você consegue se permitir um momento de paz? Comecei a me perguntar de que modo as pessoas comuns como eu poderiam fazer suas vidas funcionar aqui, agora, exatamente onde estão.

Decidi procurar histórias de pessoas imperfeitas que tinham ao menos começado a ver seu tempo transformado em confete e lutavam a fim de encontrar o caminho para a serenidade. Talvez elas estivessem abrindo caminho para outras almas mal-acabadas tais quais a minha. Se, como Erik Erikson escreveu, os segredos para a boa vida são ter tempo suficiente para três grandes arenas – trabalho, amor e brincadeira –, eu exploraria todas as três fazendo duas perguntas: Por que as coisas são como são? Como podem melhorar?[48] Eu procuraria pontos luminosos na frenética obscuridade.[49]

NOTAS

1. Peter Brown e Helen Perkins, "Fathers' Juggling Time Between Work, Leisure and Family" (lecture, Iatur Time-Budgets and Beyond: The Timing of Daily Life conference, Paris, 2010).

2. Linda Duxbury and Chris Higgins, *Work-Life Conflict in Canada in the New Millennium: Key Findings and Recommendations from the 2001 National Work-Life Conflict Study*, Report 6 (Health Canada, jan. 2009), www.hc-sc.gc.ca/ewh-semt/pubs/occup-travail/balancingsix-equilibresix/sum-res-eng.php, 7. Veja p. 19 e 21 por uma descrição de custos. Tanto homens quanto mulheres relataram que o tempo de lazer diminuiu 40% em relação à década anterior.

3. Nicole Samuel, ed., *Women, Leisure, and the Family in Contemporary Society: A Multinational Perspective* (Wallingford, CT: CAB International, 1996), 9.

4. Gladys Martinez, Kimberly Daniels, Anjani Chandra, "Fertility of Men and Women Aged 15-44 Years in the United States: National Survey of Family Growth, 2006-2010", *National Health Statistics Reports* 51 (12 abr. 2012): 1-29, www.cdc.gov/nchs/data/nhsr/nhsr051.pdf. Na p. 5, o relatório mostra que a taxa de fertilidade é mais alta para homens e mulheres com diploma do curso secundário ou GED, 2,5 e 1,7, respectivamente, e mais baixa, por volta de 1,0, muito abaixo da taxa de 2,1 que demógrafos chamam de "nível de reposição", para homens e mulheres com formação universitária ou mais. Para estatísticas em baixas taxas de natalidade em todo o mundo, veja Steve Philip Kramer, "Mind the Baby Gap", *New York Times*, 18 abr. 2012.

5. Steven Philip Kramer, "Mind the Baby Gap", *New York Times*, 18 abr. 2012.

6. Bianchi, Robinson, Milkie, *Changing Rhythms*, 55-57 (veja cap. 1, n. 12). Em termos de tempo absoluto, mães empregadas atingiram uma média total de 71 horas por semana em 2000. Isso representa um dia de dez horas de trabalho *sete dias por semana* quando se conta trabalho remunerado e serviços domésticos não remunerados, uma hora a mais por dia do que em 1975. O total de trabalho semanal de mães solteiras tinha *duas horas a mais* por dia em 2000 do que em 1975. Mães donas de casa também viram sua semana de 47 horas subir cerca de uma hora por dia até 52 horas. As cargas de trabalho totais de pais empregados casados aumentaram, embora não tanto. Eles reduziram suas horas de trabalho remunerado de 1975 a 2000, mas aumentaram o tempo passado com serviço doméstico

e cuidando dos filhos 45 minutos por dia. O total de dias de trabalho de mães e pais em países desenvolvidos está ficando mais longo. Pais na América e na Austrália, devido ao aumento de tempo passado com os filhos, têm os dias de trabalho mais longos de todos. Veja também Lyn Craig, "Parenthood, Gender and Work-Family Time in the United States, Australia, Italy, France and Denmark", *Journal of Marriage and Family* 72, n. 5 (out. 2010): 1344-61, doi: 10.1111/j.1741-3737.2010.00769.x.

7. Kerstin Aumann, Ellen Galinsky, Kenneth Matos, *The New Male Mystique* (Nova York: Families and Work Institute, 2011). O instituto descobriu um crescente número de homens em casais em que ambos trabalham vivenciando conflitos entre as pressões do trabalho e de casa, de 35% em 1977 para 60% em 2008, mais alto ainda que entre as mulheres, cujo estresse aumentou de 41 a 47% no mesmo período. http://familiesandwork.org/site/research/reports/newmalemystique.pdf. Veja também Brad Harrington, Fred Van Deusen e Beth Humberd, *The New Dad: Caring, Commiteed, e Conflicted* (Boston: Boston College Center for Work & Family, 2011), www.bc.edu/content/dam/files/centers/cwf/pdf/FH-Study-Web-2.pdf.

8. Tom W. Smith et al., *General Social Surveys, 1972-2010* (machine-readable data file) (Chicago: National Opinion Research Center, 2011), www3.norc.org/GSS+Website/. Fiz uma tabela sobre a pergunta "Em geral, como você se sente em relação ao seu tempo? Você diria que sempre se sente sempre apressado, às vezes ou quase nunca?" e separei os dados por sexo e por número de filhos. A pergunta foi feita em 1982, 1996 e 2004.

9. Martha C. White, "Under the covers, in the tub: We'll shop anywhere", 13 ago. 2012, www.today.com/under-covers-well-shop-anywhere-938774?franchiseslug=todaymoneymain.

10. "Work-Life Balance", OECD *Better Life Index*, www.oecdbetterlifeindex.org/topics/work-life-balance/. Veja também Steven Greenhouse, "Americans' International Lead in Hours Worked Grew in 90's, Report Shows", *New York Times*, 1º set. 2001, www.nytimes.com/2001/09/01/us/americans-international-lead-in-hours-worked042-grew-in-90-s-report-shows.html. Greenhouse relata que a Organização Internacional do Trabalho constatou que os americanos trabalharam 137 horas a mais por ano que os trabalhadores japoneses, 260 horas a mais do que trabalhadores britânicos e quase 500 horas a mais do que trabalhadores alemães.

11. Kenneth Matos, diretor sênior de pesquisa e prática de emprego no Instituto de Famílias e Trabalho, forneceu um relatório à autora sobre excesso de trabalho com dados demográficos de trabalhadores que ele gerou a partir de seu banco de dados.

12. Joshua Guryan, Erik Hurst, Melissa Kearney, "Parental Education and Parental Time with Children", *National Bureau of Economic Research*, 2008, www.econ.umd.edu/media/papers/84.pdf.

13. Rebecca May, Milla Sanes, John Schmitt, "No Vacation Nation Revisited", Centro de Pesquisa e Política Econômica, maio 2013, www.cepr.net/documents/publications/no-vacation-update-2013-05.pdf; "Expedia Vacation Deprivation 2012", Harris Interactive Inc., Banner Book n. 4, www.expedia.com/p/info-other/vacationdeprivation.htm; Harold Maass, "America's War on Vacation: By the Numbers", *The Week*, 28 maio 2013, http://theweek.com/article/index/244771/americas-war-on-vacation-by-the-numbers; Derek Thompson, "The Only Advanced Country Without a National Vacation Policy? It's the U.S.", *The Atlantic*, 2 jul. 2012, www.theatlantic.com/business/archive/2012/07/the-only-advanced-country-without-a-national-vacation-policy-its-the-us/2559317.

14. Ellen Galinsky, entrevista por telefone com a autora, set. 2011. Ela faz citações do Estudo Nacional da Força de Trabalho em Processo de Mudança, assim como ao relatório *Overwork in America: When the Way We Work Becomes Too Much*.

15. Marybeth J. Mattingly e Liana C. Sayer, "Under Pressure: Gender Differences in the Relationship Between Free Time and Feeling Rushed", *Journal of Marriage and Family* 68 (2006): 205-21, doi: 10.1111/j.1741-3737.2006.00242.x.

16. Kim Parker, "The Harried Life of the Working Mother", Pew Research Center, 1º out. 2009, www.pewsocialtrends.org/2009/10/01/the-harried-life-of-the-working-mother/.

17. Becky Pettit e Jennifer L. Hook, *Gendered Tradeoffs* (Nova York: Russell Sage Foundation, 2009), 75. Para estatísticas internacionais sobre mães voltando ao trabalho de período integral depois do nascimento dos filhos, veja Huerta, M. C., W. Adema, J. Baxter, M. Corak, M. Deding, M. C. Gray, W. J. Han, J. Waldfogel, "Early Maternal Employment and Child Development in Five OECD Countries", *OECD Social, Employment, and Migration Working Papers*, n. 118, 6 set. 2011, http://search.oecd.org/officialdocuments/displaydocumentpdf/?cote=DELSA/ELSA/WD/SEM(2011)3&docLanguage=En.

18. Kim Parker e Wendy Wang, "Modern Parenthood: Roles of Moms and Dads Converge as They Balance Work and Family", Pew Research Center, 14 mar. 2013, www.pewsocialtrends.org/2013/03/14/modern-parenthood-roles-of-moms-and-dads-converge-as-they-balance-work-and-family/. Pesquisadores do centro constataram que mães americanas que desejam trabalhar meio período caíram levemente para 50% em 2013 após a recessão. O desejo de trabalhar em período integral aumentou, especialmente entre mães solteiras e mães em situação financeira difícil, de 20 a 32% de 1997 a 2012.

19. Ibid., 12.

20. Marielle Cloin, "How Busy We Are and How Busy We Feel: The Influence Of Objective and Subjective Indicators on the Perceived Work-Life Balance in the Netherlands" (presentation, Iatur Time-Budgets and Beyond).

21. Robinson, *Time for Life*, 94-95.

22. Juliet Schor, *The Overworked American: The Unexpected Decline of Leisure* (Nova York: Basic Books, 1992), 1.

23. Jerry A. Jacobs e Kathleen Gerson, *The Time Divide: Work, Family, and Gender Inequality* (Cambridge, MA: Harvard University Press, 2005), 164. Veja na p. 34 a tabela de horas.

24. Ibid., 35.

25. John C. Williams e Heather Boushey, "The Three Faces of Work Family Conflict The Poor, the Professionals, and the Missing Middle" (Washington, D.C.: Center for American Progress, jan. 2010), www.americanprogress.org/wp-content/uploads/issues/2010/01/pdf/threefaces.pdf.

26. Michael Hout e Caroline Hanley, "The Overworked American Family: Trends and Nontrends in Working Hours, 1968-2001" (working paper, Survey Research Center, University of California, Berkeley, 2002), http://ucdata.berkeley.edu/rsfcensus/papers/WorkingHoursHoutHanley.pdf. Permissão para citar trabalho foi concedida à autora via e-mail em 15 de janeiro de 2013.

27. Bianchi, 115.

28. Bianchi, Robinson, Milkie, *Changing Rhythms*. Pais trabalham uma média de 46,5 horas por semana, comparados às 33 horas das mães.

29. Suzanne M. Bianchi, "Family Time and Time Allocation in American Families", Workplace Flexibility 2010 Program Paper.

30. Leslie Stratton, entrevista por telefone com autora sobre seu trabalho com Elena Stancanelli, jun. 2012.

31. Itália: Carla Power, "Staying Home with Mamma", *Newsweek*, 13 ago. 2000, www.thedailybeast.com/newsweek/2000/08/13/staying-home-with-mamma.html; Japão e Coreia do Sul: Veerle Miranda, "Cooking, Caring and Volunteering: Unpaid Work Around the World", OECD *Social, Employment, and Migration Working Papers*, n. 116 (OECD Publishing, 2011), www.oecd-ilibrary.org/social-issues-migration-health/cooking-caring-and-volunteering-unpaid-work-around-the-world_5kghrjm8s142-en, 13.

32. Mario S. Floro e Hitomi Komatsu, "Labor Force Participation, Gender and Work in South Africa: What Can Time Use Data Reveal?", *Journal of Feminist Economics* 17, n. 4, 3 nov. 2011, www.american.edu/cas/economics/pdf/upload/2011-2.pdf. Os pesquisadores argumentam que a "divisão onerosa" do trabalho doméstico "influencia não só a disponibilidade das mulheres para atuar no mercado de trabalho, mas também sua capacidade de procurar emprego, de retomar os estudos e/ou socializar fora da família". Não é de surpreender, escrevem os autores, que as mulheres encontrem menos emprego do que os homens.

33. Sanjiv Gupta et al., "Economic Inequality and Housework", in *Dividing the Domestic: Men, Women, and Household Work in Cross-National Perspective*, ed. Judith Tres e Sonja Drobnic (Stanford: Stanford University Press, 2010), 105-24.

34. Katherin Barg e Miriam Beblo, "Does 'Selection into Specialization' Explain the Differences in Time Use Between Married and Cohabiting Couples? An Empirical Application for Germany" (ensaio apresentado na International Conference of German Socio-Economic Panel Study Users, 30 jun.-2 jul. 2010), http://ces.univ-paris1.fr/membre/seminaire/GENRE/SelectionintoSpecialization.pdf.

35. Guryan, Hurst, Kearney, "Parental Education and Parental Time with Children".

36. Suzanne Bianchi, Vanessa Wight, Sarah Raley, "Maternal Employment and Family Caregiving: Rethinking Time with Children in the ATUS" (ensaio apresentado na conferência American Time Use Survey Early Results, Bethesda, MD, 9 dez. 2005, 13).

37. Lyn Craig, "Does Father Care Mean Fathers Share? A Comparison of How Mothers and Fathers in Intact Families Spend Time with Children", *Gender & Society* 20, n. 2 (abr. 2006): 259-81, doi:10.1177/0891243205285212.

38. Bianchi, Wight, Raley, "Maternal Employment", 13. Para a diferença entre mães empregadas e não empregadas, veja p. 15. Veja também Bianchi, Robinson e Milkie, *Changing Rhythms*, 76-77. Bianchi nota que mães empregadas em 2000 passaram 11 horas por semana cuidando dos filhos, aproximadamente o tanto que as mães não empregadas passaram em 1975. Mães empregadas passaram cerca de 50 minutos a menos cuidando dos filhos do que mães não empregadas em 2000.

39. www.econ.umd.edu/media/papers/84.pdf.

40. Tamar Lewin, "Study Links Working Mothers to Slower Learning", *New York Times*, 17 jul. 2002; Bonnie Rochman, "Are Working Moms to Blame for Childhood Obesity?", *Time*, 4 fev. 2011; John Carvel, "Children of Working Mothers 'At Risk'", *Guardian*, 13 mar. 2001.

41. Lyn Craig, Oriel Sullivan, Kim Fisher – entrevistas com a autora, Paris, jul. 2010.

42. Suzanne Bianchi, Sara Raley e Melissa Milkie, "'What Gives' When Mothers Are Employed?: Time Allocation of Employed and Nonemployed Mothers: 1975 e 2000" (College Park: Department of Sociology and Maryland Population Research Center, University of Maryland, 2005), www.levyinstitute.org/pubs/CP/confoct05papers/bianchi-paper.pdf. Veja Tabelas 5 e 6. Para entender como o lazer dos pais varia de acordo com o status socioeconômico, veja também Almudena Sevilla-Sanz, Jose Ignacio Gimenez-Nadal e Jonathan Gershuny, "Leisure Inequality in the U.S.: 1965-2003" (ensaio, Departamento de Sociologia, Universidade de Oxford, 2011), www.sociology.ox.ac.uk/documents/working-papers/2010/swp101.pdf.

43. Ibid. Veja também "Gender Brief", OECD Social Policy Division, mar. 2010, www.oecd.org/social/family/44720649.pdf, 16.

44. Bianchi, Robinson e Milkie, *Changing Rhythms*, cap. 5.

45. Rachel Connelly, entrevista com autor, outrono 2009. Follow-up e-mail, outono 2009. Também Jean Kimmel e Rachel Connelly, "Mothers' Time Choices: Caregiving, Leisure, Home Production, and Paid Work", *Journal of Human Resources* 42, n. 3 (2007): 643-81.

46. John Robinson et al., "The Overestimated Workweek Revisited", *Monthly Labor Review* 134, n. 6 (jun. 2011): 43-53, www.bls.gov/opub/mlr/2011/06/art3exc.htm.

47. John de Graaf, *Running Out of Time*, VHS (Portland: Oregon Public Broadcasting, 1994).

48. Estou em dívida com meu amigo Larry Robertson, que me inspirou no café da manhã certo dia com essas mesmas duas perguntas, que orientaram sua pesquisa e seu raciocínio para seu livro sobre empreendedorismo, *A Deliberate Pause: Entrepreneurship and Its Moment in Human Progress* (Nova York: Morgan James Publishing, 2009).

49. Estou em dívida com Dan Heath, autor de *Switch: How to Change Things When Change Is Hard* (Nova York: Broadway Books, 2010), por sugerir procurar os pontos luminosos quando comecei a minha jornada.

3
OCUPADOS DEMAIS PARA VIVER

Não vai parecer fútil que as pessoas jovens sonhem com um mundo corajoso, novo e brilhante… Ciência e tecnologia, métodos de economia no trabalho, administração, organização do trabalho, educação, medicina — e não menos importante, política e governo. Todos eles nos permitiram conhecer um mundo em que o trabalho duro e opressivo não será necessário… Os bens materiais que tornam a vida interessante e agradável estarão disponíveis para todos. O lazer, juntamente com oportunidades de educação e recreação, será abundante de modo que todos criem uma vida voltada para o espírito, a reflexão, a religião, as artes, a realização total das coisas boas do mundo.

– PRESIDENTE DWIGHT D. EISENHOWER, EM
DISCURSO NA CONVENÇÃO REPUBLICANA EM 1956 –

JANE VANGSNESS FRISCH ESTÁ OCUPADA. Ela estuda para obter seu PhD. Ela acabou de se casar. Trabalha o tempo todo para um órgão governamental que valoriza a presença no escritório. Como o escritório principal está a cinco horas de sua casa, ela passa 80% do tempo na estrada. Ela tem "tempo para si mesma" quando está estudando. Ou no carro. É um estilo de vida corrido que ela se sente obrigada a levar a fim de ser bem-sucedida. O que se perde nesse processo? "Família", diz a mulher de 28 anos. "O meu marido e eu decidimos não ter filhos porque não há tempo."

Vangsness Frisch é a primeira palestrante em um grupo de discussão sobre a correria na vida moderna.[1] Ela afirma que seu único tempo para lazer é quando corre com uma amiga, atividade que considera eficiente para socializar e se exercitar. "Mas eu detesto correr."

Do outro lado da mesa, Josh Malnourie, funcionário de 32 anos que trabalha na área de TI de uma empresa de seguros onde as pessoas rotineiramente trabalham 70 horas por semana, afirma que ele e a mulher acabaram de ter um bebê e ele também trabalha como voluntário em vários conselhos de caridade. "Nunca consigo fazer tudo que precisa ser feito", ele diz, acrescentando que havia dois compromissos naquele momento e que realmente precisava estar em outra reunião. "Acho que eu poderia dormir menos."

Travis Kitch tem dois empregos e chefes exigentes. Sua mulher trabalha em período integral e eles estão se esforçando para criar dois filhos especiais. "Vivemos em um estado de constante atividade", ele conta. E, às vezes, simplesmente parece errado ter lazer. "A ética de trabalho protestante é muito forte aqui. Toda a coisa de que 'mãos ociosas são a oficina do diabo' é muito intensa. Eu gostaria de andar mais de barco, mas..."

À cabeceira da mesa, Betsy Birmingham, 50, diz que luta para criar cinco filhos trabalhando como assistente do reitor e professora na universidade local. "A última vez em que senti ter um momento para mim mesma, para respirar?" Ela faz uma pausa. "Na semana passada, quando fui ao médico para a mamografia anual."

Nesse momento, uma mulher alta e magra de curtos cabelos grisalhos bem-cortados irrompe no aposento, desculpando-se pelo atraso. Ela se apresenta como Deb Dawson e começa uma explicação apressada sobre seu cão, "as questões intestinais" do animal, a viagem ao veterinário e se espremer em outra reunião na biblioteca. Ela para a fim de respirar. "E então fiquei presa no trânsito!"

Olho pela janela. De nosso ponto de observação no bar do Radisson Hotel, de 18 andares, o edifício mais alto da cidade, vejo uma série de carros alinhados em um dos poucos semáforos. Acres de plantações de milho se estendem até onde a vista alcança depois disso. Não estamos em Nova York, Washington, Boston, Chicago ou L.A.

Estamos em Fargo, Dakota do Norte.

Fargo. População de 107 mil. Nas vastas Grandes Planícies na fronteira do Canadá. Aqui, antigos fazendeiros ainda jantam ao meio-dia e ceiam à noite, um grande fabricante de tratores pesados é um dos principais empregadores da cidade e a feira local na rua abaixo serve queijo coalho frito e bistecas de porco no espeto.

"A vida é estressante em Fargo", a organizadora do grupo de discussão, Ann Burnett, tinha me dito. E ela não se referia ao ocasional estresse traumático e ameaçador representado pelo rio Vermelho que serpenteia pela cidade transbordando nas margens e inundando vizinhanças inteiras como tem ocorrido em anos recentes. Ela se referia à vida cotidiana comum. "As pessoas estão enlouquecendo."

Quando comecei minha busca por pontos luminosos na sobrecarga, primeiro me voltei para a América rural. Com visões de paisagens bucólicas do interior, ceias na igreja e momentos na varanda, supus que talvez a vida fosse menos caótica, a respiração um pouco mais fácil. Então, deparei com a pesquisa de Burnett sobre vida atribulada e o que ela chama de "grande aceleração" na vida moderna. Burnett, 54, é professora de Comunicação e diretora do Programa de Estudo de Gênero e Mulheres na Universidade Estadual de Dakota do Norte, em Fargo. E todas as pessoas que ela estuda vivem em pequenas cidades do Meio-Oeste.

Eu telefonei para ela, incrédula.

"As pessoas são ocupadas em Fargo?"

"Ah, querida", ela disse, gargalhando. "Você quer conhecer alguns habitantes sobrecarregados de Dakota do Norte? Posso conseguir isso."

Enquanto o queijo frito e as Cocas Light chegam, Burnett pergunta ao grupo que reuniu o que deixa a vida deles atribulada. Estar ocupado faz com que se sintam produtivos e importantes, dizem. Admitir que você tira tempo para si mesmo é o equivalente a uma demonstração de fraqueza. Pensar em tempo de lazer faz com que se sintam... culpados.

"É como se tudo precisasse ter um objetivo", reflete Dawson, 59, admirando como o lazer de tantos aposentados que conhece parece tão exaustivo, todos os jogos de golfe de que participam, as viagens que realizam. "Talvez isso justifique como você passa seu tempo. Quando está ocupado, está dizendo 'Isso é o que eu sou. Eu estou fazendo algo importante. Eu não estou só ocupando um espaço na Terra.'"

Dawson tem cinco filhos, escreveu suas memórias, fez um filme, dirige uma instituição de caridade para órfãos no Sudão e viaja para a África. Ela costumava frequentar uma imponente igreja presbiteriana de pedra na cidade, como fizeram os pais, os avós e bisavós. A igreja localiza-se a apenas uma quadra do condomínio em que mora. Dawson se pergunta se ficaria um pouco mais calma se fosse, "já que é na casa de Deus que se pode recuperar a perspectiva de seu lugar no mundo", ela diz. "No entanto, eu não vou porque estou ocupada demais."

Ann Burnett, uma mulher miúda com longos cabelos loiros que chegam aos ombros, fala devagar e com cautela. Ela começou a estudar o excesso de atividades certo mês de dezembro muitos anos antes. Por ser estudiosa de como a linguagem que usamos cria a nossa realidade, ela vem notando que as pessoas cada vez mais falam sobre estar "necessitadas de tempo".[2] Termos como "famintos de tempo" e "fome de tempo" tornaram-se comuns. Com a pressão do tempo em mente, Burnett abriu as cartas anuais de festas que tinham começado a chegar em sua caixa de correio. "Comecei a contar quantas vezes as pessoas disseram 'estamos ocupados', 'tivemos um ano atarefado', 'estamos ocupados, ocupados, ocupados.'"

Intrigada, ela começou a coletar cartas de Natal juntamente com as dela, e pediu aos amigos e colegas que lhe fornecessem cópias das suas. Em breve se espalhou a notícia de que Ann estava analisando a linguagem nesses "resumos de atividades" do ano, e as pessoas começaram a lhe enviar cartas de todos os lugares. Sua coleção, que agora chega aos milhares, remonta aos anos 1960 e serve de arquivo do crescimento da vida atribulada.

Ela tira grossos arquivos dos armários no escritório apinhado e começamos a folhear maços de cartas enfeitadas com estrelas e árvores de Natal. Rapidamente se torna evidente como antes sinceros "votos de feliz Natal" são logo dispensados de modo que os autores possam mergulhar de cabeça na confusão da própria vida. "Nossas agendas sempre foram loucas, mas agora estão mais loucas ainda!", diz uma. "Tivemos um ano repleto de atividades!", entusiasma-se outra. "Não sei para onde vai o meu tempo", conta uma mãe que faz malabarismo com um emprego e três filhos. "Mas parece que trabalho duro o tempo todo e que nunca tenho resultado algum."

Em todas as cartas festivas, Burnett circulou palavras e frases que aparecem com espantosa frequência: "agitado", "turbilhão", "desgastado", "louco", "difícil acompanhar tudo", "na correria" e "depressa demais". Os dias estão cheios. O tempo passa voando. "Os planetas giram cada vez mais rápido", diz uma. Uma das cartas até transformou a alegria das festas em outra lista de afazeres: "montar a vila de Dickens (baseada nos romances de Charles Dickens): feito. Fazer doces, pão e bolo: feito". Uma família confessou que estava ocupada demais para marcar prazos no Natal: "Esperamos que você considere este o nosso cartão de dia de São Valentim".[3]

Quanto mais Burnett lia, mais ela percebia que as pessoas pareciam impelidas a ser, ou pelo menos retratavam a vida como sendo, ocupadas. Alguns autores até pareciam estar se *vangloriando* da vida atribulada, de estar vivendo a vida "constantemente em movimento", como se exibissem sua capacidade quase sobre-humana de forçar um número cada vez maior de atividades e realizações em uma quantidade de tempo finita. Uma carta se gabava sobre um feriado do Memorial Day (homenagem aos soldados mortos na guerra) sem os preguiçosos churrascos, mas com uma "viagem turbulenta para o Arkansas, Louisiana, Mississipi e Alabama". Outra família não estava apenas ocupada, mas *tão ocupada* arrastando os filhos para diversas atividades, que a mãe se orgulhava de dirigir "160 quilômetros por dia".

A autora de outra carta, fazendo graça sobre a competição acirrada de vidas atribuladas, escreveu sarcasticamente em aceitar um Prêmio Nobel em Física, criar três novas empresas que entrariam para a lista da *Fortune* 500 e velejar ao redor do mundo quando a família "aprendeu a se comunicar com os golfinhos e descobriu uma nova região de vulcões submersos em águas profundas". Isso, Burnett disse, foi quando ela se deu conta: "Meu Deus, as pessoas estão *competindo* para serem ocupadas. É sobre demonstrar status. Se você é ocupado, é importante. Você está levando uma vida plena e meritória". Existe uma verdadeira "atitude de estar mais ocupado que você, assim, se você não é tão ocupado quanto os Jones, é melhor se mexer".

Burnett começou a achar que o que as pessoas realmente transmitiam é que iriam ganhar um "distintivo de honra" por avançar na vida rapidamente. O *tempo* não foi o que mudou à medida que as cartas se tornavam mais frenéticas ao longo das décadas. A Terra ainda leva 24 horas para girar em seu eixo. O que mudou foi a obrigação cultural não só de *ter* tudo, mas de *encaixar* tudo no ritmo acelerado, juntando uma grande quantidade de trabalho, atividades e obrigações até que a vida pareça, como um pesquisador descreveu, uma exaustiva "maratona diária".[4] Em algum ponto perto do final do século 20, afirmam Burnett e outros pesquisadores, estar ocupado não só se tornou um meio de vida, mas de glamour. Hoje, dizem, é um indicador de elevado status social.[5]

Burnett destaca uma missiva bastante comum:

> Não tenho certeza se é uma boa ideia escrever uma carta de Natal quando estou trabalhando na velocidade da luz, mas, considerando o tempo que tenho para dedicar a qualquer projeto, é a única opção que tenho. Começamos todos os dias às 4h45, lançamo-nos pelo dia a uma velocidade vertiginosa (a experiência é muito semelhante a colocar a cabeça em um liquidificador), apenas para aterrissar amontoados e amarrotados às 20h30, parecendo um pouco com as bruxas de Halloween empaladas em uma vareta nas portas da frente, perguntando-nos como conseguimos atravessar o dia.

Tique-tique-tique. Muitas vezes as cartas são listas de lavanderia de páginas múltiplas e espaço único de vidas vividas perigosamente depressa: atividades, realizações, prêmios, viagens, aulas de violão, campos de futebol, times de basquete, futebol do jardim da infância, faixas de Taekwondo, prótese no quadril, cirurgias cardíacas, cirurgias na coluna, formaturas, aniversários de casamento. Nascimentos. Mortes. Tique. Tique. Tique. A escrita muitas vezes serpenteia pelas bordas das cartas, invadindo as margens da grinalda decorativa de meias, estrelas e lantejoulas.

Deixamos as cartas de lado por um momento e Burnett liga para duas colegas pelo Skype a fim de se inteirar das pesquisas que estão realizando sobre o tema de vidas atribuladas. Elas estudam como a vida corrida e ocupada fragiliza os relacionamentos. Casais entrevistados lamentam não ter tempo um para o outro. "Honestamente, não sei dizer quando de fato tivemos nossa última conversa genuína", um deles contou a ela. Eles comparam a vida a viver em um "trem acelerado", a uma "montanha-russa" e a um "carrossel de onde não se consegue descer". Só por tentar avançar, os casais colocam trabalho e filhos em primeiro lugar. O relacionamento deles, dizem, cai para o "fundo da cadeia alimentar da família".[6]

O projeto atual de Burnett e suas colegas examina mulheres e a vida atribulada que levam. Elas estão profundamente envolvidas no processo de analisar a linguagem que as mulheres têm usado nas entrevistas para descrever a própria vida. "Uma mulher que entrevistamos disse: 'Já não se trata mais do tipo de carros que dirigimos, é o quanto estamos ocupadas, quantas atividades estamos realizando, os adesivos nos para-choques – que mostram status'", conta a colega de Burnett, Becky DeGreeff, pelo Skype. Outra mulher admitiu julgar as pessoas que tiram folga. "Nós supomos que, se as pessoas não estão sempre ocupadas, então elas devem ser preguiçosas", ela falou. "Não sei como as pessoas *não* ficam ocupadas", disse outra com desprezo. "Estou tão cansada. Preciso de um sabático", desabafou outra mulher antes de jurar depressa que nunca tiraria um, como se isso admitisse falta de energia para prosseguir.[7] DeGreeff afirma que ouviu duas mulheres que deixaram as filhas na aula de balé e estavam ocupadas no mercado antes de a aula terminar. "Uma das mães suspirou e falou que tinha muitos relatórios para assinar e devolver ao professor. Como se dissesse: 'Eu estou mais ocupada. Ganhei'. Então a outra mãe zombou e disse: 'É, mas eu tenho dois filhos a mais que você'. Como se respondesse: 'Não, *eu* ganhei.'"

Estar ocupado, hoje, é a norma social que as pessoas se sentem obrigadas a obedecer, Burnett diz, ou se arriscam a ser rejeitadas. "Ninguém escreve 'O tempo está imóvel' ou 'Não tenho nada para fazer'. As pessoas não vão mostrar de jeito nenhum que não atendem à exigência de estarem ocupadas", ela afirma. Mas ou as pessoas não estão cientes disso, ou não estão admitindo o preço que o excesso de atividades está cobrando. "As pessoas não dizem: 'Minha casa está um chiqueiro, o cesto de roupas sujas está transbordando' ou 'Estamos todos obesos porque não tenho tempo para cozinhar uma refeição decente para a família'. Há uma verdadeira desvantagem em levar uma vida atribulada demais, mas as cartas não a revelam."

Burnett depara com um velho paradoxo. Algumas pessoas afirmam que um estilo de vida atribulado é uma escolha feita a fim de progredir e oferecer aos filhos uma vantagem no futuro. Outras estão resignadas e afirmam que se sentem obrigadas a viver superocupadas e ágeis, como que carregadas por uma maré que se movimenta rapidamente. "Como se você não pudesse escolher, já que as tarefas simplesmente estão ali", diz Burnett. "Eu chamo isso de uma 'escolha não escolha'. Por que as pessoas realmente *têm* uma escolha." Algumas até parecem criar a percepção de um estilo de vida esbaforidamente ocupado – como um congestionamento em Fargo – mesmo quando não precisa ser assim. "Por que", ela se pergunta, "existe essa compulsão por se estar ocupado quando sua pesquisa mostra claramente que ninguém está feliz com a situação?"

É o enigma que Edson Rodriguez, sociólogo que estudas famílias frenéticas em L.A., tem tentado decifrar. Segundo Rodriguez, o impulso para levar uma vida atribulada se tornou uma expectativa cultural poderosa. Os seres humanos têm vontade de atendê-lo. "A cultura é mais poderosa do que o indivíduo que participa dela", ele me contou.

A vontade dos seres humanos de atender à norma social do grupo pode ser irresistível. Em experimentos de laboratório realizados nos anos 1950, psicólogos cercaram um indivíduo objeto do teste com outros que intencionalmente davam a resposta errada a uma pergunta – em um caso, o comprimento de uma série de linhas. Embora a resposta estivesse claramente errada, três ou quatro indivíduos também não conseguiram resistir a dá-la. Gregory Berns, professor de Psiquiatria e Ciências Comportamentais na Universidade Emory, mais recentemente deu um passo adiante na exploração da ânsia do ser humano em se adaptar. Ele colocou seus objetos de estudo em aparelhos de ressonância magnética a fim de analisar qual é a aparência da pressão para se amoldar. Ele mostrou aos indivíduos duas formas tridimensionais diferentes em uma tela de computador e lhes pediu que dissessem se as formas eram iguais ou diferentes. Em seguida, apresentou fotografias de outras pessoas e as respostas que supostamente ofereceram. Os resultados foram intrigantes: quando um indivíduo via que todos os outros em um grupo discordavam de sua resposta, a amídala,* o centro cerebral do medo, funcionava descontroladamente. Não só isso, quando todo o grupo apresentou a resposta errada, os circuitos cerebrais de percepção do objeto se acenderam – *não* o cérebro anterior que lida com a tomada de decisões consciente e monitora os conflitos.

---

* Chama-se de amídala ou amígdala qualquer órgão anatômico em forma de amêndoa. Aqui, a autora refere-se à amídala cerebelosa, que não deve ser confundida com as amídalas faríngeas, mais familiares. (N.E.)

Berns concluiu que o desejo de obedecer foi tão premente que o cérebro de fato *mudou* o que o objeto viu.⁸

"Em nossa cultura traduzimos a velocidade como uma virtude. Se você está ocupado, se está realizando as tarefas mais depressa, se avança pelo dia com mais rapidez, isso expressa sucesso. Você está obtendo resultados", Rodriguez disse. Somos validados por aqueles a nossa volta que vivem da mesma maneira e sancionados quando não atendemos a essa expectativa cultural. A sensação é: se não estou ocupado hoje, alguma coisa está errada.

☙ ☙ ☙

Parece que em todos os lugares, até na América rural, as pessoas se empenham em estar ocupadas.⁹ Elas dizem a pesquisadores que estão ocupadas demais para se registrar e votar.¹⁰ A fim de parecerem ocupadas e importantes – ou porque não conseguem ser diferentes –, as pessoas checam os smartphones obsessivamente a cada dez minutos.¹¹ Em pesquisas, elas afirmam que estão ocupadas demais para fazer amizades fora do escritório,¹² ocupadas demais para namorar,¹³ ocupadas demais para dormir e ocupadas demais para fazer sexo.¹⁴ Oito em dez britânicos alegam estar ocupados para comer sobremesa, e até quatro em dez afirmam que sobremesa é melhor do que sexo.¹⁵ Sentimos tanta pressa que a mensagem de um candidato à presidência foi comprimida de 40 segundos em 1968 para 7,3 segundos em 2000.¹⁶

Você se lembra daqueles dias de férias não utilizados? As pessoas dizem que estão ocupadas demais para tirar férias¹⁷ e ocupadas demais para tirar uma folga para o almoço.¹⁸ O fato incitou varejistas como McDonald's a lançar campanhas publicitárias como "Saia feliz com seu lanche!". O site de viagens Orbitz vem tentando fazer com que as pessoas se comprometam a tirar todos os dias de férias. E a Autoridade de Convenções e Turismo de Las Vegas criou uma campanha relâmpago, "Recupere o seu verão", mostrando a funcionária ocupada de um escritório subindo na escrivaninha e, no estilo de Norma Rae, erguendo uma placa em que se lia FÉRIAS AGORA.¹⁹

Um médico afirmou que a motivação para levar uma vida atribulada e em ritmo acelerado é uma patologia. Ele a apelidou de "doença do tempo".²⁰ Outros disseram que se trata mais de uma obsessão psicológica, e a chamaram de "cronofilia".²¹

Psicólogos escrevem sobre o tratamento de pacientes esgotados que não conseguem se libertar do conceito de que, quanto mais somos ocupados, mais somos considerados competentes, inteligentes, bem-sucedidos, admirados e até mesmo *invejados*.²² É a nova epidemia, disse o psiquiatra Ed Hallowell.²³ Em seu livro *CrazyBusy: Overstreched, Overbooked, and About no Snap!* (Ocupado e Louco: Superpressionado, superatarefado e prestes a entrar em parafuso), Hallowell insiste no fato de que, além de mostrar status, estar sempre ocupado é um novo tipo de êxtase. Ouvi isso nas entrevistas. "Há uma certa agitação", um homem jovem me falou, "quando se está avançando em mil direções ao mesmo tempo e se consegue concluir tudo".

Estar superocupado passou a ser tão normal que hoje se tornou uma piada. A atriz Casey Wilson explicou em uma entrevista que seu papel, Penny, na série de TV *Happy Endings*, abrevia as palavras, como "hilar", para hilário, e "aprec", para apreciar, porque ela simplesmente está ocupada demais para pronunciar a palavra inteira.²⁴ E, em *Saturday Night Live*, Seth Meyers disse em um segmento sobre Novidades do Fim de Semana que varejistas como a Target, Costco e Kmart estavam vendendo on-line árvores de Natal recém-cortadas que poderiam ser entregues a domicílio. "E por apenas alguns dólares a mais", Meyers brincou, "eles a instalam, decoram, abrem todos os presentes, brincam com os brinquedos novos e sentem a alegria que você e sua família aparentemente não têm mais tempo para sentir."²⁵

Valorizamos estar ocupados de tal maneira que os pesquisadores afirmam que descobriram uma "aversão" humana ao ócio e uma necessidade para "justificar o excesso de afazeres". Christopher Hsee, psicólogo e professor de Ciência Comportamental na Universidade de Chicago, pediu a 98 alunos que preenchessem um levantamento. Depois, ele lhes ofereceu uma escolha. Poderiam sentar-se ociosamente e esperar 15 minutos para preencher uma segunda pesquisa ou poderiam caminhar 15 minutos para entregar a primeira pesquisa – o equivalente ao trabalho excessivo desnecessário. Hsee descobriu que o grupo que se ocupou caminhando sentiu-se mais feliz. "Se pessoas ociosas continuam ociosas", Hsee escreveu, "elas ficam angustiadas".²⁶

Atualmente, os super-ricos e poderosos estão superocupados. Não mais satisfeitos em mostrar status em visível vagabundagem como no passado, as elites de hoje agem mais como o astro do rock Bono, da banda U2, que não apenas parte de avião para a África e capitais do mundo com o intuito de se reunir com líderes mundiais, mas também luta para que se encontre uma cura para a AIDS e se perdoe a dívida de países pobres – comprimindo trabalho humanitário entre a tarefa de compor músicas e datas de shows. O bilionário Bill Gates, um homem certa época tão ocupado que dormiu embaixo da escrivaninha no escritório para não perder um minuto longe da empresa, agora se encontra tão ocupado procurando a cura da malária e promovendo a inovação e a reforma na educação que desistiu dos tacos de golfe.[27] Celebridades como o renomado chef Marcus Samuelsson insere toda a "vida frenética e agitada" em sua janela de fama de 15 minutos para durar uma vida inteira. Samuelsson cozinha, dirige seis restaurantes, é dono de uma linha de aparelhos de jantar, de uma marca de chá, lida com companhias aéreas e de cartão de crédito, faz aparições em programas de TV, tem dois websites, publicou quatro livros de culinária e um de memórias.[28] "Na cultura financeira contemporânea", escreveu o colunista Daniel Gross, "ter lazer e ficar ocioso significa ser irrelevante".[29]

Encontrei-me com um grupo de pesquisadores na Leisure Trends, uma companhia de marketing e pesquisa do consumidor para a indústria de esportes ao ar livre e recreação em Boulder, Colorado. Eles notaram o excesso de atividades insinuando-se na indústria do lazer nos anos 1990 com a bolha da internet. "O tempo de lazer tornou-se impulsionado pela ansiedade", declarou Julia Clark Day, vice-presidente de vendas e marketing. "Havia tão pouco tempo livre e as pessoas trabalhavam tanto que sentiam a necessidade de fazer a escolha certa quanto ao que fazer em seu tempo de lazer." Desde então, o excesso de atividades transformou a indústria de lazer. Anos atrás, ela fala, os varejistas do setor de lazer atendiam a consumidores que podiam realizar viagens de uma semana. À medida que as pessoas se tornaram mais ocupadas, o foco da indústria se estreitou e passou a se voltar para a venda de equipamentos destinados a atividades que as pessoas poderiam fazer em um fim de semana, como acampar ou pescar. Ela conta que o foco para o que as pessoas podiam realizar em um dia afunilou-se novamente por volta do 11 de Setembro. Em 2010, o foco do tempo estreitou-se para o que as pessoas podiam fazer em cerca de quatro horas durante a tarde – um passeio de caiaque para, por exemplo, um riacho próximo com a família. Logo a indústria do lazer se voltou para o que era possível realizar perto de casa. Como eles podiam reinventar essas viagens? "E agora, o foco se volta para o que é possível fazer nos 45 minutos reservados ao almoço", ela continuou. "A Keen Footwear foi pioneira com a ideia de fazer um Recesso Instantâneo de 10 a 15 minutos. Eles querem que as pessoas saiam e façam algo de que gostem. Ou simplesmente se mexam." [30]

🐞 🐞 🐞

A vida no início do século 21 não deveria ser tão atarefada. O economista John Maynard Keynes, em seu ensaio de 1930, *Possibilidades econômicas para os nossos netos*, previu uma semana de 15 horas até 2030, e o fim da luta do ser humano para sobreviver, além de tempo para usufruir "a hora e o dia relativamente bem". Nos anos 1950, alguns pensadores proeminentes previram que o *boom* pós-Segunda Guerra Mundial na produtividade, as rendas sempre crescentes e o padrão de vida dos americanos e do mundo industrializado só podiam significar que estávamos ingressando em uma nova era de lazer sem precedentes. Todas as nossas necessidades básicas seriam atendidas. Livre do trabalho, começaríamos a saborear seus frutos. Fiéis ao ideal da boa vida dos gregos, começaríamos a passar nosso tempo cultivando a mente e a alma. Alguns economistas, pensadores e políticos como o então vice-presidente Richard M. Nixon predisseram que, em 1990, os americanos iriam usufruir uma semana de trabalho de 24 horas, seis meses por ano, ou um padrão de aposentadoria aos 38 anos de idade.[31] Muitos acharam que uma semana de trabalho de quatro dias assomava no horizonte. Em 1959, o senador Eugene McCarthy presidiu algumas audiências especiais sobre a redução da jornada de trabalho semanal em relação às 40 horas oficiais, que tinham sido introduzidas na lei federal em 1938.[32]

A ideia de que o lazer agora era destinado a todos foi, na verdade, um conceito radical. Na maior parte da história da humanidade, esse era o tipo de tempo disponível apenas aos ricos e famosos. Um artigo na *Harvard Business*

Review, em 1959, preocupava-se com o fato de que o "tédio, que costumava acometer apenas os aristocratas, tornara-se um distúrbio comum".[33] Pensadores se preocuparam com o que os trabalhadores desacostumados com tanto tempo livre fariam com ele e se iriam desperdiçá-lo em uma vida ociosa. No início dos anos 1960, a CBS transmitiu uma mesa redonda de comentários de fim de ano e perguntou: "Qual é a crise mais grave com que a América vai se deparar no ano que vem?". Um dos participantes respondeu que seria o aumento das tensões da Guerra Fria. Outro afirmou que seriam revoluções na América Latina. O antigo jornalista de televisão Eric Sevareid declarou que a ameaça mais perigosa para a nação era o "aumento do lazer".[34]

Em seu sentido mais genuíno, o lazer não está sendo indolente, ocioso ou frívolo. Ele está, nas palavras do pesquisador de lazer Ben Hunnicutt, simplesmente sendo aberto para a maravilha e o prodígio do presente. "O milagre do agora", ele o chama, é escolher fazer algo sem outro objetivo além de revigorar a alma, ou decidir não fazer nada. Apenas ser e se sentir totalmente vivo. Os gregos, com seus princípios elevados, chamavam o lazer de *skole*. Como a escola, eles o consideravam um tempo para aprender e cultivar o próprio eu e suas paixões. É um tempo não apenas para diversão, recreação e conexão com os outros, mas também para meditação, reflexão e pensamento profundo.[35] Durante todo o curso da história, nesse tempo de "lazer" longe da labuta, os homens de elite – que, conforme Jonathan Gershuny explicou no almoço em Londres, usufruíram o verdadeiro lazer durante a maior parte da história da humanidade – criaram algumas das mais brilhantes inovações, arte duradoura e descobertas elevadas que a humanidade jamais conheceu. "A classe do lazer", Bertrand Russell escreveu, "cultivou as artes e descobriu as ciências; ela escreveu os livros, inventou as filosofias e refinou as relações sociais. Até a liberação dos oprimidos em geral tem sido orquestrada de cima. Sem a classe do lazer, a humanidade nunca teria saído do barbarismo". Em seu ensaio clássico de 1932, "O elogio do ócio", Russell anunciou um tempo vindouro em que a tecnologia moderna traria horas de trabalho mais curtas e tempo de lazer para ser usufruído igualmente por todos. Trabalho e lazer seriam "maravilhosos", e o mundo, melhor. "Todas as pessoas que possuem curiosidade científica poderão aproveitá-lo e cada pintor vai poder pintar sem passar fome... Acima de tudo, haverá felicidade e alegria de viver, em vez de nervos fragilizados, exaustão e dispepsia."

Em toda a história, os pobres sem instrução e as classes trabalhadoras tinham uma medida de tempo que, se não era dedicada à busca de ideais nobres, pelo menos estava livre do trabalho. A economista Juliet Schor escreve que, no século 4, em Roma, havia 175 dias de festivais públicos por ano. Na Idade Média, embora os camponeses e os servos trabalhassem nos campos do nascer ao pôr do sol, eles paravam para o café, o almoço, a sesta da tarde, o jantar e faziam pausas no meio da manhã e da tarde. Feriados religiosos, dias de sabá, dias santos, dias de descanso oficiais, festas e festivais públicos e comemorações com uma semana de duração para festejar eventos importantes como nascimentos, casamentos e mortes ocupavam cerca de 1/3 do ano na Inglaterra. Schor calcula que, na Espanha e na França, mesmo os trabalhadores mais esforçados tinham quase meio ano de folga.[36]

Ela argumenta que a mudança ocorreu com a introdução do relógio no século 13 e com o surgimento das atividades fabris. O tempo se transformou em dinheiro e os empregados tinham o poder de controlar ambos. As horas de trabalho cresceram uniformemente até que, na virada do século 20, dias úteis com 15 horas, seis ou sete dias por semana, tornaram-se o padrão da indústria. A indústria siderúrgica americana implementou uma escala de 12 horas de trabalho por dia, sete dias por semana até 1923.[37] Durante uma greve de trabalhadores de moinho em 1912 para reivindicar menos horas de trabalho em Lawrence, Massachusetts, as mulheres (que eram maioria) cantavam: "Sim, é pelo pão que lutamos, mas também lutamos pelas rosas". Elas exigiam mais tempo com a família. Tempo para diversão", disse Ellen Bravo, chefe da Family Values @ Work, que faz lobby em favor de políticas que ofereçam apoio às famílias de trabalhadores. "Em vez de encarar o lazer como um conceito privilegiado e frívolo, elas o viam como um conceito altamente humano e saudável. Que todos merecemos tempo para rosas."

Nos anos 1950, as horas de trabalho finalmente começaram a cair. O tempo de lazer estava aumentando.

"Assim, minha pergunta é: o que diabos aconteceu?", questiona Ben Hunnicutt.

Alguns argumentam que profissões especializadas – arte, tecnologia, engenharia, comunicações, política, *think tanks*,* estudo de humanas e assim por diante – constituem mais buscas de lazer para a mente imaginadas pelos gregos e que estar totalmente envolvido na vida pelo trabalho é algo bom.[38]

Contudo, economistas como Schor debatem não apenas que uma indústria voraz de publicidade cria novos desejos, mas também que os gastos de consumo insaciável agora impulsionam 70% da economia americana. O espantoso crescimento nos preços do atendimento médico, o custo de vida e os ainda mais elevados aumentos nas despesas com moradia superaram os ganhos estacionados. Como resultado, as despesas domésticas atingiram picos históricos,[39] e as pessoas estão se afogando – apanhadas no que ela chama de um ciclo vicioso de "trabalho e gastos".

Hunnicutt também vê algo mais profundo acontecendo. Ele me contou que "o trabalho passou a ocupar um papel central em nossa vida, respondendo às perguntas religiosas de "Quem eu sou?" e "Como encontro significado e objetivo na vida?". "O lazer tem sido trivializado, algo que apenas garotas tolas almejam para ter tempo de fazer compras e fofocas."

Mesmo no ambiente acadêmico, estudiosos confessam que às vezes ficam constrangidos em revelar que estudam o lazer, do mesmo modo que eu, para ser sincera, muitas vezes fiquei ao contar às pessoas o que estava pesquisando para escrever este livro. Karla Henderson, que estuda o lazer das mulheres na Universidade Estadual da Carolina do Norte, vem pensando em escrever um ensaio com o título "Não ria quando digo lazer". "Acho que minha mãe pensa que o que estudo é um tanto ridículo", ela me contou. O departamento de Estudos de Lazer de Henderson foi renomeado como Departamento de Gerenciamento de Parques, Recreação e Turismo. "Vivemos em uma sociedade que considera o trabalho muito melhor do que o lazer. Contudo, quando se entende realmente o que ele é, o que representa para a qualidade de vida e os relacionamentos que mantém, o lazer é, de fato, muito importante", ela continua. "O lazer é muito mal compreendido, e, por isso, faz as pessoas se sentirem culpadas em relação a ele."

---

* São organizações ou instituições que atuam no campo dos grupos de interesse, produzindo e difundindo conhecimento sobre assuntos estratégicos, com vistas a influenciar transformações sociais, políticas, econômicas ou científicas. (N.E.)

Hunnicutt diz que, sem tempo para refletir, para viver plenamente presente no momento e enfrentar o que é transcendente em nossas vidas, estamos condenados a viver em um ritmo de excesso de tarefas banal e sem objetivo. "E então ficamos famintos pela capacidade que temos de amar", ele diz. "Cria-se esse 'coração inquieto', como disse Santo Agostinho, que está sempre desesperado para ser satisfeito."

Ann Burnett se inclina sobre a mesa diante de mim em um café no campus da Universidade Estadual de Dakota do Norte. Espalhadas a nossa frente estão pilhas e mais pilhas de cartas de boas festas que trouxemos de seu escritório, separadas, com capricho, por ano em pastas de papel manilha. Um punhado está marcado com um grande A no alto.

"A, como uma nota máxima? Para uma boa carta de Natal?", pergunto, agitando uma delas.

"A de autêntico", ela responde. "Essas cartas mostram pessoas vivendo uma vida autêntica."

"Que quer dizer...?"

"Que reconhecem que a vida é finita", ela declara, "que elas vão morrer".

"Isso é um bocado pesado para uma carta de Natal, não é?"

"Quando percebemos que vamos morrer, valorizamos mais o tempo", Burnett fala.

"Isso é deprimente."

"Isso", Burnett continua, "é viver honesta e corajosamente o momento. Você se torna capaz de recuar, parar e sentir o perfume das rosas. Ou de se dar conta de que as rosas existem. Você reconhece que o passado se foi. O futuro é uma incógnita. Você pode permanecer ocupado, mas saboreia todos os minutos de seu tempo".

O filósofo alemão Martin Heidegger escreveu que uma vida autêntica exige que se mantenha a vida e a morte em mente o tempo todo – Burnett explica. Ele chamou isso de *"dasein"*, literalmente, ser-aí. Poucos de nós são capazes de fazê-lo. Talvez faça parte da natureza humana evitar a todo custo a conclusão definitiva e inevitável da vida. Talvez seja essa a atração que as atividades exacerbadas exercem, ela diz. Se nunca temos um momento para fazer uma pausa e pensar, nunca teremos de enfrentar essa verdade aterradora.

Burnett e seus colegas esquadrinharam uma amostra aleatória de cerca de 600 cartas de Natal à procura de sinais de pessoas que vivem vidas autênticas. Eles encontraram somente 32. Burnett me mostra um exemplo: "Queridos amigos Hither e Yon. Neste meu 80º ano de vida, estou aprendendo que a vida é cada vez mais um processo de RENUNCIAR aos seres amados, à família e aos amigos que foram mais próximos do que familiares; a lugares especiais em que amei estar e coisas que gostei muito de fazer". Outra descreve como um acidente quase fatal fez com que a família se tornasse mais ciente "da transitoriedade dessa adorável vida em conjunto".

Burnett afirma que a grande maioria de outros remetentes vivia no que Heidegger chamou de "confisco", uma falta de autoconsciência por estar tão distraído com o frenesi da vida diária. "A vida é curta", Burnett e seus coautores escreveram na análise das cartas. "Se somos incapazes de sair da roda do hamster que gira infinitamente e apreciar o sentido da vida, podemos nunca ser capazes de reconhecer totalmente o significado da vida e a felicidade suprema."[40]

Penso com tristeza em como, apanhada em meu próprio confisco, minha correspondência de festas diminuiu, passando de notas escritas a mão com atenção a cartões assinados apressadamente a posts no Facebook e, em ano recente, a absolutamente nada.

Burnett diz que é hora de irmos. Hora de eu ir ao aeroporto e de ela ir à sessão de radioterapia. Burnett tem câncer. Cuidadosamente, arrumamos as pilhas de cartas de Natal. Enquanto me leva de volta ao Radisson, ela reflete no quanto sempre foi ocupada. Houve anos em que avançou "a mil por hora", ensinando, pesquisando, participando de conselhos estaduais, levando a filha para aulas de piano, torneios de debates, shows de rock e dando festas de aniversário "espetaculares". Durante o jantar na noite anterior, a filha de Burnett, agora com 21 anos, explicou que ela também sempre se sentiu impelida a ficar ocupada. "Não sei o que fazer com o tempo livre", ela admitiu. E, de fato, nem mesmo Burnett sabe. Antes de adoecer, Burnett conta que se sentia exausta, que não tinha tempo para si mesma, que todos queriam um pedaço dela até ficar exaurida. Às vezes, ela se pergunta se o fato de estar tão ocupada foi, em parte, responsável pela sua doença. Ela tentaria mudar se conhecesse o preço que teria de pagar? Agora, ela diz, os tratamentos do câncer a esgotam tanto que não tem escolha senão desacelerar. "É frustrante. E eu me sinto um pouco culpada", ela conta. "Há tantas outras coisas que quero fazer."

NOTAS

1. Grupo de discussão organizado por Ann Burnett no Radisson Hotel, Fargo, North Dakota, 17 de julho, 2012.
2. Magali Rheault, "In U.S., 3 in 10 Working Adults Are Strapped for Time", *Gallup*, 20 jul. 2011, www.gallup.com/poll/148583/Working-Adults-Strapped-Time.aspx.
3. Ann Burnett's – arquivo da coleção de cartas de festas mostrado à autora, 18 jul. 2012.
4. Ann Burnett et al., "Earning the Badge of Honor: The Social Construction of Time and Pace of Life" (ensaio apresentado na reunião da Associação Nacional de Comunicação, Chicago, 14 nov. 2007), 4.
5. Ibid., 18.
6. Ann Burnett, "The Fast-Paced Lifestyle and Marriage: Cramming in Just One More Thing" (ensaio apresentado na convenção da Associação Nacional de Comunicação, Atlanta, 2001).
7. Ann Burnett, material de pesquisa não publicada fornecido à autora, 18 jul. 2012.
8. Sandra Blakeslee, "What Other People Say May Change What You See", *New York Times*, 28 jun. 2005, www.nytimes.com/2005/06/28/science/28brai.html. Veja também S. Gregory et al., "Neurobiological Correlates of Social Conformity and Independence During Mental Rotation", *Biological Psychiatry* 58 (2005): 245-53, doi: 10.1016/j.biopsych.2005.04.012. Também Elizabeth Landau, "Why So Many Minds Think Alike", CNN, 15 jan. 2009, http://articles.cnn.com/2009-01-15/health/social.conformity.brain_1 brain-images-opinion-new-study?_s=PM:HEALTH; "Dr. Greg Berns Answers Viewers' Questions on Conformity", ABC News, 13 jan. 2006, http://abcnews.go.com/Primetime/story?id=1504239#.UL42705_Wol. Berns disse à ABC: "O que outras pessoas dizem que veem realmente entra em sua mente e pode alterar as informações que você recebe por seus olhos – mesmo antes de que você se conscientize de que está acontecendo".
9. Darlene Bishop, "Too Busy for Life?". *The 13th Apostle*; www.the13thapostle.net/christian-articles/too-busy-for-life.htm. Veja também Douglas Todd, "Canadians Not 'Mad' at Churches, Just Too Busy for Them: Pollster", *Vancouver Sun* (blog), 27 ago. 2012, http://blogs.vancouversun.com/2012/08/27/canadians-not-mad-at-churches-just-too-busy-pollster/.
10. Susan Page, "Why 90 Million Americans Won't Vote in November", *USA Today*, 15 ago. 2012, usatoday30.usatoday.com/news/politics/story/2012-08-15/non-voters-obama-romney/57055184/1.
11. Elizabeth Cohen, "Do You Obsessively Check Your Smartphone?", CNN, 28 jul. 2011, HEALTH/07/28/ep.smartphone.obsessed.cohen/index.html.

12. Lucy Waterlow, "How Work Colleagues Are Our Closest Friends Because We Are Too Busy to Keep in Touch with Old Mates", *Daily Mail* on-line, 9 ago. 2012, www.dailymail.co.uk/femail/article-2185991/How-work-colleagues-closest-friends-busy-touch-old-mates.html.

13. "Dating/Relationship Statistics", *Statistic Brain*, 26 jul. 2012, www.statisticbrain.com/dating-relationship-stats/.

14. Ian Kerner, "Are You Too Tired for Sex?", CNN, 9 ago. 2012, www.cnn.com/08/09/2012/health/kerner-too-tired-sex/index.html.

15. James Hall, "Busy Lifestyles Eat into Pudding Time", *Telegraph*, 29 out. 2011, www.telegraph.co.uk/foodanddrink/foodanddrinknews/8856097/Busy-lifestyles-eat-into-pudding-time.html.

16. Estatísticas de 1968: James Gleick, *Faster: The Acceleration of Just About Everything* (Boston: Little, Brown, 1999). Estatísticas de 2000: Laura Miller, "Sound Bites Get Shorter", Center for Media and Democracy's PR Watch (blog), 11 nov. 2000, www.prwatch.org/node/384.

17. "Americans Stressed-Out; 75% Too Busy for Vacation", Odyssey Media Group, 14 set. 2010, www.odysseymediagroup.com/nan/Editorial-Hotels-And-Resorts.asp?ReportID=418924.

18. "Americans Too Busy for Lunch", Prepared Foods Network, 25 jul. 2005, www.preparedfoods.com/articles/americans-too-busy-for-lunch.

19. Tanzina Vega, "In Ads, the Workers Rise Up… and Go to Lunch", *New York Times*, 7 jul. 2012, www.nytimes.com/2012/07/08/business/media/ads-for-mcdonalds-and-las-vegas-aimed-at-harried-workers.html?r=0. Também Stuart Elliott, "In New Ad Campaign, Orbitz Comes Out as Pro-Vacation", *New York Times* Media Decoder blog, 4 maio 2012, http://mediadecoder.blogs.nytimes.com/2012/05/04/in-new-ad-campaign-orbitz-comes-out-as-pro-vacation/.

20. Dick Dahl, "The Tick-Tock Syndrome: How Your Clock Can Make You Sick", *UTNE Reader*, mar./abr. 1997, www.utne.com/Mind-Body/Tick-Tock-Syndrome-Stress-Related-Illnesses.aspx#axzz2ZohTMLcS.

21. Burnett et al., "Earning the Badge of Honor", 13.

22. Jennifer Kunst, "A Headshrinker's Guide to the Galaxy", *Psychology Today*, 23 set. 2012, www.psychologytoday.com/blog/headshrinkers-guide-he-galaxy/201209/are-you-too-busy-take-lesson-lucy. Henna Inam, "Leadership Practices for Work Life Sanity," *Glass Hammer* (blog), 15 ago. 2012, www.theglasshammer.com/news/2012/08/15/leadership-practices-for-work-life-sanity/. Inam escreve: "Muitos de nós (estou na lista, também!) associamos nosso trabalho com nosso valor como seres humanos. Mesmo que sejamos realmente produtivos, não nos sentimos muito bem com o que fazemos. Assim, enquanto ficamos satisfeitos em criticar nosso chefe por enviar e-mails à meia-noite, secretamente nos sentimos muito orgulhosos em responder a ele às 00h01. Sei disso por experiência pessoal". Inam continua a escrever que ela deixou uma reunião de amigos em um domingo de manhã depois de três horas. "Eu me senti mal por ter passado todo esse tempo sendo improdutiva."

23. Jennifer Soong, "When Technology Addiction Takes Over Your Life", WebMD, 6 jun. 2008, www.webmd.com/mental-health/features/when-technology-addiction-takes-over-your-life.

24. Justin Ravitz, "Exclusive Video: Happy Endings' Casey Wilson Wants to Return to Saturday Night Live – as Host!", *Us Weekly*, 6 abr. 2012, www.usmagazine.com/entertainment/news/happy-endings-casey-wilson-wants-to-return-to-saturday-night-live-----as-host-201264.

25. Universal Television, "Saturday Night Live – Press Releases", 5 dez. 2011, www.nbcumv.com/mediavillage/studio/ums1/saturdaynightlive/pressreleases?pr=contents/press-releases/2011/12/05/quotablesfromsa1323122223585.xml.

26. Christopher K. Hsee, Adelle X. Yang, Liangyan Wang, "Idleness Aversion and the Need for Justifiable Busyness", *Psychological Science* 21, n. 7, 14 jun. 2010, http://pss.sagepub.com/content/21/7/926, 926-30.

27. Brent Schlender, "Bill Gates' Very Full Life After Microsoft", CNN Money, 21 jun. 2010, http://tech.fortune.cnn.com/2010/06/21/bill-gates-very-full-life-after-microsoft/.

28. Adrienne Carter, "Marcus Samuelsson, a Chef, a Brand and Then Some", *New York Times*, 4 ago. 2012, www.nytimes.com/2012/08/05/business/marcus-samuelsson-both-a-chef-and-a-brand.html?pagewanted=all&r=0.

29. Daniel Gross, "No Rest for the Wealthy", *New York Times*, 1º jul. 2009, www.nytimes.com/2009/07/05/books/review/Gross-t.html. Oriel Sullivan em entrevista pelo Skype com a autora, 16 dez. 2011. Veja também Staffan Burenstam Linder, *The Harried Leisure Class* (Nova York: Columbia University Press, 1970). Em seu estudo de diários de tempo, Oriel Sullivan, pesquisador de uso de tempo em Oxford, constatou que, quanto mais elevado o status socioeconômico dos homens, mais ocupados eles são, não apenas trabalhando mais até tarde do que outros homens, mas também correndo do campo de golfe ao de squash ao teatro ao próximo conselho de caridade de que são membros. Mostrar estar ocupado e ser importante passou a ser muito desejável, e as escolhas do que fazer com seus recursos são infinitas, ela argumenta, já que a elite e os ricos agora formam uma classe de lazer cada vez mais "oprimida".

30. Keen Footwear, *Instant Recess Toolkit*, http://recess.keenfootwear.com/wp-content/uploads/2012/06/Keen_CorpToolKit_ALL_Download_11Jun.pdf.

31. Schor, *Overworked American*, 4. John de Graaf e David K. Batker, *What's The Economy For, Anyway?: Why It's Time to Stop Chasing Growth and Start Pursuing Happiness* (Nova York: Bloomsbury Press, 2011), 102.

32. As audiências de McCarthy's estavam focadas principalmente em aliviar a carga do desemprego – espalhando-a mais amplamente, com mais trabalhadores trabalhando menos horas, e não adotando o modelo econômico tradicional de menos trabalhadores trabalhando mais horas e que conta com horas extras. Ele perdeu a discussão, que nunca foi retomada. Veja William McGaughey Jr., "Shorter Workweek: History & Arguments For and Against", website, www.shorterworkweek.com/history&arguments.html. Declaração de Juanita Kreps, Professora de Economia, Duke University, diante do subcomitê de Aposentadoria e do Comitê sobre Envelhecimento, Senado dos Estados Unidos, 7 e 8 de julho, 1967, www.aging.senate.gov/publications/671967.pdf.

33. Reuel Denney, "The Leisure Society", *Harvard Business Review* 37, n. 3 (maio/jun. 1959): 46-60.

34. Robert Lee, "Religion and Leisure in American Culture", *Theology Today* 19, n. 1 (abr. 1962): 39-58.

35. Para mais sobre *skole*, veja Robert Lee, *Religion and Leisure in America: A Study in Four Dimensions* (Nashville: Abingdon Press, 1964), 42-43.

36. Schor, *Overworked American*, 6, 47.

37. Ibid., 60, 72.

38. Jonathan Gershuny, entrevista com a autora, Paris, jul. 2010.

39. Matthew Ruben, "Forgive Us Our Trespasses? The Rise of Consumer Debt In Modern America", *ProQuest Discovery Guide*, fev. 2009, www.csa.com/discoveryguides/debt/review.pdf.

40. Becky DeGreeff, Ann Burnett, Dennis Cooley, "Communicating and Philosophizing About Authenticity or Inauthenticity in a Fast-Paced World", *Journal of Happiness Studies* 11, n. 4 (ago. 2010): 395-408, doi: 10.1007/s10902-009-9147-4.

4
O INCRÍVEL CÉREBRO QUE ENCOLHE

Prestar atenção, este é nosso trabalho interminável e apropriado.
- MARY OLIVER -

EMILY ANSELL SE AGITA diante do computador. Espiamos atentamente o que parecem bolhas amarelas irregulares encerradas no contorno azul-negro obscuro de um crânio humano. Ansell aponta para um ponto de luz de formato estranho, uma ilha de cor brilhante na negritude do escâner do cérebro, aninhado exatamente atrás do que parecem ser a testa e as órbitas dos olhos.

A bolha amarela, ela explica, é o córtex pré-frontal. Ele é a chave para a inteligência humana. Em seu tamanho e complexidade, é, em resumo, o que distingue os humanos dos animais e nos torna quem somos. E, Ansell afirma, o que ela e outros neurocientistas estão descobrindo é que, quando um ser humano se sente pressionado pelo tempo, apressado e apanhado na sobrecarga de atividades, essa bolha amarela faz algo alarmante: ela *encolhe*.

Ansell, 36, é professora-assistente de Psiquiatria no Centro de Estresse de Yale, onde a agradável sala de espera possui poltronas macias de veludo roxo, fonte gorgolejante, luz suave e uma caixa de chás orgânicos, tudo que se pode encontrar em um spa de luxo. A moça tem cabelos escuros e curtos e um sorriso alegre. Ela mesma se esforça muito para *não* se sentir estressada. Entre outras coisas, dorme o suficiente, alimenta-se bem, pratica exercícios, faz pausa para respirar, medita, cria expectativas realistas e ajusta constantemente suas metas e sua programação – de acordo com as mudanças da vida a sua volta. Porém, ela reconhece que pertence a uma minoria. A Associação Americana de Psicologia relata que os americanos sofrem de um excessivo estresse crônico.[1] A Organização Mundial de Saúde constatou que os americanos vivem no país mais rico, mas também são os mais ansiosos.[2] O aluno médio do colégio de hoje experimenta o mesmo nível de ansiedade que o paciente psiquiátrico médio dos anos de 1950.[3] Além disso, e o que talvez seja mais perturbador, os cientistas estão descobrindo que, quando as crianças ficam expostas ao estresse – muitas vezes gerado pela sobrecarga dos pais –, ele pode alterar não só seus sistemas neurológicos e hormonais, mas também o próprio DNA.[4]

Como psicóloga clínica que tratou pacientes com altos níveis de estresse diário, Ansell quis saber o que o fato causava ao cérebro. Depois de ver Ann Burnett se dirigir para a sessão de quimioterapia, eu também queria.

Ansell explica que ela e uma equipe de pesquisadores em Yale estavam entre os primeiros a submeter pessoas relativamente saudáveis a uma tomografia computadorizada a fim de verificar o que acontece com o cérebro em momentos de sobrecarga. Eles constataram que o córtex pré-frontal muito afetado é preocupante, ela diz. Essa é a parte mais recente e altamente desenvolvida do cérebro humano. Ele regula funções fisiológicas como a pressão sanguínea, os batimentos cardíacos e os níveis de glicose. Além disso, governa nossas "funções executivas" cognitivas mais elevadas: como pensamos e raciocinamos, como aprendemos, planejamos, nos concentramos, lembramos, julgamos e nos controlamos.

Ansell aponta para um pequeno "negócio" em forma de amêndoa na tela do escâner – a amídala. A amídala, ela explica, é o centro de emoções negativas como medo, agressividade e ansiedade. O córtex racional pré-frontal regula a amídala, mantendo-a sob controle e apresentável na sociedade civilizada.

Ansell conta que outros exames de tomografia do cérebro têm constatado que, quando estamos estressados, a amídala se agita na tela como uma lâmpada. Ficamos emocionados, zangados e frustrados. Gritamos com os filhos, não conseguimos encontrar a p#$@& das chaves, xingamos o maldito motorista da BMW que nos fechou no trânsito quando já estamos atrasados, e ficamos profundamente tentados a atirar algo pela janela por causa de um prazo impossível. O córtex pré-frontal age como um professor de jardim da infância paciente, mas controlador. "Ele nos diz para a amídala se acalmar, que tudo vai ficar bem", Ansell afirma, acenando delicadamente com as mãos como se acariciasse a testa de uma criança. "O córtex pré-frontal é quem nos diz que você vai conseguir aguentar a barra."

Contudo, Ansell e os colegas têm constatado que, quando o estresse se torna mais que uma explosão ocasional, quando se torna um redemoinho constante de pressa, falta de ar, atrasos e preocupação, uma sequência interminável de tarefas e uma sensação de nunca haver tempo para fazer tudo que é preciso, o próprio córtex pré-frontal começa a se fechar. Os exames mostram que, quanto mais estresse, menor o volume da substância cinzenta rica em neurônios nessa região-chave do cérebro.

Segundo Ansell e os coautores, esse encolhimento reduz a nossa capacidade de manter a calma, pensar com clareza, raciocinar, planejar com eficiência, organizar, lembrar, tomar decisões boas ou se controlar nos momentos de explosão quando mais precisamos desse controle. E essa perda de autocontrole, diz ela, também pode aumentar o risco de vícios e comportamento destrutivo.[5] "O conceito que prevaleceu durante anos foi o de que o cérebro se estabiliza e nunca muda", Ansell explica. "Contudo, estudos atuais como o nosso estão descobrindo que o cérebro é maleável e muda constantemente – não só as conexões neurológicas e não apenas as funções, mas a própria estrutura. Isso é ciência de ponta."

E o cérebro não está mudando para melhor ao funcionar sob o peso de tanto estresse constante.

🐗 🐗 🐗

Na verdade, o corpo foi construído para o estresse. Um pouco de estresse nos faz bem. Ele é parte do motivo por estarmos vivos hoje. Quando nossos ancestrais viviam nas estepes e nas florestas, eles precisavam estar constantemente atentos ao perigo, aos tigres selvagens, às cobras venenosas e a uma série de outros elementos da flora e da fauna à espera para matá-los. Hoje, do mesmo modo, ao primeiro sinal de ameaça, o hipotálamo, uma minúscula região na base do cérebro, dispara um alarme, induzindo as glândulas suprarrenais a liberar uma porção de hormônios, incluindo a adrenalina e o cortisol, para a corrente sanguínea. O fluxo de adrenalina acelera os batimentos cardíacos, aumenta a pressão arterial, a temperatura corporal e os suprimentos de energia. Os músculos se tornam tensos. As palmas das mãos começam a suar. O coração dispara. Os pulmões bombeiam mais ar. O cortisol, o principal hormônio do estresse, libera glicose para a corrente sanguínea a fim de fornecer aos músculos o impulso para agir com rapidez. Ele fecha quaisquer funções não absolutamente necessárias à sobrevivência naquele momento crítico, incluindo a digestão e a reprodução. A dopamina, o hormônio da recompensa, que é a chave para a formação de desejos, vícios e hábitos, inunda a estrutura cerebral profunda chamada de gânglios da base. Os neurônios no córtex pré-frontal ligado ao pensamento literalmente param de agir. A parte mais antiga, emocional e automática do cérebro assume o controle. Tudo para colocar toda a sua energia no modo luta-ou-fuga quando você se vê diante de um urso faminto ou de um inimigo armado com uma lança e corre o mais depressa que pode para a segurança de sua caverna.[6]

Uma hora depois de desabar aliviado em sua caverna, os batimentos cardíacos desaceleram, os músculos relaxam e o corpo volta a um estado mais calmo. Porque fugir de um perigo que ameaça a vida é, no fundo, bom para a sobrevivência das espécies, o corpo adaptado para lidar com ciclos de ocasionais ondas de estresse volta à calma. Os cientistas se referem a esse ciclo natural de recuperação do estresse como "alostase", que literalmente significa "atingir estabilidade por meio da mudança".[7]

O cortisol atinge seus níveis mais baixos durante o sono e aumenta gradativamente pela manhã a fim de fortalecê-lo para atravessar bravamente o dia antes de a noite mais uma vez cair a fim de acalmá-lo para dormir. O corpo ficou tão adaptado a esse ciclo que os pesquisadores constataram que, pelo menos nos animais, os que experimentam os distúrbios pós-traumáticos mais debilitantes após um acontecimento angustiante são os que não estão produzindo *suficiente* cortisol para a luta-ou-fuga quando o vivenciam.

Assim, um pouco de estresse é bom. Alguma agitação ou um novo desafio revigora o cérebro de formas positivas para ajudá-lo a aprender e adquirir novas habilidades. Contudo, se o corpo fica repetidamente estressado e ansioso, se é continuamente invadido e não apenas borrifado vez ou outra por cortisol, todos os sistemas finamente ajustados destinados a proteger o corpo começam a se voltar contra ele. E é então que ele entra no que os cientistas chamam de "sobrecarga alostática".[8]

Essa sobrecarga não apenas encolhe o cérebro, como também o faz ficar doente.

Pesquisadores como Ronald Glaser, diretor do Instituto de Pesquisa de Medicina Comportamental na Universidade Estadual de Ohio, documentou como o estresse enfraquece o sistema imunológico do corpo, tornando-o mais suscetível a inflamações, doenças cardiovasculares, hipertensão, diabete tipo 2, artrite, osteoporose, obesidade, doença de Alzheimer e outras enfermidades debilitantes.[9] O estresse está ligado à depressão e à ansiedade, especialmente nas mulheres, duas vezes mais propensas a esses problemas. Um estudo descobriu que o cérebro dos homens produz 52% mais serotonina, que regula o humor, do que o das mulheres.[10]

Glaser e outros descobriram ligações entre estresse e doenças autoimunes, como a síndrome de fadiga crônica e Epstein-Barr, e entre estresse e demora na cicatrização de ferimentos. Assim, como as inflamações podem estimular o crescimento, a sobrevivência e a disseminação de tumores, Glaser e outros pesquisadores ligaram o estresse ao câncer.[11]

Bruce McEwen, chefe do laboratório de neuroendocrinologia na Universidade Rockfeller, em Nova York, está entre os primeiros a descobrir que o estresse pode alterar a estrutura do cérebro. Em uma série de experiências de laboratório, McEwen prendeu ratos durante o seu período de descanso durante várias horas por dia até três semanas. Só o fato de estarem confinados foi suficiente para produzir um estado de estresse constante. Depois ele examinou o cérebro deles. Os neurônios do córtex pré-frontal e o hipocampo, áreas que controlam o aprendizado e a memória, atrofiaram-se e enrugaram, enquanto os da amídala, que abriga emoções negativas como a ansiedade e o medo, chegaram mesmo a crescer. "Não é de surpreender que os animais ficassem mais ansiosos e menos flexíveis cognitivamente e mostrassem uma memória um tanto debilitada", McEwen me disse. "Mas o interessante é que, quando paramos o estresse, todos esses efeitos desapareceram."

McEwen descobriu que a idade é um fator crítico para o cérebro voltar ao normal. Ratos jovens se recuperaram totalmente em três semanas. Ratos de meia-idade recuperaram-se apenas parcialmente. E ratos mais velhos não apresentaram recuperação alguma. "O significado desses fatos nos humanos é muito mais complicado. Algumas pessoas cuidam melhor de si mesmas que outras", ele disse. "E há intervenções, como conseguir que uma pessoa sedentária caminhe de cinco a sete dias por semana durante uma hora por dia, que mostraram que o hipocampo aumenta e melhora a flexibilidade mental."

Contudo, McEwen está preocupado com o banho de estresse constante que os seres humanos modernos tomam. Estudos constataram que, quanto mais estressados os alunos de medicina se sentem, pior se saem em testes que medem a flexibilidade mental do córtex pré-frontal. O estresse é capaz de levar à privação do sono, que pode causar danos cognitivos, aumento excessivo de apetite e vício. Outros estudos constataram que o estresse pode, literalmente, envelhecer as pessoas, especialmente as mulheres. Um estudo com mais de 13 mil genes em quatro regiões do cérebro descobriu que 667 eram expressos de maneira diferente em homens e mulheres. E, destes, 98% provocaram envelhecimento mais rápido nas mulheres, o que alguns pesquisadores atribuíram à "maior carga de estresse" delas.[12] McEwen afirmou que os pesquisadores sabem que o estresse atinge mais duramente os corpos e os cérebros dos que têm poucos recursos socioeconômicos, baixa autoestima, infâncias difíceis,[13] reduzida atividade física e poucos amigos. Assim, por meio de estudos da imagem funcional, uma tarefa aparentemente simples, como contar de trás para frente, pode gerar estresse suficiente para causar mudanças neurológicas duradouras no cérebro.

"Acho que estamos em um novo mundo intrépido", McEwen disse. "Observo famílias em que os dois pais trabalham, passam todo tempo levando os filhos de um lado a outro. Observo minha própria família – como passamos muito tempo de nossos fins de semana em jogos de beisebol, *lacrosse* (jogo semelhante ao hóquei), ginástica, em vez de relaxar. Há pressão o tempo todo, do trabalho, da família. Você recebe a mídia, os e-mails. Você tem tantas opções, tanta coisa chamando sua atenção, e sente que é empurrado de todos os lados."

Esse é exatamente o motivo pelo qual Ansell e os colegas queriam ver o que essa "maratona diária" massacrante estava causando ao cérebro.

No início, Ansell e os coautores pediram a 70 homens e 33 mulheres voluntários, com idade entre 18 e 50 anos, que respondessem a um extenso questionário, chamado de lista de verificação da Entrevista Cumulativa de

Adversidade, sobre o estresse na vida deles. Já tinham vivenciado acontecimentos estressantes importantes, como repetir de ano? Ou tinham pais que se divorciaram ou os abandonaram? Outro conjunto de perguntas queria saber sobre traumas. Tinham eles estado em combate, vivenciado um desastre natural ou sido atacados? Havia perguntas sobre eventos estressantes recentes – morte na família, o rompimento de um relacionamento amoroso, um ferimento sério ou uma crise financeira. Uma série final de perguntas lhes pediu que classificassem seu nível de estresse "crônico": "Você está tentando assumir muitas tarefas de uma vez", "O seu emprego muitas vezes o faz sentir-se mental e fisicamente cansado" ou "Raramente há tempo suficiente para completar as tarefas que precisa fazer".

Os pesquisadores descobriram que a forma como as pessoas *se sentem* sobre o estresse na própria vida é um previsor muito mais poderoso de sua saúde geral – se têm mais probabilidades de ficar deprimidos, ansiosos, fumar cigarros ou comer em excesso – do que qualquer outro meio de mensuração. A percepção é até mais precisa do que os *verdadeiros* eventos estressantes da vida. Em outras palavras, o que *achamos* de nós mesmos e nossas vidas é nossa realidade. Ansell e os outros pesquisadores de Yale classificaram as respostas e depois colocaram os voluntários em aparelhos de ressonância magnética 3-tesla para obter imagens do cérebro deles.

Para seu estudo, Ansell e os colegas não tentavam constatar como o cérebro de um indivíduo muda ao longo do tempo. Em vez disso, eles procuraram compreender como os efeitos cumulativos de uma vida inteira de estresse realmente o moldava. Para tanto, verificaram as variações no tamanho da cabeça, idade, gênero e outros fatores dos voluntários para que todos os cérebros fossem comparáveis. Foi então que descobriram que a combinação de uma vida com vários eventos estressantes e a forte percepção de que a vida é estressante provou ser a mais tóxica para o cérebro. O cérebro desses sujeitos eram menores do que outros em quatro áreas distintas – partes que nos ajudam a tomar decisões acertadas, prestar atenção, controlar as emoções, o humor, o apetite, a ansiedade, o sono e o impulso para se comportar de modo arriscado.[14] Comparados aos sujeitos que tiveram menos experiências estressantes e não se sentiam totalmente esgotados com a vida diária, Ansell afirmou que o volume da massa cinzenta do cérebro desses voluntários "com casos mais pessimistas" era, em média, 20% menor.¹⁵ "Está realmente claro. À medida que os eventos desfavoráveis em sua vida aumentam, a sua massa cinzenta diminui. E, se você também se sentir realmente estressado, ela vai diminuir ainda mais", Ansell declara. "Isso mostra o quanto estamos vulneráveis. Talvez os voluntários para o nosso estudo não estejam experimentando uma ansiedade ou depressão profunda agora, mas na próxima vez em que eles ficarem realmente estressados e começarem a se sentir sobrecarregados, o cérebro deles poderá se tornar mais vulnerável aos caminhos em que podem ocorrer uma ansiedade e uma depressão profunda."

🐵 🐵 🐵

Huda Akil é neurocientista na Universidade de Michigan e passou a carreira estudando a neurobiologia das emoções e do estresse. Ela diz que cada era exigiu da humanidade adaptação aos estresses do dia – guerras, doenças, fome, pestes, revoluções, industrialização, Guerra Fria, terrorismo. Avanços na tecnologia em toda a história fazem parecer que as informações estão explodindo e o tempo passando depressa demais: o relógio, o lápis, a imprensa e a lâmpada elétrica nos separaram dos nossos ritmos circadianos naturais.

O estresse, ela afirma, não é mais nem menos do que a incapacidade de prever e controlar as forças que moldam as nossas vidas. E esses dois fatores são exatamente o que torna essa Era de Sobrecarga em especial tão insana. Ainda precisamos aprender a controlar o fluxo de informações sem precedentes que chegam até nós. E a natureza do que fazemos e como fazemos foi totalmente transformada em menos de um século: passamos por uma metamorfose como civilização do árduo trabalho físico da agricultura rural ao sedentarismo dos trabalhadores qualificados. Essa é uma vida muito mais estressante.

"Pense no fazendeiro", Akil me pede. "O fazendeiro também não pode controlar nem prever muita coisa. Assim, por que isso é melhor ou pior do que estar em Wall Street? Como fazendeiro, se uma geada destruiu a plantação, isso pode ser estressante, mas não foi sua culpa. Porém, como trabalhador qualificado, *espera-se* que você esteja no controle de tudo. E quando as coisas saem errado, a culpa é sua. O raciocínio é: você poderia ter planejado mais ou deveria ter previsto o que deu errado. Essa combinação de ter muitas atribuições e de se afastar do trabalho físico, que ajuda a lidar com o estresse – e nem mesmo poder dizer 'Não foi minha culpa, eu me rendo a forças superiores', quer você acredite que seja o tempo ou Deus –, isso foi tirado."

☙ ☙ ☙

O cérebro humano cresceu e atingiu o tamanho atual ao longo de milênios, principalmente, presumem os cientistas, porque os humanos viviam em grupos sociais e precisavam cooperar a fim de sobreviver. Porém, Torkel Klingberg, professor sueco de neurociência cognitiva, escreve em *The Overflowing Brain* (O cérebro transbordado) que o cérebro humano de hoje tem tamanho e forma muito parecidos com o de 40 mil anos atrás, quando o mundo dos humanos Cro-Magnon era um lugar muito mais simples. O cérebro, ainda hoje, pode guardar apenas sete informações na memória ativa por vez. Não somos capazes de conservar mais do que isso. Atualmente, escreve Klingberg, nossos cérebros Cro-Magnon encontram-se perto do que ele chama de "capacidade canalizada" máxima.

Pesquisadores da Universidade da Califórnia, San Diego, estimam no início do século 21 que o consumo de informações globais passa de 9,57 *zettabytes* por ano.[16] Esses pesquisadores calcularam que em 2008 os americanos devoraram informações durante 1,3 trilhão de horas, deglutiram 100 mil palavras e 34 gigabytes de dados durante cerca de 12 horas *por dia*.[17] A cada segundo, os usuários de e-mail produzem mensagens equivalentes em tamanho a mais de 16 mil exemplares da obra completa de William Shakespeare.[18] Estudos descobriram que trabalhadores qualificados recebem tantas informações que trocam de tarefas a cada três minutos, tornando o dia de trabalho fragmentado e incoerente.[19] O RescueTime, um programa que acompanha cada movimento dos consumidores no computador, relata que as pessoas usam 17 programas distintos em um dia comum e visitam pelo menos 40 websites diferentes, perdendo-se no que o fundador do RescueTime, Tony Wright, chama de "pornografia de informações".[20]

Jonathan Spira, autor de *Overload!* (Sobrecarga!), passou os últimos 20 anos estudando a sobrecarga de informações. Ele descobriu que apenas ler e processar o ataque diário de e-mails pode ocupar mais de meio dia de trabalho. Suas pesquisas constataram que 2/3 dos trabalhadores sentem que não têm tempo suficiente para realizar todas as tarefas e 94% sentiram-se, em algum momento, "sobrecarregados de informações a ponto de ficarem incapacitados".[21]

Inclusive tentar *decidir* a que prestar atenção em meio a todo esse burburinho, escreve o guru de gerenciamento de tempo David Allen, não só sobrecarrega o cérebro, mas também esgota a força de vontade e conduz à "fadiga de decisão". Ao nos preocuparmos com assuntos domésticos no trabalho e assuntos do trabalho em casa, não conseguimos decidir em que pensar, "de modo que andamos com o que chamo de SAA – Sensação Aguda de Ansiedade – de que alguma coisa lá fora possa ser mais importante do que estamos fazendo no momento", ele declarou ao *The Atlantic*. Se ao menos pudéssemos lembrar o que essa coisa é.[22]

Com o cérebro sobrecarregado dessa forma e a força de vontade enfraquecida, ficou difícil resistir a interromper o que quer que você esteja fazendo para checar os constantes dings e dongs do smartphone ou que alguém fez um novo pedido de amizade numa rede social ou agora o está seguindo no Twitter. Os neurocientistas descobriram que *esperar* esses avisos eletrônicos dispara a liberação de uma doce dopamina narcótica no cérebro muito semelhante a qualquer vício ou anseio poderoso. E, quando o texto é curto, o pensamento, incompleto ou a mensagem, fragmentada, ficamos levemente insatisfeitos, aumentando os níveis de dopamina que disparam em nossos sistemas e agravam o desejo de mais, mais e mais.[23]

Essas constantes interrupções, entretanto, estressam o cérebro ainda mais e confundem o nosso tempo. Jonathan Spira escreve que, a cada interrupção, levamos de 10 a 20 vezes o tempo da interrupção para retornar à tarefa anterior: pode levar cinco minutos depois de uma interrupção de meros 30 segundos para retomar o ritmo. Ele relata que 1/3 do dia de todos os trabalhadores é tomado por esses ciclos intermináveis de interrupções desnecessárias. Até os executivos da *Fortune* 500, com o poder definitivo de prever e controlar o próprio tempo, não estão imunes. Um estudo constatou que eles têm apenas uma média de 28 minutos produtivos sem interrupção *por dia*.[24] "Essa sobrecarga não é causada apenas por um fator", Huda Akil me disse. "Não é apenas a tecnologia. Não é apenas um casal em que ambos trabalham. São milhares de pequenos golpes. Você junta tudo e é como ser constantemente afetado pela mudança de fusos horários."

Pressionar a capacidade de canalização do cérebro até o ponto de ruptura é a predileção moderna por multitarefas. Estudos mostraram que ninguém pode realizar duas tarefas simultaneamente com sua capacidade total. Dirigir enquanto se fala ao celular reduz os tempos de reação e consciência, bem como dirigir com um limite de álcool muito acima do permitido por lei. E as distrações de muitos fatos acontecendo ao mesmo tempo prejudicam o "filtro de spam" do cérebro e a capacidade de distinguir entre informações relevantes e irrelevantes.[25] Ou, conforme constatou um estudo britânico, multitarefas o deixam estúpido – mais do que quando se está drogado.[26]

Embora se acredite que o cérebro das mulheres está "equipado" para realizar tarefas múltiplas e o dos homens para compartimentá-las, os neurocientistas descobriram que esse conceito popular é totalmente incorreto.[27] E Barbara Schneider, socióloga da Universidade Estadual de Michigan que estuda a realização de multitarefas e o tempo, relata que homens e mulheres de fato gastam aproximadamente a mesma quantidade de tempo fazendo ao menos duas coisas de uma só vez. Ela acha que tanto mães quanto pais atualmente gastam *mais que a metade* de suas horas acordados em tarefas múltiplas, e realizam o dobro de multitarefas que realizavam em 1975.

Homens e mulheres dizem que se sentem produtivos realizando várias tarefas ao mesmo tempo. Contudo, as mulheres relatam se sentir mais frustradas, irritadas e estressadas com elas. Schneider afirma que isso talvez ocorra porque os pais realizam mais multitarefas no trabalho, dividindo-se entre diferentes atividades relacionadas ao emprego, enquanto mães passam do trabalho para as crianças, delas para a casa e de novo para o trabalho. Essa sobrecarga diversa cobra um preço emocional.[28] E o tempo contaminado, remoendo listas de afazeres intermináveis que passam pelo cérebro como o relógio do noticiário da CNN, esgota a energia mental.[29] "Todas as 'mudanças de marcha' que se espera das mulheres em um dia são mentalmente exaustivas porque tudo exige atenção", a neurocientista Huda Akil me disse. "Parte do que o cérebro faz para administrar o estresse é constantemente decidir o que merece atenção agora e o que pode ser ignorado. Nem tudo pode ser importante simultaneamente e obter a nossa inteira atenção."

Inteira, entretanto, é precisamente o que a atenção não é.

Por exemplo, analise o diagnóstico controverso do déficit de atenção/distúrbio de hiperatividade. O problema foi antes associado somente a garotinhos agitados. Agora, mulheres adultas formam o grupo que mais cresce não recebendo apenas o diagnóstico de DADH, mas também usando medicação focada na mente a fim de aliviar a confusão, chegando a 264% entre 2001 e 2011.[30]

Daniel Goldin, psicoterapeuta da Califórnia, tem uma explicação diferente para a explosão do diagnóstico adulto: a vida moderna. "Se você se sente muito ansioso e faz centenas de coisas diferentes ao mesmo tempo, a sua atenção vai ser afetada, a capacidade de planejar e se voltar para metas se tornará cada vez mais difícil", ele me disse. "Todas essas mulheres que receberam o diagnóstico de DADH estão apenas sobrecarregadas." Joanna Moncrieff, palestrante-sênior na Unidade de Ciências de Saúde Mental na University College London, chegou a escrever no prestigioso *British Medical Journal* que o DADH simplesmente não existe em adultos, e chama a explosão de seu diagnóstico de "medicalização do subdesempenho". "Estou convencida", ela escreveu em um e-mail, "de que o aumento do número de mulheres recebendo esse rótulo ocorre porque os laboratórios estão tentando explorar o mercado da 'neurose'".

Contudo, Patricia Quinn, médica que estudou o DADH em mulheres e garotas durante 30 anos, afirma que as mulheres sempre sofreram de DADH, mas não foram assim diagnosticadas porque tinham mais capacidade de lidar com o problema quando havia menos tarefas a realizar em épocas mais simples. A vida moderna simplesmente as fez perder o controle.

"Mulheres me procuram e dizem: 'Corro o mais depressa que posso para fazer o que todos os outros parecem fazer com pouco esforço, e não consigo acompanhá-los'", Quinn contou, também ela diagnosticada com DADH e, depois de uma vida perdendo as chaves ou ficando trancada fora do carro, às vezes com os filhos do lado de dentro, orgulhosamente me mostrou seu novo Toyota Solara que não precisa de chave.

O renomado psicólogo Mihaly Csikszentmihalyi foi um dos primeiros cientistas sociais a documentar não apenas como o tempo humano se tornava fragmentado, mas também o preço que estava cobrando do que ele alega ser o "pico" da experiência humana: um estado que ele chama de fluxo. Fluxo é um espaço intemporal em que as pessoas são absorvidas pelo desafio da tarefa do momento – o cirurgião em meio a um procedimento complexo, o artista envolvido no ato de criação, a criança brincando em seu mundo imaginário. No fluxo, os humanos se perdem e se sentem quase em paz. É um estado que ele descreve como maior que a felicidade e que requer atenção inteira e tempo ininterrupto.

Liguei para Csikszentmihalyi. Não há dúvida de que a sobrecarga e o excesso de informações estão fragmentando o tempo para homens e mulheres e partindo-o em agitados pedaços de confete de tempo. Contudo, durante anos os estudos mostraram que o tempo das mulheres é mais fragmentado do que o dos homens. A sobrecarga de funções delas, fazendo malabarismos entre o emprego e o lar, tem sido maior, e suas responsabilidades e "densidade de tarefas", mais intensas. O que, eu me perguntei, isso significa para a oportunidade de as mulheres atingirem esse estado de fluxo ideal? E se um número menor de mulheres passasse tempo irrestrito nesse espaço ponderado, criativo e feliz, o tipo de aposento intemporal próprio imaginado por Virginia Woolf, qual é o seu custo? Para elas mesmas e sua experiência de estarem vivas? Para suas famílias? Até mesmo para o mundo, para as ideias ou criações que não têm tempo e espaço para nascer?

"Vocês definitivamente estão diante de um problema muito sério", Csikszentmihalyi me disse. Ele encontrou discrepâncias para mulheres, não só na verdadeira *oportunidade* de ter tempo para o fluxo, mas também para se *permitir* chegar lá. "Quando realizo palestras sobre o fluxo, no período dedicado a perguntas e respostas, sempre surge a mesma pergunta: 'Mas quando estamos no fluxo, não nos sentimos culpados por esquecer tudo, exceto o que estamos fazendo? Isso não é desistir do resto de nossas responsabilidades, cedendo ao total envolvimento naquilo que realizamos e não nos importando com mais nada ou ninguém?'. Essa pergunta, quase sempre, é feita por uma mulher. Está claro que é muito mais difícil para as mulheres sentirem que podem mergulhar em algo e se esquecer de si mesmas, esquecer o tempo, esquecer tudo a sua volta".

Csikszentmihalyi é pioneiro em um diferente estudo do tempo que procura compreender não só o que as pessoas estão fazendo em dado momento, como John Robinson, mas também como elas o percebem. Ele chama isso de Método de Amostras de Experiências. Desse modo, faz com que seus sujeitos usem um pager e então os chama durante o dia em momentos aleatórios, perguntando não só o que estão fazendo, mas como se sentem a respeito. Quando ele pergunta às pessoas sobre seu tempo em fluxo, a maioria dos homens relata sentir-se cativada por uma aventura ou uma experiência recompensadora. As mulheres, porém, dizem que muitas vezes atingem um estado de fluxo quando se obrigam a transformar uma tarefa entediante e comum que precisa ser feita. "Uma das primeiras mulheres que entrevistei descreveu o fluxo como a sensação que a invadia ao passar as camisas do marido", ele contou. "Achei isso muito estranho, mas me acostumei, porque outra mulher falou da mesma maneira sobre cozinhar, lavar louças ou realizar tarefas domésticas."

Em seus estudos, ele geralmente encontra homens que fazem uma coisa e meia ao mesmo tempo, enquanto mulheres, em especial mães, fazem cerca de cinco simultaneamente. E, ao mesmo tempo, elas são apanhadas pelo tempo contaminado, pensando e planejando duas ou três coisas mais. Assim, nunca experimentam totalmente seus mundos externos ou internos. E, se você nunca está em um lugar ou outro, que tipo de vida está vivendo? "É um problema", ele disse. "Muitas vezes, é muito difícil as mulheres conseguirem vivenciar o momento."

A socióloga Christena Nippert-Eng escreveu que, em toda a história, o tempo das mulheres sempre esteve sujeito a interrupções imprevisíveis, ao passo que a capacidade de os homens experimentarem blocos de tempo ininterrupto foi protegida. A "boa" secretária e a "boa" esposa os vigiam. Tempo ininterrupto é o território dos favorecidos, ela escreveu. Ser interrompido é existir em um "estado de desonra".[31]

Aprendi que o tempo não era apenas dinheiro, como diz o ditado. Era poder.

Quando se está sobrecarregado, quando não se pode prever tampouco controlar as forças que moldam o seu tempo, quando não se tem tempo nem para pensar por que se está sobrecarregado, e muito menos o que fazer a respeito, você é incapaz. A partir do momento em que comecei a escrever meu diário do tempo, percebi que era assim que me sentia. Desse modo, a jornada para compreender as raízes do confete de tempo e descobrir os segredos da serenidade do tempo tratava realmente de descobrir como reaver um pouco desse poder. Há boas respostas, mas eu levaria muito tempo para encontrá-las.

Decidi começar a olhar na primeira grande arena da vida. Eu iria para o trabalho.

NOTAS

1. American Psychological Association, *Stress in America*, "Our Health at Risk", 2011, www.apa.org/news/press/releases/stress/2011/final-2011.pdf. Mais de metade dos americanos pesquisados alegam ter problemas de saúde relacionados ao estresse. Rotineiramente, mais mulheres alegam sentir-se estressadas do que homens. E todos dizem que estão "ocupados" demais para fazer qualquer esforço para mudar.

2. Ronald C. Kessler et al., "Lifetime Prevalence and Age-of-Onset Distributions of Mental Disorders in the World Health Organization's World Mental Health Survey Initiative", *World Psychiatry* 6, n. 3 (out. 2007): 168-76, www.ncbi.nlm.nih.gov/pmc/articles/PMC2174588/.

3. Robert L. Leahy, "How Big a Problem Is Anxiety? In Any Given Year, About 17% of Us Will Have an Anxiety Disorder", *Psychology Today Anxiety Files* blog, 30 abr. 2008, www.psychologytoday.com/blog/anxiety-files/200804/how-big-problem-is-anxiety.

4. M. J. Essex et al., "Epigenetic Vestiges of Early Developmental Adversity: Childhood Stress Exposure and DNA Methylation in Adolescence", *Child Development* 84, n. 1 (jan.-fev. 2013): 58-75, www.ncbi.nlm.nih.gov/pubmed/21883162.

5. Emily B. Ansell et al., "Cumulative Adversity and Smaller Gray Matter Volume in Medial Prefrontal, Anterior Cignulate, and Insula Regions", *Biological Psychiatry* 72, n. 1 (1º jul. 2012): 57-64, www.ncbi.nlm.nih.gov/pubmed/22218286.

6. Amy Arnsten, Carolyn M. Mazure, Rajita Sinha, "Everyday Stress Can Shut Down the Brain's Chief Command Center", *Scientific American*, 9 abr. 2012, www.mc3cb.com/pdf_articles_interest_physiology/2012_4_10_Stress_Shut_%20Down_Brain.pdf.

7. A descrição do estresse e de como ele impacta o corpo nesta seção se baseia em conversas telefônicas com Bruce McEwen, neurocientista da Universidade Rockefeller, chefe do Harold and Margaret Milliken Hatch Laboratory of Neuroendocrinology, em 14 de maio de 2012.

8. B. S. McEwen, "Protection and Damage from Acute and Chronic Stress: Allostasis and Allostatic Overload and Relevance to the Pathophysiology of Psychiatric Disorders", *Annals of the New York Academy of Sciences* 1032 (dez. 2004): 1-7, www.ncbi.nlm.nih.gov/pubmed/15677391.

9. Emory University, "Stress Making Your Blood Pressure Rise? Blame Your Immune System", *Science Daily*, 2 mar. 2012, www.sciencedaily.com/releases/2012/03/120305103203.htm?utmsource=-feedburner&utm_medium=feed&utm_campaign=Feed%3A+sciencedaily+%28ScienceDaily%3A+Latest+Science+News%29.

10. Larry Cahill, "His Brain, Her Brain", *Scientific American*, 25 abr. 2005, 44-46, www.scientificamerican.com/article.cfm?id=his-brain-her-brain.

11. Para uma lista dos estudos de Glaser sobre o relacionamento entre estresse e saúde física, veja "Glaser, M. Ronald, PhD" no site do Departamento de Virologia Molecular, Imunologia e Genética da Universidade de Ohio, http://biomed.osu.edu/mvimg/1253.cfm.

12. Michael Slezak, "Women's Brains May Age Prematurely, Possibly Because of Stress", *Washington Post*, 30 jul. 2012, www.washingtonpost.com/national/health-science/womens-brains-may-age-prematurely-possibly-because-of-stress/2012/07/30/gJQAGdWvKX_story.html.

13. Rick Nauert, "Childhood Stress Can Result in Brain Changes", *PsychCentral*, 1º mar. 2010, http://psychcentral.com/news/2010/03/01/childhood-stress-can-result-in-brain-changes/11733.html.

14. Ansell et al., "Cumulative Adversity".

15. Ansell, e-mail ao autor, 18 jun. 2012.

16. http://hmi.ucsd.edu/pdf/HMI_2010_EnterpriseReport_Jan_2011.pdf.

17. http://hmi.ucsd.edu/pdf/HMI_2009_ConsumerReport_Dec9_2009.pdf.

18. Mark Brownlow, "8 Email Statistics to Use at Parties", *Email Marketing Reports* (blog), www.email-marketing-reports.com/iland/2009/08/8-email-statistics-to-use-at-parties.html.

19. Victor M. Gonzalez e Gloria Mark, "'Constant, Constant, Multi-tasking Craziness': Managing Multiple Working Spheres", Proceedings of ACM CHI '04, 113-20, http://citeseerx.ist.psu.edu/viewdoc/summary?doi=10.1.1.144.6988. Para informações sobre trabalho fragmentado, veja também: Gloria Mark, Victor M. Gonzalez, Justin Harris, "No Task Left Behind? Examining the Nature of Fragmented Work" (ensaio apresentado na conferência Human Factors in Computing Systems, Portland, OR, 2-7 abr. 2005), www.ics.uci.edu/~gmark/CHI2005.pdf.

20. Roy F. Baumeister e John Tierney, *Willpower: Rediscovering the Greatest Human Strength* (Nova York: Penguin, 2011), 116.

21. Jonathan B. Spira, *Overload! How Too Much Information Is Hazardous to Your Organization* (Hoboken, New Jersey: John Wiley & Sons, Inc., 2011).

22. www.theatlantic.com/magazine/archive/2012/11/busy-and-busier/309111/2/.

23. Susan Weinschenk, "100 Things You Should Know About People: #8 – Dopamine Makes You Addicted to Seeking Information", *The Brain Lady Blog*, 7 nov. 2009, www.theteamw.com/2009/11/07/100-things-you-should-know-about-people-8-dopamine-makes-us-addicted-to-seeking-information/.

24. Dan Kennedy, *No B.S.: Time Management for Entrepreneurs* (Irvine, CA: Entrepreneur Media, 2004), p. 3. Kennedy também relata que Lee Iacocca calculou que é possível que executivos do primeiro escalão consigam uma média de 45 minutos de trabalho produtivo por dia e passem o

resto dele "lutando contra o desperdício de tempo causado por tarefas improdutivas como o de um sujeito desvairado agitando os braços inutilmente diante de um ataque de abelhas furiosas".

25. Torkel Klingberg, *The Overflowing Brain: Information Overload and the Limits Of Working Memory* (Nova York: Oxford University Press, 2009).

26. "Emails 'Hurt IQ More Than Pot'", CNN, 22 abr. 2005, http://articles.cnn.com/2005-04-22/world/text.iq1mails-iq-messages?s=PM:WORLD.

27. Cordelia Fine, *Delusions of Gender: How Our Minds, Society, and Neurosexism Create Difference* (Nova York: W. W. Norton, 2010). Fine alega que os estudos que formaram a base dessa percepção errônea foram poucos, que estudos com amostragens mais amplas de homens e mulheres mostram uma variação maior em cada sexo do que entre um e outro.

28. Barbara Schneider, "The Human Face of Workplace Flexibility" (trabalho apresentado na conferência Focus on Workplace Flexibility, Washington, D.C., 29-30 nov. 2010).

29. www.nytimes.com/2013/01/14/us/susan-nolen-hoeksema-psychologist-who-studied-depression-in-women-dies-at-53.htmlpartner=rssnyt&emc=rss&r=2&.

30. "America's State of Mind: New Report Finds Americans Increasingly Turn to Medications to Ease Their Mental Woes; Women Lead the Trend; More Than One-in-Four Women Take Medication to Treat a Mental Health Condition; Women's Use of ADHD Drugs Surged 2.5 Times over Decade, Surpasses Men's Usage", www.prnewswire.com/news-releases/americas-state-of-mind-new-report-finds-americans-increasingly-turn-to-medications-to-ease-their-mental-woes-women-lead-the-trend-133939038.html.

31. Christena Nippert-Eng, "'Mommy, Mommy' or 'Excuse Me, Ma'am': Gender and Interruptions at Home and Work" (trabalho apresentado na reunião anual da Associação Americana de Sociologia, Pittsburgh, ago. 1992).

PARTE DOIS
TRABALHO

5
A FUNCIONÁRIA IDEAL NÃO É A SUA MÃE

Trabalhamos para ter lazer, do qual depende a felicidade.
- ARISTÓTELES -

RENATE RIVELLI AMAVA SEU TRABALHO. A mãe solteira de 39 anos com dois filhos amava tanto o trabalho no departamento de Recursos Humanos do elegante Brown Palace Hotel de quatro estrelas, em Denver, que nunca se incomodava em trabalhar em ocasionais horários malucos, enfrentando corajosamente, às vezes, neve, gelo e ruas fechadas, voltando depois de colocar os dois filhos na cama à noite para ajudar a terminar a folha de pagamento ou, quando o pessoal da governança não conseguia terminar o trabalho, calçar luvas de borracha e ela mesma limpar os quartos.

Ela adorava passar pelas cozinhas porque os aromas a lembravam da comida da avó austríaca. Ela encontrava significado e objetivo em seu trabalho como gerente de benefícios. Vários cozinheiros e camareiras do hotel enfrentavam muitas dificuldades. Alguns tinham perdido o marido ou filhos em algum genocídio ou guerra distante. Outros trabalhavam duramente a fim de pagar as contas no fim do mês. Ela se via dominada por uma sensação de humildade, por mais dificuldades que enfrentasse às vezes, ao ajudar alguém à beira do colapso que tirava dinheiro de uma conta de aposentadoria para o futuro a fim de atender às necessidades do presente. Os funcionários, ela disse, assemelhavam-se a uma grande família. E, durante sete anos, o Brown Palace simplesmente era o seu lar.

No hotel não havia nada parecido com horários flexíveis ou trabalho a distância, tampouco políticas favoráveis à família para ajudar os empregados a lidar com o trabalho e as exigências da vida. Ela contou que, quando os filhos adoeciam, o hotel não lhe permitia uma licença para cuidar deles. Como ela morava com a mãe, técnica de instrumentação cirúrgica que também trabalhava muitas horas por dia, Rivelli pedia a ajuda dela. Contudo, umas poucas vezes em que as crianças eram maiores, a mãe não estava disponível e Rivelli não podia tirar uma folga – três dias de licença em um período de seis meses colocava o emprego em risco –, ela não tinha outra opção senão colocar alguns filmes no aparelho de DVD, prometer ligar e, tomada pela culpa, dar um beijo nos filhos e sair correndo pela porta.

Certa vez, ela mesmo ficou tão doente que acabou no pronto atendimento. Os médicos a encheram de antibióticos às 3h, mas ela voltou ao escritório às 7h para uma sessão de orientação aos empregados que só ela podia dar. Rivelli ficou até a meia-noite repetidas vezes por vários meses, fazendo o trabalho de duas pessoas depois que um colega se demitiu. Foi esse tipo de dedicação total que fez com que ganhasse sempre ótimas avaliações de desempenho e o reconhecimento em 2005 com o título de Gerente do Ano. "Sempre dei 150%", ela conta enquanto tomamos uma xícara de café em Denver, afastando os cabelos castanho-escuros dos olhos e ajeitando o terninho de lã cinza que usa para trabalhar.

Desse modo, ela ficou chocada quando os gerentes do hotel a chamaram ao escritório em novembro de 2008 e anunciaram, sem aviso prévio, que haviam criado um novo cargo no departamento e que ela tinha uma nova chefe – uma colega mais nova e menos experiente. Rivelli estava no emprego há sete anos. A colega era uma moça recém-saída da faculdade, sem filhos.

Atônita, Rivelli protestou que não tinham sequer lhe dado a oportunidade de se candidatar ao cargo.

A resposta foi que a nova posição iria exigir de 50 a 60 horas de trabalho semanais, muitas viagens e, possivelmente, relocação para outra cidade. Isso, eles falaram, era "simplesmente impossível" para ela porque já "tinha uma função de período integral em casa com os filhos".[1] Ela era uma *mãe*.

"Tive a impressão de levar um chute no rosto. Obviamente, eles nem se deram conta de que eu já trabalhava esse número de horas", Rivelli diz. "Eu nem tive a oportunidade de dizer 'Não, parece trabalho demais' ou 'Deixe-me conversar com minha família'. Eles decidiram *por* mim, baseados na suposição de minha vida como mãe."

Para acalmá-la, os gerentes disseram que lhe dariam um aumento de 38 dólares por semana em seu salário anual de 42 mil dólares – 30% do que normalmente cobria as despesas de creches. Em vez disso, Rivelli ligou para um advogado e entrou com uma ação na Comissão de Oportunidades Iguais no Emprego (EEOC, na sigla em inglês).[2]

Rivelli acabaria ganhando um acordo no valor de 105 mil dólares e a promessa por parte do Brown Hotel de não mais fazer discriminação de gênero. Eu tinha ido a Denver para conversar com Rivelli porque, longe de ser uma disputa trabalhista comum, seu caso criou um precedente legal pioneiro. O dela foi um dos primeiros casos experimentais da EEOC em um tipo totalmente novo de lei chamado discriminação de responsabilidades de família. Enquanto eu me esforçava para entender como o trabalho estimulava a sobrecarga, percebi que esse novo tipo de lei atinge direto a fonte.

Em anos recentes, advogados em todo o país começaram a entrar com milhares de processos de responsabilidade familiar em cada estado, em cada setor e em cada nível das organizações. Eles incluem casos de mães, como Rivelli, que foram preteridas ou rebaixadas, tiveram o salário reduzido ou foram demitidas por "sua falta de comprometimento" com o local de trabalho. Porém, quando pais mais envolvidos na vida familiar se veem deixados de lado em promoções ou estigmatizados no trabalho, e quando homens e mulheres começaram a cuidar mais de parentes idosos – o que quase metade de todos os trabalhadores americanos esperam fazer em anos futuros[3] –, os processos contra discriminação em relação a responsabilidades familiares aumentaram, crescendo 400% de 2000 a 2010.[4]

A premissa é simples. O local de trabalho atual pensa e funciona muito como nos anos 1950, quando as pessoas esperavam que o mundo fosse caprichosamente dividido em duas partes separadas e desiguais: o homem no terno de flanela cinza que podia se dedicar totalmente ao trabalho em uma e, na outra, sua mulher dona de casa tomando conta de tudo e todos os demais. Porém, os mundos do trabalho e dos cuidados domésticos colidiram. Os processos mostram que o local de trabalho é mais duro com os que tentam viver nos dois mundos ao mesmo tempo. "Veja, se você pensa em trabalho com alguém que começa a carreira no início da vida adulta e trabalha sem parar durante 40 anos, quem acaba de descrever? Homens", disse Joan Williams, a estudiosa que ajudou a moldar a nova teoria. "Temos organizado o local de trabalho em volta dos corpos e do padrão de vida tradicional dos homens. Isso é discriminação sexual."

Williams administra uma linha de informações para casos de discriminação a cuidadores no Centro Legal de Trabalho e Vida na Faculdade de Direito Hastings da Universidade da Califórnia. Em testemunho diante da EEOC, ela desfiou uma lista do tipo de chamadas que costumam receber:

- Uma mulher em um escritório de advocacia recebeu menos contatos e trabalho quando se tornou mãe. Quando anunciou a segunda gravidez, ela foi demitida, o que é um "padrão comum", Williams contou.
- O mecânico de uma companhia aérea foi punido e depois demitido por "falta de dedicação" após usar parte das 12 semanas de licença não remunerada garantida pela Lei de Licença Médica e Familiar[5] (FMLA, na sigla em inglês) para cuidar da esposa grávida que sofria de diabetes gestacional.
- Um carpinteiro, em licença pela FMLA para cuidar do pai que tinha sofrido um infarto, soube que "ninguém queria trabalhar com ele" e foi demitido.[6]
- Uma funcionária que trabalhou na lanchonete Wendy's durante quatro anos avisou ao empregador que estava grávida do segundo filho e ouviu que, de acordo com os arquivos do tribunal, se quisesse manter o emprego, teria de praticar um aborto, algo "tristemente comum" entre empregados pouco qualificados, disse Cynthia Calvert, advogada que trabalha com Williams.[7]

Embora o Congresso tenha aprovado a lei contra Discriminação à Gravidez em 1978, os registros da EEOC mostram que os processos por discriminação à gravidez realmente estão aumentando.[8]

Conversei com uma mãe de 23 anos chamada Laura, de Napa, Califórnia, que tem dois empregos e ganha cerca de mil dólares por mês, gastando a maioria com o aluguel. Quando estava grávida e começou a ter problemas de coluna, o médico enviou uma nota ao empregador pedindo que Laura não tivesse de erguer mais de 10 quilos de peso ou se curvar. O supervisor, que trocara os turnos de outros empregados com problemas de coluna e outras enfermidades, recusou-se a fazer o mesmo para ela. Em vez disso, obrigou Laura a tirar sua licença de 12 semanas não remuneradas mais cedo, ou seria demitida. Se Laura não tivesse procurado ajuda do advogado de Auxílio Legal local, que ameaçou entrar com um processo de discriminação a responsabilidades familiares, a licença-maternidade de Laura teria sido usada antes mesmo de o bebê nascer.

P. David Lopez, conselheiro-geral da EEOC disse que histórias como a de Laura são comuns. "É discriminação descarada", ele me disse, sacudindo a cabeça. Os empregadores não pensam duas vezes para pressionar funcionárias grávidas ou fazer comentários ofensivos. Às vezes, Lopez disse, nem mesmo os juízes. "Em um caso, o juiz se referiu à querelante como 'Ah, não é essa a mulher que deveria estar em casa com os filhos?'"[9]

Depois da vitória no caso de Rivelli, outra incursão da EEOC em um litígio contra a discriminação a responsabilidades familiares não foi igualmente bem-sucedida. A EEOC processou a Bloomberg LP, companhia de mídia e serviços financeiros globais pertencente ao ex-prefeito de Nova York, Michael Bloomberg, em nome de 78 mulheres, algumas delas com altos cargos na organização, alegando que a empresa, com maioria de funcionários do sexo masculino, seguia um padrão e uma prática de discriminar funcionárias com responsabilidades familiares. As mulheres afirmaram nos arquivos do tribunal que, assim que anunciavam uma gravidez ou retornavam da licença-maternidade, eram rebaixadas e tinham o salário reduzido, tiravam-lhes as responsabilidades ou marginalizavam-nas – um passo que muitas temiam levar à demissão. Bloomberg negou as acusações.

A EEOC alegou que o preconceito contra cuidadoras começou bem do alto, com executivos que determinavam o tom no resto da empresa. Documentos do tribunal alegam que Lex Fenwick, que assumiu o cargo de diretor depois de Bloomberg deixar a empresa, disse certa vez: "Não vou ter nenhuma grávida trabalhando para mim". O chefe de reportagem, alegam os arquivos do tribunal, ridiculariza mulheres que saem em licença-maternidade afirmando: "Metade dessas malditas pessoas tiram licença e nem mesmo voltam. É como roubar dinheiro da carteira de Mike Bloomberg. É um assalto. Elas deviam ser presas".[10] A juíza do Tribunal Distrital, Loretta A. Preska, ficou ao lado da Bloomberg e deu ganho de causa à empresa, argumentando que, embora cada mulher tivesse apresentado acusações individuais válidas, a EEOC não provou que a empresa discriminava sistematicamente as mulheres grávidas. "Em uma empresa como a Bloomberg, que explicitamente espera dedicação total, tomar uma decisão que dá preferência à família em detrimento ao trabalho tem suas consequências", Preska escreveu. "Para garantir, as mulheres precisam tirar uma licença para dar à luz. E, talvez infelizmente, as mulheres costumam atender às obrigações familiares em detrimento das profissionais mais vezes que os homens em nossa sociedade. Portanto, enfrentam consequências relativas ao trabalho."[11]

A EEOC apelou da decisão da juíza.

Não consegui tirar os comentários de Preska da cabeça. Não há dúvidas de que ainda se espera que as mulheres, mesmo quando empregadas, continuem a ser as principais cuidadoras dos filhos. E há consequências: um número menor de mulheres são líderes em praticamente todos os campos, mulheres pressionadas, aquelas colocadas de lado na "trilha das mamães", as que desistem quando a pressão se torna muito grande, pais que ganham seu salário pressionados a trabalhar longas horas para manter os empregos que sustentam famílias que raramente veem. Porém, com culturas tão rígidas e dedicadas ao trabalho, que "escolha" tem um trabalhador que deseja uma vida plena ou uma família? Se criamos locais de trabalho em volta de uma expectativa de trabalho sem fim, se esses locais esperam uma dedicação total de corpo, mente e alma, então *ninguém*, homem ou mulher, tem muito o que escolher. Há somente uma maneira de trabalhar para obter sucesso ou sobreviver: o tempo todo.

Enquanto eu procurava chegar às raízes de como o trabalho contribui para a sobrecarga, tornou-se claro que fatores complicados estão em jogo: horas extremas de trabalho,[12] tecnologia em rápido desenvolvimento, excesso de informações, globalização, dados demográficos e papéis dos gêneros em processo de mudança, o elevado status de se estar sempre ocupado, ansiedade econômica e cortes que "jogam" mais trabalho nos poucos empregados restantes, sem mencionar o aumento do custo de vida, salários estagnados, dívidas domésticas crescentes e o elevado custo de creches seguido por estarrecedoras contas do estudo universitário – com aumento de 893% desde 1980 – que perpetuam o ciclo trabalho-e-despesas.[13]

Entretanto, ao ler caso após caso de trabalhadores, tanto homens quanto mulheres, que alegavam ser discriminados por causa das responsabilidades como cuidadores, ao analisar estudos sobre desempenho humano e motivação que evidenciam que nossa cultura de trabalho diverge totalmente de como produzimos o nosso melhor trabalho, compreendo que algo mais profundo e mais insidioso nos impulsiona.

Eu estava prestes a conhecer o Trabalhador Ideal.

☙ ☙ ☙

O trabalhador ideal não tira licença quando um filho nasce. Ele não precisa de um lugar ou de tempo para bombear leite materno. Ele não tem necessidade de políticas amigáveis à família como horários flexíveis, trabalho de meio período ou a distância. O trabalhador ideal não precisa encontrar babás, lidar com fechamento de escolas em dias de tempestade de neve ou se preocupar com responsabilidades com os cuidados dos filhos. O trabalhador ideal não limpa o chão depois que o filho vomita o café da manhã ou o biscoito verde do dia de São Patrício da noite anterior. Ele franze o nariz, diz "boa sorte com isso" e sai dançando pela porta. O trabalhador ideal não é interrompido por ligações repetidas da escola porque o filho está dando problemas, como o de Rivelli, ou ligações diárias às 15h de crianças implorando por amiguinhos em vez de participar do programa pós-aula, como os meus. O trabalhador ideal nunca precisa pensar em pesquisar bons asilos para a mamãe e o papai quando ficarem mais velhos, se estão tendo o melhor tratamento na UTI ou como levar uma irmã para a próxima sessão de quimioterapia. Isso simplesmente não é seu trabalho.

Em vez disso, o trabalhador ideal, livre de todos os deveres domésticos, dedica-se totalmente ao emprego. Ele é um guerreiro presente, o primeiro que chega pela manhã e o último a sair à noite. Ele raramente adoece. Nunca tira férias, ou, se o faz, leva trabalho consigo. O trabalhador ideal pode pegar um avião sempre que o chefe pedir porque outra pessoa é responsável por pegar os filhos na escola ou assistir à peça da pré-escola. No mundo profissional, ele é quem responde a e-mails às 3h, muda de cidade com boa vontade sempre e quando a companhia manda, e consegue passar a noite toda trabalhando em projetos de última hora sem aviso prévio. No local de trabalho operário, ele está sempre pronto para trabalhar horas extras ou um segundo turno.

O trabalhador ideal está de tal maneira ligado ao trabalho que labuta horas intermináveis, mesmo que lhe custe a saúde e a família.

Sem dúvida, estou exagerando. Esse é um estereótipo. Mas estereótipos refletem crenças profundamente arraigadas – corretas ou não – e a noção de que o trabalhador ideal exerce um imenso poder nas empresas americanas. Somos programados para seguir seu exemplo a todo custo, ou pelo menos sentir as consequências de não o acompanhar.

Rivelli e eu atravessamos a rua até a empresa em que trabalha agora. Nos dois anos em que seu caso contra o Brown Palace Hotel se arrastou, Rivelli voltou à faculdade à noite para conseguir o diploma que adiara quando teve filhos. Ela começou a caminhar a fim de lidar com o estresse. Às vezes, quando as coisas ficavam muito ruins, ela escapava para a governança no intuito de ajudar a dobrar toalhas. Como parte do acordo conseguido, o hotel pediu-lhe que deixasse o emprego.

No novo emprego, Rivelli sorri e abraça colegas que passam. A maioria tem famílias. Trabalho a distância e horas de trabalho flexíveis são normas ali. Rivelli tem mais tempo para os filhos e a mãe. Além das aulas na faculdade, ela encontrou tempo para verdadeiro lazer: praticar jardinagem, cozinhar e começar a escrever – sonho de uma vida. Ainda assim, ela conta, sente falta do Brown Palace e da emoção de superar todas as dificuldades para ser uma trabalhadora ideal.

"Você voltaria?", perguntei.

"Em um piscar de olhos."

A FUNCIONÁRIA IDEAL NÃO É A SUA MÃE

Devo admitir que estava cética de que o trabalhador ideal tem influência no século 21. Isto é, ora, mulheres e mães trabalharam em toda a história como domésticas, professoras, babás, enfermeiras e secretárias, em negócios familiares, em fazendas e ranchos de família. As mulheres trabalham em campos tradicionalmente dominados pelos homens desde o início dos anos 1970, formam-se nas faculdades e em programas de graduação em números maiores do que homens desde 1985, e agora compõem cerca de metade da força de trabalho. Em uma maioria de famílias, mães e pais estão empregados.[14] Cerca de 3/4 de todas as mães com filhos em idade escolar trabalham fora de casa.[15]

Além disso, o trabalhador ideal é muito *velho*. Ele surgiu primeiro no início da Revolução Industrial, quando o trabalho se tornou algo pelo qual se deixava a casa, algum lugar para o qual *se ia*. E ao longo do tempo ele se tornou algo que os *homens* faziam. Os homens tinham vidas públicas; mulheres, vidas privadas. O trabalho dos homens era pago. O das mulheres não. O trabalho dos homens era visível e valorizado como contribuindo para a sociedade, o mercado ou a vida da mente. O trabalho das mulheres era invisível, notado apenas quando malfeito ou não realizado.

Essa teoria das "esferas separadas" de trabalho especializado em uma família ideal foi descrita pela primeira vez como uma teoria econômica em 1981 pelo ganhador do Prêmio Nobel, o economista Gary Becker, em seu livro *A Treatise on the Family* (Um tratado sobre a família), considerado um marco de referência. Ele o chamou de o mais "eficiente" tipo de unidade familiar. A vida real, entretanto, é muito mais confusa do que estereótipos metódicos. De 1952 a 1966, a série de TV *The Adventures of Ozzie e Harriet* derrubou a noção de esferas separadas como o melhor na psique americana. Ao mesmo tempo, a porcentagem de famílias americanas que viviam o ideal provedor-dona de casa caiu drasticamente. A quantidade de mães de crianças pequenas que trabalhavam fora quase dobrou, de 20 para cerca de 40%. Quando a representativa comédia de costumes em preto e branco foi reprisada em meados dos anos 1990, a quantidade de mães que trabalhavam em troca de um salário praticamente dobrara outra vez.[16] A maioria das mães afro-americanas sempre trabalhou. Famílias de operários eram capazes de viver apenas com o salário do provedor nas duas décadas do *boom* econômico que se seguiu à Segunda Guerra Mundial.[17]

Ainda assim, o conceito mantinha que esferas separadas, com um pai trabalhador ideal e uma mãe ideal em casa, era "melhor".

Em um estudo com mais de 2 mil supervisores, gerentes e executivos em todo o mundo, a WFC Consulting, uma empresa que pesquisa conflitos de trabalho e de vida, revelou profundos "preconceitos em relação aos cuidadores". Mais do que ¾ desses chefes acreditavam que os trabalhadores melhores e mais produtivos "são os que não têm muitos compromissos pessoais". Metade achava que "homens altamente comprometidos com suas vidas pessoais/familiares não podem ser altamente comprometidos com o trabalho". Um número ainda maior pensava o mesmo sobre as mulheres.[18]

As pesquisas constataram que mães são vistas como menos comprometidas com o trabalho do que as mulheres que não têm filhos.[19] Além disso, mulheres grávidas são percebidas como menos autoritárias e mais irracionais, independentemente de seu desempenho real.[20] Um caso de discriminação às responsabilidades familiares cita um empregador chamando mães empregadas de "incompetentes e preguiçosas".[21]

A fim de avaliar como o preconceito que envolve as noções sobre o trabalhador ideal e o cuidador influencia contratações, promoções e salários, Shelley J. Correl, Stephen Benard e In Paik, todos da Universidade de Cornell na época, redigiram currículos fictícios para uma pessoa que se candidatava a um emprego na área de marketing.

Eles colocaram nomes masculinos em metade dos currículos e femininos na outra metade. Além disso, indicaram a existência de filhos em metade dos currículos ao enumerar trabalho em uma associação de pais e mestres na seção de atividades. A outra metade indicou trabalho para uma organização de caridade. Fora isso, os currículos eram praticamente idênticos.

Os pesquisadores entregaram os currículos para cerca de 200 alunos e pediram-lhes que analisassem qual era o melhor trabalhador: a mãe, o pai, a mulher sem filhos ou o homem sem filhos.

Os pais foram considerados tão competentes quanto os homens sem filhos, mas significativamente mais comprometidos com o trabalho. Foram vistos como tendo um padrão leniente de pontualidade. Além disso, consideraram-nos com mais condições de serem contratados e promovidos e foram indicados para treinamento de gerência mais do que homens sem filhos.

As mães ficaram no final da lista. Elas eram consideradas como significativamente menos competentes, menos inteligentes e menos comprometidas do que mulheres sem filhos. Mães foram ligadas a padrões de desempenho e pontualidade mais severos e tinham de obter uma pontuação muito mais alta em um exame para gerência do que as não mães consideradas para o cargo. O salário inicial recomendado para mães era 11 mil dólares menor do que o de não mães e muito menor do que o que os alunos recomendavam aos pais. Os estudantes também classificaram as mães como pessoas com menos condições de promoção. No final, recomendaram que apenas 47% das mães fossem contratadas, comparadas a 84% das não mães.

Mães que trabalham fora são julgadas injustamente não somente como funcionárias, mas também como mães. Estudos constataram que mães empregadas são vistas como mais egoístas e menos dedicadas aos filhos do que as que não trabalham fora, principalmente quando se acha que trabalham porque querem, e não por serem obrigadas a pagar as contas no fim do mês.[23]

Não é de surpreender que o simples fato de sair pela porta de manhã como uma mãe que trabalha possa causar tanta tensão. Você já é julgada, na melhor das hipóteses, como uma idiota, ou pior. Como Joan Williams me disse: "Você simplesmente anda por aí se sentindo contaminada".

🐞 🐞 🐞

A norma do trabalhador ideal, Williams argumenta, fundamenta as conhecidas estatísticas sobre a ausência de mulheres em cargos executivos e lideranças políticas: 4,2% dos cargos executivos da *Fortune* 500 e 18,3% das 55 cadeiras no Congresso.[24] É também o espectro mudo atrás da defasagem salarial. Embora tenha havido um aumento na renda e no poder econômico das mulheres, a Agência de Estatísticas do Trabalho consistentemente constata que os homens ainda ganham mais que as mulheres de todas as idades.[25] Porém, essas estatísticas ocultam, segundo Williams, que a defasagem salarial não ocorre principalmente entre homens e mulheres, mas entre *mães* e todos os outros. Williams chama o fenômeno de "muro maternal".

Michelle Budig, socióloga da Universidade de Massachusetts, testemunhou no Congresso como esse muro é alto e largo.

- Todos os demais fatores permanecendo iguais – tipo de cargo, educação, anos de experiência e horas trabalhadas –, as mulheres sem filhos ganham 94 centavos para cada dólar de um homem sem filhos.

- Em contraste, pais recebem um "bônus paternidade", e ganham 5 mil dólares a mais do que homens sem filhos.[26]

- O salário das mães cai com o nascimento de cada filho adicional, variando de 15% por filho entre trabalhadores não qualificados a 4% para trabalhadores qualificados.

- Mesmo depois de controlar interrupções como tirar licença-maternidade ou trabalhos de meio período, Budig encontrou uma defasagem salarial persistente e inexplicada entre mães e mulheres sem filhos.

Os padrões sociais reforçam a defasagem. Homens costumam se casar ou morar com mulheres mais jovens. Quando os casais iniciam uma família e decidem que ambos não mais trabalharão como trabalhadores ideais, normalmente os homens participam da força de trabalho por mais tempo e recebem maiores salários. Assim, não é muito difícil entender, tanto do ponto de vista financeiro quanto do cultural, por que geralmente é a mãe que recua.[27] As mulheres têm probabilidade duas vezes maior do que os homens de trabalhar meio período.[28] E, como o salário de empregos de meio período costumam ser insatisfatórios, com um empregado de vendas de meio período médio, por exemplo, ganhando 58 centavos para cada dólar de um empregado de período integral, o ciclo de rendimentos mais baixos para mães se reforça automaticamente.[29]

O trabalhador ideal é um dos fortes motivos pelo qual algumas mulheres com curso superior simplesmente desaparecem do local de trabalho, mais nos Estados Unidos do que em qualquer outro país industrializado.[30] Jane Leber Herr, economista da Universidade de Chicago, analisou levantamentos nacionais de graduados e descobriu que, 15 anos depois da graduação, praticamente todos os homens e mulheres sem filhos ainda estavam trabalhando. Contudo, cerca de 30% de mulheres com MBA que tiveram filhos encontravam-se fora da força de trabalho, assim como cerca de ¼ das advogadas e mulheres com mestrado que tiveram filhos. Cerca de 15% de mães com PhD estavam em casa. A exceção eram mães com formação em medicina. Noventa e quatro por cento ainda trabalhavam, principalmente porque os médicos têm condições de controlar e prever suas agendas.[31] "Você acharia que, considerando o aumento do nível de instrução das mulheres, sua experiência, sua presença em campos de alto investimento, alta renda e alto valor, a proporção dos que deixam a força de trabalho teria diminuído", Herr me disse. "É chocante descobrir que isso não ocorreu."

Alguns chamaram esse desaparecimento das mulheres do local de trabalho e a opção por ficar em casa de "retirada", e se preocupam com as consequências caso os casamentos terminem: mulheres divorciadas mais velhas têm maior probabilidade de viver em um estado de pobreza.[32] Mas Joan Williams afirmou que o trabalhador ideal geralmente não oferece opção às mulheres. "Mulheres são empurradas para fora tanto pela discriminação sexual quanto pela situação de 'tudo ou nada' no local de trabalho", ela disse. "Não chamo isso de opção. Eu digo que é falta dela."

O local de trabalho tudo-ou-nada está cobrando um preço elevado do futuro. As taxas de fertilidade em todo o mundo vêm caindo desde o final dos anos 1960, quando um maior número de mulheres começou a frequentar a faculdade, o controle de natalidade se tornou mais facilmente disponível e as mulheres começaram a trabalhar em empregos de trabalhador ideal previamente ocupados apenas por homens. Agora, 97% da população do mundo vive em países com taxa de fertilidade em declínio, escreve Jonathan V. Last, autor de *What to Expect When No One's Expecting?* (O que esperar quando ninguém está esperando?).[33] Quando homens e mulheres têm filhos, um número maior os está tendo mais tarde. De 1970 a 2006, a proporção de primogênitos de mulheres acima de 35 anos de idade aumentou perto de oito vezes.[34] As famílias são menores. Hoje, mais pessoas sentem o tique-taque do relógio biológico de homens e mulheres. Novas pesquisas ligaram o esperma de pais mais velhos a uma probabilidade maior de gerar crianças autistas, esquizofrênicas e com outros distúrbios de desenvolvimento e psiquiátricos.[35] Para as mulheres, a demora pode levar a um maior risco de deficiências de nascimento e infertilidade.[36]

O adiamento também pode significar que as mulheres fiquem sem tempo, o que a economista Sylvia Ann Hewlett chama de "assustadora não opção". Vinte por cento de mulheres americanas com idade entre 40 e 44 nunca tiveram filhos, o dobro da quantidade de 30 anos atrás.[37] Quando Hewlett pesquisou homens e mulheres "bem-sucedidos" entre 41 e 55 anos de idade, constatou que apenas 19% dos homens não tinham filhos, mas quase metade das mulheres não os tinham, e nem sempre por opção.[38]

🐝 🐝 🐝

Mesmo quando mães se dedicam em termos de horários de trabalhador ideal como Rivelli fazia, muitas não escapam do preconceito aos cuidadores. Quase 1/3 das esposas em casamentos em que ambos trabalham têm mais instrução que os maridos.[39] Desse modo, o preconceito gera consequências financeiras reais para as famílias que trabalham.

Dawn Gallina era advogada corporativa na Virgínia do Norte e trabalhava para a empresa Mintz Levin. Depois que a filha nasceu, o marido, também advogado, deixou o trabalho a fim de cuidar dela. Embora Gallina dedicasse exaustivas 2.200 "horas computáveis" ou mais por ano exigidas da maioria dos advogados de grandes empresas,[40] ela se desviou da norma trabalhando algumas dessas horas em casa a fim de ter tempo para a família.

Enquanto outros sócios se mantinham diante de suas escrivaninhas, comendo refeições pedidas pela empresa, Gallina tentava sair do escritório no máximo às 18h30, na maior parte dos dias para chegar a tempo em casa a fim de jantar e pôr a filha na cama. Em seguida, ela voltava a trabalhar no laptop, muitas vezes atendendo ligações de clientes da costa oeste muito depois das 23h. Ela sempre estava disponível; seu BlackBerry sempre estava ligado.

Ela conta que seus problemas começaram quando ela colocou uma fotografia da filha de dois anos na escrivaninha. A mulher de seu chefe era dona de casa e ele nunca via os filhos, ela disse. "A opinião dele era: se não posso ver meus filhos, por que você deve ver os seus?"

Por ser a única mãe no escritório, Gallina disse que logo se tornou alvo para trabalhar mais horas no escritório, inclusive até tarde. "Eu era a única chamada o tempo todo para ir ao escritório aos sábados, mesmo quando não havia nada para fazer. Era quase como sofrer assédio moral." Seu supervisor rotineiramente lhe enviava trabalho via FedEx durante as férias, mesmo não sendo urgente. Ele até pedia a Gallina, que tem um MBA e diploma de direito da Universidade Georgetown, que fizesse café. "E eu fazia. Eu fazia", ela disse, envergonhada. "Eu pensava: 'Bem, se este é o grande teste para minha dedicação, então vou passar com louvor.'"

A última gota, Gallina contou, caiu quando ela pensava em tirar licença-maternidade após o segundo filho nascer. O chefe lhe disse: "Mulheres grávidas não ficam sócias". Quando ela se queixou aos superiores, seu trabalho repentinamente passou a ser suspeito. Ela não recebia nenhum bônus, enquanto, ao mesmo tempo, a empresa aumentava a sua taxa de faturamento de clientes. Então, quando estava trabalhando em casa certo dia, pois a filha adoecera, ela foi demitida. Por carta.

Gallina processou a empresa, citando a discriminação a responsabilidades familiares, e conseguiu um acordo de meio milhão de dólares com a Mintz.[41]

Ela teve o segundo filho. Agora trabalha para uma firma de advocacia francesa em Richmond, Virginia. "Não é uma cultura de presença física", ela disse. "As pessoas aqui têm famílias e compreendem que é possível assistir ao jogo de beisebol de seu filho e ainda realizar um bom trabalho."

Desde então, a Mintz Levin ocupa a lista das Melhores Firmas de Advocacia para Mulheres da revista *Working Mother,* uma das Dez Firmas Mais Amigas da Família para Mulheres da Escola de Direito de Yale, e recebeu certificação de ouro do Fórum de Habilitação de Mulheres Advogadas.[42] Nesse momento, a gente se pergunta, como assim? Como uma firma pode ser ao mesmo tempo ré em um processo de destaque de discriminação a responsabilidades familiares[43] e um dos melhores lugares para as mulheres trabalharem?

A Mintz Levin, entretanto, não está sozinha. Das 100 empresas listadas entre as Melhores Companhias de 2012 da *Working Mother,* 35 foram processadas por discriminação a responsabilidades familiares, a maioria na última década. Doze empresas foram processadas mais de uma vez.[44] Ao mesmo tempo em que a gigante farmacêutica Novartis usufruía um lugar proeminente na lista, ela também foi considerada culpada na Justiça Federal por discriminação sexual em toda a empresa. Um gerente exigiu "dois anos sem filhos" de uma funcionária, enquanto outro supostamente pressionou uma mulher a praticar um aborto. O tribunal determinou o pagamento de até 250 milhões de dólares por danos morais a milhares de representantes de vendas do sexo feminino. "Se isso é trabalhar para uma de nossas 100 melhores empresas para mulheres trabalhadoras", Sharon Lerner escreveu em *Slate*, "é de assustar quando se imagina o que seria trabalhar para uma das piores".[45]

Carol Evans, presidente da Working Mother Media, reconheceu que várias firmas da lista foram processadas por violar os mesmos princípios que a revista procura recompensar, embora os casos sejam anotados e, se a empresa perder, ela é barrada da lista por certo período de tempo.

Ironicamente, Evans disse, os processos por discriminação, ou a ameaça de que ocorram, podem obrigar as empresas a mudar de modo que elas acabem na lista de Melhores Locais de Trabalho. "Às vezes, um processo importante pode servir como um toque de despertar para elas", ela falou. "E, depois de passar pelo processo judicial, elas já atingiram um nível quase excelente porque já ganharam um tapa com uma luva de pelica."[46]

☙ ☙ ☙

Comecei a perguntar sobre o outro lado da equação. E se um *pai* não quiser mais ser o trabalhador ideal? Ele também vai enfrentar sérios preconceitos?

Conheça Ariel Ayanna. Ele fez a mesma pergunta. No tribunal. Ayanna acusou o escritório de advocacia de adotar uma "cultura machista". Quando foi demitido apenas alguns meses depois de tirar uma licença-paternidade para cuidar da mulher grávida e doente e dos filhos, Ariel processou a empresa, citando discriminação a responsabilidades familiares. Com 31 anos de idade, ele é advogado corporativo, embora no dia em que nos encontramos com seu advogado em um café tranquilo em Boston, ele estivesse usando uma calça cáqui e uma camiseta preta, e com os cabelos despenteados assemelhando-se mais a um professor durão, mas superintelectual, de faculdade.

Ele me contou que tem seis irmãos e sempre esteve às voltas com crianças ou cuidando delas. "Fiz papel de babá desde os 8 anos." Ele ri. "Na faculdade, eu era babá. É minha segunda natureza." Durante sua infância, o pai trabalhava no setor de investimentos em Wall Street, e Ariel sempre conseguia mais tempo para a família do que o próprio pai. Ayanna se vê como dando o próximo passo na evolução natural em direção a uma divisão de tarefas mais equitativas como pai e trabalhador. Ele e a esposa, especializada em história medieval, tiveram o primeiro filho quando Ayanna ainda frequentava a faculdade de Direito. Em virtude da facilidade de lidar com crianças, ele disse nunca ter duvidado de que assumiria a responsabilidade principal de cuidar do filho.

Depois de se formar com louvor, Ayanna conseguiu o primeiro emprego como advogado corporativo, em Boston, no escritório de uma grande empresa de advocacia, a Dechert. Ele adorou o desafio da função, ganhou prêmios e avaliações de desempenho excelentes e um bônus de 30 mil dólares no primeiro ano. Durante todo o tempo, ele deixava o escritório regularmente no final da tarde para ficar em casa com a família, muitas vezes preparando o jantar, marcando consultas com médicos e dias de brincadeira, colocando o filho na cama e então voltando a trabalhar no laptop e no BlackBerry. Embora suas horas fossem flexíveis, ele não tinha dificuldade em cumprir metas em relação a horas pagáveis e realizava um bom trabalho. Certa vez, Ariel conta, quando um sócio sênior pediu um projeto de última hora e o queria em sua escrivaninha na manhã seguinte, Ayanna trabalhou nele em casa até tarde naquela noite. O advogado sênior disse "que ele não poderia ter feito melhor", Ayanna comenta, "mas ainda se queixou de eu ter saído do escritório 'cedo'. Essa era a cultura".

A cultura era reforçada não em políticas formais, ele afirma, mas em conversas de corredor, sobrancelhas erguidas, olhares nos almoços e refeições onipresentes entregues no escritório, as quais se esperava fossem comidas na escrivaninha. Dois sócios do sexo masculino, aos quais Ayanna chama de "meninos de ouro", que eram considerados empregados-modelo, competiam constantemente para ver quem trabalhava mais tempo e com mais afinco. Um deles disse que trabalhou no BlackBerry enquanto a mulher estava no hospital. Ele ganhou. Outro afirmou que fez a empresa pagar a passagem da mulher para visitar a família do outro lado do país a fim de que ela parasse de pedir-lhe que voltasse para casa do trabalho. Ele ganhou.

Os problemas de Ayanna na empresa tiveram início, conta sua advogada Rebecca Pontikes, "no momento em que ele começou a agir como uma mulher", pedindo uma transferência para Munique quando a mulher ganhou uma bolsa da prestigiosa Fullbright para estudar na Alemanha. No mundo do trabalhador ideal, "quem segue o cônjuge", o que deixa a carreira para o benefício do outro, costuma ser a mulher.[47]

Na Alemanha, a mulher de Ayanna engravidou do segundo filho. Quando estava para dar à luz, sua mulher, que sofre de uma doença mental crônica, teve um grave colapso e foi hospitalizada. Sem família por perto e nenhuma outra ajuda, Ayanna pediu para tirar uma licença a fim de cuidar dela e do filho e, algumas semanas mais tarde, do novo bebê. Porém, na Dechert era raro homens tirarem licença-paternidade, Ayanna argumentou em sua peça processual.

Quando voltou ao escritório de Boston após a licença, conta que havia um sócio que dava valor a longas horas de trabalho. O sócio recusou-se a lhe dar trabalho se não estivesse fisicamente no escritório, Ayanna alegou em seu caso. Lutando para cuidar da família, e ainda com a impossibilidade de trabalhar em casa como antes, Ariel não conseguiu atingir a meta de horas pagáveis. Assim, recebeu uma péssima avaliação de desempenho, apesar de os sócios notarem seu "incrível poder intelectual", e ele foi demitido.

A Dechert, nos arquivos do tribunal, manteve que Ayanna foi demitido por justa causa.[48] No dia em que o caso seria julgado, em fevereiro de 2013, os advogados da Dechert e de Ayanna, que agora trabalha horas flexíveis em uma empresa diferente, assinaram um acordo confidencial.[49] Ayanna conta que os "meninos de ouro" da Dechert se tornaram sócios depois disso.[50]

O caso ressalta o que Joan Williams chama de o "estigma da flexibilidade". Exatamente quando Ben Hunnicutt me disse que o lazer se perdeu porque o trabalho agora responde às perguntas religiosas de quem somos e como encontramos significado, Williams disse que a dedicação total do trabalhador ideal se tornou uma religião. "Se você não está dando tudo de si, colocando o trabalho acima da família ou de qualquer outra obrigação, então está violando o ideal da dedicação ao trabalho. Você se torna suspeito. Preguiçoso. Indigno de confiança. Indolente", ela disse. Mulheres que exigem flexibilidade podem ser toleradas por causa de seu papel histórico de cuidadoras, mas muitas vezes são colocadas de lado no trabalho, ela acrescentou. Homens como Ayanna, entretanto, que procuram trabalhar de um jeito diferente, podem ser duramente punidos. "Isso desafia nossa compreensão profundamente arraigada do que seja o comportamento 'apropriado' para os homens", ela explicou. "Como quando ouço falar de um homem que fica em casa o dia todo para cuidar dos filhos, muitas vezes minha reação inicial é 'Bem, ele está fazendo um bom negócio' ou 'Que tipo de perdedor é esse que não conseguiu um emprego e está sugando a mulher?'. E não tenho essa reação quando escuto que um homem está sustentando uma mulher para que ela fique em casa."

Para testar esse tipo de reação automática, Laurie Rudman e seus colegas na Universidade Rutgers pediram a 137 homens e mulheres participantes do estudo que classificassem um empregado fictício chamado Kevin Dowd. Em um cenário, ele pediu licença para cuidar dos filhos. Em outro, pediu por mais horas de trabalho. Embora todo o resto sobre Dowd fosse idêntico, os participantes classificaram o Dowd cuidador como um trabalhador de baixo nível, menos masculino, menos inteligente e menos ambicioso. Eles não ficaram inclinados em lhe dar recompensas ou promoções e sentiram-se mais propensos a achar que ele deveria ser punido. "Realizamos estudos prévios e constatamos uma penalidade de 'fraqueza' para sujeitos que são reservados durante uma entrevista de emprego. Isso, porém, fez com que as pessoas não quisessem contratá-lo", Rudman me contou. "Isso é diferente de querer demitir você, reduzir seu salário ou rebaixá-lo."

Rudman disse que ficou perplexa ao constatar que mulheres julgaram o Dowd que pediu a licença para cuidar dos filhos com mais rigidez do que os homens, um sinal, ela escreveu, da "extensão em que as mulheres foram cooptadas pelo Trabalhador Ideal".[51]

Embora a tecnologia esteja deixando a tarefa de trabalhar de qualquer lugar e em qualquer momento mais fácil, rápida e eficiente – mesmo em casa, entre brincadeiras e jantar –, o poder do trabalhador ideal mantém todo mundo com os traseiros colados nas cadeiras no escritório. Pesquisadores da Faculdade de Administração Davis da Universidade da Califórnia e da London Business School constataram que, independentemente da qualidade de seu trabalho, pessoas que trabalham a distância, como Ayanna e Gallina, têm menor probabilidade de serem vistas como responsáveis e dedicadas e maior probabilidade de obter avaliações de desempenho insatisfatórias, aumentos menores e menos promoções do que seus colegas guerreiros sempre presentes trabalhadores ideais.⁵²

🎭   🎭   🎭

Mas o trabalhador ideal não é o melhor trabalhador? O mais produtivo? Mais criativo? Mais inteligente?

Na verdade, não é.

Trabalhadores apanhados no padrão de dedicação total ao trabalho estão atolados em um medo infeliz e improdutivo. Uma pesquisa de 2011 do Instituto Gallup constatou que 71% dos americanos relataram sentir-se emocionalmente desconectados e separados de seu local de trabalho.⁵³

Pesquisas atuais começam a descobrir que as pessoas deixariam os empregos de boa vontade por outro com mais flexibilidade. Quase 2/3 de todas as pessoas empregadas, homens e mulheres, dizem que prefeririam ter um negócio próprio por causa da liberdade que teriam para controlar o próprio tempo.⁵⁴ Pesquisas mostram que a obrigação de trabalhar longas horas, estar presente no escritório apenas para mostrar que se está ali e trabalhar até tarde realmente matam a criatividade e o bom raciocínio, e o estresse, a ansiedade e a depressão resultantes dilapidam os orçamentos reservados para a assistência médica. Espichados pelas longas horas e exigências do trabalhador ideal, 1/3 da força de trabalho americana civil não dorme o suficiente, e custa às empresas 63,2 bilhões com a perda de produtividade todos os anos. O escritor William Chalmers, em seu livro *America's Vacation Deficit Disorder: Who Stole Your Vacation?* (O distúrbio de déficit de férias da América: Quem roubou suas férias?), calcula que a cultura esgotada do trabalhador ideal sem férias, trabalho interminável e "presenteísmo" exaustivo do traseiro na cadeira custa à economia americana cerca de 1,5 trilhão ao ano.⁵⁵ A única e maior causa do esgotamento é a falta de controle pessoal no trabalho – espera-se que seja o trabalhador ideal sem vida própria e livre para satisfazer todos os caprichos do chefe.⁵⁶

Na verdade, uma grande quantidade de novas pesquisas está descobrindo que o trabalho é mais bem feito não apenas quando os trabalhadores têm mais controle e previsibilidade sobre seu tempo e fluxo de trabalho, mas também quando os gerentes se concentram na missão do cargo e não no tempo gasto na cadeira, reconhecendo, assim, que os empregados se envolvem mais, são mais produtivos e inovadores quando têm vidas plenas em casa e são revigorados com folgas regulares. Leslie Perlow e Jessica Porter, da Harvard Business School, compararam dois grupos de trabalhadores em uma firma de consultoria em Boston. Um grupo trabalhou 50 horas ou mais por semana, não usou todas as férias e era constantemente chamado ao escritório pelo celular. O outro grupo trabalhou 40 horas, tirava férias completas e coordenava folgas e horas extras a fim de que as necessidades dos clientes fossem atendidas, mas as pessoas podiam regularmente, previsivelmente e sem culpa se desligar por completo do escritório. Que grupo produziu melhores resultados? Sem surpresa, a equipe com folga apresentou uma satisfação maior com o trabalho e melhor equilíbrio entre trabalho-vida. Mas eles também aumentaram o aprendizado, melhoraram a comunicação com sua equipe, trabalharam com mais eficiência e foram, por fim, mais produtivos do que os colegas trabalhadores ideais.[57] Outros estudos constataram que empregados que tiram férias completas não só têm maior probabilidade de permanecer na empresa, como também recebem avaliações de desempenho mais satisfatórias;[58] além disso, os trabalhadores são mais criativos, e o fato de desligar a constante invasão de e-mails e a exigência do trabalhador ideal de responder a eles imediatamente permite às pessoas se concentrarem e realizarem mais tarefas com menos estresse.[59]

☙ ☙ ☙

Assim, considerando o peso das evidências *contra* o trabalhador ideal, que ele *não é*, de fato, o melhor trabalhador, por que é tão difícil se livrar desse conceito?

Porque, segundo Joan Williams, ninguém acredita nisso. "A crença no modo de trabalho do trabalhador ideal está tão arraigada que, mesmo que se introduzam indícios que o contradigam, as pessoas simplesmente não os aceitam. Isso lhe mostra que o que faz a coisa funcionar é muito mais profunda", ela disse. "Não se trata de pesar as evidências de modo racional. Nós estamos falando sobre o trabalho como religião das pessoas."

Uma série de estudos intrigante sugere outro motivo: ele é o chefe. Em estudos com mais de 700 homens casados, os pesquisadores de Harvard, da Universidade de Nova York e da Universidade de Utah descobriram que homens em casamentos tradicionais com mulheres que ficam em casa normalmente ocupam posições de poder nos altos escalões das organizações. Eles também costumam achar que o local de trabalho com mais mulheres não funciona bem e que empresas com líderes do sexo feminino são "relativamente sem atrativos". Esses chefes trabalhadores ideais negam oportunidades de promoção a pessoas do sexo feminino porque as consideram menos qualificadas que os homens, até quando seus currículos são praticamente idênticos. Os pesquisadores chamaram esses homens poderosos de "resistores" a um modo de trabalho mais igualitário – e realista.[60]

Psicólogos estão descobrindo outro motivo para a manutenção do poder do trabalhador ideal. É assim que os nossos cérebros estão conectados. Segundo Torkel Klingberg, nosso cérebro evoluiu pouco além dos dias de caçadores-colhedores quando, nas savanas, a sobrevivência era uma questão de julgar rapidamente a diferença de uma situação ameaçadora ou não ameaçadora. Hoje, essa separação instantânea leva a crenças automáticas e inconscientes que nem mesmo percebemos ter, o que ajuda a explicar por que estereótipos, não importa o quão inexatos chegam, podem ser tão poderosos.

Mahzarin Banaji, psicóloga experimental que estuda esse preconceito inconsciente em Harvard, explorou o poder dos estereótipos por meio de um teste on-line anônimo que ela e os colegas idealizaram chamado Teste de Associação Implícita. Ao analisar mais de dois milhões de testes, Banaji e outros descobriram fortes preferências implícitas favorecendo brancos em detrimento de negros, heterossexuais em detrimento de homossexuais, cristãos em detrimento de judeus e ricos em detrimento de pobres, mesmo que muitos dos aplicadores dos testes alegassem não alimentar tais preconceitos explícitos.

Para estudar a norma do trabalhador ideal, Banaji e os colegas pedem aos sujeitos que se sentem diante de um teclado. Eles devem harmonizar nomes de homens e mulheres como Sarah, Derek, Matt e Tammy com conceitos como carreira, corporação, máquina de lavar louça ou casa. Usando *timers*, os pesquisadores descobriram que a grande maioria dos sujeitos tem muito mais facilidade de harmonizar palavras relacionadas a carreiras com nomes masculinos e palavras relacionadas a casa com nomes femininos, como se fosse automático. Quando lhes pediram que fizessem o oposto, combinar palavras sobre carreira com nomes femininos e palavras relacionadas à casa com nomes masculinos, a maioria tropeçou, cometeu erros e precisou de mais tempo. Tanto homens quanto mulheres precisaram parar e pensar, um sinal, ela disse, de que estão se esforçando para superar seu preconceito automático inato.

Na verdade, mulheres precisam se esforçar mais. A pesquisa constatou que 77% dos sujeitos do sexo masculino mostraram forte preconceito inconsciente para masculino = carreira, feminino = família. Mas o que dizer dessa dissonância cognitiva? Oitenta e três por cento das *mulheres* mostraram alimentar esse mesmo preconceito inconsciente, mesmo que alegassem não ter nenhum. Banaji argumenta que os testes são um previsor poderoso de como as pessoas agem de maneira preconceituosa, mesmo sem ter a intenção. O teste, ela disse à minha colega Shankar Vedantam no *Washington Post Magazine*, "mede a impressão digital da cultura presente em nossas mentes". E ela descobriu que a impressão digital do trabalhador ideal – a menos que se tome consciência dele e trabalhe ativamente para mudá-lo – deixou sua marca em homens e mulheres. Assim, ambos os sexos tendem a associar homens com carreiras e mulheres com o lar.[61]

Para testar os resultados por mim mesma, voltei e corri atrás de mais dados no Levantamento Social Geral. No final dos anos 1990, quase um em cinco americanos ainda desaprovava o fato de mulheres casadas trabalharem, com ou sem filhos. À pergunta "Deve a mãe de uma criança em idade pré-escolar trabalhar?", metade dos homens pesquisados em 2002, a época mais recente em que a pergunta foi feita, disse não, que ela deveria ficar em casa. E quatro em dez *mulheres* tinham a mesma opinião,[62] porcentagens que não mudaram muito de quando a pergunta foi apresentada em 1988 e em 1994.

O estudo não pergunta se homens casados e pais de crianças em idade pré-escolar devem trabalhar. Está claro que a suposição é de que devem.

❦ ❦ ❦

Na época em que eu estava explorando as raízes da sobrecarga no trabalho, a diretora de operações do Facebook, Sheryl Sandberg, causou sensação ao admitir que deixava o escritório às 17h30 para estar em casa a fim de jantar com os dois filhos. Eu tinha ouvido falar sobre estilos de trabalho flexíveis em empresas famosas de alta tecnologia – uma ex-executiva da Google me disse que as pessoas podiam trabalhar em uma praia no Havaí contanto que o trabalho fosse entregue no prazo. A confissão de Sandberg pareceu um sinal de esperança de que talvez os novos empregos de economia do Vale do Silício se vissem livres das garras do trabalhador ideal. Perguntei-me, então, se o Vale do Silício poderia ser o pioneiro para o resto do mundo do trabalho.

Levou menos de um dia de trabalho para chegar e esta conclusão decepcionante: Deus, espero que não.

A jovem cultura geek alimentada por testosterona levou e fortaleceu o padrão do trabalhador ideal a um nível sobre-humano. As horas de trabalho não só são extremas, elas nos devoram vivos. Os projetos são tão mal administrados, muitas vezes por jovens gênios com poucas habilidades sociais, que o trabalho é rotineiramente realizado em um esquema exaustivo de herói salvador da pátria intuitivo, segundo o Instituto Anita Borg para Mulheres e Tecnologia. Essa mentalidade, eles escreveram, "está enviando a mensagem de que os que têm responsabilidades familiares não precisam se candidatar".[63]

Marianne Cooper, socióloga que estudou horas extremas de trabalho no Vale do Silício, disse que trabalhar a ponto de entrar em colapso a fim de cumprir prazos impossíveis tornou-se um meio de provar masculinidade e status no mundo high-tech. "Há uma grande quantidade de: 'Ele é um verdadeiro homem; ele trabalha 90 horas por semana'; 'Ele é um preguiçoso, ele trabalha 50 horas por semana'", engenheiros contaram a Cooper.[64] É o tipo de cultura que aplaudiu quando Marissa Mayer anunciou que não tiraria a licença-maternidade depois de ser indicada diretora-executiva e presidente da Yahoo!.

Catherine Keefer, 42, deleitou-se com a cultura de trabalho de horas extremas quando se mudou para a Bay Area e conseguiu um emprego no qual a maioria das mulheres acaba no setor de alta tecnologia: o "gueto cor-de-rosa" de marketing. O trabalho parecia ser o centro de um universo muito estimulante. Era divertido. Havia mesas de pingue-pongue, cafés sofisticados que serviam bebidas especiais e serviços de retirada para lavagem de roupas a seco em que você não precisava sair do escritório. E ela nunca saía. "Então vieram os filhos", Keefer contou. Ao contrário de Sandberg, ela descobriu que era praticamente impossível sair às 17h30. Com um chefe *workaholic* e, às vezes, reuniões sem sentido marcadas em cima da hora no final da tarde, ou projetos jogados em sua escrivaninha no exato momento em que estava tentando sair do escritório, além de ser casada com outro funcionário de uma empresa de tecnologia que regularmente trabalhava até as 2h, a vida no mundo high-tech simplesmente era incompatível com a formação de uma família.

"Fui atropelada", ela afirma.

Quando conheci Keefer, ela, como muitas outras mães que conheci na Bay Area, tinha deixado o emprego e se tornado consultora. Ela realizava o mesmo trabalho para a mesma companhia, mas em seu próprio horário e em seus próprios termos. E por um salário menor, sem benefícios e nenhuma chance de promoção.[65]

🐻 🐻 🐻

Comecei a me dar conta de que eu, também, passara toda a minha carreira presa ao culto do trabalhador ideal. Minha mãe ficava em casa. O único modelo que eu tinha do que significava ser um bom trabalhador era meu pai, e ele sempre estava trabalhando. Quando ele não se encontrava na Universidade de Portland, onde trabalhou primeiro como professor de contabilidade, depois como reitor e, mais tarde, vice-presidente, ele passava grande parte de suas noites e horas livres em cerimônias e festas para angariar fundos, ou dando aulas à noite para pagar os aparelhos ortodônticos e aulas de balé das quatro filhas. Raramente o víamos. E, quando o fazíamos, muitas vezes ele estava distraído, perdido em pensamentos e preocupado com o trabalho. Ele sempre estava sério. O trabalho parecia importante e duro. Assim, quando comecei a trabalhar, trabalhei como ele. Certa vez, um editor ansiosamente me disse que eu de fato deveria ir para casa descansar. Eram 22h.

Depois que Tom e eu nos casamos, fiquei absolutamente aterrorizada sobre como eu conseguiria encaixar filhos no meu estilo de vida insano. Esperei até quase ser tarde demais. Quando finalmente trouxemos nosso lindo bebê para casa, eu estava dividida. O trabalhador ideal dentro de mim agora desesperadamente também queria ser a mãe ideal.

Mergulhei em depressão profunda quando meu filho completou sete semanas e percebi que não podíamos nos dar o luxo de manter nosso pequeno chalé em uma aconchegante comunidade que adorávamos se eu não trabalhasse. Na época eu ganhava mais do que o meu marido, e meu emprego nos oferecia assistência médica. Nós já tínhamos morado em um lugar mais barato com barras nas janelas em uma vizinhança amedrontadora, e não queríamos empurrar um carrinho de bebê naquele mundo angustiante. Poderíamos ter nos mudado para uma casa além dos subúrbios, mas isso significaria uma distância insana para Tom e o transformaria em um pai ausente. E eu me preocupava com o fato de que, se eu saltasse do veloz trem do trabalho no mundo corporativo, mesmo que por pouco tempo, nunca seria capaz de subir nele outra vez. E, na verdade, eu sempre *quis* fazer as duas coisas – realizar um bom trabalho e ser uma excelente mãe. Eu apenas não sabia como. E só agora, olhando para trás, percebo que nunca ao menos *perguntei* a Tom o que ele queria. Eu simplesmente supus que ele continuaria trabalhando como o meu pai fazia.

Quando nosso filho completou seis meses e minha licença-maternidade terminou – retalhos de tempo que eu juntei com licença médica e familiar não remunerada, licença-doença, por incapacidade e férias –, eu me senti cada vez pior sobre as longas horas que repórteres como eu normalmente trabalhavam. Eu adorava o jornalismo. Com nossas contas, eu sabia que parar não era uma opção, mas queria desesperadamente mais tempo para ficar com meu filho. Assim, pedi uma semana de trabalho de quatro dias.

Meu chefe na época disse não, mesmo que outra mãe e um homem perto da aposentadoria trabalhassem nesse esquema.

Pedi para trabalhar um dia da semana em casa.

Não.

Deixei esse emprego como repórter nacional a fim de me unir à equipe do *Washington Post*, de modo que, se fosse tarde, eu sempre poderia chegar em casa para o jantar e para contar a história da hora de dormir.

Dois anos e meio depois, com quase 39 anos, tive a nossa filha. Passei parte de minha licença-maternidade com ela e trabalhando em dois projetos, com o bebê aconchegado pacificamente ao peito em um BabyBjörn. Quando pedi aos novos chefes uma semana de quatro dias, um deles me advertiu que isso iria "arruinar a minha carreira".

"Você não pode simplesmente sair cedo de vez em quando?", ele perguntou.

Mas eu sabia que isso não iria acontecer. Isso não é o que um trabalhador ideal em uma cultura de super-realizadores faz. Por mais que eu deteste admitir, o meu *workaholic* interior precisava de permissão formal para desacelerar. Ao longo dos anos, alguns gerentes, homens e mulheres, foram ótimos. Uma editora fantástica me disse: "Nunca me importo com onde você está ou quando trabalha, contanto que termine a matéria". Eu trabalhava com duas vezes mais empenho para ela. Mas outros, homens e mulheres, claramente achavam que trabalhar meio período me tornava uma trabalhadora menos desejável e produtiva. Um deles, depois que eu entreguei o que se transformaria em uma série premiada, perguntou: "Ela fez *isso* trabalhando quatro dias por semana?". Porém, quando chegou o momento de fazer a minha avaliação de desempenho, outro gerente comparou as vezes que minhas matérias apareciam no jornal com as de outros que trabalhavam período integral. Obviamente, eram muito menos.

Ainda assim, eu adorava o que meus filhos chamavam de "segunda-feira da mamãe". Durante os seis anos em que trabalhei nesse horário, eu era feliz por ter aquele tempo precioso com meus filhos e me sentia tão leal aos editores, que estava mais do que disposta a fazer o necessário para mostrar que podia funcionar. Eu respondia a ligações do trabalho enquanto trocava fraldas ou alterava os horários quando as notícias ou prazos de alguma matéria exigiam. Sentia-me estranhamente orgulhosa de dizer a outras mães no playground que tinham desistido das carreiras para ficar em casa que eu "só" trabalhava meio período, por assim dizer, "olhe, eu também coloquei meus filhos na frente de minha carreira!". Entretanto, eu estava plenamente consciente, enquanto observava colegas e meu marido progredirem, aceitarem serviços glamorosos no exterior, assinarem contratos para publicação de livros e ganharem prêmios, que, no mundo exigente do trabalhador ideal dos jornais diários, eu poderia ter ficado no trem acelerado, mas não chegaria a lugar algum depressa.

Quando cheguei perto dos 40 anos, perguntei-me se teríamos um terceiro filho. Eu tinha guardado todas as roupas de bebê, brinquedos e livros preferidos, e os coloquei em grandes caixas de plástico sob o beiral, só para garantir. Uma colega me recomendou que nunca deixasse a América corporativa ditar a forma que minha vida e família tomariam. Eu, entretanto, já tinha feito isso.

☙ ☙ ☙

Estou sentada com Joan Williams, que o *The New York Times* chamou de "estrela do rock" dos assuntos de trabalho e família, em seu escritório espartano no WorkLife Law Center, em São Francisco, analisando o trabalhador ideal.

Exatamente agora, ela diz que estamos todas encurraladas.

Mães que se aventuram a trabalhar estão sós. Em casa, elas ainda são consideradas as principais responsáveis por todos os detalhes domésticos e continuam definidas de um jeito que os homens não são – pelas realizações dos filhos e da arrumação da casa. No trabalho, um número ainda maior está à mercê dos supervisores imediatos. Claro, algumas empresas adotam políticas amigáveis para as famílias, como horários flexíveis e trabalho de meio período, muitas das quais idealizadas como "iniciativas de mulheres" para deter a maré depois que os departamentos de recursos humanos notaram quantas pessoas estavam partindo após iniciar uma família. As políticas podem até parecer boas. No papel. Mas vamos encarar os fatos: com a cultura do trabalhador ideal tão firmemente arraigada, em muitos locais de trabalho se espera que apenas as mães desfrutem de tais políticas, e quem as usar não vai muito longe. Assim, você tem a opção de escolher a trilha flexível da mamãe, demitir-se, contratar ajuda ou aguentar firme.

Acima de tudo isso, o fato de que muitas mulheres não "conseguiram", que tão poucas chegaram aos altos escalões dos negócios, das universidades, da política, da ciência e outros campos, é visto como um sinal – não de que haja algo errado com o local de trabalho, mas de que há algo errado com as mulheres. De que as mulheres não são ambiciosas, inteligentes ou *alguma outra coisa*.[66]

Ela está encurralada.

Os pais são estigmatizados quando procuram se desviar do trabalhador ideal, fazer mais do que apenas deslizar para fora do radar a fim de assistir a um ocasional jogo da Liga Infantil, de fato passar o tempo intimamente cuidando dos filhos e ser um parceiro em termos de igualdade em casa. "Homens com filhos têm uma decisão difícil", Williams disse. "Eles podem escolher *não* ser parceiros em nível de igualdade com as esposas, caso em que ter filhos irá *ajudar* suas carreiras com o bônus de paternidade. Ou podem escolher serem parceiros em nível de igualdade e *prejudicar* suas carreiras até mais do que as mulheres. Enquanto isso acontecer, teremos umas poucas almas corajosas, mas é só. Almas corajosas."

Ele está encurralado.

Com smartphones, Skype, e-mails e outras tecnologias que surgem rapidamente nos mantendo presos ao trabalho, espera-se agora que o trabalhador ideal esteja de plantão e pronto o dia todo, todos os dias, o tempo todo. E como o trabalhador ideal é apenas isso, um ideal voraz e exigente, ninguém nunca poderá estar à altura. Não importa quanto você faça, o quanto trabalhe, o quanto sacrifique, o quanto seja dedicado, você nunca vai atingir esse ideal. Você nunca será o trabalhador ideal.

Estamos todos encurralados.

Williams, 59, conhece a síndrome intimamente. Ela começou sua carreira como advogada ambientalista. "Então eu tive um bebê." Ela viu a vida doméstica retornar aos tradicionais papéis de gêneros e perder o equilíbrio.

"Você quer igualdade no local de trabalho? Morra sem filhos aos 30 anos. Você não vai ter atingido o teto de vidro ou a parede maternal", ela afirma. "As pessoas dizem que nunca vai haver igualdade no local de trabalho até que haja igualdade em casa. Mas, para mim, é realmente o reverso. Nunca vai haver igualdade no lar até que haja igualdade no local de trabalho, até que redefinamos o trabalhador ideal. Porque, até então, homens vão sentir que não têm escolha a não ser atender a esse ideal, mesmo que não acreditem nele, porque eles querem ser 'bem-sucedidos.'"

Exatamente agora, ela diz, a única maneira de se livrar do controle do trabalhador ideal é atingi-lo com processos por discriminação a responsabilidades familiares. "É extremamente desmoralizador ver o pouco progresso que fizemos.

A conversa hoje é muito parecida com a que ocorria nos anos 1970. Não temos apoios sociais para famílias que trabalham. Não temos direitos trabalhistas. O que temos? Lei de discriminação", ela fala. "Processos por discriminação a responsabilidades familiares podem não ser a maneira mais significativa para gerar mudanças. Mas, nesse momento, é a única arma que temos."

Isso, e mudar a conversa. Ver que a sobrecarga nunca foi apenas um "problema da mamãe". Que é um problema do pai. Um problema do filho. Um problema do local de trabalho. Um problema do lar. Um problema da família. Um problema de direitos humanos. É um problema para a sociedade, principalmente uma que expressa os valores familiares com tanta intensidade. A sobrecarga constitui de fato uma questão para todos quando se vive em um país cuja grande missão é garantir o direito de seus cidadãos de buscar a felicidade.

Williams, cuja filha brinca com ela sobre trabalhar como um trabalhador ideal para que os outros não precisem fazê-lo, recosta-se na cadeira. Houve uma época na América, ela conta, quando tudo poderia ter sido diferente.

"Você deveria conversar com Pat Buchanan."

NOTAS

1. Complaint and Jury Trial Demand, *Equal Opportunity Employment Commission v. Denver Hotel Management Company, Inc.* d/b/a Brown Palace Hotel & Spa, United States District Court for the District of Colorado, 20 jul. 2010, case 1:10-CV-01712-REB, 4. http://assets.bizjournals.com/cms_media/denver/pdf/EEOC%20v.%20Denver%20Hotel%20Management%20Co.pdf.

2. Renate Rivelli em duas entrevistas por telefone com a autora, em 23 de março de 2012, e pessoalmente em Denver, em 4 de abril de 2012.

3. Lynn Feinberg, conselheira sênior de política estratégica, AARP Public Policy Institute, declaração à U.S. Equal Employment Opportunity Commission, *Unlawful Discrimination Against Pregnant Workers and Workers with Caregiving Responsibilities*, audiência, 15 fev. 2012. www.eeoc.gov/eeoc/meetings/2-15-12/feinberg.cfm. Feinberg se referiu a dados coletados em uma pesquisa do Instituto Gallup, "More Than One in Six American Workers Also Act as Caregivers; Low-Income, Less-Educated Americans More Likely to Be Caregivers", 26 jul. 2011, www.gallup.com/poll/148640/One-Six-American-Workers-Act caregivers.aspx. Feinberg também se referiu à constatação de que 42% de todos os trabalhadores americanos alegaram cuidar de um parente ou amigo idoso nos últimos cinco anos, e que, com o número de *baby boomers* com idade acima de 65 previsto para aumentar de 40 para 72 milhões até 2030, ela disse que as necessidades de trabalhadores assumirem papéis de cuidadores só vai crescer: Kerstin Aumann et al., *The Elder Care Study: Everyday Realities and Wishes for Change* (Nova York: Families and Work Institute, outubro, 2010), http://familiesandwork.org/site/research/reports/elder_care.pdf.

4. Joan Williams, distinta professora, University of California Hastings College of the Law, diretora da WorkLife Law Center, em declaração à EEOC, *Unlawful Discrimination Against Pregnant Workers and Workers with Caregiving Responsibilities*, audiência, www.eeoc.gov/eeoc/meetings/2-15-12/williams.cfm. Veja também Cynthia Thomas Calvert, "Family Responsibilities Discrimination: Litigation Update 2010", The Center for WorkLife Law, www.worklifelaw.org/pubs/FRDupdate.pdf.

5. Projeto de Lei de Família e Licença Médica, aprovado pelo Congresso em 1993 e transformado em lei por Bill Clinton em uma de suas primeiras medidas como presidente, garante 12 semanas de licença não remunerada todos os anos para cuidados pessoais ou de um membro da família. Grupos empresariais fizeram lobby contra a licença remunerada, afirmando que ela iria estimular os empregados a tirarem licenças desnecessárias. A lei cobre apenas empregados de período integral por pelo menos um ano em empresas de 50 funcionários ou mais. Cerca de 40% da força de trabalho não têm cobertura. dol.gov/asp/evaluation/fmla/FMLATechnicalReport.pdf.

6. Ibid. Sharon Lerner também inclui exemplos de discriminação à gravidez e a cuidadores em seu livro, *The War on Moms: On Life in a Family-Unfriendly Nation* (Hoboken, NJ: John Wiley & Sons, 2010), 27-29.

7. Joan Williams, declaração à EEOC. Veja também Opinion and Order, *Louisanna Hercule v. Wendy's of N.E. Florida, Inc.*, United States District Court Southern District of Florida, caso 10-80248-CIV-MARRA, 10 maio 2010, http://law.justia.com/cases/federal/district-courts/florida/flsdce/9:2010cv80248/351903/15. No caso de Wendy, quando a funcionária se recusou a fazer o aborto, ela alega que o supervisor começou a menosprezá-la sempre que discordavam, dizendo-lhe que "levasse seu gordo traseiro grávido para casa". Mais tarde, a funcionária sofreu um aborto espontâneo e foi despedida por tirar uma licença. Wendy entrou com um processo. Ela aceitou um acordo e o caso foi encerrado em maio de 2011.

8. U.S. Equal Opportunity Employment Commission, "Pregnancy Discrimination Charges EEOC & FEPAs Combined: FY 1997–FY 2011", www.eeoc.gov/eeoc/statistics/enforcement/pregnancy.cfm. Benefícios monetários, não incluindo os obtidos com litígios, aumentaram, o que mostra, por exemplo, que o número de processos iniciados na EEOC e nos Órgãos de Práticas de Emprego Justas locais e estaduais, sobre o título VII da Lei de Direitos Civis de 1964, alegando discriminação por gravidez, cresceram de 3,977 no ano fiscal de 1997 para 5,97 no ano fiscal de 2011. Benefícios monetários, excluindo-se os obtidos com litigações, cresceram no mesmo período de $5,6 milhões para $17,2 milhões. Mais de 50 mil processos foram instaurados e mais de $150 milhões pagos em recompensas monetárias na primeira década dos anos 2000.

9. J. David Lopez, conselheiro geral da EEOC, em entrevista com a autora, Washington, D.C., 15 de março de 2012. Lopez afirmou que, ao contrário de casos de discriminação racial atual, que tendem a ser sutis e baseados no peso de indícios circunstanciais, a discriminação à gravidez muitas vezes é flagrante.

10. Memorandum of Law in Opposition to Defendant Bloomberg L.P.'s Motion for Summary Judgment as to EEOC's Pattern-or-Practice Claim EEOC v. Bloomberg, L.P., United States District Court Southern District of New York, 778 F. Supp. 2d 458. (n. 07-8383). Mais análises sobre o caso podem ser encontradas em Joan C. Williams, "Jumpstarting the Stalled Gender Revolution: Justice Ginsburg and Reconstructive Feminism", *Hastings Law Journal* 63, n. 5 (2011-2012): 1290-97. Veja também Joan Williams, "Bloomberg Case: Open Season to Discriminate Against Mothers?", *Huffington Post*, 26 ago. 2011, www.huffingtonpost.com/joan-williams/bloomberg-case-open-seaso_b_934232.

html. Veja também Sheelah Kolhatkar, "Mayor Bloomberg's Delicate Condition", *Upstart Business Journal*, 11 nov. 2008, http://upstart.bizjournals.com/executives/features/2008/11/11/Gender-Discrimination-at-Bloomberg.html.

11. Opinion and Order, *Equal Employment Opportunity Commission v. Bloomberg L.P.*, United States District Court Southern District of New York, 07 Civ. 8383 (LAP), 17 ago. 2011, www.nysd.uscourts.gov/cases/show.php?db=special & id=124, 61.

12. Organisation for Economic Co-operation and Development, "Average Annual Hours Actually Worked per Worker, 2000-2012", http://stats.oecd.org/Index.aspx?DatasetCode=ANHRS. A tabela mostra que o trabalhador comum nos Estados Unidos trabalhou 1.790 horas em 2012, mais do que a média de 1.765 horas dos países da OCDE. O *Better Life* Index (Índice de Vida Melhor) também mostra que mais trabalhadores nos Estados Unidos trabalham horas "muito longas" – 50 ou mais por semana, comparados a outros países da OCDE. "Work-Life Balance", OECD *Better Life Index*. www.oecdbetterlifeindex.org/topics/work-life-balance/.

13. Chase Peterson-Withorn, "Rising Prices: College Tuition vs. the CPI", The Center for College Affordability and Productivity", 19 mar. 2013. http://centerforcollegeaffordability.org/archives/9623.

14. U.S. Census Bureau, "Married Couple Family Groups, by Labor Force Status of Both Spouses, and Race and Hispanic Origin of the Reference Person: 2012", tabela FG1, www.census.gov/hhes/families/files/cps2012/tabFG1-all.xls.

15. Bureau of Labor Statistics, Economic News Release, "Families with Own Children: Employment Status of Parents by Age of Youngest Child and Family Type, 2011-2012 Annual Averages", 26 abr. 2013, www.bls.gov/news.release/famee.t04.htm.

16. Sharon R. Cohany e Emy Sok, "Trends in Labor Force Participation of Married Mothers of Infants", *Bureau of Labor Statistics Monthly Labor Review*, fev. 2007, www.bls.gov/opub/mlr/2007/02/art-2full.pdf. Veja Gráfico 1.

17. Schor, *Overworked American*, 114.

18. "Gender and Global Differences in Work-Life Effectiveness" (paper apresentado ao Families and Work Institute/SHRM Work-Life Focus: 2012 and Beyond conference, Washington, D.C., 8-10 nov. 2011). Em mercados emergentes como China, Brasil e Índia, 60% dos executivos são de opinião que mulheres muito comprometidas com a família não podem estar comprometidas com o trabalho.

19. Shelley J. Correll, Stephen Benard, In Paik, "Getting a Job: Is There a Motherhood Penalty?", *American Journal of Sociology* 112, n. 5 (mar. 2007): 1297-1339, http://gender.stanford.edu/sites/default/files/motherhoodpenalty.pdf. Os autores escrevem: "Se o comprometimento com o trabalho é medido pela importância que as pessoas ligam às suas identidades profissionais – seja absoluta ou relativamente a outras identidades, como identidades familiares –, não se encontra diferença entre o comprometimento entre mães e não mães".

20. Ibid.

21. Mary C. Still, "Litigating the Maternal Wall: U.S. Lawsuits Charging Discrimination Against Workers with Family Responsibilities", Center for WorkLife Law, University of California Hastings College of the Law, 6 jul. 2006, www.worklifelaw.org/pubs/FRDreport.pdf, 5.

22. Correll, Benard, Paik, "Getting a Job".

23. Madeline E. Heilman e Tyler G. Okimoto, "Motherhood: A Potential Source of Bias in Employment Decisions", *Journal of Applied Psychology* 93, n. 1 (jan. 2008): 189-98. Os autores escrevem "que, de fato, a Maternidade parece ser prejudicial para as mulheres que lutam para progredir". Ver também C. Etaugh e K. Nekolny. "Effects of Employment Status and Marital Status on Perceptions of Mothers", *Sex Roles* 23 (1990): 273-80.

24. "Women CEOs of the Fortune 1000", *Catalyst*, 1º jul. 2013, www.catalyst.org/knowledge/women-ceos-fortune-1000. "Women in the U.S. Congress 2013", Eagleton Institute of Politics, Rutgers University, 11 nov. 2012, www.cawp.rutgers.edu/fast_facts/levels_of_office/documents/cong.pdf.

25. Philip N. Cohen, "Fact-Checking David Brooks, Citing Hanna Rosin Edition", *Family Inequality* (blog), 11 set. 2012, http://familyinequality.wordpress.com/2012/09/11/fact-checking-david-brooks-citing-hanna-rosin-edition/. Cohen, um sociólogo que estuda gênero e desigualdade de renda na Universidade de Maryland, cita um boletim informativo da Agência de Estatística do Trabalho de 18 de julho de 2012, sobre "Renda Habitual de Trabalhadores Assalariados e Horistas, do segundo trimestre de 2012". Cohen também observa que entre jovens adultos que terminaram a faculdade e trabalham em período integral durante o ano todo, as mulheres recebem 80,7% do rendimento médio dos homens. Cohen explica: "A lacuna inclui discriminação na contratação, promoção e salários, assim como no status familiar das mulheres e 'escolhas' ocupacionais". http://familyinequality.wordpress.com/2010/09/09/this-thing-about-young-women-earning-more/. Mulheres com idades entre 25 e 34 anos ganham 91% do que ganham os homens. Mas a lacuna aumenta para 79% em mulheres com idade entre 35 e 44 anos, e aumenta novamente para 73% para mulheres com idade entre 45 e 54 anos, e permanece até à idade de 65. Nesse ponto, as mulheres ganham cerca de 85% do que ganham os homens.

26. Michelle J. Budig, professora de Sociologia, integrante do corpo docente do Centro de Administração de Políticas Públicas da Universidade de Massachusetts, Amherst, antes da audiência "New Evidence on the Gender Pay Gap for Women and Mothers in Management", do Comitê Econômico Conjunto dos Estados Unidos, 28 de setembro de 2010, incluso no relatório do United States General Accounting Office, *Invest in Women, Invest in America: A Comprehensive Review of Women in the U.S. Economy*, preparado pela maioria da equipe do Comitê Econômico, Congresso dos Estados Unidos, dezembro de 2010, 124-42. Um relatório do GAO constatou uma lacuna de 2,5% nos rendimentos entre mães e mulheres sem filhos com salários mais altos e um bônus de 2,1% para pais comparados a homens sem filhos. O relatório também constatou um significativo aumento de 8,3% nos salários de homens casados em relação a homens solteiros, enquanto o estado civil não exerceu impacto nos rendimentos das mulheres. *Women's Earnings: Work Patterns Partially Explain Difference Between Men's and Women's Earnings* (Washington, D.C.: United States General Accounting Office, out. 2003), www.gao.gov/new.items/d04 35.pdf, 32.

27. Philip N. Cohen, sociólogo, Universidade de Maryland, em entrevista com a autora, setembro de 2012. Seus comentários também aparecem em Brigid Schulte, "In Praise of the Male Biological Clock", *Zócalo*, 9 set. 2012, www.zocalopublicsquare.org/2012/09/09/in-praise-of-the-male-biological-clock/

28. "Women's Employment During the Recovery", United States Department of Labor, 3 maio 2011, www.dol.gov/_sec/media/reports/FemaleLaborForce/FemaleLaborForce.pdf.

29. *Invest in Women*, 139-40.

30. Joan Williams, entrevista com a autora, 11 out. 2011.

31. Jane Leber Herr e Catherine Wolfram, "Work Environment and 'Opt-Out' Rates at Motherhood Across High-Education Career Paths", *National Bureau of Economic Research*, working paper 14717, fev. 2009, www.nber.org/papers/w14717.pdf. A tabela 2, comparando mães e homens e mulheres ainda sem filhos, aparece na p. 17.

32. www.ssa.gov/policy/docs/ssb/v72n1/v72n1p11.html.

33. Jonathan V. Last, "America's Baby Bust", *Wall Street Journal*, 12 fev. 2013, http://online.wsj.com/article/SB10001424127887323375204578270053387770718.html.

34. T. J. Mathews e Brady E. Hamilton, "Delayed Childbearing: More Women Are Having Their First Child Later in Life", data brief n. 21 (Hyattsville, MD: National Center for Health Statistics, 2009), www.cdc.gov/nchs/data/databriefs/db21.htm.

35. Augustine Kong et al., "Rate of De Novo Mutations and the Importance of Father's Age to Disease Risk", *Nature*, 488 (23 ago. 2012): 471-75, doi:10.1038/nature11396, www.nature.com/nature/journal/v488/n7412/full/nature11396.html. Veja também www.psychologytoday.com/blog/contemporary-psychoanalysis-in-action/201212/the-male-biological-clock.

36. "2010 Assisted Reproductive Technology National Summary Report", Centers for Disease Control and Prevention, dezembro, 2012, www.cdc.gov/art/ART2010/NationalSummary index.htm. Mulheres com mais de 35 anos são responsáveis por cerca de 60% de todas as mulheres que se submeteram a procedimentos de Tecnologia de Reprodução Assistida em 2010. Embora cerca de metade de todos os procedimentos com óvulos doados tenham resultado em nascimentos naquele ano, as taxas de natalidade com óvulos próprios caíram drasticamente depois da idade de 35, para 1% em mulheres com idade acima de 42 anos. Veja pp. 19 e 48.

37. Gretchen Livingston e D'Vera Cohn, "Childlessness Up Among All Women; Down Among Women with Advanced Degrees", Pew Research Center, 25 jun. 2010, www.pewsocialtrends.org/2010/06/25/childlessness-up-among-all-women-down-among-women-with-advanced-degrees/

38. Sylvia Ann Hewlett, "Executive Women and the Myth of Having It All", *Harvard Business Review* 80, n. 4 (abr. 2002): 66-73. Michelle Budig também constatou que gerentes do sexo feminino têm menor probabilidade de se casarem e terem filhos do que gerentes do sexo masculino.

39. "Wives Who Earn More Than Their Husbands, 1987-2011", Labor Force Statistics from the Current Population Survey. Bureau of Labor Statistics. O departamento relata que 28,1% das esposas em lares em que ambos trabalham ganharam mais que os maridos em 2011, mais do que os 17,8% em 1987,. www.bls.gov/cps/wives earn more.htm.

40. Yale Law School Career Development Office, "The Truth about the Billable Hour", brochura, www.law.yale.edu/documents/pdf/CDO_Public/cdo-billable_hour.pdf. A maioria dos escritórios de advocacia costuma exigir que os advogados faturem entre 1.700 e 2.300 horas por ano. Mas visto que as horas faturáveis não incluem reuniões, conferências, treinamento, leitura de material jurídico atualizado,

relacionamento, trabalho *pro* bono, redação de material para revistas especializadas etc., o Departamento de Desenvolvimento Profissional da Faculdade de Direito de Yale calcula que um advogado que quer atingir a meta de 2.200 horas faturadas e tirar cinco semanas de férias por ano teria que trabalhar 12 horas por dia, três sábados por ano, durante dez meses, sem se ausentar por motivos de doença ou pessoais. "*Você conseguiu!*", um folheto de Yale anuncia. "Você conseguiu faturar 2.201 (horas). Contudo, você trabalhou 3.058". Isso representa uma semana de trabalho com um mínimo de 65 horas.

41. Dawn Gallina, entrevista por telefone com autora, março de 2012.

42. Vivia Chen, "Sued for Sexual Harassment, Yet Lauded for Being Family-Friendly", *The Careerist* (blog), 2 maio 2012, http://thecareerist.typepad.com/thecareerist/2012/05/women-are-keptical.html. Greg Walsh, "Mintz Levin named family friendly firm", *Boston Business Journal*, 26 abr. 2012, www.bizjournals.com/boston/news/2012/04/26/mintz-levin-named-family-friendly-firm.html.

43. Kamee Verdrager, entrevista ao telefone com a autora, 1º de maio, 2012. Veja também David Lat, "I suppose we have your honeymoon to blame for this?", *abovethelaw.com* (blog), 21 mar. 2008, http://abovethelaw.com/2008/03/I-suppose-we-have-your-honeymoon-to-blame-for-this/. Kamee Verdrager, outra responsável pelo sustento da família, era advogada no escritório Mintz Levin, em Boston. Ela afirmou que sua experiência decaiu, culminando com seu rebaixamento logo após ter anunciado a gravidez pouco depois do casamento. "Acho que devemos culpar sua lua de mel por isso", o chefe lhe disse com um suspiro, segundo os arquivos do tribunal. Os empregadores de Verdrager supuseram que ela deixaria de mostrar dedicação total, iria trabalhar meio período ou ficaria em casa. "É uma loucura", ela disse. "Apesar de eu estar disposta a corresponder ao seu modelo de trabalhador ideal, de estar disponível sete dias por semana, eles ainda imaginaram que eu não estava comprometida por ser uma mulher com filhos."

44. Cynthia Calvert, cofundadora do Project for Attorney Retention, entrevista com a autora, 9 jan. 2012, e um e-mail atualizando os números, 22 maio 2013.

45. Sharon Lerner, "How Could One of America's Most Sexist Companies End Up on Working Mother's Best 100 List?", *Slate*, 24 maio, 2010, www.slate.com/articles/double_x/doublex/2010/05/how_could_one_of_americas_most_sexist_companies_end_up_on_working_mothers_best_100_list.html.

46. Carol Evans, entrevista com a autora, 30 abr. 2013.

47. Sarah Jio, "Career Couples Fight Over Who's the 'Trailing Spouse'", CNN Living, 26 jun. 2008, http://articles.cnn.com/2008-06-26/living/lw.men.v.women.career_1 couples-career-job?s=PM:LIVING.

48. Defendant Dechert LLP's Memorandum of Law in Support of Its Motion for Summary Judgment, *Ariel Ayanna v. Dechert LLP*, 1:10-cv-12155-NMG, United States District Court for the District of Massachusetts, 14 maio 2012.

49. www.americanlawyer.com/PubArticleTAL.jsp?id=1360503108457&slreturn=20130421172309.

50. Resposta do queixoso à declaração do réu Dechert LLP sobre fatos incontestáveis em apoio a sua moção para julgamento sumário e declaração do réu de fatos adicionais, *Ariel Ayanna v. Dechert LLP*, 15 de junho, 2012.

51. Laurie A. Rudman e Kris Mescher, "Penalizing Men Who Request a Family Leave: Is Flexibility Stigma a Femininity Stigma?", *Journal of Social Issues: The Flexibility Stigma* 689, n. 2 (jun. 2013): 322-40.

52. Kimberly Elsbach e Daniel Cable, "Why Showing Your Face at Work Matters", MIT *Sloan Management Review*, 19 jun. 2012, http://sloanreview.mit.edu/the-magazine/2012-summer/53407/why-showing-your-face-at-work-matters/.

53. Nikki Blacksmith e Jim Harter, "Majority of American Workers Not Engaged in Their Jobs: Highly Educated and Middle-Aged Employees Among the Least Likely to Be Engaged", Gallup, Inc., 28 out. 2011, www.gallup.com/poll/150383/majority-american-workers-not-engaged-jobs.aspx. Da mesma forma, o estudo da professora de Administração de Harvard sobre o local de trabalho descobriu que "uma grande porcentagem de empregados em todos os níveis sentem-se insatisfeitos com suas organizações, apáticos com seu trabalho e/ou infelizes e estressados". Veja Teresa Amabile e Steven Kramer, *The Progress Principle: Using Small Wins to Ignite Joy, Engagement and Creativity at Work* (Boston: Harvard Business School Press, 2011).

54. David W. Moore, "Majority of Americans Want to Start Own Business: The Lure of Entrepreneurship is Especially Felt Among Young Men", Gallup World Poll, 12 abr. 2005, www.gallup.com/poll/15832/majority-americans-want-star-own-business.aspx.

55. Déficit de sono: Lauren Weber, "Go Ahead, Hit the Snooze Button", *Wall Street Journal*, 23 jan. 2013, http://online.wsj.com/article/SB10001424127887323301104578257894191502654.html. Custo para a economia americana: Jodie Gummow, "America is No-Vacation Nation", *AlterNet*, 22 ago. 2013, www.alternet.org/culture/america-no-vacation-nation.

56. WFC Resources, Work-Life and Human Capital Solutions, *Flexibility Toolkit*, www.uky.edu/HR/WorkLife/documents/FlexibilityToolkit.pdf.

57. Leslie A. Perlow e Jessica L. Porter, "Making Time Off Predictable – and Required", *Harvard Business Review*, out. 2009, http://hbr.org/2009/10/making-time-off-predictable-and-required.

58. Gummow, "America is No-Vacation Nation".

59. *Economist*, Schumpeter Column, "In Praise of Laziness", 17 ago. 2013, www.economist.com/news/business/21583592-businesspeople-would-be-better-if-they-did-less-and-thought-more-praise-laziness.

60. Sreedhari D. Desai, Dolly Chugh, Arthur Brief, "Marriage Structure and Resistance to the Gender Revolution in the Workplace", working paper, Social Science Research Network, 12 mar. 2012, http://papers.ssrn.com/sol3/papers.cfm?abstract_id=2018259.

61. Shankar Vedantam, "See No Bias", *Washington Post Magazine*, 23 jan. 2005, www.washingtonpost.com/wp-dyn/articles/A27067-2005Jan21.html. O teste on-line pode ser encontrado em https://implicit.harvard.edu/implicit/demo/. Indivíduos testados em outro experimento associam mais facilmente matemática e ciências com nomes masculinos e artes liberais com nomes femininos. Sim, é claro que fiz o teste. Você também deveria fazê-lo. O meu registrou nenhum preconceito em relação a profissões ou gêneros em especial. Pode ser que eu estivesse tentando com muito afinco. Ou, como resultado dessa jornada ao centro da sobrecarga, eu tinha começado a ser

exposta a algumas imagens realmente diferentes do trabalho, amor e lazer, e velhos estereótipos estivessem se desfazendo.

62. National Opinion Research Center, *General Social Survey*, www3.norc.org/GSS+Website/. Criei uma tabela sobre a pergunta "Deve a mãe de uma criança em idade escolar trabalhar?" por sexo do entrevistado para cada ano em que a pergunta foi feita, 1988, 1994 e 2002.

63. http://anitaborg.org/files/breaking-barriers-to-cultural-change-in-corps.pdf.

64. Para as citações, que são dos engenheiros Scott Webster e Kirk Sinclair, veja Marianne Cooper, "Being the 'Go-to Guy': Fatherhood, Masculinity, and the Organization of Work in Silicon Valley", in *Families at Work: Expanding the Boundaries*, ed. Naomi Gerstel et al. (Nashville: Vanderbilt University Press, 2002), 7, 9. Veja também Joan C. Williams, "Jumpstarting the Stalled Gender Revolution: Justice Ginsburg and Reconstructive Feminism", *Hastings Law Journal* 63 (jun. 2012): 1267-97, www.hastingslawjournal.org/wp-content/uploads/2012/06/Williams_63-HLJ-1267.pdf.

65. Christine Keefer, entrevistas com a autora, janeiro e fevereiro de 2012.

66. Jane Seymour, "Women's Ambition: A Surprising Report", *More*, 9 nov. 2011, www.more.com/flexible-job-survey. O terceiro relatório anual sobre o local de trabalho da *More* constatou que 43% das mulheres pesquisadas se descreveram como menos ambiciosas agora do que dez anos atrás, e 73% não se candidatariam ao cargo de seu chefe. A revista conclui que "as mulheres estão sacrificando a ambição", mas não salientam que as rígidas estruturas dos locais de trabalho e do trabalhador ideal não mudaram, e que a luta das mães para ter sucesso simplesmente é exaustiva depois de algum tempo. A questão da ambição feminina foi levantada pela primeira vez por Anna Fels, "Do Women Lack Ambition?", *Harvard Business Review* 82, n. 4 (1º abr. 2004), http://hbr.org/product/do-women-lack-ambition/an/R0404B-PDF-ENG. Fels argumentou que a maioria das mulheres associa ambição com egoísmo, autoengrandecimento ou manipulação, que elas rejeitam elogios por suas realizações e que não procuram ser reconhecidas quando competem com homens. "O problema fundamental tem a ver com ideais culturais de feminilidade", Fels escreve. "As mulheres enfrentam a realidade que, para parecer femininas, elas precisam renunciar ou proporcionar recursos escassos para terceiros – e o reconhecimento é um recurso escasso." Sociólogos chamam esse ímpeto de "a ética do cuidado" que as mulheres aprendem a personificar.

6
UMA HISTÓRIA DE DUAS PARTES

> Em uma das mudanças mais drásticas que nossa sociedade testemunhou, 2/3 de todas as mães também trabalham fora de casa. Esse mundo alterado pode ser uma época de grande oportunidade para todos os americanos ganharem mais, sustentarem a família e terem uma carreira recompensadora. E o governo deve ficar do seu lado. Muitos de nossos sistemas mais fundamentais — o código tributário, planos de saúde, planos de aposentadoria, treinamento de funcionários — foram criados para o mundo de ontem, não de amanhã.
> - GEORGE W. BUSH NA CONVENÇÃO NACIONAL REPUBLICANA DE 2004 -

PAT BUCHANAN ME CUMPRIMENTA com jovialidade na porta da frente de sua grande casa branca aninhada na floresta perto de uma rua sinuosa na Virgínia do Norte, não longe da CIA. Como repórter, eu cobri a campanha populista de Buchanan para presidente em 1996 e o acompanhei em viagens pelo sul enquanto ele jurava assumir o sistema republicano como um colono zangado. Pat chamou seu ônibus de campanha de "o Expresso do Forcado". Ele hoje está com 73 anos e um pouco mais grisalho. Mas me espanto em ver quão pouco ele mudou.

O agitador conservador fora demitido recentemente da MSNBC depois que executivos da rede disseram que seu último livro – que incluía um capítulo intitulado "O fim da América Branca" – refletia a América dos anos 1940, e não do século 21.[1] Eu, entretanto, procurei-o por uma razão muito diferente. No início dos anos 1970, Buchanan não apenas orquestrou uma campanha que passou por cima do Congresso, mas também ignorou pesquisas mostrando forte apoio público e obliterou de tal forma um projeto de lei que teria criado um sistema universal de assistência infantil de alta qualidade na América, que, depois de 40 anos, essa mesma *ideia* nunca voltou novamente à superfície para discussão. Nunca.

O veto ao projeto de lei sobre assistência infantil preparou o terreno para não pagamento de assistência médica, licenças e todas as políticas subsequentes voltadas para a família. Ou, realmente, além de uns poucos programas para ajudar os muito pobres, não há política familiar *alguma* nos Estados Unidos que possa ajudar a aliviar a sobrecarga das famílias trabalhadoras. Em vez disso, os Estados Unidos se encontram em último lugar em praticamente todas as medidas simpáticas a políticas familiares no mundo. Ao contrário de países com assistência infantil de alta qualidade com apoio governamental, os Estados Unidos não têm nada parecido. O país é um dos quatro entre 167 do mundo sem licença-paternidade remunerada – os outros são Lesoto, Papua Nova Guiné e Suazilândia. A Arábia Saudita, onde as mulheres não têm permissão para dirigir, oferece licença remunerada aos pais. A China, a Índia, o Brasil, a Mongólia e o Haiti oferecem licença-paternidade remunerada. Até Togo e Zimbábue pagam 100% do salário das mulheres durante 14 semanas.[2]

Os trabalhadores nos Estados Unidos não têm direito a horas flexíveis ou jornada reduzida, ao contrário da Bélgica, da França, da Alemanha e dos Países Baixos. Os Estados Unidos não têm sistema que exija benefícios, pagamento justo e oportunidades de progresso para trabalho em meio período, ao passo que o governo holandês está promovendo o conceito do "dia do papai", em que cada pai trabalha semanas de quatro dias de modo que as crianças fiquem na creche apenas três dias por semana.[3] Os Estados Unidos não têm uma política de licença-doença, ao contrário de pelo menos 145 outros países.[4] Além disso, não têm política de férias, enquanto europeus que ficam doentes durante as férias têm o direito de tirar outras.[5] E uma política tributária que ainda favorece famílias com um provedor e uma dona de casa. Em outras palavras, a política dos Estados Unidos, mais do que não funcionar para mais de 3/4 de todas as famílias com filhos, ainda piora suas vidas.

Buchanan me conduz a um aposento com revestimento de madeira polida, escurecendo o brilhante sol da manhã com cortinas pesadas. Ele me convidou para me sentar em um sofá estofado de chintz enquanto ele se acomoda em uma poltrona de veludo vermelho próxima. Logo atrás dele, há um forçado banhado em ouro encaixado em suportes de vidro de encontro à parede como um carrilhão. Na parede acima de seu ombro direito, o católico irlandês que cresceu em Chevy Chase, Maryland, pendurou um retrato do general da Confederação Robert E. Lee.

Em preparação para nossa reunião, eu tinha lido a Lei de Desenvolvimento Infantil Abrangente de 1971. À medida que mais mulheres e mães ingressaram na força de trabalho no final dos anos 1960, pesquisas de opinião pública mostraram que a maioria de homens e mulheres defendia criar "muito mais creches" e eram da opinião de que o governo deveria fornecê-las. "O emprego de mães foi considerado um bem social ou uma realidade básica da vida moderna", escreve Kimberly Morgan em sua fascinante história das políticas de educação infantil.[6] O presidente Richard Nixon, influenciado pelo surgimento de pesquisas sobre a importância do aprendizado para moldar o futuro das crianças, indicou uma força-tarefa que acabou por recomendar "um sistema de centros de educação infantil bem administrados disponíveis para todas as crianças em idade pré-escolar", assim como programas pós-aulas para crianças maiores.[7]

Sustentada por essa declaração, uma coalizão de legisladores bipartidários, educadores infantis, ativistas de direitos civis, feministas e líderes trabalhistas reuniu-se a fim de idealizar uma legislação federal que criasse um sistema universal de cuidado à criança de alta qualidade dirigido por organizações comunitárias, semelhante aos programas para a pré-escola Head Start, subsidiados pelo governo federal. Conselhos Locais de Desenvolvimento Infantil, que incluiriam pais, deveriam criar as políticas. O projeto de lei tinha amplo apoio bipartidário. O projeto de lei do Senado, liderado pelo senador democrata Walter Mondale, foi copatrocinado pelos senadores republicanos Jacob Javitz, de Nova York, e Richard Schweiker, da Pensilvânia. Orval Hansen, de Idaho, um dos vários copatrocinadores republicanos da Câmara, disse que o bem que o projeto fundamental causaria "poderia exercer um impacto mais abrangente do que qualquer um dos importantes projetos educacionais sancionados nos últimos 20 anos".[8]

Para Buchanan, entretanto, a Lei Abrangente de Desenvolvimento Infantil não foi nada menos do que "um grande salto para a frente no escuro" que ameaçava a verdadeira estrutura da América – opinião que ele defende com veemência até hoje. Buchanan endireita o corpo na poltrona e começa a falar rápida e apaixonadamente e, talvez acostumado a combater na arena de debates acalorados na TV, sem pausa. "Eu e outros americanos crescemos de um modo a não ficar sujeitos a um controle rígido. Nós saíamos e fazíamos o que queríamos nos playgrounds. Criávamos os nossos próprios jogos. Aprendemos juntos a fazer coisas. Você sai da escola e volta para casa, encontra a sua mãe que fez torta ou bolo… e esse é o jeito natural de crescer", afirma Buchanan, cuja mãe era enfermeira antes de ficar em casa para criar nove filhos. "Era um jeito muito melhor do que colocar as crianças nesses centros de desenvolvimento infantil."

Como muitos conservadores de antes e de agora, Buchanan diz que gostaria de preservar essa família tradicional "natural" em que o pai era o provedor e a mãe cuidava da casa. "Sentíamos que a sociedade individual centrada na família era o modo como cresciam americanos bons e saudáveis", ele me diz. "Não queríamos a criação dessa instituição gigantesca pela qual milhões de crianças passariam muito antes do jardim da infância."

Enquanto o projeto de creches infantis avançava pelo Congresso, Buchanan conta que se lembrava de uma viagem recente à União Soviética. Era no período tenso da Guerra Fria, da corrida armamentista nuclear e temores do comunismo ateu. Ele ficou assombrado com o que viu. "Fomos ver os Jovens Pioneiros, onde se ensinava a doutrina leninista a essas criancinhas de 4, 5 e 6 anos de idade, recitando-a do jeito que eu recitava o catecismo quando estava na primeira série… Os liberais democratas ficaram tão atordoados quanto os conservadores republicanos." Ele ficou determinado a nunca deixar que a visão sombria de um estado sem alma, mães ausentes sem coração e crianças autômatas criadas em fábricas fosse aprovada nos Estados Unidos.[9]

Buchanan rapidamente reuniu o apoio de escritores e ativistas conservadores que denunciaram como o projeto iria "sovietizar" a família americana. Alguns, inclusive, chamaram o projeto de lei de experimento do pensamento controlador orweliano e o primeiro passo em direção ao totalitarismo. "O Grande Irmão Quer os Seus Filhos", dizia um título.[10] Recém-saídos de batalhas contra o transporte escolar obrigatório e a dessegregação, os conservadores revoltaram-se contra a "mistura socioeconômica e de raças de alunos" que essas creches promoveriam.[11] Phyllis Schlafly e outros contrários ao movimento das mulheres usaram o projeto de lei para fazer lobby junto às mulheres trabalhadoras para voltar para casa, argumentando: "Não há substituto para a presença da mãe".[12] Feministas radicais com suas exigências para a existência de creches 24 horas a fim de dissolver a família nuclear "opressiva" e redistribuir a responsabilidade pelos filhos apenas ajudaram Buchanan a argumentar que as creches destruiriam as famílias.[13]

Quando a ala direita que se formava se mobilizou, a coalizão que apoiava o projeto de lei começou a se desgastar. Legisladores, que vinham trabalhando em silêncio com o secretário da Saúde, Educação e Bem-Estar Social de Nixon, Elliot Richardson, e com outros funcionários administrativos para elaborar um projeto, dividiram-se em relação à abrangência da empreitada e se os governos estaduais e distritos escolares teriam de administrar as creches no lugar de organizações comunitárias. O projeto de lei foi aprovado, mas não com o apoio bipartidário entusiasmado de que usufruía originalmente.[14]

Quando o projeto de lei sobre as creches chegou ao Salão Oval, alguns conselheiros de Nixon insistiram para que ele o assinasse, afirmando que um atendimento universal às crianças atrairia as mães trabalhadoras, "uma imensa fatia do eleitorado" em que a aprovação de Nixon era baixa.[15] Porém, o presidente enfrentava problemas com a crescente ala direita do próprio partido, que estava insatisfeita com os programas sociais moderados e sua viagem à China comunista. Eles já estavam se alinhando atrás de um candidato da direita para as futuras eleições primárias. "Isso fortaleceu minha opinião", Buchanan diz.

Buchanan estava preparado para ir à guerra, diz ele. Em vez disso, Nixon facilmente concordou com o veto. "Em algumas dessas batalhas, como o transporte escolar obrigatório, ocorre uma reunião após a outra e todo mundo discute. Mas o que me surpreendeu foi a facilidade com que vencemos essa batalha", ele diz. "Eu não só redigi o veto em termos econômicos – pois não podemos nos dar esse luxo – ou em termos de inovação – que isso é algo novo –, mas em termos filosóficos. E acho que isso foi sensacional."

Buchanan redigiu a mensagem de veto de Nixon para o Congresso. Ele advertiu sobre as "implicações de enfraquecimento da família" e as "implicações radicais" do projeto de lei. As creches, ele escreveu, não só iriam criar um "exército de burocratas", mas também reduziriam "a autoridade dos pais e seu envolvimento com os filhos – especialmente naqueles anos decisivos quando são formadas as atitudes sociais e as consciências, e princípios religiosos e morais começam a ser inculcados". O projeto de lei era, simplesmente, antiamericano. "Fazer o governo federal mergulhar financeiramente de cabeça no apoio ao desenvolvimento infantil", Buchanan escreveu no veto, "iria comprometer a vasta autoridade moral do governo nacional com o lado das abordagens públicas de criação de filhos em detrimento de uma abordagem centrada na família".[16]

"Nós queríamos não só acabar com o projeto", Buchanan me conta, "nós queríamos introduzir uma estaca direto em seu coração".

Em 9 de dezembro de 1971, Nixon vetou o projeto. Vinte e quatro horas depois, o Congresso corroborou o veto. "Aquele problema desapareceu", Buchanan fala sobre a ideia de um sistema universal de cuidado à infância. "Desapareceu para sempre."

🐵 🐵 🐵

Nos 40 anos desde o veto, o número de crianças vivendo na família ideal provedor-dona de casa de Buchanan caiu mais que a metade, a 20%.[17] Dois terços das mães com filhos abaixo de 6 anos trabalham. Quarenta por cento das mães com filhos abaixo de 18 anos são as únicas provedoras da família.[18] Em vez de matar o atendimento às crianças, o veto que Buchanan redigiu ajudou a moldar o que iria se transformar em: o atendimento infantil às crianças nos Estados Unidos hoje é um desastre.

Embora certamente haja creches de qualidade, elas são raras, muito caras, difíceis de encontrar e ainda mais difíceis de terem vagas, com listas de espera que podem durar anos.[19] Na França, os professores de creches e *écoles maternelles* fazem parte do mesmo serviço civil que os professores da Sorbonne.[20] Nos Estados Unidos, os trabalhadores de creches praticamente ganham o mesmo que atendentes de estacionamento e porteiros de hotel.[21] Um levantamento de 2007 constatou que somente 10% do que está disponível nos Estados Unidos pode ser considerado excelente. A maioria das creches é de "regular" a "medíocre". Dez por cento são absolutamente perigosas.[22]

As creches nos Estados Unidos não são reguladas. Os estados criam seus próprios padrões de segurança e qualidade, e estão em todo o mapa. Apenas certos estados exigem professores formados. Em outros, qualquer um que quiser pode cuidar de até 12 crianças em casa sem nenhuma verificação de antecedentes criminais ou de pedofilia, inspeções de segurança, monitoramento, e nenhum treinamento de RCP (reanimação cardiopulmonar), primeiros socorros ou práticas seguras para dormir a fim de evitar a síndrome da morte súbita.[23]

Crianças fortes se desenvolvem melhor quando têm tempo de criar elos firmes com professores e cuidadores carinhosos. O sistema de creches nos Estados Unidos é notoriamente instável: os atendimentos muitas vezes temporários a 1/3 de todos os pais com filhos menores de 6 anos se desfazem no período de três meses.[24] Comparado ao que a Academia Americana de Pediatria acha necessário para garantir o desenvolvimento saudável das crianças nesses primeiros anos críticos, quando seus cérebros estão crescendo em ritmo acelerado, a Child Care Aware of America confere às creches na maioria dos estados uma nota 5 ou 2.[25]

Elly Lafkin, que mora na cidade rural de Shenadoah, Virgínia, achou que tinha feito tudo certo quando procurou uma creche para seu bebê de 8 semanas. A mãe de 24 anos dispunha de poucas opções. Ela e o marido viviam longe da família que poderia ajudar. Havia apenas três creches autorizadas em um raio de cinco quilômetros de sua casa, e elas fechavam antes que Lafkin ou o marido pudessem chegar lá no final da tarde depois do trabalho. Além disso, a 150 dólares por semana, o preço era mais do que podiam pagar. Ela trabalhava no departamento de faturamento de uma farmácia. Ele fazia a manutenção das piscinas de um resort das redondezas.

A Secretaria Americana de Agricultura calcula que uma família de classe média com dois filhos terá de pagar de 212.370 a quase 500 mil dólares para criar um filho nascido em 2011 até os 17 anos de idade – e isso não inclui a faculdade. O custo de uma creche e dos estudos ocupa o segundo lugar no orçamento familiar, vindo logo depois de uma hipoteca ou do aluguel.[26] Em 19 estados, os pais pagam mais por uma creche do que por uma universidade pública durante quatro anos.[27] Sendo que, no que se refere à faculdade, os pais têm 18 anos para poupar esse valor.

Sem opções, Lafkin ligou para o Departamento de Serviço Social. Eles lhe deram uma lista de cuidadores não autorizados. Nove entre dez telefones para os quais Lafkin ligou estavam desconectados. Assim, ela fez o que a maioria dos pais faz: contou com os conselhos de amigos e familiares. Dois amigos recomendaram uma avó que cobrava 85 dólares por semana e vinha cuidando de crianças há 17 anos. A avó não tinha licença, mas o estado da Virgínia permite a qualquer pessoa que cuide de até seis crianças mesmo sem ela. A opção de Lafkin não era nada incomum: metade das aproximadamente 100 mil crianças que necessitam de uma creche na Virgínia ficam em espaços não licenciados, dizem os advogados.

Cinco semanas depois, Camden estava morta, e tanto a causa de sua morte quanto a avó foram investigadas. Somente então Lafkin descobriu que a avó apresentava antecedentes criminais. Encontrei-me com Lafkin pouco depois do que teria sido o primeiro aniversário de Camden. Seu quarto, com paredes claras e o teto pintalgado de estrelas, estava intocado. A cômoda continuava repleta de roupas minúsculas de bebê, e o cesto ainda cheio de fraldas. "Sei que é bobagem, mas eu simplesmente não consigo me desfazer delas", Lafkin me disse. Ela passa horas no cemitério lendo livros infantis diante do túmulo da filha. "Não nos demos conta de que enviar nossa filha a uma cuidadora não registrada e licenciada significava atirá-la aos lobos."[28]

Betsy Cummings, contramestre da Marinha em Virginia Beach, acreditou que a Creche Little Eagles era licenciada e inspecionada quando colocou lá seu filho de 7 semanas de idade, Dylan. Ela achou que os funcionários tinham treinamento para cuidar de crianças. Estava enganada. A Little Eagles era administrada por uma igreja. Como em muitos estados, a Virgínia isenta as creches administradas por organizações religiosas de cumprir a maior parte dos padrões de qualidade e segurança.[29] Se a Virgínia não tivesse isentado a Little Eagles, os funcionários saberiam que não deveriam deitar Dylan de bruços para um cochilo sobre dois travesseiros de espuma com lençóis grandes demais em uma despensa cheia e quente com outros nove bebês. Eles nunca deixariam os bebês sozinhos por duas horas e meia enquanto comiam o almoço a dois aposentos de distância. Eles saberiam como realizar CPR quando descobriram que Dylan estava roxo. Cummings teria conhecimento de que a diretora da Little Eagles fora intimada no passado por administrar uma creche perigosa.

Promotores locais acusaram três funcionários da creche por negligência, e a diretora, por homicídio doloso. Mais tarde, o juiz suspendeu as acusações. "O estado da Virgínia argumentou com precisão que, se a creche Little Eagles tivesse sido submetida à regulação e à inspeção exigida em creches seculares, muitos dos fatores de risco (síndrome de morte súbita do bebê) não teriam estado presentes", escreveu o juiz Charles E. Poston em sua decisão. "Embora o tribunal certamente seja solidário... o remédio para essa situação reside no discernimento da Assembleia Geral, e não no Judiciário."

"Imaginei que elas tinham licença quando fomos conhecer a creche", Cummings me disse. "Elas pareciam saber o que estavam fazendo. Elas eram mães. Elas eram avós."[30]

Em 1981, quando alguns estados tentaram estabelecer padrões mais elevados para o treinamento de professores nas creches, Ronald Reagan zombou da tentativa. "Mães e avós têm cuidado das crianças durante milhares de anos sem treinamento especial nas faculdades", ele disse.[31] Na mente de muitos, cuidar de crianças significa um pouco mais do que ser babá. E será que isso é difícil?

O redator do *New Republic*, Jonathan Cohn, em seu solene "O inferno das creches americanas", relatou a morte de quatro crianças em uma casa que prestava esse atendimento no Texas. A creche era dirigida por uma mulher com antecedentes criminais. Certo dia, quando as crianças cochilavam, ela os deixou sem supervisão para fazer compras na Target. Deixou também, no fogão, uma panela de óleo que começou a queimar. Quando voltou, a casa tinha se incendiado.[32] O *Star Tribune* de Mineápolis venceu o prêmio Pulitzer pela investigação de 2012 sobre o motivo pelo qual crianças estavam morrendo de SMSI, asfixia e causas inexplicáveis em creches não reguladas do estado à razão de cerca de uma por semana.[33]

Enfrentando um número crescente desses relatos prejudiciais de destaque na mídia, em maio de 2013, a Secretaria de Saúde e Serviços Humanos dos Estados Unidos anunciou que não poderia mais esperar o Congresso agir e propôs os primeiros padrões federais de segurança para creches que aceitam subsídios do governo para os muito pobres.³⁴ "Quinze anos se passaram desde que atualizamos as últimas normas referentes – anos de histórias trágicas de crianças perdidas e famílias arrasadas porque não havia padrões de segurança para protegê-las", disse a secretária de Saúde e Serviços Humanos.

Contudo, as regulações cobrem apenas 1,6 milhão de crianças pobres o bastante para receber subsídios do governo. E o processo humilhante, burocrático e demorado de tentar realmente *conseguir* um desses subsídios muitas vezes derrota o propósito do objetivo, para começar.³⁵ Passe algum tempo na fila com as mães geralmente solteiras que se candidatam a uma delas. Eu cheguei a uma dessas filas em Washington, D.C., às 6h30, com Andria Swanson, 23 anos, mãe solteira de duas crianças que trabalha e frequenta a faculdade, quando ela tentou renovar seu subsídio. Embora as portas fossem abrir apenas uma hora mais tarde, a fila já fazia a volta no quarteirão. A primeira pessoa na fila disse que tinha chegado às 3h45. Muitas pessoas, como Swanson, haviam passado horas durante três ou quatro dias em seguida, paradas na fila, apenas para serem mandadas embora por não terem todos os documentos necessários. Swanson me disse que certa vez ela faltou tanto ao trabalho tentando obter o subsídio para a creche que perdeu o emprego, o apartamento, acabou em um albergue local e se viu vivendo com o seguro-desemprego, uma história conhecida que eu ouviria de várias outras pessoas na fila. "Este processo é um inferno", Swanson disse. "UM I-N-F-E-R-N-O."

Mas ela não tem escolha. A preços de mercado, ela teria de pagar cerca de 40 mil ao ano para deixar os dois filhos em uma creche particular em Washington.³⁶ Ela mal ganha metade dessa quantia.

Em virtude de a qualidade das creches nos Estados Unidos ser tão irregular, os pais ficam justificadamente intranquilos. As creches nos Estados Unidos são cercadas por um estigma distinto que não está presente em outros países e que, sem dúvida, é agravado pela enxurrada de escândalos bizarros e amplamente divulgados sobre abusos e adoração ao diabo nos anos 1980 e que provaram ser totalmente inverídicos.³⁷ A qualidade irregular levou a estudos extremamente confusos sobre se creches e "mães que trabalham" prejudicam as crianças do jeito que Buchanan e outros conservadores temiam que ocorresse. Apenas em 2010 pesquisadores patrocinados pelo

Instituto Nacional de Saúde Infantil e Desenvolvimento Humano verificaram a *qualidade* das creches e constataram que as crianças que frequentavam creches de alta qualidade por um período de tempo razoavelmente limitado todas as semanas "não se desenvolviam de modo diferente" de outras crianças que recebiam cuidados exclusivos da mãe.[38] Sem dúvida, tranquilizador para os 10% que podem não apenas as encontrar, mas também conseguir um local cobiçado e pagar a mensalidade.

Comecei a me perguntar se o jeito maluco pelo qual todo o sistema de creches é organizado não constitui uma mensagem não muito sutil que diz às mães que joguem a toalha, que se demitam e que vão para casa, pois lá é o lugar delas. "Ouvimos isso dos legisladores", disse-me Michelle Noth, advogada da Child Care of America. "É isso que tiveram quando crianças. Com suas esposas em casa, é isso que têm agora. Eles não estão pensando em como os empregadores podem trabalhar com mães e pais a fim de descobrir uma forma de dar apoio a pessoas que têm filhos neste país."

Está claro que, quando se trata de mulheres, os países industrializados e um número ainda maior de países em desenvolvimento concordam que educar as mulheres da mesma forma que os homens é uma coisa boa. Grandes maiorias em todo o mundo concordam que as mulheres podem e devem trabalhar em qualquer profissão que escolham, como os homens. Um número maior de pessoas ainda diz que é mais feliz em relacionamentos e casamentos igualitários e não tradicionais.[39] Porém, quando a mulher tem um filho, pesquisas após pesquisas continuam mostrando que não sabemos *o que* pensar. Mais, nós não sabemos o que fazer.[40]

Essa ambivalência sobre o papel adequado das mães levou à inércia. A opinião prevalente parece ser: por que promover políticas e mudar culturas para *ajudar* mães a trabalharem se não temos tanta certeza de que elas devem fazer isso?

☙ ☙ ☙

Pat Schroeder chegou a Capitol Hill no ano posterior ao esforço bem-sucedido de Buchanan para derrubar o projeto de lei das creches. Ela tinha 32 anos. Quando prestou juramento, ela segurava as mãos da filha de 2 anos e da de 6 e carregava uma sacola de fraldas no ombro.[41] Ao contrário de Buchanan, cuja mãe não trabalhou fora de casa, Schroeder me contou que passou parte da infância do mesmo modo que mais de 1,5 milhão de outras crianças em uma das mais de 2.500 excelentes creches criadas depois da Lei de Lanham durante a Segunda Guerra Mundial para que Rosie, a Operária, pudesse trabalhar.[42]

"Fizemos um levantamento e descobrimos que, em sociedade, somente uma em dez famílias tinha condições de contar com um cuidador em casa em período integral. Entretanto, entre os políticos eleitos, era exatamente o oposto – havia apenas alguns cuja esposa tinha uma carreira fora de casa", ela diz. "Nos saguões do Congresso, a tradicional família Norman Rockwell estava viva e bem. E, quando falamos sobre cuidar de crianças, eles pensam em babás para que você possa jogar tênis. Eu diria: 'Não, a mulher está trabalhando fora de casa, ela precisa de creches para ir trabalhar'. Mas isso não era real em suas vidas. Eu ouviria progressistas dizerem coisas chocantes para mim, como: 'Se eu fizer isso, então nossas esposas vão querer trabalhar fora'. E eu nunca vou esquecer quando George H. W. Bush estava em campanha no Novo México em um domingo e quis visitar uma creche. Disseram-lhe: 'É domingo, eles não funcionam aos domingos'. Políticos vivem muito protegidos do mundo real. Metade deles é milionária. Eles simplesmente não compreendem."[43]

Eu tinha telefonado para Schroeder, com 71 anos e agora aposentada na Flórida, para ouvir de uma Pat muito diferente sobre o longo alcance do veto que Buchanan orquestrou. Ela me contou que passou toda a sua carreira no Congresso tentando desfazer os danos. Trabalhou com Mary Rose Oakar e Geraldine Ferraro que, como Schroeder, presidiram subcomitês do que era então encarado como atraso político – o Comitê dos Correios e do Serviço Civil. "Nós reuníamos nossos três subcomitês para audiências e passávamos pelos assuntos como rolos compressores", Schroeder disse.[44] A ideia era transformar o governo federal em um modelo de empregador favorável às famílias. Schroeder atacou gastos militares perdulários e então canalizou as "economias" para programas familiares. "Eu participava do Comitê das Forças Armadas e podia prender todas aquelas coisas lá que ninguém prestava atenção", Schroeder contou. "As pessoas só prestavam atenção a quantos armamentos estavam sendo fabricados e se eram fabricados em seus distritos."

Ela contou que foi mais ou menos nessa época que notou uma crescente pressão para as mulheres não serem apenas boas mães, mas supermães. "Você tinha que assar o próprio pão e se parecer como uma modelo da *Vogue*", ela conta. "Minhas amigas se viram fazendo coisas que não fariam se estivessem trabalhando. Elas diziam 'Por que estou assando pão?', mas era esperado que você compensasse a sua pobre família negligenciada porque tinha ido trabalhar. Eu costumava enfurecer as pessoas quando me pediam que contribuísse com seus livros de receitas. Eu mandava uma receita de 'Como fazer gelo'. Mas elas queriam receitas sofisticadas. Elas escreveram que alguém no meu escritório estava tentando me sabotar. E eu dizia: 'Não, não, não. Minha vida é assim. Você acha que estou em casa fazendo waffles e Ovos Benedict para as crianças pela manhã? De jeito nenhum.'"

Em virtude das manobras dissimuladas de Schroeder, o governo federal se tornou pioneiro em horários flexíveis, semanas de trabalho compactadas e trabalho a distância. O governo supervisiona mais de 200 creches altamente recomendadas para milhares de filhos de funcionários federais que, com suas longas listas de espera, não conseguem atender à demanda.[45] Trinta e três agências federais oferecem subsídios para creches a fim de ajudar os trabalhadores a cobrir o custo do serviço.[46]

Mas Schroeder disse que talvez a maior realização tenha sido transformar um "amplo sistema de creches patrocinado pelo governo" (nas palavras de Buchanan) em um dos melhores do mundo: o Pentágono.

Até 1970, o Departamento de Defesa exigia que mulheres grávidas se demitissem. Em 1982, após um relatório altamente crítico do GAO (Government Accountability Office – Órgão de Contabilidade do Governo) constatar que apenas 1% das instalações para atendimento infantil do exército atendiam aos padrões mínimos, o sistema administrado pelo exército foi chamado de "gueto" das creches.[47] Em 1989, Schroeder forçou a criação da Lei das Creches Militares, que não apenas estabeleceu padrões de segurança e qualidade elevados, mas também exigiu inspeções e treinamento dos professores e, muito mais do que "ser babá", tinha um verdadeiro currículo destinado a ensinar as crianças por meio de brincadeiras.

Em 2012, o Departamento de Defesa gastava mais de 1 bilhão de dólares por ano para prestar atendimento a mais de 200 mil crianças,[48] e agora considera as creches tão essenciais a sua missão – possibilitar aos pais que trabalhem livres da preocupação sobre se os filhos estão seguros, aprendendo e felizes –, que está se dedicando a proporcionar o "melhor" atendimento em um "ambiente de alta qualidade, carinhoso e adequado ao desenvolvimento".[49] Quase todos os primeiros centros de aprendizado são certificados pela Associação Nacional para Educação de Crianças e atendem a padrões muito elevados. Os professores, apesar de várias falhas evidentes,[50] estão entre os melhores treinados e mais bem pagos no país. O Pentágono divide os custos com os pais de modo que eles tenham condições de assumi-lo. Eles oferecem aos pais que trabalham uma variedade de opções, de centros de desenvolvimento infantil na base ou próximos a ela a atendimento familiar em lares certificados e programas pós-escola. Eles são consistentemente considerados por defensores da educação infantil precoce por criar o "padrão de ouro" das creches.[51]

Desiree Wineland, a primeira mulher a comandar um helicóptero de ataque Apache do exército, esteve no serviço militar mais de duas décadas antes de se aposentar como tenente-coronel.[52] O marido também era oficial do exército. Os dois filhos cresceram no sistema de creches do Pentágono que, segundo ela, era "excelente". Provedores sempre entenderam o quanto a programação das famílias de militares pode ser confusa, com transferências, pais solteiros e cônjuges que são enviados a bases diferentes, como ocorreu muitas vezes com ela e o marido. Uma delas até se ofereceu para abrir às 5h a fim de atender à programação de Wineland. "Os meninos sempre estavam envolvidos, sempre aprendendo, sempre ouvindo histórias", ela me contou. "Eles tinham aulas de culinária, os professores ensinavam sobre nutrição. O currículo, mesmo com a idade de 3 e 4, abrangia o ensinamento de autoconfiança. Eu realmente senti que eles estavam fazendo tudo que eu gostaria de fazer com eles."

O exército, o último tipo de local de trabalho em que se tem contato direto, também recebe prêmios por suas políticas de trabalho flexíveis, oferece horários de trabalho maleáveis a funcionários alistados ou civis, férias e licenças.[53] O Pentágono também oferece as licenças médicas mais generosas do país, conferindo até um ano de licença não remunerada para os que estão em serviço ativo, reservistas, veteranos e membros da família que cuidam de veteranos feridos.[54]

Contudo, tente conseguir algo semelhante a esses programas familiares para o resto da força de trabalho, Schroeder diz, e a retórica que Buchanan inspirou se torna ensurdecedora. "O equivalente aos Rush Libaughs (comentarista político de rádio direitista e republicano) então estiveram no rádio 24 horas por dia, 7 dias por semana, dizendo que estávamos tentando arrancar as crianças de seus lares a fim de doutriná-las", ela conta. Os primeiros dias de Leve Nossas Filhas Para o Trabalho tinham a intenção de mostrar aos empregadores quantas pessoas precisavam desesperadamente de boas creches, "mas, em termos legislativos, não se conseguia fazer com que as pessoas tomassem uma posição. A ala direitista tinha convencido as pessoas de que essa era uma conspiração comunista".

Schroeder levou oito anos para fazer com que a Lei de Família e Licença Médica (FMLA, na sigla em inglês) fosse aprovada. E, embora tivesse lutado para a licença ser remunerada e se estender a licença-maternidade para mães e pais, a maioria dos legisladores concordou apenas com 12 semanas de licença não remunerada para qualquer trabalhador com necessidades médicas. "Foi extremamente diluído e pateticamente pequeno", Schroeder lamenta. Pelo fato de se aplicar somente a grandes empresas, trabalhadores em período integral e os empregados há mais de um ano, a FMLA não atende 40% da força de trabalho dos Estados Unidos. Desde então, levantamentos do governo constataram que a maioria das pessoas tira licenças porque está doente.[55] A tentativa de Schroeder de conseguir licença-maternidade pelo menos para funcionários federais foi derrubada. Em 2012, quando outro esforço foi desmantelado, Darrel Issa, republicana da Califórnia e uma das mais ricas integrantes do Congresso, liberou um vídeo no YouTube que apresentava Kim Jong II, da Coreia do Norte, e Mahmoud Ahmadinejad, do Irã, entre uma série de outros déspotas e o seguinte bordão: "Será que esses sujeitos estão errados sobre licença-maternidade remunerada?".[56]

Schroeder disse que nunca compreendeu a esquizofrenia nas mentes políticas quando o assunto são mães: "Se você é pobre e mãe solteira, é melhor mesmo sair e arrumar um emprego, e não espere a nossa ajuda, muito obrigado. Mas se você é da classe média e talvez se dê o luxo de ficar em casa, então você deve se sentir culpada como o diabo se foi trabalhar e deveria estar correndo por aí tentando fazer milhares de coisas para compensar".

Esse padrão duplo ocorreu na eleição presidencial de 2012 quando o candidato Mitt Romney, cuja esposa ficou em casa para criar os cinco filhos, disse no Fórum de Educação da NBC que ter um dos pais "presente em casa nos primeiros anos de criação pode ser extraordinariamente importante".[57] Entretanto, alguns meses antes, ele falara com orgulho sobre as duras exigências de trabalho que tinha sancionado como parte da reforma da assistência social quando governador de Massachusetts: "Eu disse, por exemplo, que, mesmo quando se tem um filho de 2 anos de idade, você precisa ir trabalhar. E as pessoas disseram 'Bem, isso é cruel', e eu disse 'Não, não, estou disposto a gastar mais oferecendo creches para permitir que essas mães voltem ao trabalho'. Eu quero que os indivíduos tenham a dignidade do trabalho".[58] Os "indivíduos", claro, eram mães solteiras pobres.

O fato de que conservadores econômicos, como Buchanan, que filosoficamente defendem um governo pequeno e empreendimentos privados, iriam lutar contra qualquer tipo de política familiar patrocinada pelo governo como um sistema universal de creches não é inesperado. Também não é surpresa conservadores sociais, como Buchanan, terem lutado nos anos 1970 para preservar, pelo menos na classe média, o modelo de família provedor-dona de casa. O chocante, porém, é que, apesar de significativas mudanças globais sociais, econômicas e demográficas, a visão tradicional de mundo de Buchanan, delineada no veto ao projeto de creches, exerce tal poder na América no século 21.

Ao conversar com Pat Schroeder e Pat Buchanan, fiquei chocada não só com as diferenças de opinião sobre o que é melhor para as famílias e crianças americanas, mas, no fundo, com o quanto são semelhantes. Ambos lutaram suas batalhas a fim de preservar tempo sagrado para a família fora do trabalho e o santuário do lar. Ambos lamentam que as crianças simplesmente não correm mais para a rua a fim de brincar. Pat Buchanan quer as mães em casa às 15h com bolo e torta porque estiveram ali o dia inteiro enquanto papai está no trabalho. Pat Schroeder quer que ambos os pais tenham um trabalho flexível o bastante para que eles, também, estejam em casa, pelo menos, às vezes, às 15h com bolo e torta. Acontece que *ninguém* queria uma América de lares sem alma e autômatos criados nas fábricas que Buchanan temia haver na União Soviética. Contudo, por estarmos tão ocupados gritando uns com os outros desde 1971 sobre a melhor forma de proteger o tempo necessário para criar esses refúgios em casa, não conseguimos proteger nem esse tempo nem esses refúgios.

🐛 🐛 🐛

O início dos anos 1970 foi uma época única na história, quando os governos reagiram a movimentos sociais, como a exigência por direitos iguais para as mulheres, que afetaram drasticamente a antiga ordem tradicional e criaram condições para o que viria no futuro.

Logo após Pat Buchanan arquitetar o veto ao projeto abrangente das creches, o primeiro-ministro sueco Olof Palme fez um discurso nas Nações Unidas declarando que a meta principal de seu governo era criar uma sociedade de igualdade de gêneros que possibilitaria a homens e mulheres trabalharem e terem tempo para a família. Ele lutou pela aprovação de políticas decisivas que proporcionassem creches subsidiadas, educação pré-escolar, licença remunerada após o nascimento de uma criança para mães e pais, licença médica remunerada, redução e flexibilização de horas de trabalho, bons trabalhos de meio período com benefícios e políticas tributárias e trabalhistas que promovessem as mulheres como provedoras financeiramente independentes. Ele também estimulou programas que começariam a garantir que mais mulheres fossem eleitas para cargos políticos e indicadas para ministérios e conselhos corporativos[59] (em 1971, na outra extremidade do espectro, algumas mulheres suíças tinham acabado de conquistar o direito de votar).

O esforço do governo sueco pela igualdade de gêneros foi impulsionada, em parte, por uma escassez de mão de obra e pelo desejo de evitar importar trabalhadores imigrantes.[60] Outros países, como a França e a Alemanha, com suas populações dizimadas por guerras mundiais e taxas de fertilidade decrescentes, foram igualmente estimulados a requerer políticas "pró-natalistas".[61] Outros países menores e mais homogêneos, como a Dinamarca, adotaram políticas de apoio à família como meio de consolidar a identidade nacional, mesmo que isso significasse maiores impostos e redistribuição de renda.[62]

Nenhum desses programas era perfeito ou adotado com perfeição. Durante anos, as generosas políticas suecas se aplicaram apenas às mães. Na Alemanha Oriental, mães que trabalhavam continuavam a ser chamadas de "*Rabenmutters*" – mães-corvos –, porque esse pássaro põe os ovos no ninho de outro pássaro e voa para longe alegremente.[63]

Contudo, embora conservadores como Buchanan aleguem que esses programas esgotem a economia, um olhar nas medidas de produtividade conta uma história diferente. De fato, os Estados Unidos se gabam de taxas de crescimento econômico invejáveis e produtividade total, mas isso de deve em grande parte à simples quantidade de *tempo* que os americanos dedicam ao ofício, trabalhando horas longas e extremas. Por outro lado, medir a produtividade *por horas trabalhadas* recentemente colocou os Estados Unidos atrás de países como França, Irlanda, Luxemburgo, Holanda e Noruega.[64]

Quando se trata de gastar o dinheiro dos impostos em programas sociais, os Estados Unidos estão perto do fim, sendo o 23º em 27 países estudados pela Organização de Cooperação e Desenvolvimento Econômico. Porém, somem esses gastos públicos a todo o dinheiro que as pessoas pagam do próprio bolso e os Estados Unidos saltam para o 5º lugar do mundo em gastos com programas sociais, exatamente atrás da Suécia,[65] onde todos dividem os custos da saúde e bem-estar da sociedade. Nos Estados Unidos, entretanto, você paga pela sua própria.

Como qualquer outro pai que trabalha, senti as consequências do veto às creches em todos os dias depois que tive filhos. Você quer falar em sobrecarga? Tente juntar pré-escola e creche de um lado para o seu bebê, dividir uma babá com outra família para seu filho maior porque *não há* uma creche na vizinhança, e uma babá para pegar as duas crianças no final do dia, porque as longas horas no tráfego congestionado e os prazos do jornal para você e seu marido tornam impossível apanhá-las às 18h. Então, tire qualquer um desses frágeis elementos – a pré-escola que fecha as portas, uma nevasca, um carro quebrado, uma febre – e você se vê em meio a um caos de culpa e pânico.

Férias de verão? Poupe-me. Há um bom motivo pelo qual muitos pais que trabalham consultam calendários, planilhas e formulários para acampamentos, correm para a caixa de correio, ligam repetidamente para telefones de registro de acampamentos populares que podem lotar em poucas horas, ficam em filas durante a noite a fim de garantir uma vaga para seu filho e, geralmente, surtam todos os anos em *fevereiro*.[66] São as chamadas *dez semanas* em que as crianças não têm nada para fazer. Eu me lembro do choque quando meu filho tinha 5 anos e descobri que uma série de acampamentos funcionava apenas das 9h às 12h.

Atendimento depois das aulas? Quando meu filho completou 11 anos e entrou para o ensino fundamental, fiquei maluca porque praticamente não havia *lugar algum* para ele ir depois das aulas, exceto um programa comunitário que visava reduzir o uso de drogas e as taxas de gravidez na adolescência, que o meu filho, de olhos arregalados e ainda jogando *Age of Empires*, não estava preparado para enfrentar. Redigi um artigo para o *The Washington Post* sobre o segredo revelado de que 15 milhões de crianças nos Estados Unidos – mais de 1/4 de todas elas[67] – são, como o meu filho, crianças que ficam sozinhas em casa. Eu escrevi o quão horrível isso era. Porém, em vez de usar minhas sugestões para mudar a cultura do local de trabalho a fim de criar mais flexibilidade para os pais estarem em casa, para criar programas pós-aulas acessíveis na vizinhança ou na comunidade, leitores anônimos on-line me chamaram de péssima mãe.[68] Às 8h da manhã do dia em que o artigo foi publicado, o telefone tocou. Um agente do FBI estava ligando para sarcasticamente me cumprimentar por alertar "todos os pedófilos em um raio de mil quilômetros" que meu filho estaria em casa sozinho todos os dias após as 15h.

Quando meus filhos eram pequenos, eu, como muitos outros americanos, estava de tal modo confrangida sobre a ideia de "babás por hora", que nem mesmo considerei visitar creches. Porém, quando a babá que dividíamos com outra família não apareceu certo dia, não tínhamos muitas opções. Consegui uma lista de serviços de atendimento a criança da prefeitura e comecei com a primeira da letra A. Abracadabra é um centro infantil licenciado e autorizado situado em uma aconchegante casinha cheia de desenhos, objetos de artesanato, fantasias e blocos, e cercada por um grande playground em nossa vizinhança. Ele acabou sendo uma das melhores coisas que nos aconteceu. Era caro. Foi quase um milagre eles terem uma vaga. Mas a diretora dura, engraçada e sensata se tornou uma mãe de aluguel, além de uma de minhas melhores amigas. O que aprendi com ela e as adoráveis professoras, que ensinavam lá há anos, tornou-me uma mãe melhor.[69]

Pesquisadores descobriram que pais com serviços estáveis de cuidados para os filhos são menos estressados, lidam melhor com dificuldades e estão mais satisfeitos com o próprio emprego.[70] A pesquisadora australiana sobre uso de tempo Lyn Craig constatou que o atendimento formal às crianças, mais do que qualquer outro arranjo, reduz mudanças de emprego e leva a uma maior igualdade de gêneros, tanto no trabalho quanto em casa, para pais e mães.[71] As pesquisas descobriram que não apenas os pais, mas também os colegas sem filhos se beneficiam quando uma empresa oferece cuidado estável de qualidade porque há menos rupturas, menos faltas, maior produtividade e melhor estado de ânimo; fechamento de creches que levam a faltas dos empregados custam às empresas perto de 3 bilhões de dólares todos os anos.[72] "O mais importante", escreveu Cali Yost, consultora que ajuda empresas a elaborar estratégias de negócios para uma melhor "combinação" trabalho-vida, "é o que você recebe quando os pais com que você trabalha têm apoio".[73]

As pesquisas mostram que uma experiência inicial rica com cuidadores dedicados também coloca as crianças em um caminho de melhores realizações acadêmicas e melhores chances de sucesso na vida. O economista vencedor do prêmio Nobel James Heckman argumenta que investir em um aprendizado inicial de alta qualidade irá render uma taxa de retorno de 6 a 10% ao ano por criança – mais do que ganhos históricos no mercado de ações – em realizações acadêmicas mais significativas, maior produtividade na força de trabalho e menos esgotamento da sociedade.[74]

Em outras palavras, as crianças criam o futuro. E o futuro delas começa cedo.

Não estou argumentando em favor de algum amplo programa dirigido ou financiado pelo governo parecido com o Departamento de Veículos Motorizados (DMV, na sigla em inglês). Porém, quando se trata de cuidados com as crianças, quando se trata de política familiar americana, *precisa* haver um jeito melhor.

🐞 🐞 🐞

Na casa de Pat Buchanan, sua mulher, Shelley, silenciosamente nos traz café e desaparece.

Ele falava com saudades dos dias em que a América era "o maior país do mundo", em parte por ser "apenas normal, natural e subentendido" que as mulheres quisessem se casar e ficar em casa para criar os filhos. Ele tagarela sobre como o crime, o uso de drogas e as taxas de aprisionamento explodiram e as notas nas escolas caíram depois que as mães foram trabalhar.

Esse é um sentimento que o próprio governo promoveu em propagandas financiadas pelos contribuintes após a Segunda Guerra Mundial quando Buchanan estava crescendo e o governo queria que Rosie a Operária voltasse para casa a fim de que os veteranos que voltavam tivessem empregos. "A família era solidamente baseada no pai como patriarca e provedor e na mãe como cozinheira, dona de casa e mentora dos filhos", entoa o sonoro narrador em um dos noticiários da série de cinejornais *The March of Time*, do Escritório de Informação de Guerra (OWI, na sigla em inglês).[75] O filme preto e branco amplamente distribuído advertiu que a independência das mulheres trabalhadoras era uma das tendências "mais perturbadoras" da sociedade e cortava para um "especialista" que dizia que as mães trabalhadoras tinham abandonado seu papel feminino, o que tornava as mulheres "infelizes porque as deixava frustradas", uma vez que seus filhos não tinham "amor maternal" e que elas haviam se tornado, em vez de parcerias, "rivais" dos maridos. O filme mostrou crianças pequenas brincando sem supervisão com cigarros e adolescentes violentos à vontade, tudo porque suas mães trabalhavam.

"Toda a ideia dos anos 1930, 1940 e 1950 era as pessoas concentradas na família", Buchanan diz. "Agora, as pessoas se concentram no 'meu' e no 'eu'. É a sociedade centrada-no-eu, e não mais a sociedade centrada-na-família."

"Deixe-me fazer uma pergunta", peço. "O senhor acha que as mães deveriam estar na força de trabalho?"

"Você está falando de mães que *precisam* entrar na força de trabalho para sustentar os filhos, ou as que *querem* ir?", ele pergunta.

"Isso é importante?"

Deixe-me parar aqui por um momento. É a desagradável ambivalência sobre esta questão – devem as mães trabalhar? – que impede qualquer discussão nacional significativa sobre que formato devem ter as políticas que reconhecem o quanto as famílias mudaram desde 1971. Defensores que insistem em políticas mais sensatas normalmente falam sobre como mães e pais *devem* trabalhar nos dias atuais a fim de sustentar a família. Isso se aplica a milhões de famílias. Contudo, quando se atinge um determinado patamar de renda, esse argumento cai por terra. Os conservadores podem apontar para belas casas, reluzentes eletrodomésticos novos e grandes minivans e, dizem, de fato, que não se *precisa* trabalhar. Você pode comprar um modelo mais simples. Você pode dirigir um carro usado. Você pode fazer sacrifícios. Porém, quando você não está disposto a isso, quando você *escolhe* trabalhar, você é uma mulher gananciosa, egoísta e uma mãe ruim. E quando você *escolhe* trabalhar para comprar uma casa grande, por que os dólares arduamente ganhos e usados para pagar impostos devem ser destinados para sustentar o seu estilo de vida insensível? Se uma mãe que trabalha se sente sobrecarregada, sem tempo, culpada e preocupada com creches, está tendo o que pediu; resolva o problema. Como Buchanan me disse, "a ideia de que marido e mulher vão deixar o trabalho e dizer ao contribuinte para cuidar do júnior? Esqueça!".

Contudo, essa visão estreita reduz todo o desejo humano de homens e mulheres de seguir uma paixão, enfrentar um desafio, fazer a diferença ou deixar uma marca na arena pública da vida diante de um argumento econômico venal. Será que a solução no século 21 pode realmente ser uma volta aos anos 1950? Pergunto a Buchanan: "O que vai acontecer com a economia se toda essa capacidade intelectual for para casa?"

Ele responde em tom zombeteiro. "Não tive intenção de ser elitista, mas apenas os primeiros 5 a 10% são os que usam a capacidade intelectual na sociedade. Muitos homens e mulheres estão no setor de serviços", ele afirma. "Minha mãe ficou em casa e criou nove filhos até todos sairmos de casa e da escola. Essa é uma contribuição melhor para o país e a sociedade do que uma mulher que diz: 'Não quero filhos, quero sair e conseguir um emprego e ter uma vida boa'? Bem, ela é livre para fazer essa escolha. Mas, no final, o que é melhor para o país e a economia?"

Será que é necessário sempre uma situação com somente duas opções?

Alguns meses antes de me encontrar com Buchanan, sentei-me no carro em uma viagem com a família com três gerações de homens: meu marido, Tom, meu filho, meu sobrinho e meu pai, de 84 anos. Eu estivera ao celular entrevistando pais que lutavam para obter licença-paternidade ou horas de trabalho flexíveis, ou que queriam ficar em casa como cuidadores principais. Wyatt, meu sobrinho de 15 anos, disse: "Legal". Tom disse imediatamente: "Eu preferiria trabalhar". Meu pai nem mesmo conseguiu assimilar a ideia. "Você tem que entender, Brigie", ele disse, aturdido, "há um momento na vida de todos os homens em que ele tem que tomar uma decisão: 'Quem sou eu? O que vou ser? Vou ser médico? Advogado? O que vou fazer da vida?'".

Parei.

"E você acha, papai", perguntei em voz baixa, "que esse momento nunca chega para as mulheres?"

Buchanan mexe o café.

"Então, a sua intenção com o veto", pergunto, "era proteger a mãe que ficou em casa e o pai no local de trabalho..."

"A intenção era proteger a família tradicional", Buchanan interrompe.

"E o senhor conseguiu?"

Buchanan irrompe em uma gargalhada amarga.

"A família tradicional está se desintegrando."

"Ou está diferente", retruco, ficando irritada. "Não tenho uma família 'tradicional'. E não acho que esteja desintegrada."

Ele dá de ombros.

"Lamento o que está acontecendo na sociedade, motivo pelo qual meus livros são tão pessimistas", ele fala. "Não sei qual é a solução."

Quando me levanto para sair, pergunto como ele e Shelley lidaram com as responsabilidades em relação aos cuidados dos filhos. Ele sacode a cabeça.

"Não tivemos filhos."

PONTO LUMINOSO
COMEÇANDO POR BAIXO

> A igualdade pela qual lutamos não é tolerável, não é viável, não é confortável... Temos que atingir a segunda fase: a reestruturação de nossas instituições em uma base de verdadeira igualdade para mulheres e homens a fim de que possamos viver um novo "sim" para a vida e o amor, e possamos escolher ter filhos.
>
> - BETTY FRIEDAN, *A SEGUNDA FASE* -

QUANDO ELA ENGRAVIDOU DO PRIMEIRO FILHO e perdia noites de sono pensando que teria de voltar ao trabalho apenas algumas semanas após o parto, Dionne Anciano não fazia ideia de que o estado da Califórnia é um dos únicos três no país que oferece licença-maternidade paga. Nova Jersey e Rhode Island são os outros dois.[1]

A lei da Califórnia, aprovada em 2002, permite aos trabalhadores tirar de seis semanas a um ano de licença com um recém-nascido, um filho recém-adotado, ou para cuidar de um parente. Durante a licença, os trabalhadores recebem 55% do salário normal até um limite máximo semanal de cerca de mil dólares. Nem os empregadores, nem o governo pagam nada. Os trabalhadores assumem toda a conta: os fundos saem de um fundo estadual de seguro de incapacidade temporário para o qual todos os empregados contribuem regularmente com 3 dólares por mês deduzidos da folha de pagamento.[2] Nova Jersey adota um sistema semelhante. O estado de Washington aprovou uma lei de licença remunerada, mas ainda precisa consolidá-la. Os esforços para aprovar uma lei de licença remunerada nacional no Congresso não chegaram a lugar algum desde a primeira tentativa de Pat Schroeder em 1985.

"Foi um grande alívio poder *recobrar*", disse Anciano, que descobriu sobre a política apenas depois que um cliente lhe pediu que criasse um folheto a respeito. Anciano casou-se aos 41 anos de idade e teve o bebê após vários tratamentos de fertilidade e uma gravidez difícil aos 44. Em vez de precisar colocar a filha em uma creche depois de apenas algumas semanas, Anciano pôde juntar quatro meses de licença remunerada, férias e licença médica. O marido estava fazendo o mesmo quando eu a visitei. E, com a ajuda dos familiares, a filha ficaria aos cuidados de parentes durante quase todo o primeiro ano de vida. "Não sei dizer o quanto isso foi importante para mim", Anciano declarou.

Defensores e apoiadores da licença remunerada familiar, como Paul Orfalea, fundador e presidente emérito da Kinko, que lutou para as empresas se tornarem "cidadãs corporativas responsáveis",[3] diz que a lei reconhece o simples fato de que as mulheres têm famílias e oferece às companhias uma política uniforme para planejá-la. Contudo, oponentes como a Câmara de Comércio da Califórnia argumentam que ausências como a de Anciano são danosas às empresas. Ambos estão certos, falou Tia Stoller, a empregadora de Anciano e proprietária da empresa de design. "Como empregadora, havia a ansiedade de como lidar com a ausência dela", Stoller contou. "Mas, como mãe, eu queria que ela tivesse o máximo de tempo possível com o novo bebê." Quando Stoller teve o filho 22 anos antes, não havia leis que permitissem licenças familiares. "Eu adoraria ter contado com uma licença-maternidade", ela disse com um suspiro.

Entretanto, apesar de toda a ansiedade com a ausência de Anciano, depois que ela teve o bebê, "tudo correu bem", Stoller afirmou. "Não trabalhávamos até tarde, mas trabalhávamos muito. Fazíamos algo como: 'Uau, olhe o que podemos fazer em um dia.'"

A experiência de Stoller não é incomum. Apesar dos temores da Câmara, a maioria das empresas da Califórnia relata que a lei de licença remunerada exerceu um efeito positivo ou neutro nos lucros e na produtividade, e 99% afirmaram que ela melhorou o estado de ânimo dos empregados. Os trabalhadores que tiraram licenças afirmam se sentir mais ligados aos filhos e mais capazes de cuidar deles. Um número maior amamentou por períodos mais longos e teve mais tempo para procurar uma creche a fim de voltar ao trabalho.[4]

Herb Geenberg, fundador e CEO da Caliper, uma empresa de recrutamento de Princeton, é um dos maiores apoiadores da lei de licença familiar de Nova Jersey aprovada em 2008. Se os locais e as políticas de trabalho dificultam demais que uma mulher trabalhe e tenha tempo para a família, "então ela perde muito de sua própria vida, e o mundo também perde", ele disse. "A licença familiar não afeta apenas as mulheres. Ela também afeta os homens."

Na verdade, foram os *homens* que contribuíram para a aprovação da lei de licença familiar em apenas um ano, disse Sheila Kuehl, uma ex-atriz infantil e advogada formada por Harvard que, como senadora, conduziu a lei pela Assembleia Geral. "Pais *queriam* tempo para criar um elo com os filhos. Se você tem tempo nesses primeiros meses, tudo muda", ela disse. Homens apareceram para fazer lobby em favor da lei. Gravatas de papel com cópias do projeto de lei foram entregues a todos os legisladores do sexo masculino no Dia dos Pais. "Os homens mostraram que isso é realmente importante para eles."[5]

Perguntei a Anciano se eu poderia conversar com seu marido, Rich, que, no momento, estava cuidando da filha em sua licença remunerada. Era perto de 17h. Ela pegou o telefone para ligar e perguntar. "Ah, ok", ela disse. "Não se preocupe com isso."

Anciano virou-se para mim e em seis rápidas palavras transmitiu o poder de os pais usufruírem uma licença sozinhos e, finalmente, verem por si mesmos como é chato quando, no final de um dia intenso com o bebê, quando se está exausto, em uma casa bagunçada, cabelos despenteados, e não se tem ideia de para onde o dia foi, exceto pelo tempo gasto cortando as unhas do bebê, seu parceiro, observando a desordem, pergunta: "Bom, o que você *fez* o dia inteiro?". Anciano sorriu com expressão de desculpas e balançou a cabeça. "Ele ainda não tomou banho."

☙ ☙ ☙

Joan Blades está sentada diante do laptop na mesa da sala de jantar em Berkeley com a baía de São Francisco cintilando à distância. Blades, uma das cofundadoras do inovador fenômeno da internet chamado MoveOn.org, está agora usando a mesma organização e conhecimento da internet para criar um novo movimento com o intuito de lutar para que locais de trabalho e políticas familiares saiam do profundo congelamento dos anos 1950. Embora ela e sua cofundadora, Kristin Rowe-Finkbeiner, que vive em Seattle, chamem seu grupo de um milhão de membros de MomsRising e sua agenda de *O Manifesto da Maternidade*, elas procuram reformular políticas e refazer os locais de trabalhos ideais não só para mães, mas para todos. Ambas querem que as pessoas compreendam que a sobrecarga não é uma epidemia de fracassos pessoais, de mães chorosas incapazes de trabalhar e cuidar da casa com eficiência. Ela é uma imensa falha estrutural na sociedade e prejudica todos. "Das quatro últimas indicações para a Corte Suprema, dois homens e duas mulheres, os dois homens tinham filhos, mas nenhuma das mulheres tinha. Isso não ocorreu por acidente!", Blades diz. "Veja, 80% das mulheres se tornam mães aos 44 anos,[6] o que significa que o profundo preconceito contra as mães é um preconceito contra todas as mulheres", ela me diz. "E ter uma família é praticamente essencial para a experiência humana. Se queremos continuar como sociedade, temos de formar família."

Usando a internet, MomsRising coleta histórias de ultrajes, frustrações e lutas: mães que precisaram voltar ao trabalho dias após dar à luz, famílias sem dinheiro com o custo das creches, o preconceito inconsciente infinitamente profundo. O empréstimo à habitação de uma oncologista foi negado quando o banco descobriu que ela estava em licença-maternidade. Embora a médica planejasse voltar ao trabalho, o banco supôs que ela iria parar de trabalhar a fim de permanecer em casa com o bebê e, desse modo, não poderia pagar a hipoteca. Ela os processou e ganhou um acordo de 15 mil dólares.[7] "Nosso banco de histórias mostra aos nossos membros que eles não estão sozinhos", Blade fala. "Elas informam aos repórteres que existem pessoas reais atrás das estatísticas. E, o que é mais importante, informam aos líderes que elegemos questões que eles podem não ter encarado como substanciais."

"Muitos líderes eleitos não têm ideia do que está acontecendo com as famílias americanas", Rowe-Finkbeiner concordou quando falei com ela mais tarde pelo telefone. "Famílias que trabalham não lhes informam por que razão o tempo em que você precisa de políticas como licenças remuneradas muitas vezes é a época mais produtiva em sua vida."

As organizadoras do MomsRising sabem que seu público natural – famílias cansadas e sobrecarregadas – está cansado e sobrecarregado só de tentar manter tudo em ordem para realizar muito mais. Assim, em vez de tentar organizar marchas de protesto, elas fazem as pessoas lutarem por mudanças no espaço de alguns minutos. Pessoas ocupadas e distraídas podem ler um e-mail curto e repassá-lo a um legislador, clicar em um link do Twitter, postar um comentário ou adicionar sua história a um banco em um site em questão de segundos. "Sabemos que mães e pais são ocupados", Blades disse. "Entre o trabalho e a criação de uma família, eles têm pouquíssimo tempo para agir, e ainda menos para pentear os cabelos e escovar os dentes."

MomsRising e outras organizações estão se mobilizando com o intuito de atingir o objetivo em que dizem que o movimento feminista predominante se desviou do curso. Rowe-Finkbeiner entrevistou mais de 500 mulheres para seu livro *The F-Word: Feminism in Jeopardy* (A palavra que começa com F: o feminismo em perigo) e descobriu que o feminismo sentido pela maioria, que os força a ser trabalhadores ideais, estava em desacordo com a complicada realidade de suas vidas. Dina Bakst foi cofundadora de *A Better Balance* (Um equilíbrio melhor) em Nova York para lutar por uma melhor política familiar depois que a própria experiência em trabalhar para uma tradicional organização legal feminista a desiludiu. As feministas mais velhas e solteiras que dirigiam a organização não deixavam uma jovem mãe trabalhar a distância. Elas recusaram que outra tirasse uma licença-maternidade ampliada ou que duas jovens mães advogadas dividissem um trabalho. "Elas achavam prejudicial acomodar mães que trabalham. Elas não queriam que a maternidade 'desacelerasse as mulheres'", Bakst me disse. "Foi então que percebi que tudo estava ao contrário. Era a lei, o local de trabalho e as políticas familiares desatualizadas que precisavam de mudanças. O fato de que nós, como sociedade, não valorizamos o trabalho dos cuidadores é o que realmente atrasa as mulheres". E os homens.

"É simplesmente errado o conceito de que cabia a nós, mulheres, ter o *dever* de sair para trabalhar e mostrar que iríamos conseguir", Blades me diz. "A próxima onda de movimento feminino precisa incluir homens. Precisa incluir famílias."

Blades e Rowe-Finkbeiner parecem muito com... Betty Friedan. Friedan é mais lembrada por iniciar o movimento de feminismo moderno com seu livro sobre os horizontes limitados e as vidas interiores vazias das donas de casa da classe média dos anos 1950 como ela em *Mística feminina*. Porém, em 1981, Friedan observou o que o movimento feminino tinha conseguido e se desanimou. Ela ficou angustiada com o fato de que feministas radicais, que proclamaram que "o casamento constitui uma escravidão para as mulheres",[8] tinham se tornado tão vocalmente antimães, antifamília e anti-homens. Embora o movimento das mulheres tenha contribuído muito para abrir as portas para a instrução superior e carreiras às mulheres, Friedan se preocupou com o fato de que sua atenção foi desviada por "questões impulsionadas pelas emoções de políticas sexuais" e pela "histeria do aborto",[9] arriscando não apenas alienar as mulheres, mas falhando em fazer o trabalho mais duro de transformar as instituições e atitudes da sociedade de modo que todas as pessoas pudessem realizar um bom trabalho, partilhar a criação das famílias e ter tempo para a vida.

Friedan assistiu a mulheres tentando fazer tudo, exaustas demais para ficar zangadas. Ela falou com pais que desejavam se envolver mais com os filhos, que se sentiam tão ligados ao trabalho a ponto de não ousarem tentar. Ela viu o quanto todos se sentiam isolados e culpados. Assim, Friedan escreveu *A segunda etapa* e argumentou que *família* era a nova fronteira feminista. Feministas radicais ficaram apopléticas. O livro foi amplamente ignorado.[10]

Friedan estava adiante de seu tempo. Mas agora, esperam as líderes do MomsRising, chegou o momento de mudar. A agenda delas é ambiciosa. Blades admite que os obstáculos são enormes. As políticas em âmbito nacional estão fraturadas, divididas e polarizadas. A economia está lenta, a dívida e o déficit são enormes, e os americanos detestam impostos e desconfiam dos programas sociais do governo, principalmente dos que lembram o passado das guerras culturais, as guerras das mães e os conceitos profundamente divididos e aceitos sobre o que é melhor para mães e filhos.

Assim, a MomsRising está adotando uma tática diferente. Elas são politicamente agnósticas. "Encontrar terreno comum é extremamente importante. Eu tenho amigos na Coalizão Cristã e concordamos com todas as questões do *Manifesto da Maternidade*", Blades disse. Elas também não são dogmáticas. "Há políticas de licenças familiares remuneradas em mais de 170 países e não há duas iguais", Rowe-Finkbeiner afirmou. "Nós desejamos importar algo de outro lugar. Queremos criar as nossas políticas que funcionem para a nossa nação."

Como?

Começando por baixo.

Em vez de procurar por uma legislação federal poderosa, a MomsRising tem se envolvido em esforço para conseguir que as câmaras municipais e governos estaduais aprovem projetos de licenças médicas como as que existem nas cidades de Seattle, Washington, D.C., Portland, Oregon, Nova York e São Francisco, e no estado de Connecticut.[11] Elas estão redigindo cartas e e-mails em apoio a leis de licenças familiares remuneradas e políticas locais de trabalho a distância como as ativamente promovidas em Atlanta, Dallas, Phoenix, Filadélfia e Chicago.[12] Elas esperam que, quando as pessoas virem que as mudanças estão facilitando a sobrecarga para todos, o movimento tome força. Blades ergue os olhos do computador e sorri. "Você só precisa começar onde existe uma oportunidade."

NOTAS

1. Brian Stelter, "With Book, Buchanan Set His Fate", *New York Times*, 26 fev. 2012, www.nytimes.com/2012/02/27/business/media/with-book-buchanan-set-his-fate.html?pagewanted=all.

2. International Labour Office, Conditions of Work and Employment Branch, *Maternity at Work: A Review of National Legislation*, 2ª ed. (Genebra: International Labour Office, 2010): 17, 22.

3. Ariane Hegewisch, *Flexible Working Policies: A Comparative Review* (Manchester: Equality and Human Rights Commission, 2009), www.equalityhumanrights.com/uploaded_files/research/16_flexibleworking.pdf. Veja também Katrin Bennhold, "Working (Part-Time) in the 21st Century", *New York Times*, 29 dez. 2010. www.nytimes.com/2010/12/30/world/europe/30iht-dutch30.html?pagewanted=all.

4. Jody Heyman, Alison Earle, Jeffrey Hayes, "The Work, Family, and Equity Index: How Does the United States Measure Up?", The Project on Global Working Families and the Institute for Health and Social Policy, McGill University, 2007. www.mcgill.ca/files/ihsp/WFEIFinal2007.pdf.

5. Paul Geitner, "On Vacation and Sick? A Court Says Take Another", *New York Times*, 21 jun. 2012, www.nytimes.com/2012/06/22/world/europe/europe-court-says-sick-workers-can-retake-vacations.html.

6. Kimberly J. Morgan, "A Child of the Sixties: The Great Society, the New Right, and the Politics of Federal Child Care", *Journal of Policy History* 13, n. 2 (2001): 222, doi: 10.1353/jph.2001.0005. Morgan

escreve que 68% das mulheres e 59% dos homens disserem em pesquisas que o governo deveria disponibilizar creches.

7. Sonya Michel, *Children's Interests/Mothers' Rights: The Shaping of America's Child Care Policy* (New Haven: Yale University Press, 1999), 248.

8. Edward Zigler e Susan Muenchow, *Head Start: The Inside Story of America's Most Successful Educational Experiment* (Nova York: Basic Books, 1994), 136.

9. Patrick Buchanan, entrevista em sua residência em McLean, Virginia, com a autora, em 24 de maio de 2012.

10. Morgan, "A Child of the Sixties", 234.

11. Ibid.

12. Ibid., 240.

13. Sonya Michel, *Children's Interests*, 251.

14. Morgan, "A Child of the Sixties", 224. Veja também Michel, *Children's Interests*, 250-51.

15. Morgan, "A Child of the Sixties", 232.

16. Richard Nixon, "Veto of the Economic Opportunity Amendments of 1971", discurso, 9 dez. 1971, transcrito de The American Presidency Project, www.presidency.ucsb.edu/ws/?pid=3251.

17. Council of Economic Advisers, *Work-Life Balance and the Economics of Workplace Flexibility* (Executive Office of the President, 2010), 2.

18. Kim Parker e Wendy Wang, "Breadwinner Moms: Mothers Are the Sole or Primary Provider in Four-in-Ten Households with Children; Public Conflicted About the Growing Trend", Pew Research Center, 28 maio 2013.

19. Child Care Aware of America, *Parents and the High Cost of Child Care*, 2012, www.naccrra.org/sites/default/files/default_site_pages/2012/cost_report_2012_final_081012_0.pdf, 7. No relatório se lê, na página 11: "Em 40 estados e e no distrito de Colúmbia, os gastos com o cuidado infantil excedem a renda média de um casal em 10%". Para informações sobre listas de espera, veja Sue Shellenbarger, "Day Care? Take a Number, Baby", *Wall Street Journal*, 9 jun. 2010, http://online.wsj.com/article/SB10001424052748704256604575294523680479314.html. Sobre subsídios para cuidados infantis, veja Child Care Aware of America, "Number of Children on Waiting Lists for Child Care Assistance", 1º abr. 2013, www.naccrra.org/sites/default/files/default_site_pages/2013/waiting_lists_nwlc_2012.pdf.

20. Sonya Michel, entrevista ao telefone com autora em 21 de maio de 2013.

21. Center for the Child Care Workforce, "Fact Sheet", www.ccw.org/storage/ccworkforce/documents/all%20data_web(final).pdf.

22. www.nichd.nih.gov/publications/pubs/documents/seccyd_06.pdf.

23. Child Care Aware of America, *Leaving Children to Chance*, www.naccrra.org/about-child-care/state-child-care-licensing/2012-leaving-children-to-chance-child-care-homes; e We Can Do Better, www.naccrra.org/node/3025.

24. E. Galinsky e A. Johnson, *Reframing the Business Case for Work-Life Initiatives* (Nova York: Families and Work Institute, 1998).

25. Relatórios da Child Care Aware.

26. Mark Lino, *Expenditures on Children by Families, 2011*, U.S. Department of Agriculture, Center for Nutrition Policy and Promotion, Miscellaneous Publication N. 1528-2011, www.cnpp.usda.gov/Publications/CRC/crc2011.pdf. Segundo o USDA, "gastos com educação e cuidados infantis consistem em mensalidade da creche e suprimentos, babás, prestação de escolas de ensino fundamental e médio, livros, taxas e suprimentos. Livros, taxas e suprimentos podem ser para escolas públicas ou privadas".

27. Child Care Aware of America, *Parents and the High Cost of Child Care*, 7.

28. http://articles.washingtonpost.com/2013-03-09/local/37579999_1_unregulated-care-child-care-background-checks.

29. Compilado por Voices for Georgia's Children, atualizado em 27 de junho de 2011, e Child Care Aware of America.

30. http://articles.washingtonpost.com/2013-03-09/local/37579133_1_child-care-workers-day-care-centers-sudden-infant-death-syndrome.

31. Margaret Nelson, *Negotiated Care: The Experience of Family Day Care Providers* (Filadélfia: Temple University Press, 1991), 152.

32. www.newrepublic.com/article/112892/hell-american-day-care.

33. www.startribune.com/local/150283965.html.

34. A lei federal exige que os estados façam apenas três coisas no que se refere a creches: prevenir e controlar doenças infecciosas, garantir que as instalações sejam seguras e treinar os funcionários sobre saúde e segurança. Só isso. A lei não diz nada sobre o desenvolvimento cognitivo da criança ou sobre criar um tipo de programa de alta qualidade para linguagem, leitura e jogos que produzam melhores benefícios. Para mais informações, veja "State Child Care Licensing", National Association of Child Care Resource & Referral Agencies, www.naccrra.org/about-child-care/state-child-care-licensing.

35. Helen Blank, entrevista com a autora, maio de 2012. Gina Adams, Urban Institute, entrevista com a autora, maio de 2013.

36. http://articles.washingtonpost.com/2013-05-15/local/39283045_1_child-care-centers-child-care-subsidy.

37. Veja Margaret Talbot, "The Devil in the Nursery", *New York Times Magazine*, 7 jan. 2001, http://partners.nytimes.com/library/magazine/home/20010107mag-buckey.html. Talbot escreve: "Nossa disposição para acreditar em abusos rituais é baseada na ansiedade por deixar crianças em creches em uma época em que mães entravam na força de trabalho em números sem precedentes. Era como se houvesse um alívio sombrio e frustrante em trocar as dúvidas insignificantes do dia a dia sobre os cuidados com nossos filhos por nossos piores temores absolutos – por uma história de monstros que não tratavam nossas crianças exatamente do jeito que gostaríamos; por uma sina tão terrível e bizarra que nenhum pai, por mais vigilante que fosse, poderia ter evitado".

38. U.S. Department of Health and Human Services, *The NICHD Study of Early Child Care and Youth Development: Findings for Children up to Age 4½ Years*, National Institutes of Health, National Institute of Child Health and Human Development, jan. 2006, www.nichd.nih.gov/publications/pubs/upload/seccyd_06.pdf#page=38.

39. Pew Global Attitudes Project, *Gender Equality Universally Embraced, but Inequalities Acknowledged* (Washington, D.C.: Pew Research Center, 2010), http://pewglobal.org/2010/07/01/gender-equality/.

40. Eileen Patten e Kim Parker, "A Gender Reversal on Career Aspirations: Young Women Now Top Young Men in Valuing a High-Paying Career", Pew Social & Demographic Trends, Pew Research Center, 19 abr. 2012, www.pewsocialtrends.org/2012/04/19/a-gender-reversal-on-career-aspirations/. O levantamento do Pew Research Center sobre mães trabalhadoras mostra que apenas 21% dos americanos afirmam que a tendência de um maior número de mães trabalhando fora tem sido "algo bom" para a sociedade. "Cerca de 37% dizem que isso não é bom para a sociedade, e mais ou menos a mesma porcentagem (38%) afirmam que isso não faz diferença." Outro relatório da Pew constatou que, quando perguntadas sobre seu tempo, 40% de mães que trabalham dizem que *sempre* se sentem pressionadas, comparadas a "24% do público em geral e 26% de mães donas de casa. Somente 25% de pais que trabalham sentem-se pressionados pelo tempo". Veja Pew Research Center, "Women, Work, and Motherhood: A Sample of Recent Pew Research Survey Findings", 13 abr. 2012, www.pewresearch.org/2012/04/13/women-work-and-motherhood/.

41. Thomas J. Noel, resenha de *Pat Schroeder: A Woman of the House* by Joan Lowy, *Colorado Book Review Center*, ago. 2004, http://games.historycolorado.org/publications/Lowy_Review.pdf.

42. Petula Dvorak, "Election Chatter Glosses Over Our Child-Care Morass", *Washington Post*, 30 jul. 2012, washingtonpost.com/local/election-chatter-glosses-over-our-child-care-morass/2012/07/30/gJQAnZ9RLX_story.html.

43. "Millionaire Freshmen Make Congress Even Wealthier", OpenSecretsblog, 16 jan. 2013, www.opensecrets.org/news/2013/01/new-congress-new-and-more-wealth.html. Pat Schroeder, entrevista por telefone com a autora, 4 de maio de 2012.

44. Ann Allen e Jennifer Lyman, "Oral History of Patricia Schroeder", ABA Senior Lawyers Division: Women Trailblazers in the Law, 1º ago. 2006, 15 jul. 2008, 7.

45. U.S. General Services Administration, Public Buildings Service, Office of Child Care, *Starting a Child Development Center*, www.gsa.gov/graphics/pbs/startupguide.pdf.

46. U.S. Office of Personnel Management, *2009 Federal Child Care Subsidy Program Call for Data Results* (Washington, D.C.: Office of Personnel Management, junho, 2011), www.opm.gov/employment_and_benefits/worklife/familycareissues/childcaresubsidy/2009_Federal_Child_Care_Subsidy_Program.pdf.

47. General Accounting Office, "Military Child Care Programs: Progress Made, More Needed", GAO/FPCD-82-30, 1º jun. 1982. Para comentários sobre "gueto", veja Linda D. Kozaryn, "DoD Child Care: A Model for the Nation", American Forces Press Service, 25 abr. 1997, www.defense.gov/News/NewsArticle.aspx?ID=40948.

48. Office of the Under Secretary of Defense (Comptroller)/Chief Financial Officer, *Fiscal Year 2013 Budget Request Overview* (Washington, D.C.: U.S. Department of Defense, fevereiro, 2012), http://comptroller.defense.gov/defbudget/fy2013/FY2013Budget_Request_Overview_Book.pdf.

49. Elaine Wilson, "DOD Expands Community-Based Child Care Options", 9 dez. 2010, www.defense.gov/NewsArticle.aspx?id=62034.

50. Ernesto Londono, "Pentagon Begins Worldwide Probe of Daycare Hiring After Assault Allegations", *Washington Post*, 19 dez. 2012, http://articles.washingtonpost.com/2012-12-19/world/35929964_1_day-care-center-army-base-pentagon-employees.

51. "Learning from the Military Child Care System", Child Care Aware of America National Policy Blog, 26 maio 2013, http://policyblog.usa.childcareaware.org/2013/05/. Veja também Linda D. Kozaryn, "DoD Child Care Cited as Model for Nation", U.S. Department of Defense, 17 maio 2000, www.defense.gov/News/NewsArticle.aspx?ID=45200.

52. "SU Army ROTC Hall of Fame: Featured Alumnus", Syracuse University Army ROTC website, http://armyrotc.syr.edu/featured.html#Anchor0.

53. *2012 Guide to Bold New Ideas for Making Work Work* (Alexandria, VA: Society for Human Resource Management, 2011), http://familiesandwork.org/site/research/reports/bold_guide_12.pdf, 143-44.

54. "The Family and Medical Leave Act: Proposed Rule," U.S. Department of Labor, Wage and Hour Division, RIN 1215-AB76, RIN 1235-AA03, www.dol.gov/whd/fmla/NPRM/FMLA_NPRM_2012.pdf.

55. Jacob Alex Klerman, Kelly Daley, Alyssa Pozniak, "Family and Medical Leave in 2012: Technical Report", Abt Associates Inc., preparado para o U.S. Department of Labor, 7 set. 2012, atualizado em 4 fev. 2013, 69-70.

56. Joe Davidson, "Federal Diary: Despite YouTube Tactic, House Passes Parental Leave Bill", *Washington Post*, 5 jun. 2009, www.washingtonpost.com/wp-dyn/content/article/2009/06/04/AR2009060404455.html.

57. Valerie Strauss, "Mitt Romney at Education Nation – Transcript", *Washington Post* (blog), 25 set. 2012, www.washingtonpost.com/blogs/answer-sheet/post/mitt-romney-at-education-nation—transcript/2012/09/25/b03ebcd2-0741-11e2-afff-d6c7f20a83bf_blog.html.

58. Ezra Klein, "Mitt Romney Flashback: Stay-at-Home Moms Need to Learn 'Dignity of Work'", *Washington Post* (blog), 15 abr. 2012, www.washingtonpost/blogs/ezra-klein/post/mitt-romney-flashback-stay-at-home-moms-need-to-learn-dignity-of-work/2012/04/15/gIQAhmbZJT_blog.html.

59. Linda Haas, "Work and Family in Sweden", *Network News* 12, n. 2 (Filadélfia: Sloan Work and Family Research Network, fev. 2010), http://workfamily.sas.upenn.edu/sites/workfamily.sas.upenn.edu/files/imported/archive/networknews/The_Network_News_Interview_68_Int.pdf. Também Haas, entrevista por telefone com a autora, janeiro de 2012.

60. Michel, *Children's Interests*, 285.

61. Ibid., 286-89. Veja também Katrin Bennhold, "Where Having It All Doesn't Mean Equality", *New York Times*, 11 out. 2010, www.nytimes.com/2010/10/12/world/europe/12iht-fffrance.html?pagewanted=all; Bennhold. "In Germany, a Tradition Falls, and Women Rise", *New York Times*, 17 jan. 2010, www.nytimes.com/2010/01/18/world/europe/18iht-women.html?pagewanted=4&ref=thefemalefactor.

62. Peter Abrahamson, "Continuity and Consensus: Governing Families in Denmark", *Journal of European Social Policy* 20, n. 5 (dez. 2010): 399-409, http://esp.sagepub.com/content/20/5/399.refs. Veja também Kristiana Brix, "National Identity Crisis: The Intersection of Gender Equality and Ethnic Minority Integration in Denmark", Claremont-UC Undergraduate Research Conference on the European Union, vol. 2009, artigo 4, doi: 10.5642/urceu.200901.04, http://scholarship.claremont.edu/urceu/vol2009/iss1/4/.

63. "Baby Blues: A Juggler's Guide to Having It All", *Economist*, 26 nov. 2011.

64. OECD *Factbook 2011-2012: Economic, Environmental and Social Statistics*. O relatório mostra que trabalhadores da Coreia, Eslovênia, Chile, Japão, Turquia e seis outros países estão ultrapassando trabalhadores americanos no crescimento da taxa de produtividade por hora.

65. Willem Adema, Pauline Fron, Maxime Ladaique, "Is the European Welfare State Really More Expensive? Indicators on Social Spending, 1980-2012; and a Manual to the OECD Social Expenditure Database (SOCX)", OECD Social, Employment and Migration Working Papers, n. 124, 2 nov. 2011, 9-10, tabela na p. 34.

66. Brigid Schulte, "It's February – Time for Summer Camp Madness", *Washington Post*, 26 fev. 2011, www.washingtonpost.com/wp-dyn/content/article/2011/02/25/AR2011022502639.html.

67. Afterschool Alliance, "Afterschool Essentials: Research and Polling", fact sheet, www.afterschoolalliance.org/documents/2012/Essentials_4_20_12_FINAL.pdf.

68. Brigid Schulte, "A Working Mother Finds Nowhere for Her Latchkey Kid to Go but Home", *Washington Post*, 27 set. 2009, www.washingtonpost.com/wp-dyn/content/article/2009/09/25/AR2009092502013.html.

69. Brigid Schulte, "Parental Advisory", *Washington Post*, 6 nov. 2005, www.washingtonpost.com/wp-dyn/content/article/2005/11/03/AR2005110300127.html.

70. Ellen Galinsky, James T. Bond, Dana E. Friedman, *The Changing Work Force: Highlights of the National Study* (Nova York: Families and Work Institute, 1993).

71. Lyn Craig e Abigail Powell, "Non-standard Work Schedules, Work-Family Balance and the Gendered Division of Childcare", *Work Employment & Society* 25, n. 2 (jun. 2011): 274-91, doi: 10.1177/0950017011398894.

72. Karen Shellenback, *Child Care & Parent Productivity: Making the Business Case* (Ithaca: Cornell University, Cooperative Extension, Department of City and Regional Planning, dez. 2004), http://government.cce.cornell.edu/doc/pdf/childcareparentproductivity.pdf.

73. Cali Yost, "Think You Don't Benefit Directly from Childcare? 3 'What's In It For Me' That Will Change Your Mind", Work+Life Fit (blog), 21 fev. 2012, http://worklifefit.com/blog/2012/02/think-you-dont-benefit-directly-from-childcare-3-whats-in-it-for-me-that-will-change-your-mind/.

74. "Economic Return on Early Childhood Investment", YouTube video, postado por OklahomaHorizonTV, 9 out. 2009, www.youtube.com/watch?v=sO2oFtY7tZA. Veja também James J. Heckman e Dimitriy V. Masterov, "The Productivity Argument for Investing in Young Children" (T. W. Schultz Award lecture, Allied Social Sciences Association annual meeting, Chicago, 5-7 jan. 2007), http://jenni.uchicago.edu/human-inequality/papers/Heckman_final_all_wp_2007-03-22c_jsb.pdf. A pesquisa de Heckman

indica que o rendimento de se investir no aprendizado inicial é muito mais alto do que os 5,8% vistos no mercado acionário entre 1945 e 2008. A América somente vai permanecer competitiva na nova economia global se produzir trabalhados qualificados que possam fazer o que outros não conseguem fazer, ele diz. "A educação é o cerne da economia moderna. E o que existe no cerne de uma boa educação? Um bom início."

75. *The Life and Times of Rosie the Riveter*, dir. Connie Field (Berkeley, CA: Clarity Films, 1980). O documentário inclui o filme *Marriage and Divorce*, com imagens de *March of Time*, lançado em 20 de fevereiro de 1948 (vol. 14, n. 7).

PONTO LUMINOSO: COMEÇANDO POR BAIXO

1. Eileen Appelbaum e Ruth Milkman, *Leaves That Pay: Employer and Worker Experiences with Paid Family Leave in California* (Washington, D.C.: Center for Economic and Policy Research, 2011), www.cepr.net/documents/publications/paid-family-leave-1-2011.pdf. Desde o início de 2013, nove outros estados – Arizona, Illinois, Maine, Massachusetts, Missouri, New Hampshire, Nova York, Oregon e Pensilvânia – estão considerando aprovar leis de licenças familiars remuneradas. "The Need for Paid Family Leave", A Better Balance, 2013, www.abetterbalance.org/web/ourissues/familyleave.

2. Ibid.

3. Paul Orfalea, carta ao editor, *Santa Barbara News Press*, 24 jul. 2002.

4. Appelbaum e Milkman, 4-5. Veja também Linda Houser e Thomas P. Vartanian, *Pay Matters: The Positive Economic Impacts of Paid Family Leave for Families, Businesses, and the Public* (New Brunswick, NJ: Center for Women and Work, jan. 2012). Os autores obsevam que 72% de todas as crianças têm um único ou ambos os pais na força de trabalho, e que mulheres com licença-maternidade remunerada têm maior probabilidade de trabalhar de 9 a 12 horas depois do parto do que as que não tiraram a licença. Elas veem o salário aumentar, e homens e mulheres com baixa renda têm muito menos probabilidade de exigir assistência pública do que famílias que voltam a trabalhar ou não tiram licença.

5. Appelbaum e Milkman, *Leaves That Pay*, 18. O relatório constatou que a quantidade de homens que tiram licença familiar remunerada para cuidar de um recém-nascido ou criança recém-adotada cresceu gradativamente durante cinco anos, de 17% a 26%.

6. U.S. Census Bureau, tabela 7, "Completed Fertility for Women 40 to 44 Years Old by Single Race in Combination with Other Races and Selected Characteristics: jun. 2010", www.census.gov/hhes/fertility/data/cps/2010.html.

7. Steve Vogel, "HUD Announces Agreement on Pregnancy Suit", *Washington Post* (blog), 1º jun. 2011, www.washingtonpost.com/blogs/federal-eye/post/hud-announces-agreement-on-pregnancy-suit/2011/06/01/AGXlgfGH_blog.html.

8. Sheila Cronan, "Marriage", in *Notes from the Third Year: Women's Liberation 1971*, Anne Koedt, Ellen Levine, Anita Rapone, eds. (Nova York: Quadrangle, 1971), 65.

9. Betty Friedan, *The Second Stage* (Cambridge, MA: Harvard University Press, 1981), xvii.

10. Nan Robertson, "Betty Friedan Ushers in a 'Second Stage'", *New York Times*, 19 out. 1981, www.nytimes.com/books/99/05/09/specials/friedan-stage.html.

11. Caroline Winter, "Is Paid Sick Leave Good for Business?", *Bloomberg Businessweek*, 20 jul. 2012, www.businessweek.com/articles/2012-07-20/is-paid-sick-leave-good-for-business. "Current Sick Day Laws", Support Paid Sick Days, A Project of the National Partnership for Women and Families, http://paidsickdays.nationalpartnership.org/site/PageServer?pagename=psd_toolkit_laws.

12. Tilde Herrera, "Microsoft Tracks Telework Trends, Ranks Top Cities for Home Workers", GreenBiz.com, 15 jun. 2011, www.greenbiz.com/news/2011/06/15/microsoft-tracks-trends-ranks-top-cities-home-workers.

7
QUANDO O TRABALHO FUNCIONA

E se eu não tivesse trabalhado tanto? E se... eu tivesse, de fato, usado... minha posição para servir de modelo de equilíbrio? Se eu o tivesse feito intencionalmente, quem poderia dizer que, além de passar mais tempo com minha família, eu não teria também me concentrado mais no trabalho? Sido mais criativo? Mais produtivo? Foi necessário um câncer inoperável no cérebro em estado avançado para eu examinar os fatos desse ângulo.
- EUGENE O'KELLY, EX-CEO, KPMG -

Enquanto trabalhava em *A última ceia*, Leonardo da Vinci regularmente fazia uma pausa de várias horas na pintura e parecia se entregar a devaneios sem objetivo. Instado por seu patrono, o prior da *Santa Maria dele Grazie*, a trabalhar com maior constância, diz-se que da Vinci replicou, sem modéstia, mas com precisão: "Às vezes, os maiores gênios realizam mais quando trabalham menos".
- TONY SCHWARTZ, *BE EXCELENT AT ANYTHING*
(SEJA EXCELENTE EM ALGUMA COISA) -

PASSA POUCO DAS 10H DE UMA SEXTA-FEIRA na empresa de desenvolvimento de software Menlo Innovations em Ann Arbor, Michigan. Greg Haskins e seu sócio em programação encontram-se sentados diante de um computador partilhado. Eles estão concentrados na criação de um código complicado para uma máquina chamada de citômetro de fluxo, crucial na pesquisa de AIDS e câncer, sofisticada o bastante para realizar a medição de 180 mil células por segundo, mas ainda fácil o suficiente para ser operada por qualquer graduado. Haskins usa um jeans e uma camisa xadrez azul. Em seu ombro, está pendurado um pano de boca. No colo, está sua filhinha.

Haskins entrega o bebê ao sócio e, sem interromper a conversa, vai até um quadro branco pendurado na parede. O sócio, um homem mais velho de cabelos grisalhos, pega o pano de boca e dá uma mamadeira ao bebê.

Do outro lado do aposento cavernoso de 1.500m², Kristi Trader trabalha tranquila diante de seu monitor enquanto seus dois filhos, de 8 e 9 anos, agarram uma bola e saem correndo para jogar hóquei no piso de concreto lustroso. Na mesa perto de sua escrivaninha, os meninos, que usufruem as férias de verão, montaram uma série de brinquedos, lápis de cera e aparelhos eletrônicos atrás de uma placa escrita a mão: PROIBIDA A ENTRADA DE MENINAS NO ACAMPAMENTO DOS MENINOS. MAMÃE PODE VIR. Três cães cochilam tranquilamente fora das vistas.

Rich Sheridan, cofundador e CEO da Menlo, está sentado contente em meio ao zum-zum-zum do espaço de trabalho. Em seu cartão de visitas, ele se denomina "contador de histórias chefe e guia turístico" da Menlo. Ele é alto e grisalho, e tem uma voz profunda e retumbante. Ele também sorri. Muito. Sheridan diz que sabia exatamente que tipo de cultura de trabalho queria criar: o oposto dos lugares tristes e sobrecarregados que sugam a alma em que passou a maior parte de sua carreira. A empresa, ele diz, foi fundada sobre um princípio básico: alegria.

Sheridan diz que a América corporativa fez tudo errado. Seus líderes não compreendem que o que incentiva as pessoas a ter maior criatividade e produtividade é lhes fornecer autonomia, controle e senso de objetivo, não horas de trabalho longas e um smartphone que toca no meio da noite. "Passamos grande parte de nossa vida profissional tentando negar nossa humanidade. Temos que negar o fato de que somos pais, negar que temos pais idosos", ele fala. "Para mim, isso é pessoal. Tenho três filhas. Vivi a marcha da morte da América corporativa. Foi torturante. Eu adorava o que fazia, mas as longas horas me deixavam cansado e esgotado. Ou o chefe fazia exigências irracionais e exageradas em relação ao meu tempo. Eu sofria tanto que queria largar tudo." A vontade de abandonar tudo era tanta que, quando perdeu o emprego na falência das empresas .com, ele pensou em montar um acampamento para canoagem nos limites de Minnesota.

Sheridan pega um pedaço de papel. Desenha uma linha diagonal inclinada do canto inferior esquerdo para o canto direito. "Essa é minha carreira", ele explica. Durante quase 20 anos na América corporativa, Sheridan alcançou grande sucesso, poder, prestígio e dinheiro. Então, ele desenha uma linha reta horizontal na parte inferior da folha. "Isso mostra o quanto eu estava feliz."

Assim, ele e dois outros refugiados da cultura do trabalhador ideal sentaram-se ao redor da mesa de sua cozinha e idealizaram uma empresa que os deixasse felizes. E, ao fazer isso, Sheridan e seus cofundadores bateram nas teclas para tirar o local de trabalho moribundo americano dos anos 1950: *não* apenas redigir uma política ou derramar uma filosofia interessante e, mesmo assim, secretamente esperar que as pessoas trabalhassem do mesmo modo insano. *Não* criar um programa para trabalho flexível e horas reduzidas para "ajudar" famílias que trabalham, mas realmente esperar que somente as mães as aproveitem e, se o fizerem, as encarem como menos comprometidas e menos inteligentes e as ponham de escanteio. Em vez disso, pense grande. Comece do zero. Inclua todo mundo. O local de trabalho mais sensato do século 21 significa transformação total. "Se você tiver tempo para a sua vida, ficará feliz. E, quando você chegar ao trabalho pela manhã, será mais criativo, mais imaginativo, mais entusiasmado por estar lá", ele explica. "Na verdade, a alegria implica um valor comercial tangível. Você tem melhores relacionamentos, mais qualidade, mais produtividade. A verdade é que há softwares em todo lugar e a maior parte é péssima. O nosso não. Isso ocorre em virtude da cultura que criamos. Nossa estratégia é eliminar o medo como instrumento de gerenciamento. Eliminar a ambiguidade. Fazer com que tudo seja transparente. A vida é muito curta. Este é um experimento louco de se fazer as coisas de um jeito diferente."

Atrás da porta industrial de vidro no subsolo de um edifício comercial no centro de Ann Arbor, a Menlo Innovations é grande, barulhenta e mais do que um pouco desordenada. A organização, que utiliza a neurociência e a pesquisa de motivação humana, é desenhada com o intuito de proporcionar concentração no trabalho, colaboração e criatividade. Assim, não existem escritórios privativos. Sem fones de ouvido. Todos, dos "solucionadores de problemas" como Haskins a "antropólogas high-tech" como a mulher de Haskins, Katelyn, trabalham no amplo burburinho de caos criativo em equipes de dois, falando e rindo um do outro. Todas as semanas, Sheridan forma novos pares aos quais designa novas tarefas referentes a vários projetos de design de software em andamento. As pessoas trabalham em uma tarefa por vez, pois é a melhor maneira de se concentrar. Não existe o sistema de multitarefas na Menlo. Os pares trabalham em qualquer computador que lhes aprouver pela manhã. E as estações de trabalho estão instaladas em longas mesas com rodas semelhantes à de cafeterias que os funcionários podem mover de um lado a outro e configurar do jeito que lhes convier. Mude a rotina, os donos gostam de dizer, e você muda o raciocínio. Nascem novas ideias. Hoje, as mesas estão arranjadas ao acaso em duas linhas longas, paralelas, como mesas de piquenique em uma grande reunião de família.

Sheridan disse que trabalhar aos pares e designar tarefas confere aos funcionários da Menlo uma espécie de "liberdade por meio da tirania": porque os funcionários não precisam dispender tempo, força de vontade ou energia decidindo o que fazer, quando e com quem. Seus cérebros estão livres da "fadiga da decisão desnecessária",[1] pois é melhor pensar mais criativamente, correr riscos e até fracassar de modo espetacular, porque nunca se sabe quando você poderá estar aprendendo algo legal no processo. COMETA ERROS MAIS DEPRESSA!, encoraja um enorme pôster na parede. Trabalhar em pares também cria mais tempo para todos, Sheridan explica. Quando as pessoas trabalham com um parceiro e se revezam constantemente em diferentes projetos e tarefas, nenhuma pessoa é indispensável. Assim, se alguém quer tirar férias, ou se precisa faltar um dia por causa de um filho doente, ou simplesmente sente vontade de dar uma volta de caiaque com um amigo, ele só precisa incluir a folga na programação, ele conta. A Menlo se adapta. E o trabalho continua sem interrupções.

A reunião mais longa não dura mais de dez minutos. Todas as sextas-feiras às 9h, todos ficam parados em círculo. Os pares seguram o chifre de um elmo viking idiota que se tornou o mascote não oficial da Menlo e apresentam uma breve atualização. As únicas outras reuniões são "relâmpago". "Ei, Menlo!", alguém chama. A sala fica em silêncio e quem chamou se levanta e fala o que precisa.

No final do dia, quando o trabalho termina, ele, de fato, termina. É hora de viver a sua vida. Checar e-mails ou fazer ligações de trabalho à noite ou nos finais de semana é decididamente visto com desagrado. Às 18h do dia de minha visita, o lugar já estará vazio. Lisamarie Babik estava acostumada a dedicar 72 horas por semana como uma guerreira sempre presente na América corporativa. Ela teve dificuldades em se adaptar à Menlo. "Eu tinha aquela mentalidade de trabalhar-mais-e-mais-e-mais. Porém, os donos me procuraram e disseram: 'Se você não for para casa e parar de trabalhar tanto, nós vamos *despedir* você'", Babik me contou, entregando-me um cartão que apresenta sua descrição de cargo como "Evangelista Menlo". "Eu precisei reaprender a ter uma vida pessoal."

Sentados ao redor de uma das mesas de cafeteria dividindo sanduíches da Potbelly no almoço, os funcionários se admiram com a diferença que participar desse experimento em um ambiente de trabalho equilibrado fez na vida deles. Uma mulher tem tempo de praticar esportes como *softball* e hóquei outra vez. Outra decidiu de repente levar o filho ao zoológico em um lindo dia sem uma ponta de culpa. Outra pôde tirar uma folga para cuidar do marido submetido a uma cirurgia delicada. Um rapaz chamado Nate explica que ele tira folga todas as sextas-feiras a fim de trabalhar na criação de videogames para a empresa que está montando.

Menlo ganhou prêmios por estar entre os locais mais inovadores, democráticos, criativos e legais para se trabalhar. Ela inclusive foi homenageada pela Associação Psicológica Americana por ter um dos locais de trabalho mais "psicologicamente saudáveis". E também está ganhando dinheiro. Ela se encontra entre as empresas privadas de crescimento mais rápido na América, expandindo de seus três primeiros cofundadores em 2001 para 50 empregados permanentes e subcontratados. Embora o dinheiro seja certamente essencial para manter o avanço da Menlo, Sheridan mede o verdadeiro sucesso de outra forma. "Você escuta algum telefone tocando?", ele me pergunta. Aguço os ouvidos e sacudo a cabeça. "Ninguém liga para reclamar. Não há problemas ou perguntas sobre o nosso software. Quando recebemos ligações, são de pessoas nos agradecendo."

Em um tour pela empresa, Sheridan mostra com orgulho o Quarto dos Bebês perto da cozinha, com cadeira de balanço estofada, luzes suaves e um berço portátil. Ele diz, sorrindo, que as crianças jogando hóquei, o bebê de Haskins, tudo foi ideia dele. Alguns anos antes, Tracy Beeson, uma funcionária apreciada, estava de licença-maternidade. Menlo acabara de fechar um contrato importante para o qual Sheridan imaginou que Beeson seria perfeita. Ela, também, estava pronta para voltar, mas ainda não tinha encontrado uma creche. "Provavelmente, esse foi o último momento do Velho Rich Corporativo", Sheridan conta. "Eu tive que espremer essa parte do meu cérebro por um longo período antes que ele morresse. Eu olhei para ela e disse: 'Bem, por que você não traz o bebê para o escritório?' Ela perguntou: 'O dia todo?'. E eu respondi: 'Claro'. Ela quis saber: 'Todos os dias?'. E eu falei: 'Por que não?'. Se esta companhia é inovadora, por que não fazer essa experiência?"

Beeson senta-se para contar a história. Antes da Menlo, ela trabalhou para firmas de alta tecnologia que recompensavam a presença no escritório durante longas horas, e não necessariamente o desempenho. Quando seu filho mais velho, Charlie, era pequeno, ela trabalhava até tarde todas as noites e também nos fins de semana. E foi apenas quando recebeu sua avaliação anual de desempenho que ela descobriu que os chefes achavam que isso não era suficiente. "Eles me disseram que eu não tinha trabalhado horas extras suficientes para merecer um bônus", ela conta. Beeson ficou nervosa com a oferta de Sheridan, mas decidiu pelo menos tentar. Ela levou a filha de 4 meses, Maggie, para o trabalho e a colocou em um cesto de vime perto de sua escrivaninha. Ninguém sabia ao certo o que fazer com esse arranjo no início. Mas então as pessoas começaram a brigar pela chance de segurar Maggie enquanto estavam trabalhando. Elas notaram que clientes que os visitavam se comportavam muito bem. Sheridan até atendeu ligações de clientes com o bebê no colo. Maggie foi o primeiro "bebê Menlo". O bebê de Greg e Katelyn é o oitavo. "Francamente", Lisamarie Babik se inclina para dizer, "ter bebês no escritório deixa as pessoas mais agradáveis".

Os garotos barulhentos estão no "acampamento de verão Menlo". Quando Kristi Trader e o marido, que moram a uma hora de distância, não conseguiram encontrar condução no início da tarde para apanhar os dois filhos no acampamento, Sheridan disse que não seria problema se ela os trouxesse também.

Às 18h30 de uma sexta-feira, Tracy Beeson tinha voltado para casa de bicicleta, ajudado o marido a preparar um jantar rápido e se despedido do filho e do marido que iam a um jogo de beisebol. Estamos sentadas na varanda de seu chalé num bairro repleto de árvores tomando limonada. Maggie, o primeiro bebê Menlo, agora está com 5 anos. Ela está usando um elmo azul e verde e, com a língua para fora por causa da concentração, anda em uma pequena bicicleta vermelha para cima e para baixo na calçada diante da casa. Beeson fala sobre o quanto gosta do trabalho. Naquele dia, ela trabalhou no desenvolvimento de um software para ajudar a empresa a melhorar o ajuste de membros artificiais aos contornos do corpo humano. Tracy diz que o chefe e os colegas são como uma família. A Menlo é realmente um lugar divertido para se trabalhar. Ela não tem mais uma jornada de trabalho impossível. E também não sente mais falta de ver os filhos crescerem. Com Charlie, ela perdeu muita coisa. "Parece que a Menlo é o único lugar em que trabalhei onde está bem ser humano", ela fala.

"Mamãe!", Maggie chama agitada. "Mamãe! Mamãe! Olhe!" A garotinha se equilibra nas rodinhas de treinamento da bicicleta. "Está vendo?", a menina pergunta, entusiasmada.

"Estou vendo", Beeson responde, sorrindo. "Estou bem aqui."

Enquanto procurava por histórias de sucesso, lugares de trabalho que estão mudando, a norma do trabalhador ideal sendo derrubada e pessoas saindo da sobrecarga para viver vidas mais equilibradas no trabalho, no amor e no lazer, fiquei animada ao descobrir que havias muitas delas por aí. O número está crescendo. E cada uma é diferente, idealizando sistemas que funcionam para seu setor, seus funcionários e suas culturas. Algumas companhias realizam experiências ousadas, como a Menlo. Outras fazem o árduo trabalho de se reinventar. Algumas, como a Menlo, esperam as pessoas no escritório, mas estabelecem limites rígidos no tempo que passam lá. Outras existem virtualmente, sem limites de tempo ou espaço. Alguns locais de trabalho são motivados pela mudança após verem uma grande quantidade de mulheres talentosas partir quando inicia uma família. Outras querem extrair o máximo de trabalhadores altamente motivados para criar o que Daniel Pink, autor de *Drive*, chama de motivação 3.0, construída em autonomia, controle e propósito.

O segredo para avançar não vem do alto, como as pessoas antes imaginavam, por meio de governos, políticas corporativas ou legislação. O solo está tremendo. Mas não são apenas as preocupadas mães trabalhadoras que choram na mata por pão e rosas, por tempo para viver. É a Geração Y, os quase 80 milhões de americanos com idade entre 18 e 35 anos ingressando na força de trabalho. Essa geração não só espera ter tempo para trabalhar e viver bem, como também está disposta a pegar suas habilidades e ir embora ou iniciar os próprios empreendimentos se não o conseguir. E quem sabe de que forma as pressões, como uma economia global em mudança, a tecnologia, a força de trabalho que está envelhecendo, as mudanças climáticas, o clima extremo e as condições da saúde pública irão reformular o mundo? Quando furacões, nevascas, epidemias de gripe e tempo ruim fecham o governo federal e as empresas locais, o trabalho continua no Órgão de Marcas e Patentes (PTO, na sigla em inglês) dos Estados Unidos, em Alexandria, Virgínia. Danette Campbell, que dirige um programa de teletrabalho, me disse que 2/3 dos 11 mil empregados trabalham a distância pelo menos um dia por semana. Trabalhadores a distância examinam 3,5 vezes mais patentes do que os colegas que trabalham no escritório, constataram estudos da PTO, e eles poupam aos contribuintes 22 milhões de dólares em custos imobiliários e de escritório todos os anos. A taxa de atrito é menor porque os trabalhadores sentem-se mais satisfeitos. As estradas não estão congestionadas porque os trabalhadores não precisam dirigir para o trabalho. E o trabalho continua apesar do tempo.[2]

Alison Maitland, jornalista britânica e autora de *Future Work* (Trabalho do futuro), prevê uma futura revolução no trabalho como a transformação em massa que tirou as pessoas das fazendas e as colocou em fábricas urbanas na era industrial. "Se o trabalho pode ser feito a qualquer momento, em qualquer lugar, e não está mais ligado à presença física em longas horas em horários definidos em um escritório, a hora do rush vai desaparecer!", ela me disse.

As histórias mais bem-sucedidas têm alguns ingredientes-chave em comum: elas mergulham profundamente em suas culturas de trabalho e, como a Menlo, mudam o próprio DNA. A transformação é minuciosa, deliberada e rodeada de cima a baixo. Os melhores locais de trabalho reconhecem que trabalhar de uma nova maneira exige que se aprendam novas habilidades e não se suponha que as pessoas automaticamente *saibam* como trabalhar com flexibilidade. Os empregados são treinados para compreender seu próprio estilo de trabalho: eles realizam o melhor trabalho com limites distintos separando o emprego e o lar? Eles são competentes em integrar os dois? Os gerentes são treinados para medir desempenho, não horas. A missão da empresa e a extensão e a qualidade do trabalho esperada de cada empregado são claramente definidas e comunicadas – nada da ambiguidade nós-vamos-saber-quando-o-virmos que, segundo descobriram psicólogos organizacionais, é o maior fator de estresse do trabalho.[3] A clareza de propósito ajuda as pessoas a responder melhor às três perguntas tão responsáveis pela infindável sobrecarga:

- Quanto é suficiente?
- Quando é bom o suficiente?
- Como vou saber?

Mudar é difícil. A nossa natureza humana nos faz voltar ao status quo, não porque é melhor, mas porque é conhecido. Entretanto, aprendi algumas coisas sobre mudança quando visitei histórias de sucesso: a cultura do não dito em que funcionamos excede qualquer política existente nos livros ou no discurso simpático do chefe. Criamos essa cultura com as histórias que contamos a nós mesmos. E a mudança se torna um pouco mais fácil quando é visível. Quando vemos que alguém está lá fora realizando algo diferente, começamos a pensar que talvez nós também possamos fazer o mesmo. Começamos a encontrar outras pessoas como nós e a construir redes para criar nossa própria história de sucesso na escuridão.

Portanto, isso é o que vou fazer agora. Acenda uma luz em algumas histórias de sucesso. Mude a narrativa e veja o que acontece.

GERAÇÃO Y SE LEVANTANDO

Leslie Zaikis parecia-se muito com integrantes da Geração Y que correm riscos com os quais conversei e que querem viver uma vida de paixão. Ela deixou as horas excruciantes da América corporativa para se tornar uma das primeiras funcionárias da nova empresa Levo League em Nova York, uma rede de relacionamento para mulheres da Geração Y. Leslie determina quais são suas horas de trabalho com a condição de realizar um trabalho de alta qualidade dentro do prazo. Na manhã em que conversamos, ela chegou ao escritório às 11h depois de treinar para uma meia maratona; nesse dia, planejava trabalhar até mais tarde a fim de concluir um projeto. Ela me enviou estudos que mostravam que integrantes da Geração Y não apenas preferem ficar desempregados a permanecer em um emprego que detestam, mas também esperam trocar de emprego com frequência e trabalhar em locais mais colaborativos e democráticos, não com os regimes totalitários de comando-e-controle do trabalhador ideal.

Accenture, uma empresa de consultoria gerencial global, descobriu que homens e mulheres da Geração Y não têm planos de se matar de trabalhar e chegar aos limites de sua fertilidade, como gerações anteriores. Além disso, os integrantes da Geração Y querem ter tudo. Um número cada vez maior de homens e mulheres jovens dizem que é importante ter tempo para a *carreira* e a *família*.[4]

"As pessoas de minha geração estão realmente recuando", Zaikis disse. "Nós já estamos começando a ver uma mudança nos campi onde o prestígio de trabalhar para alguma grande corporação com um grande orçamento de recrutamento não é mais visto como algo valioso comparado à flexibilidade e o fator 'legal' de trabalhar para algumas das organizações mais novas."

TECNOLOGIA É LEGAL

Quando conversei com Teresa Dove, professora PhD em Matemática, ela tinha recentemente um prestigioso prêmio de Professora do Ano por seu trabalho na Flórida. No entanto, Dove mora na cidade rural de Tazwell, Virgínia, nas montanhas Apalaches. Ela faz parte de um movimento de rápido crescimento de instrução virtual on-line que utiliza um software inovador, quadros brancos interativos, videoconferência e aulas individuais por telefone, por videoconferência e por e-mail a fim de ampliar o conceito do que significa obter uma boa educação. Por querer morar na cidade rural em que cresceu e ensinar matemática sofisticada de alta tecnologia, Dove costumava passar quatro horas *por dia* na estrada dirigindo para um distrito escolar a vários condados de distância. Agora, trabalhando virtualmente de casa, ela tem tempo não apenas para realizar um bom trabalho, mas também para passar com os filhos, a família e a comunidade.

Na manhã em que falamos ao telefone, ela tinha acabado de voltar da escola de seu filho, onde foi decorar a classe dele para uma comemoração de fim de ano. "Se eu trabalhasse em uma escola tradicional, nunca poderia fazer isso, a menos que tirasse uma licença ou uma folga", ela contou. Em vez disso, ela simplesmente rearranjou suas horas de trabalho. "Sinto-me muito afortunada. Posso passar tempo com meu filho – essa é a parte mais importante da vida dele agora. E posso controlar meu tempo de outra maneira e ainda ajudar meus alunos e avaliar as provas no prazo." Enquanto conversávamos, ela estava passando algum tempo no parque com os dois filhos, dando uma pequena pausa na correção das provas. Eu me encontrava na sala de exames do médico com uma floresta de agulhas de acupuntura espetadas em um joelho machucado, e as duas provavam que, de fato, é possível realizar um bom trabalho em qualquer lugar, em qualquer momento e praticamente de qualquer maneira.

O PODER DO POR QUE NÃO?

Enquanto alguns lugares criam novas culturas a partir do zero, outros tentam recriar locais de trabalho existentes, o que é mais difícil. Ernst & Young, uma empresa de serviços financeiros, inicialmente ofereceu horas flexíveis a fim de promover uma vida mais equilibrada nos anos 1980. Contudo, essas horas foram amplamente encaradas como fora dos limites por qualquer pessoa, exceto as mães, o que somente fomentou ressentimentos. As mães se preocupavam com a possibilidade de serem deixadas de lado. Outras se queixavam de que precisavam trabalhar até tarde para acompanhar o ritmo dos demais. "Não parecia justo", Maryella Gockel me disse. Gockel, agora a líder da estratégia de flexibilidade da companhia, foi uma das primeiras funcionárias da Ernst & Young a trabalhar em regime de horas flexíveis no escritório de Nova Jersey quando adotou o primeiro filho 20 anos atrás. Ela disse que essa flexibilidade deveu-se grandemente à visão do chefe na época. "Ele deixava o escritório às 15h para caminhar na praia e sempre voltava com ótimas ideias", Gockel contou. "Ele acreditava firmemente que se pode levar o cérebro a qualquer lugar, logo é possível trabalhar em qualquer lugar."

Foi somente depois de os líderes testemunharem a saída de jovens mulheres talentosas que a empresa decidiu realizar uma mudança no sistema. Gockel disse que eles foram estimulados pela descoberta de que as mulheres que se demitiram não passaram a ficar em casa com os filhos, como todos supuseram. Elas continuavam trabalhando, mas em empresas com maior flexibilidade. "Então nós mudamos", escreve o CEO da Ernst & Young, James Turley, no prefácio de *Future Work*. Turley costumava mudar seus horários de trabalho para levar seu filho ao centro de estimulação infantil Gymboree todas as semanas. "Se as pessoas queriam trabalhar em horários diferentes, paramos de perguntar 'Por quê?', e começamos a perguntar aos seus gerentes 'Por que não?'."[5]

RECICLE A CULTURA

Hannah Valantine, reitora associada sênior e professora de medicina cardiovascular na Escola de Medicina da Universidade de Stanford, sabia que a cultura do local de trabalho na medicina acadêmica precisava mudar. Apesar de políticas familiares generosas, poucas mulheres tinham cargos de liderança e, após dez anos, cerca de metade de todas as médicas, assim como mais de 1/3 dos homens, tinha se demitido.[6] Quando ela não soube *como* mudar, contatou uma firma de planejamento estratégico.

A Jump Associates enviou videógrafos e pesquisadores etnográficos para observarem um dia na vida de vários médicos. Eles descobriram que as políticas familiares realmente *transgrediam* as crenças básicas da cultura: o sucesso só ocorre quando se trabalha 24 horas por dia, 7 dias por semana, e se galga uma escada profissional muito estreita. Agora Stanford está procurando "reciclar" essas crenças mudando a narrativa do sucesso. Eles têm planos ambiciosos de refazer sua cultura, oferecer orientação profissional e múltiplos caminhos para o sucesso em várias velocidades. E estão começando a apresentar um tipo de modelo em *displays* ao longo dos corredores e no site da universidade, focando naqueles que alcançaram excelência no trabalho *e* têm uma vida excelente fora dele. Pessoas como Hannah Valantine, afirmou o cofundador da Jump, Udaya Patnaik. "Ela cresceu em Gâmbia, formou-se em medicina na Inglaterra, foi para Stanford há 24 anos a fim de permanecer um ano e agora é uma cirurgiã cardiovascular espantosamente competente,[7] uma mulher afro-americana no campo da medicina mais dominado por testosterona e chauvinismo em que se pode pensar. E ela é mãe de duas lindas garotas. O marido também está no ramo da medicina. Foram necessários muitos esforços, e ela nem sempre acertou. Mas encontrou uma ótima forma de viver e trabalhar. Se você fosse uma médica jovem, histórias como a de Hannah servem de inspiração, do tipo: 'Uau, Hannah fez isso. Eu também posso'. Você precisa ter esse senso de esperança."

Os designers também encontraram vários exemplos do que eles chamam de Recompensas Práticas do Lar a fim de aliviar a pressão do tempo para todos. Valantine também conseguiu montar um esquema de caronas partilhadas com o intuito de que os professores cheguem e saiam do campus notoriamente lotado de carros no meio do dia para um jogo da pré-escola ou uma reunião de pais e mestres. O corpo docente pode agora juntar o tempo não remunerado em que participam de comitês da universidade e trocá-lo por refeições orgânicas prontas ou serviços como trabalhos de jardinagem, cuidado de idosos ou limpeza da casa. "Decidimos incluir o benefício do trabalho doméstico", Valantine disse, "porque quando Carol Greider (bióloga molecar) recebeu a notícia de que tinha recebido o Prêmio Nobel em Medicina, ela estava lavando as roupas".[8]

HORAS FLEXÍVEIS FUNCIONAM

Anthony Curcio, diretor da Summit Consulting, uma empresa de dados analíticos de rápido crescimento em Washington, tem funcionários que trabalham meio período, horas flexíveis e remotamente – até de estados distantes. Ele mesmo separa tempo em sua agenda para almoçar com o filho na escola e leva a filha às aulas de violino todas as sextas-feiras.

"Às vezes leio essas histórias sobre empresas reduzindo o trabalho flexível e tenho a impressão de estar em outro planeta", ele disse. "Em minha opinião, costumo pensar nelas como maus maximizadores de lucros e maus gerentes. Garantir os melhores talentos é algo valioso. Quando alguém me procura e diz: 'Tenho todas essas habilidades e, a propósito, quero trabalhar de casa um dia por semana', minha resposta é: 'Isso é tudo?'"

O Centro de Inovação de Cambridge em Massachusetts, o polo de maior flexibilidade na região de Boston, abriga mais de 400 novas empresas, pequenos negócios e firmas de alta tecnologia. As pessoas entram e saem em horários indeterminados e às vezes nem aparecem. Ninguém cumpre o horário comercial e ninguém tem salas. As pessoas que querem tempo para se concentrar podem trabalhar em tranquilas áreas de "reunião". E pessoas que querem partilhar ideias, ser inspiradas ou inspirar outros trabalham em áreas abertas com pessoas de outras atividades, resultando em uma troca que flui livremente parecendo o burburinho dos refeitórios da faculdade com pessoas de diferentes formações e diferentes interesses. "Nós estamos realizando trocas de tempo", o fundador e CEO do Centro de Inovação, Tim Rowe, me disse. "Tudo se trata do que se produz, não algum gerente administrando a sua vida. E isso é muito libertador." E não apenas no trabalho. Quando conversamos, Rowe trabalhara até tarde na noite anterior quando teve uma inspiração. Ele estava trocando o tempo naquela tarde para levar o filho ao museu.

FAÇA UMA PAUSA

Google, 3M e outras empresas inovadoras concedem aos seus funcionários 20% de seu horário de trabalho para fazer o que bem entendem e trabalhar em algum projeto de seu interesse. Na Google, foi nesse período que os funcionários tiveram algumas das melhores ideias, incluindo o Gmail, Google News e Google Tradutor.[9]

Alison Gregory, mãe de três filhos que trabalha três dias por semana para a IBM de Londres, diz que a empresa adotou o poder da mudança de horários – dando aos funcionários mais controle e previsibilidade em relação ao seu trabalho –, além da eficiência de fazer pausas. "Certa vez um cliente muito sensato me disse: 'Eu lhe pago por três dias, mas você vai estar pensando e resolvendo problemas todos os cinco'. E isso é verdade. Algo vai surgir em minha mente durante o banho – 'Ah! Olhe só para isso!' – e eu vou anotar a ideia e usá-la mais tarde. Acredito muito em fazer pausas."

Hillary Harding, uma das poucas mães no setor de negócios ao ar livre, leva a sério o lema do fundador da Patagonia, Yvon Chouinard: "Deixe meu pessoal surfar". Eu a encontrei uma vez enquanto ela "trabalhava" – fazendo a caminhada semanal na Green Mountain nos arredores de Denver. Ela explica que sempre tinha as melhores ideias ao ar livre, com esquis, botas de caminhada ou sapatos para neve. "Geralmente reflito sobre um assunto quando caminho", afirmou. "Acho que consigo pensar melhor em estratégias e não apenas me ater a relatar os detalhes. Tenho tempo e espaço para simplesmente deixar meu cérebro *vagar*." Quando nos aproximamos do pico, Harding disse que precisava caminhar naquele dia a fim de se preparar para uma grande sessão de estratégia com um colega no dia seguinte. Eles iriam se encontrar ao ar livre. Enquanto escalavam penhascos.

LIVRAR-SE DO TRABALHADOR IDEAL FAZ BEM A SUA SAÚDE

Trabalhar em um local que adota o regime do trabalhador ideal e não entende que você tem uma vida faz o cortisol aumentar abruptamente, segundo pesquisas resultantes de um grande levantamento de 30 milhões de dólares sobre ambientes de trabalho, estresse crônico e saúde realizado por Institutos Nacionais de Saúde. E não apenas para você. David Almeida e os colegas da Penn State coletaram amostras de saliva de funcionários de hotel e suas famílias e descobriram que o cortisol age como uma "doença contagiosa" e se espalha para o cônjuge do funcionário e até para os *filhos*. Uma quantidade excessiva de cortisol é capaz de enfraquecer o sistema imunológico, causar ansiedade, depressão, obesidade e doenças cardiovasculares. "É por esse motivo que estamos focando empresas e tentando convencê-las de que mudar a cultura de trabalho é uma atitude sensata a tomar", Almeida me disse.

Os pesquisadores dos INS também constataram que pessoas que trabalham para gerentes do regime do trabalhador ideal dormem menos do que as que têm gerentes abertos e flexíveis, além de apresentar maior probabilidade de sofrer de doenças cardiovasculares.[10]

O que fazer? Treinar os gerentes. Os psicólogos organizacionais Leslie Hammer e Ellen Ernst Kossek criaram um programa de treinamento para o projeto dos INS a fim de ensinar gerentes da rede de supermercados Midwestern a criar uma cultura "de apoio à família". Eles descobriram não apenas que os funcionários começaram a dormir melhor, mas também que os níveis de pressão sanguínea e os batimentos cardíacos diminuíram, eles ficaram mais saudáveis física e psicologicamente e sentiam-se mais felizes no trabalho. "Os gerentes são a base da mudança", Hammer me disse. "São eles que realmente precisam *assimilar* o processo."

ERRADICAÇÃO DO LODO

Os pesquisadores dos INS também compararam funcionários da matriz da Best Buy que trabalhavam em uma cultura corporativa de trabalhador ideal com os que faziam parte do novo programa da empresa, Ambiente de Trabalho de Somente Resultados (ROWE, na sigla em inglês) idealizado para fornecer aos empregados independência total sobre quando, onde e como trabalhavam, contanto que produzissem resultados de qualidade no prazo. As sociólogas Erin Kelly e Phyllis Moen descobriram que os funcionários do programa ROWE eram mais saudáveis, enfrentavam menos estresse e ansiedade, dormiam melhor, tinham mais energia e relatavam ser mais leais à empresa do que funcionários que trabalhavam no que Moen chama de "gaiolas de tempo" em locais de trabalho tradicionais. Os funcionários do ROWE relataram sentir algo que ilude a maioria de nós apanhados pela sobrecarga: eles disseram que tinham tempo suficiente durante o dia para fazer tudo que precisavam e queriam no trabalho e em suas vidas. Os pesquisadores chamam esse estado ilusório de "adequação de tempo".[11]

Como abrir a gaiola do tempo? Erradicação do lodo. Jody Thompson, uma das pioneiras do ROWE e coautora de *Why Work Sucks* (Por que o trabalho é uma droga), me disse: "Lodo é julgar as outras pessoas por como elas passam seu tempo. Quando alguém pergunta: 'Para onde você está indo? São 15h', o que ele realmente quer dizer é: 'Por que você pode sair cedo e espernear por aí? Você *deve* sair às 17h como eu'". Em um ROWE, entretanto, os resultados e o desempenho são importantes. Não o tempo. Assim, Thompson, a princípio na Best Buy, e agora dirigindo uma empresa de treinamento do ROWE chamada CultureRx, ensina as pessoas a usar cinco palavras mágicas: *Você precisa de alguma coisa?* "Aqui está a beleza da declaração: Se eu precisar de alguma coisa de você, basta pedir. Isso é respeitoso e humano", ela explicou. "Se eu não precisar de nada de você, eu sou um grande porcaria e preciso calar a boca. Não sou seu guarda. Estamos todos aqui para realizar um trabalho. O ROWE cuida do trabalho, não de onde você estava às 8h."

QUEM DISSE QUE NÃO HÁ FLEXIBILIDADE NO MUNDO DOS OPERÁRIOS?

Mais da metade dos empregados são pagos por hora de trabalho na Hypertherm, uma companhia de New Hampshire que idealiza e fabrica sofisticados sistemas para corte de metais para estaleiros, fábricas e oficinas de automóveis. Além de uma cultura que possibilita uma flexibilidade informal para operários comparecerem a consultas de médicos ou reuniões na escola, a política flex-amigável da empresa confere a cada empregado o direito de requerer uma escala de trabalho alternativa – como a lei permite aos trabalhadores no Reino Unido e em outros países – e até fornece um modelo pronto para facilitar a tarefa aos funcionários.

Softwares que finalmente são sofisticados o bastante para proteger transações financeiras por meio da criptografia, mesmo quando realizada em computadores domésticos, possibilitaram às empresas como a TeleTech trabalhos de call centers que ocorriam no exterior, trazendo-os para os lares americanos. Agora a empresa tem mais de 5 mil empregados que trabalham de suas casas, chamados de "sócios em-casa", muitos dos quais cônjuges de militares, mães voltando ao mercado de trabalho e sêniores, sendo que todos determinam os próprios horários. "Oferecemos uma verdadeira alternativa a pessoas que não podem entrar em um carro e dirigir até um local fixo todos os dias", me contou o CEO Judi Hand.[12]

Levantamentos internos na BDO Financial Services constataram que a maioria dos empregados se viu dividida entre as exigências do trabalho e da casa, e é interessante observar que os que experimentam mais estresse não foram as mães, como todos supunham, mas os pais e os empregados sem filhos. A BDO adotou uma política de flexibilidade em toda a empresa que permite tanto uma flexibilidade informal diária como a oportunidade de idealizar um plano mais formal. Todos os empregados têm direito a esse programa. Um grupo de assistentes administrativos criou a própria equipe e começou um regime de revezamento de semanas de quatro dias.[13]

Na WellStar Health System, da Geórgia, em vez de serem designados para cumprir turnos de 12 horas, os empregados agora entram no site e escolhem as horas que desejam trabalhar no mês seguinte. "Nossas enfermeiras adoram sentar-se em casa em suas pantufas felpudas com seus calendários e pensar: 'Certo, tenho uma conferência de professores na terceira terça-feira de junho, então não vou programar trabalho para esse dia'", disse Karen Mathews, diretora da Work-Life Services. "Outros querem ensinar os filhos em casa, então programam chegar ao fim do dia e trabalhar mais tarde. Se você pode produzir resultados iguais ou melhores com horários diferentes, agora estamos abertos a aceitar qualquer opção."

A filosofia da WellStar de conceder mais controle aos trabalhadores chegou até a lavanderia, onde funcionários principalmente hispânicos e profundamente devotos sentiam-se insatisfeitos por trabalhar aos domingos e não poder ir à missa. Assim, os trabalhadores criaram um plano para produzir um estoque grande o suficiente de toalhas e lençóis limpos durante a semana a fim de que folgassem aos domingos, tendo a mesma quantidade de roupas limpas para serem usadas na segunda-feira de manhã. "Elas ficaram extasiadas com essa mudança", Mathews disse.

É O DESEMPENHO, NÃO AS HORAS, ESTÚPIDO

Em 1914, Henry Ford, o modelo de perfeição politicamente conservador do capitalismo, cortou as horas de trabalho na linha de produção para não mais que oito horas por dia. Seus colegas capitães da indústria na Associação Nacional de Manufatura gritaram em protesto. Operários das fábricas nos Estados Unidos e no Reino Unido trabalhavam de 60 a 70 horas por semana na época.[14] Mas Ford se baseou em pesquisas domésticas que constataram que o operário manual comum ficava esgotado após oito horas de trabalho – trabalhando com menos eficiência e cometendo erros custosos. Quando Ford reduziu a jornada de trabalho, os erros diminuíram, e a eficiência, a produtividade e a satisfação dos operários aumentaram, assim como os lucros da companhia. Ele fechou as fábricas aos sábados em 1926 pelo mesmo motivo, e nasceu a semana de trabalho de 40 horas, ratificada pela lei federal desde 1938.

Porém, os tempos e o trabalho mudaram. Ao revisar uma pesquisa sobre trabalho e horas de trabalho, a futurista Sara Robinson descobriu que, ao contrário de trabalhadores manuais, trabalhadores qualificados têm cerca de seis boas horas de duro trabalho mental por dia. Se trabalharem até tarde durante muito tempo, ela escreveu, "as pessoas ficam sem senso de humor e estúpidas...

Elas cometem erros que nunca teriam cometido se estivessem descansadas; e consertar esse erros leva mais tempo porque elas estão esgotadas".[15] Um estudo junto a residentes de medicina constatou que os que cumpriam turnos longos cometiam 35% mais erros potencialmente graves do que os que cumpriam turnos mais curtos.[16] Robinson relata que uma pesquisa realizada pela Business Roundtable nos anos 1980 descobriu que as empresas podem obter ganhos de curto prazo pressionando os empregados a trabalhar de 60 a 70 horas por semana, mas, após duas semanas nesse ritmo, eles ficavam não só esgotados, mas também incapacitados. A Microsoft, como a maioria de outras empresas de alta tecnologia, adota uma cultura de "longas e enlouquecedoras" horas de trabalho (certa vez, a Apple criou camisetas para os funcionários anunciando 90H/ SEMANA E ADORANDO ISSO!). Porém, em um levantamento de 2005, os funcionários da Microsoft relataram que, em uma semana de trabalho de 45 horas, somente 28 eram *produtivas*. Isso equivale a 5,6 horas por dia.[17]

※ ※ ※

É difícil mudar, portanto, há pontos sombrios nesses pontos brilhantes. Além dos funcionários de período integral, a Menlo contrata funcionários temporários para um projeto específico sem benefícios. Glockel, da Ernst & Young, disse que a empresa está longe do objetivo de 100% de flexibilidade e da quantidade igual de associados do sexo feminino e masculino. Em agosto de 2012, a Best Buy contratou um novo CEO, Hubert Joly. Em março seguinte, ele pôs fim ao ROWE, chamando-o de "fundamentalmente falho". Em vez disso, ele queria que todos os funcionários "se empenhassem ao máximo".[18]

Empresas pertencentes a mulheres estão entre os setores em crescimento mais rápido da economia, expandindo-se em ritmo duas vezes maior que empresas pertencentes a homens.[19] Algumas dessas empresas são administradas por mulheres como Jennifer Folson que, cansada de ser passada para trás nas promoções na América corporativa por seus chefes do sexo masculino acharem que ela não tinha condições de lidar com o trabalho e as "responsabilidades familiares", fundou sua empresa de recrutamento a fim de encontrar empregos para pessoas como ela: trabalhadores dedicados que querem trabalhar de forma flexível. Porém, as empresas pertencentes a mulheres são menores e recebem apenas 10% do dinheiro do capital de risco.²⁰ Muitas são ridicularizadas e chamadas de projeto predileto de uma "mãepresária" que, por exemplo, faz colchas no porão enquanto os filhos tiram um cochilo. Estudos sobre o uso do tempo também constataram que mulheres empreendedoras que trabalham em casa continuam atuando na dupla jornada, cuidando mais da casa e dos filhos do que os homens que trabalham em casa.²¹

Às vezes boas ideias mal executadas dão errado. A nova CEO da Yahoo!, Marissa Mayer, baniu o trabalho a distância na esforçada companhia de internet, frustrada por achar que era um programa fraco. Ninguém media o desempenho. Ninguém tinha ideia do que os outros faziam. A companhia se sentia desconectada e sem rumo.²²

Empresas como a Google e Apple estimulam o tempo no escritório a fim de aumentar a interação e a chance de encontros capazes de levar à inovação e grandes descobertas.²³ Tais ambientes, porém, também podem ser barulhentos, provocar distrações e perda de tempo. O trabalho a distância independente é capaz de oferecer aos trabalhadores o tempo sem interrupções para se concentrar em dar vida a uma nova ideia. Ou empregados não supervisionados podem passar seu tempo sem objetivo.

O segredo está em definir a missão, depois moldar cuidadosamente o ambiente de motivação 3.0 para melhor realizá-la e estabelecer medidas a fim de avaliar o sucesso e feedbacks contínuos para corrigir rumos.

☙ ☙ ☙

Entre nos escritórios modernos e caprichados da Clearspire, uma firma de advocacia de um tipo inteiramente novo, na Pennsylvania Avenue, coração de Washington, D.C., em um típico dia útil e isto é o que você verá: uma recepcionista simpática em 320m² de salas banhadas pelo sol cercadas por vidro e quase todas vazias. Mas é o que não se vê que conta. Vários advogados instruídos e altamente treinados, muitos dos quais refugiados dos megaescritórios de advocacia e da tirania das 2.200 horas faturáveis por ano, trabalham diligentemente em escritórios de alta tecnologia conectados no conforto de suas casas.

Eles estão conectados uns aos outros e aos seus clientes em "saguões" virtuais por meio de um ambiente inovador na web chamado Coral. Com base em pesquisas recentes sobre como criar comunidades expressivas na web, a Coral vive na nuvem e funciona de forma semelhante a um recife de corais no oceano, como o centro nervoso e força de sustentação para a empresa. Como o Facebook, as fotos dos advogados são exibidas no saguão metafórico da Coral. Se um advogado está ao telefone, a foto muda e o mostra segurando um aparelho. Os advogados se conectam via mensagem instantânea, conferência pela web, Google Docs e até reuniões interativas programadas. Na Coral, os advogados podem apertar o "botão do elevador" que os leva na tela para, por exemplo, o "5º andar" do edifício metafórico para o saguão de litígios, ou para o "10º andar" até o departamento de direito societário.

Sentado na sala de conferências do escritório quase vazio, o cofundador Bryce Arrowood explica que, quando um cliente vem com um problema legal, todo o projeto é delegado e avaliado. Os advogados que serão designados para o projeto calculam a quantidade de tempo de que irão precisar para completar a parte que lhes cabe. Clearspire calcula o custo dessas horas e apresenta a conta para o cliente antecipadamente, ao contrário das grandes firmas que normalmente cobram suas taxas astronômicas e desorientadoras no final do projeto. Na Coral, se o trabalho muda ou se expande ao longo do caminho, eles o tratam como a mudança no projeto de uma construção e recalculam os orçamentos de tempo. O trabalho é totalmente transparente. Os clientes podem aparecer na Coral a qualquer momento para avaliar o trabalho à medida que ele progride.

Enquanto cada advogado trabalha, uma pequena ampulheta cheia de areia vermelha colocada ao lado direito da tela do computador acompanha o tempo que foi calculado para realizar o projeto e quanto dele já foi usado. Se os advogados levarem mais tempo para concluir uma questão do que imaginaram, azar, eles se responsabilizam por ele. Mas, se terminarem antes, então as economias são divididas em terços e divididas entre o advogado, a firma e o cliente. A nova abordagem de trabalho pode render grandes economias aos clientes. George Kappaz, CEO do Astrata Group, uma das empresas de telemática de mais rápido crescimento no mundo, que fornece GPS, satélites e outros serviços de rastreamento, calculou que, usando Clearspire, sua empresa gastou 1/4 do que teria gasto com um escritório de advocacia grande e o trabalho foi igualmente satisfatório.[24] "Tudo que se refere a grandes firmas está falido", diz Arrowood. "Ela não funciona para advogados. Estudos constataram que advogados estão no topo da lista de casos de suicídio e depressão. É uma existência incrivelmente assediada. As pessoas não têm latitude para trabalhar de modo diferente. E ela não funciona para os clientes, que pagam muito dinheiro e recebem pouco valor e não têm como dar sua opinião sobre o assunto. Pensamos 'Deve haver um jeito melhor.'"

Arrowood, MBA por Harvard, associou-se a um amigo, o advogado cível nacionalmente renomado Mark Cohen e, com 5 milhões de dólares de economias pessoais e investimentos externos, os dois criaram a Clearspire, inaugurando-a em 2011. Uma regulação arcana nos Estados Unidos proíbe leigos de administrarem ou serem donos de parte de um escritório de advocacia, de modo que Arrowood administra a parte empresarial da companhia responsável por trazer clientes, e Cohen, o lado legal da empresa, liberando os advogados da pressão consumidora de tempo para que consigam cada vez mais clientes a fim de deixá-los fazer o que fazem melhor: praticar a advocacia. A firma está crescendo, abrindo escritórios em Nova York, L.A. e São Francisco, e contratando mais advogados. Seus clientes incluem empresas internacionais e da *Fortune* 1000. Arrowood disse que a receita cresceu 85% em 2012 e está caminhando "com firmeza" para sete dígitos.[25]

Os advogados da Clearspire, longe de sofrer de esgotamento e sobrecarga, levam vidas plenas, alguns pela primeira vez. O próprio Arrowood trabalha como os advogados, levando os três filhos para a escola, parando na academia a fim de se exercitar e realizando suas tarefas de onde ele acha que será mais produtivo. Sua mulher, Lee, é vice-presidente executiva da firma. Ela costuma trabalhar bem cedo, e depois apanha as crianças à tarde.

São quase 15h quando passo no "escritório" de Catherine Guttman-McCabe na Clearspire logo na entrada de seu sofisticado chalé em Arlington, Virgínia. Ela usa um terninho e saltos altos, como se vestia no emprego anterior como conselheira geral na Strayer University, um dos primeiros clientes da Clearspire. Catherine termina de redigir um memorando, entra no site da Coral para verificar o termômetro vermelho que mede seu tempo e aperta um botão a fim de mostrar que atualmente não está disponível. Então, sai pela porta até o final do quarteirão onde cumprimenta a filha de 9 anos que desce do ônibus escolar. "Até agora, a estrutura é muito justa", ela comenta sobre a Clearspire. "Faço o trabalho que quero fazer e estou aqui no ponto de ônibus esperando minha filha à tarde. Como se pode questionar isso?" O poder de controlar seu tempo, modo e local de trabalho também lhe proporcionou condições de dormir mais, participar de um clube de leitura com amigos, ler peças processuais junto ao seu lago japonês e planejar um mês de trabalho, além de jogar com a família na Itália.

A filha voa do ônibus para os braços dela. "O que você fez hoje?", Guttman-McCabe pergunta. A filha tagarela alegremente em todo o caminho para casa sobre o teste de ortografia e a lição de casa de matemática e sobre o que as amigas conversaram durante o almoço. A maioria de pais que trabalham sabe que às 18h toda essa conversa terá evaporado e um interrogatório ansioso sobre o dia será recebido com um mal-humorado "nada". As crianças vivem o momento. Quando passou, passou.

Guttman-McCabe descasca e fatia uma manga para o lanche. A babá chega com a filha mais velha de Guttman-McCabe, que estava na aula de teatro após as aulas. Mãe e filha conversam sobre o projeto de coreografia da garota da sexta série para *Os piratas de Penzance*. As crianças saem para fazer a lição de casa. Guttman-McCabe volta para o escritório e pendura um aviso na maçaneta da porta feito pela filha mais nova: SILÊNCIO, POR FAVOR. REUNIÃO EM ANDAMENTO. OBRIGADA! SHHHHH. BJS E ABS!!. O intervalo durou 20 minutos. A advogada formada em Harvard volta ao trabalho como consultora-chefe de educação da Clearspire. "A Clearspire facilita a tarefa de ser autêntica."

Criar tempo para a sua vida foi um dos grandes motivos pelos quais Bill Hagerdon deixou a Big Law e se tornou consultor sênior da Clearspire em D.C. para litígios e gerenciamento de riscos – apesar de ele morar em Portland, Maine. No dia em que liguei, cães latiam ao fundo. E ele enviou um rápido e-mail pedindo que adiasse nossa entrevista por alguns minutos porque estava aguardando o técnico da geladeira. Ele disse que costuma dedicar horas regulares do escritório em sua casa no Maine, mas o modelo da Clearspire lhe permite facilmente mudar seus horários – realizar tarefas na hora do almoço se necessário, participar de eventos na escola dos filhos, treinar o time de beisebol do filho durante as tardes. E sem todo o estresse das sobrancelhas erguidas e desaprovação tácita tão comum na cultura que exige a presença física da Big Law, ele disse. "Mesmo quando estou ocupado na Clearspire, não tenho a sensação de estar ocupado."

Durante sua infância, os pais trabalhavam em escolas públicas e estavam em casa à tarde e durante todo o verão. Esse tempo juntos foi tão importante que ele sempre soube que queria ser um excelente advogado *e* um bom marido e pai. De fato, em uma atitude "desconhecida" na época, ele foi um dos primeiros pais no escritório de advocacia a tirar uma licença de quatro semanas para o nascimento de cada um dos filhos. "Mas sempre havia o estresse de sentir que as pessoas o olhavam de um jeito estranho, como se você estivesse tentando sair às escondidas. É maravilhoso não sentir essa pressão."

Melvin White, um advogado judicial sênior especializado em crimes de colarinho branco, propriedade intelectual e casos antitruste, era sócio na McDermott Will & Emery, uma grande firma internacional. Ele foi reconhecido como um dos "Superadvogados" de D.C. e foi presidente da Ordem dos Advogados da cidade. White, que não é casado, disse ter ido para a Clearspire depois de 18 anos praticando direito tradicional. "Pessoas solteiras também querem uma vida", ele me disse.

Embora as horas aparentemente intermináveis que passou trabalhando para uma firma tradicional tivessem sido "proveitosas do ponto de vista financeiro", não lhe sobrava muito tempo para outras atividades. "Acho que pessoas equilibradas são mais felizes, e pessoas felizes realizam um trabalho melhor", ele declarou. "Além disso, elas têm relacionamentos melhores e participam mais da comunidade." Desde que mudou para a Clearspire, White, formado pela Faculdade de Direito da Universidade de Virgínia, disse que começa o dia com ioga e meditação, algo impensável antes. E, no final do dia, ele ainda tem energia para jantar com amigos, entrar em contato com a família grande, realizar trabalhos *pro bono*, prestar serviços em conselhos comunitários, voluntários e servir de mentor para algumas pessoas. Agora, ele realmente conhece os vizinhos. "Pessoas que me conheceram nos dois ambientes me olham e dizem: 'Ah, puxa, você parece muito mais relaxado'. E o trabalho que faço é muito parecido."

PONTO LUMINOSO
SE O PENTÁGONO PODE, POR QUE VOCÊ NÃO PODERIA?

QUANDO ROBERT M. GATES convidou Michèle Flournoy para ser sua subsecretária de Defesa em 2009 – a primeira mulher a ocupar esse cargo na Secretaria de Defesa –, ela teve uma discussão franca com ele a respeito do tempo. Flournoy, formada em Harvard e Oxford, fora viciada em trabalho antes de ter filhos. E ela sabia muito bem que o Pentágono usava a cultura da dedicação total ao trabalho como as medalhas no peito de um general. No "Prédio", trabalha-se muitas horas. Trabalha-se no escritório onde todos o veem. Viaja-se sem aviso prévio. Não se pode ver a família. Pena. Ninguém mais vê também. Você se sente esgotado? A dor é a fraqueza saindo de seu corpo, dizem os soldados. Aguente.

Flournoy propôs algo diferente. "Na entrevista, eu disse: 'Sou mãe de três crianças em idade escolar. Vou me matar de trabalhar para você e fazer o melhor que posso. Mas preciso de flexibilidade'", ela me contou quando nos encontramos durante o café da manhã certo dia. "E preciso estar em casa várias noites para vê-las antes de irem dormir. Preciso de tempo de qualidade com elas."

Sem querer se vangloriar, Flournoy, 51, alta, magra e atlética devido aos anos de prática de remo na faculdade, cabelos escuros presos em um rabo de cavalo e usando um moletom simples, não menciona que esse cargo é considerado o "cérebro" do Pentágono. A subsecretária de Defesa é responsável pelo raciocínio estratégico, por prever ameaças e a natureza de futuros conflitos – tanto convencionais quanto contrainsurgências – e pela força militar necessária para combatê-los. O antecessor de Flournoy, Douglas J. Feith, foi o famoso idealizador da invasão americana ao Iraque. Em outras palavras, esse cargo era muito importante. E Flournoy dizia a Gates que queria estar em casa para ler uma história antes de dormir.

Gates respondeu: "Sem problemas".

Em seguida, certificou-se de que fossem instalados sistemas de segurança na casa de Flournoy para que ela fizesse tudo o que faria no que chamava de "aquário" – o escritório seguro em que trabalhava no Pentágono. Flournoy voltava a trabalhar muitas noites – em casa – depois de pôr as crianças na cama. Outros funcionários do Pentágono me contaram que o próprio Gates era disciplinado quanto a esse momento, e muitas vezes tentava sair às 18h a fim de sinalizar aos outros para irem embora e viverem suas vidas. Flournoy pagava um motorista para conseguir trabalhar quando saía de casa ou quando voltava para ela. Ela disse que fazia questão de ver cada filho quando sua presença era mais importante. E tinha disciplina com as horas trabalhadas, estabelecia limites claros quando podia e se certificava de que os filhos tivessem um tempo definido com a mãe com que pudessem contar. "O fato de sentir que ele me apoiava totalmente me fez pensar: 'O que posso fazer para dar apoio ao meu pessoal?'"

Flournoy logo se deu conta de que funcionários nomeados como ela chegam e, compreensivelmente, querem exercer um grande impacto no prazo de tempo mais curto possível. Nesse processo, eles fazem os funcionários militares e civis que já estavam lá e permanecerão por muito tempo depois da saída deles se matarem de trabalhar. Não só as vidas pessoais sofrem, mas o trabalho também. "Na política, os únicos bens são as pessoas", ela explicou. "Eu disse a Gates: 'É o seu pessoal que vai pensar no futuro, prever o que você não tem tempo de antever. Se eles estiverem esgotados, exaustos e com o moral baixo, não vão poder pensar no que realmente ajudará.'"

Ela viu como, para muitos integrantes do exército, uma nomeação para o Pentágono muitas vezes vinha em meio a uma intensa distribuição de tropas no exterior em zonas de combate. "Esse era para ser seu tempo ocioso", ela disse. "É inaceitável se eles estiverem sempre trabalhando sem nunca poder ver as famílias." Ela leu em publicações especializadas em negócios que os maiores saltos em desempenho ocorrem não por gerenciamento de tempo incremental ou ajustes na produtividade, mas por mudanças totais nas culturas de trabalho e investimento em "capital humano". Assim, começou a ouvir as pessoas. Andou pelos vários escritórios e ouviu como as pessoas sem equilíbrio e sem tempo se sentiam. Ela ficou inspirada pelo que a tecnologia podia fazer: um alto funcionário do Departamento de Estado, um pai que insistia em estar em casa para o jantar, realizava conferências à noite via videolink seguro. "Eu sabia que tínhamos que fazer alguma coisa", Flournoy disse, "mas não sabia como".

Então, ela contratou uma firma de consultoria e, iniciando com os dois escritórios mais atarefados do Pentágono, começou não só a reescrever as políticas existentes, mas também a reorganizar a cultura do local de trabalho criando uma Programação de Trabalho Alternativa que atingisse todos os níveis hierárquicos, de cima para baixo. Ela nomeou dois homens com famílias jovens para liderar o esforço e descobriu que eles se encontravam entre os apoiadores mais entusiasmados. "Eu não a apresentei como uma questão feminina, mas uma questão relacionada ao moral e à equipe", ela contou. "Porque essa nunca foi uma questão apenas feminina."

Para que a mudança na cultura funcionasse, todos, inclusive ela, participaram do desenvolvimento de uma Nova Estratégia Capital que alteraria atitudes e hábitos de trabalho. A mudança exigia que os gerentes pensassem mais sobre o que era um bom funcionário. Se alguém não estivesse no escritório, colegas e gerentes não deveriam mais supor que ele tivesse faltado. Trabalhar de modo mais inteligente não significava trabalhar menos, mas, sim, trabalhar *de modo diferente*. Os gerentes foram estimulados a não enviar e-mails no meio da noite, mas a programá-los para saírem durante as horas de trabalho. Talvez um gerente não tivesse esperado uma resposta imediata às 3h, mas o destinatário poderia se preocupar com essa possibilidade – algo que Leslie Perlow, professora da Escola de Administração de Empresas de Harvard e autora de *Sleeping with Your Smartphone* (Dormindo com o seu smartphone), chama de parte do inclemente "ciclo de receptividade" que faz o trabalho parecer intenso, infindável e exaustivo.

Na Programação de Trabalho Alternativa da qual Flournoy foi pioneira, funcionários e gerentes trabalharam juntos para esclarecer expectativas, metas e missão de cada trabalho. Os funcionários eram responsáveis por realizar trabalho de qualidade em determinados prazos, mas tinham maior controle sobre seus horários, sobre quando, como e onde cumpriam esses prazos. Isso, por sua vez, ajudava-os a planejar cargas de trabalho mais previsíveis. Com as horas de trabalho mais controladas, era possível encaixar o tempo para a família nelas de modo que as pessoas podiam, sem ser penalizadas, ser voluntárias na escola dos filhos, assistir à peça do jardim da infância, levar um pai idoso ao médico, treinar para o triatlo ou simplesmente ter uma vida fora do escritório. Se alguém tivesse trabalhado longas horas em qualquer período de dez dias, ganhava um dia de folga. Ao contrário do que ocorria no passado, quando uma pessoa recebia a responsabilidade sobre determinado assunto, Flournoy pediu aos gerentes que garantissem que os funcionários pudessem trabalhar em vários casos de modo que as cargas de trabalho fossem divididas e não se sentisse mais a falta de ninguém, ou, então, que o trabalho fosse interrompido em virtude da ausência de alguma pessoa. Os funcionários deixaram de ser encarados como mais valorizados se fossem os primeiros a chegar e os últimos a sair. Em vez disso, as avaliações de desempenho visavam aos resultados, ela explicou, não às horas presentes no escritório. Flournoy mantinha reuniões públicas regularmente e fazia levantamentos para tomar o "pulso" a cada seis semanas a fim de verificar se a mudança estava funcionando ou não. "Alguns gerentes tiveram de ser orientados; outros tiveram de ser trocados", ela contou. Uma auditoria de tempo descobriu que os funcionários desperdiçavam horas em "coisas bobas", como formatar memorandos e corrigir erros de digitação. Assim, ela recalibrou as expectativas – os memorandos podiam chegar até ela com sua "adorável imperfeição" contanto que o conteúdo fosse bom. "Eu queria que eles gastassem o tempo em raciocínio estratégico, e não corrigindo erros de escrita", Flournoy disse. "Corrija-os no memorando para o secretário, sim. Para mim, não."

Muito rapidamente, as pesquisas de pulso mostraram que o moral estava muito elevado. E também a qualidade do trabalho. "O raciocínio estava mais aguçado", ela disse. "Criamos um ambiente em que pessoas sentiam-se mais descansadas e podiam trazer frescor e objetividade ao seu trabalho. E então Gates viu o que estava acontecendo."

Flournoy se deu conta de que a mudança finalmente se instalara quando um coronel aposentado da Marinha a acompanhou a uma palestra ao meio-dia. Ela perguntou se ele gostaria de voltar ao Pentágono. Respeitosamente, ele recusou, afirmando que tinha dedicado tempo suficiente ao trabalho naquela semana e estava usando sua Programação de Trabalho Alternativa a fim de levar o filho para andar de trenó o resto da tarde. "Foi então que eu soube que tínhamos conseguido", Flournoy me disse. "Se, na cultura militar, um antigo oficial se sentia bem em levar o filho para andar de trenó durante a tarde, e também em contar o fato ao chefe, pensei: 'Ok, eles estão entendendo.'"

Antes de deixar o Pentágono, Flournoy procurou institucionalizar a Programação de Trabalho Alternativa, inserindo-a nas medidas de desempenho e na política[1] a fim de que ela não se atrofiasse. A experiência a convenceu de que, se os dois escritórios mais atarefados em um dos ambientes de trabalho mais exigentes do país podiam mudar com êxito para criar tempo para a vida, todos os outros também podiam. Mais tarde, eu me encontraria com a dra. Kathleen Hicks, que trabalhou para Flournoy em defesa estratégica. Ela disse que, apesar da carga de trabalho muitas vezes pesada, a nova cultura gerencial tornou o trabalho mais suportável. Hicks, que tem três filhos, disse que a liderança de Flournoy em aliviar a força repressora da cultura da presença física e os avanços na tecnologia possibilitaram a ela estar em casa mais vezes para o jantar e ser mais presente com a família nos fins de semana. Ela disse que, mesmo precisando levar o BlackBerry de um lado a outro, pelo menos não estava no escritório.

Quando encontrei Flournoy no café da manhã no verão de 2012, ela tinha acabado de sair do Pentágono para "reequilibrar" sua vida e estar mais disponível para os três filhos com menos de 15 anos de idade. A sua carreira, ela disse, sempre foi uma fluida "curva de seno" de intensidade e recuo, embora ela nunca tenha saído completamente da força de trabalho. Depois de passar um tempo com a família, Flournoy retornou ao conselho do Center for a New American Security (Centro para uma Nova Segurança Americana), o influente banco de ideias do qual foi cofundadora, atuou como conselheira na campanha de Obama, ingressou em uma firma de consultoria como consultora sênior e tornou-se membro da Faculdade Kennedy de Harvard.

A mudança lhe dá controle e previsibilidade sobre os horários de um modo que o cargo no Pentágono não dava. "Ainda há muitas bolas no ar, mas eu consigo decidir como controlá-las", ela disse. "Sou mãe de um jogador de futebol da universidade, portanto há dias neste outono que preciso ajudar na barraca de lanches às 15h. Esse horário já está tomado na minha agenda.

Eu não poderia ter feito isso com a mesma certeza no Pentágono." Flournoy sempre acreditou que poderá voltar à briga depois de se afastar, e ela sempre conseguiu. De fato, com sua reputação de pragmatismo e bom senso e o uso da força com bons princípios, ela é frequentemente mencionada nos círculos de defesa como uma possível secretária da Defesa. Esse afastamento, ela explicou, é apenas outro ciclo no ondulante arco de sua carreira.

Por que ela?, pergunto. Por que foi ela, como outras tantas esposas, a que recuou, e não o marido? "A decisão não foi baseada em gênero." O marido, Scott Gould, é um reservista da Marinha e servia como vice-secretário no Departamento de Assuntos dos Veteranos. "Seria ótimo para as crianças se qualquer um de nós recuasse. Mas o que definiu a decisão foi quem poderia conseguir mais realizações no último ano do primeiro mandato da administração. Ele trabalhava a fim de diminuir o número de veteranos sem-teto e aumentar a prestação de serviços – muito trabalho importante que afetava pessoas reais. E eu? Pergunte a qualquer um em Washington; nos últimos nove meses de qualquer administração, não surgiram muitas iniciativas voltadas para novas políticas. Fui eu quem finalmente disse: 'O presidente tem mais condições de me perder do que a você.'"

Por mais que a Programação de Trabalho Alternativa tenha mudado a cultura do local de trabalho no Pentágono, Flournoy reconhece suas limitações, pelo menos no que se refere à política. O mundo é um local imprevisível. Crises nascem de forma inesperada e, em um trabalho como esse, o dever principal é sempre atender ao presidente. "A parte difícil para mim", ela disse, "é que a Casa Branca e o resto do mundo não adotam a Programação de Trabalho Alternativa". Em 2009, Flournoy contou ao *The New York Times* que ingressou no Pentágono como a mulher com o cargo mais importante ciente de que mulheres mais jovens estavam contando com ela para "abrir portas e criar um caminho para elas". Ela saiu esperando que tivesse mostrado que esse caminho não precisa ser tão estreito, que uma carreira não precisa percorrer uma linha reta, que, embora o trabalho seja importante, a vida é maior. E ela deixa para trás o legado de uma cultura de trabalho totalmente modificada em um ponto essencial do Pentágono, destinado não somente a ajudar mulheres a chegar ao topo, mas também a assegurar que todos tenham tempo para o que é importante na vida de cada um.

NOTAS

1. John Tierney, "Do You Suffer from Decision Fatigue?", *New York Times Magazine*, 17 ago. 2011, www.nytimes.com/2011/08/21/magazine/do-you-suffer-from-decision-fatigue.html?pagewanted=all.

2. Danette Campbell, entrevista ao telefone com autora, 6 de março, 2013.

3. Russell Matthews, professor de psicologia industrial-organizacional na Bowling Green State University, entrevista com a autora, 11 de maio de 2012.

4. Eileen Patten e Kim Parker, "A Gender Reversal on Career Aspirations: Young Women Now Top Young Men in Valuing a High-Paying Career", Pew Social & Demographic Trends, Pew Research Center, 19 abr. 2012, www.pewsocialtrends.org/2012/04/19/a-gender-reversal-on-career-aspirations/.

5. Alison Maitland e Peter Thomson, *Future Work: How Businesses Can Adapt and Thrive in the New World of Work* (Nova York: Palgrave Macmillan, 2011), xi.

6. Association of American Medical Colleges, *Analysis in Brief* 8, n. 4 (jun. 2008), www.aamc.org/download/67968/data/aibvol8no4.pdf.

7. Em 2010, Valantine foi pioneira na realização de testes de sangue a fim de diagnosticar rejeição de órgãos. Veja Krista Conger, "To Better Detect Heart Transplant Rejections, Scientists Test for Traces of Donor's Genome", *Stanford School of Medicine News*, 28 mar. 2011, http://med.stanford.edu/ism/2011/march/heart-rejection.html.

8. Londa Schiebinger e Shannon K. Gilmartin, "Housework Is an Academic Issue: How to Keep Talented Women Scientists in the Lab, Where They Belong", *Academe* 96, n. 1 (jan.-fev. 2010), www.aaup.org/article/housework-academic-issue#.UO4CrY7Zeok. Em um estudo sobre mulheres cientistas e trabalho doméstico, Schiebinger e Gilmartin verificaram que as mulheres cientistas realizam 54% do trabalho em suas casas (cozinham, lavam roupas e fazem a limpeza), enquanto os homens cientistas carregam apenas 28% da carga.

9. Daniel H. Pink, *Drive: The Surprising Truth About What Motivates Us* (Nova York: Riverhead Books, 2009), 92-96.

10. Lisa F. Berkman, Orfeu M. Buxton, Karen Ertel, Cassandra Okechukwu, "Manager's Practices Related to Work-Family Balance Predict Employee Cardiovascular Risk and Sleep Duration in Extended Care Settings", *Journal of Occupational Health Psychology* 15, n. 3, jul. 2010: 316-29, http://psycnet.apa.org/journals/ocp/15/3/316.html. Orfeu M. Buxton, Keith Malarick, Wei Wang, Teresa Seeman, "Changes in Dried Blood Spot HbA1c with Varied Postcollection Conditions", *Clinical Chemistry* 55, n. 5, 19 mar. 2009: 1034-6, www.clinchem.org/cgi/content/full/55/5/1034.

11. Erin L. Kelly, Phyllis Moen, Eric Tranby, "Changing Workplaces to Reduce Work-Family Conflict: Schedule Control in a White-Collar Organization", *American Sociological Review* 76, n. 2, abr. 2011: 265-90, www.ncbi.nlm.nih.gov/pmc/articles/PMC3094103/. Phyllis Moen, Erin L. Kelly, Eric Tranby, Qinlei Huang, "Changing Work, Changing Health: Can Real Work-Time Flexibility Promote Health Behaviors and Well-Being?", *Journal of Health and Social Behavior* 52, n. 4, 2011: 404, www.flexiblework.umn.edu/publications_docs/Moen-Kelly-Tranby-Huang-2011-JHSB.pdf.

12. Judi Hand, entrevista por telefone com autora, 13 de dezembro de 2011.

13. Marcee Harris-Schwartz, conselheiro de estratégia flexível da BDO, entrevista por telefone com a autora, 20 de março de 2012.

14. Schor, *Overworked American*, 51.

15. Robinson, "Bring Back the 40-Hour Work Week". Robinson baseou algumas de suas conclusões em um papel em branco escrito por seu marido, desenhista de jogos de computador, Evan Robinson: "Why Crunch Modes Doesn't Work: Six Lessons", International Game Developers Association, www.igda.org/why-crunch-modes-doesnt-work-six-lessons.

16. Christopher P. Landrigan et al., "Effect of Reducing Interns' Work Hours on Serious Medical Errors in Intensive Care Units", *New England Journal of Medicine* 351 (2004): 1838-48, doi: 10.1056/NEJMoa041406.

17. Klint Finley, "What Research Says About Working Long Hours", *Devops Angle*, 18 abr. 2012, http://devopsangle.com/2012/04/18/what-research-says-about-working-long-hours/.

18. www.businessinsider.com/best-buy-ending-work-from-home-2013-3.

19. U.S. Department of Commerce, Economics and Statistics Administration, "Women-Owned Businesses in the 21st Century", White House Council on Women and Girls, out. 2010, www.esa.doc.gov/sites/default/files/reports/documents/women-owned-businesses.pdf. Sharon G. Hadary, "Why Are Women-Owned Firms Smaller Than Men-Owned Ones?", *Wall Street Journal*, 29 jan. 2013, http://online.wsj.com/article/SB10001424052748704688604575125543191609632.html.

20. Meghan Casserly, "Female Founders: Overcoming the Cupcake Challenge and 'Mompreneur' Stigma", *Forbes*, 22 mar. 2011, www.forbes.com/sites/meghancasserly/2011/03/22/ female-founders-cupcake-challenge-gilt-groupe-learnvest-zipcar/.

21. Lyn Craig, Abigail Powell, Natasha Cortis, "Self-Employment, Work-Family Time and the Gender Division of Labor", *Work, Employment & Society* 26, n. 5 (out. 2012): 716-34.

22. http://articles.latimes.com/2013/feb/26/business/la-fi-yahoo-telecommuting-20130226.

23. www.nytimes.com/2013/03/16/business/at-google-a-place-to-work-and-play.html?pagewanted=all&r=0.

24. "Bargain Briefs: Technology Offers 50 Ways to Leave Your Lawyer", *Economist*, 13 ago. 2011, www.economist.com/node/21525907.

25. www.bizjournals.com/washington/print-edition/2013/02/22/upstart-law-firm-expands-new-model.html?page=all.

PONTO LUMINOSO: SE O PENTÁGONO PODE, POR QUE VOCÊ NÃO PODERIA?

1. William E. Brazis, diretor de Administração e Gestão, Departamento de Defesa, "Overtime, Prescribed Hours of Duty, and Alternative Work Schedules for Civilian Employees", Administrative Instruction 28 (5 jan. 2011), www.dtic.mil/whs/directives/corres/pdf/a028p.pdf.

PARTE TRÊS
AMOR

8
A REVOLUÇÃO INTERROMPIDA DOS SEXOS

Ao longo dos anos, muitas vezes eu dizia aos poemas: "Vão embora, não tenho tempo agora... Mantive a casa esfregada e encerada e esse tipo de coisa".
- ELEANOR ROSS TAYLOR, POETA E ESPOSA DE PETER TAYLOR,
ROMANCISTA VENCEDOR DO PRÊMIO PULITZER E ESCRITOR DE CONTOS -

As pessoas estão dizendo que tudo o que o feminismo conseguiu foi arrumar mais trabalho para nós.
- HEIDI HARTMAN -

SÃO 14H DO DIA DE AÇÃO DE GRAÇAS. Em três horas, 18 amigos vão chegar para um jantar que venho oferecendo há anos. Nos dias anteriores, enquanto eu trabalhava em período integral, procurei receitas, planejei o cardápio, fiz a lista de compras e fui ao mercado três vezes. Fiquei obcecada em encontrar uma toalha e percorri as lojas na hora do almoço a fim de encontrá-la. Peguei mesas e cadeiras dobráveis do porão de um amigo tarde da noite. Assei tortas com todas as crianças que iriam participar. Fiquei acordada até tarde durante várias noites a fio picando legumes e preparando os pratos sofisticados que gosto de cozinhar e oferecer apenas uma vez por ano. Naquela manhã, fiz um café rápido para os amigos antes de sairmos correndo pela vizinhança para a dança do peru. Ainda estou usando o moletom. O peru de 10 quilos continua rosado e cru, esperando para ir ao forno. A mesa ainda não está posta, e a cozinha, lotada de panelas e frigideiras, montes de legumes, farinha derramada e todos os tipos de ingredientes, parece ter sido local de uma explosão.

Tom vai até a geladeira. Acho que ele vai começar a assar o peru, mas ele pega uma embalagem de seis cervejas.

"Vou até a casa do Peter ajudá-lo a assar o peru", ele anuncia.

Ergo uma sobrancelha. "Peter está colocando o peru em um *defumador*. Então você vai sentar-se ao sol no quintal, tomar cerveja e *assistir* ao defumador do Peter?", pergunto, sem acreditar. Tom sorri acanhado. E sai pela porta.

Não consigo me mexer.

Não me queixei a semana inteira. Adoro convidar os amigos e adoro preparar o jantar de Ação de Graças. Não exigi ajuda, pois, após 20 anos de casamento, isso nunca foi muito útil e se tornou uma atitude muito velha. Eu estava acostumada a "fazer" o feriado, o que os antropólogos afirmam que sempre foi tarefa das mulheres – o planejamento do feriado e o "trabalho familiar" que mantêm fortes os laços familiares.[1] E Martha Stewart, o ícone cultural da perfeição doméstica, com seus castiçais de abóbora intrincadamente esculpidos que parecem lustres da Tiffany e bonecas de palha de milho feitas a mão para enfeitar a mesa de Ação de Graças, garante que a gente sinta nunca ter realizado um bom trabalho.

Depois de bater a porta do forno com o peru em seu interior e correr pela cozinha preparando o jantar com a ajuda, Deus a abençoe, de minha irmã Claire, que nos visitava – só nós, "a mulherada" na cozinha –, lembrei-me do passado. Tom e eu fizemos um bom trabalho dividindo as tarefas equitativamente quando éramos apenas os dois. Porém, depois que tivemos filhos, a balança começou a pender mais para um lado, e, embora tivéssemos tentado endireitá-la vez ou outra – geralmente depois de um surto meu –, sempre acabei me sentindo como se estivesse encarregada de tudo. Em vez de ter tudo, eu me sentia como se fizesse tudo. Apesar de nós dois trabalharmos em período integral e ganharmos salários semelhantes. "Você NÃO é o Rei Leão!", eu gritava de vez em quando, geralmente depois de esfregar a tampa do fogão, tão cheia de gordura, que os alarmes de fumaça não paravam de disparar enquanto ele assistia à TV. "Você não PODE ficar aí deitado enquanto eu faço todo o trabalho!" Ele gritava de volta, dizendo que os meus padrões eram altos demais. "Você é como a Marge Simpson. Ela achou louça suja na pia quando a casa dela se incendiou e a lavou", ele disse. "Homens vivem em meio à sujeira."

Se você tivesse perguntado a ele nesse dia de Ação de Graças em especial, Tom não saberia dizer onde se localizava o consultório do dentista das crianças. Posso contar nos dedos de uma mão as vezes em que ele as levou ao pediatra. E fui eu quem mudou os horários e tentou trabalhar de casa quando elas estavam doentes ou tinha nevado muito e a escola fechara. Ele *deveria* fazer as compras no mercado, mas se recusava a levar uma lista, e produtos básicos como papel higiênico pareciam fazer o cérebro dele congelar. Eu sempre acabava correndo mais uma vez ao mercado todas as semanas para comprar tudo o que ele esquecera. Certa época, ele *ficou encarregado* de pagar as contas, mas, como as pagava com muito atraso e nosso índice de crédito despencou, eu o acusei de não cumprir a tarefa de propósito e voltei a me encarregar dela (não que eu tenha desempenhado um serviço melhor). Quando era a vez dele de limpar a cozinha, muitas vezes lhe perguntei se achava que as panelas se lavariam sozinhas. Ele *ajudava*, mas acho que somente quando eu pedia, o que não liberava espaço na minha mente embaralhada. Como eu chegara a ponto de não querer me sentir tão hostil e ressentida o tempo todo, fiz uma barganha esquisita e desigual: eu realizaria a maior parte do trabalho com as crianças, cuidaria da casa, dos impostos e da limpeza. E tudo que pedi em troca foi: "Eu só quero que você *note*, e diga obrigado".

Essa barganha é o grande motivo pelo qual a minha vida se partiu em um confete de tempo insatisfatório, confuso e fragmentado. Certa vez, quando parabenizei uma colega por uma história brilhante que exigiria o tipo de tempo extenso e não interrompido que eu parecia nunca ter, ela me olhou com pena. "Sinto tanto por vocês, mães solteiras." E outra vez, quando Tom trabalhou no Afeganistão por um mês, enviou-me uma fotografia dele por e-mail no poeirento meio do nada da Base de Operações de Ramrod, perto de Kandahar. Ele estava sentado com roupas sujas, segurando uma xícara de café instantâneo aguado e um laptop do lado de fora de seu "alojamento", uma caixa de metal gigantesca como as que ficam empilhadas em navios de carga. Minha reação me chocou: eu o invejei. É claro que eu sentia falta dele e me preocupava com sua segurança, mas, em meu mundo de prazos impossíveis, ligações de professores, formulários para o grupo de escoteiras entregues depois do prazo, contas de água pagas com atraso, estômagos das crianças e armários da cozinha vazios, eu só conseguia pensar: "Puxa, ele só precisa ir trabalhar todos os dias".

Mas hoje, esse Dia de Ação de Graças leva a divisão de tarefas desigual em nossa casa a um nível totalmente diferente. Quando Tom sai pela porta, estou lívida e, bem no fundo, esmagada por um profundo desapontamento. Quando nos casamos, prometemos ser parceiros. Porém, como aquele sapo da experiência de ciências que tem o bom senso de pular da panela de água quente, mas, quando jogado na água morna, não percebe que ela se aquece gradativamente até o ponto de fervura e acaba cozido, a nossa divisão de trabalho se tornou risivelmente, ridiculamente, irracionalmente e frustrantemente injusta.

Como as coisas ficaram tão ruins?

Para ser sincera, antes de me afastar do alto de minha vida que girava loucamente e começar a pesquisar para escrever este livro, eu me encontrava apenas ocupada demais para pensar muito no assunto. Mas eu sempre tinha companhia. Reclamar sobre o pouco que os maridos ajudam em casa é algo habitual e uma conversa cansativa e previsivelmente social. "Quando *eu* trabalho em casa, faço tudo que se refere às crianças e à casa", uma amiga me contou. "Quando *ele* trabalha em casa, nem ao menos *pensa* em fazer outra coisa"; "Atingimos um ponto de equilíbrio satisfatório e então ele passa por um período intenso no trabalho, ou precisa viajar e eu assumo", disse outra. "E parece que nunca reajustamos nossas tarefas." Os estudos de tempo constataram não apenas que há um *motivo* pelo qual as mulheres casadas nos Estados Unidos ainda fazem de 70 a 80% do trabalho doméstico, embora a maioria delas trabalhe fora, mas também que, quando uma delas tem filhos, sua parte no trabalho da casa aumenta três vezes mais do que a do marido.[2] E não é porque as mulheres lavam louça em uma casa incendiada e os homens são Reis Leões relaxados. Eu, entretanto, levei mais de um ano de reportagens e reflexão para começar a ver além da minha raiva e compreender a razão, e então descobrir o que fazer a respeito. E isso só aconteceu depois que conheci Jessica DeGroot.

Algumas semanas depois do fatídico Dia de Ação de Graças, enquanto eu pesquisava o que cientistas sociais chamam de "a revolução interrompida dos sexos", liguei para Jessica DeGroot, que gerencia o ThirdPath Institute (Instituto do Terceiro Caminho), na Filadélfia. Durante mais de uma década, DeGroot trabalhou com o intuito de ajudar famílias a criar algo totalmente novo.

Não as famílias do "primeiro caminho" dos anos 1950 com um provedor e uma dona de casa, das quais exige uma escolha entre duas opções e, para aqueles que querem fazer ambas, cortando um pedaço de si mesmas. Não as famílias do "segundo caminho", "neotradicional", em que dois trabalham ou com um provedor, geralmente o homem, e uma esposa que trabalha em horário flexível ou meio período e que também costuma ser encarregada de todas as tarefas domésticas e relativas aos filhos, como a minha. O "terceiro caminho", DeGroot explica, é para casais que querem partilhar suas vidas profissionais e domésticas como parceiros completos, cada qual com tempo para trabalhar, amar e se divertir. Ela não nega que é difícil. "Mudar é difícil. As respostas não são fáceis. Elas exigem esforço e, muitas vezes, levam algum tempo para ser instaladas. Mas existem famílias que realmente estão agindo de forma diferente e fazendo com que funcione."

Eu tinha ligado para DeGroot a fim de entrevistá-la sobre o trabalho que realiza. Ao contrário de outras organizações que insistem em ter horas flexíveis ou, como a MomsRising, uma política familiar melhor, a de DeGroot é uma das poucas que analisam ambos os lados da equação trabalho-vida. Além disso, com mais de uma década de pesquisa, eles desenvolveram um verdadeiro currículo com o intuito de orientar pessoas a realizar mudanças. Ao final de nossa conversa, pedi a ela que trabalhasse comigo e com Tom, porque eu não tinha mais ideias. Assim, certa manhã, nós três falamos ao telefone. DeGroot perguntou o que gostávamos um no outro – sempre um ponto interessante para começar quando se está fervendo de raiva. Ao final do telefonema, tínhamos sido lembrados do motivo pelo qual estávamos juntos, mas não tocamos no tema da nossa distribuição unilateral de serviço doméstico. DeGroot perguntou a Tom, que não se mostrara nem um pouco entusiasmado com a ideia, se ele via vantagem em continuar a orientação.

"Não", ele respondeu. "Nós precisamos criar mais tempo um para o outro, mas acho que estamos indo bem."

Ele desligou o telefone.

Eu irrompi em lágrimas.

🐞 🐞 🐞

Quando estava terminando o MBA na Wharton, Jessica DeGroot compreendeu que queria para si mesma o que *ambos* os pais tiveram. O pai é um endocrinologista premiado que escreveu um livro definitivo sobre o tema, ainda em uso atualmente. A mãe criou cinco filhos, preparava pratos ótimos, formou uma vida doméstica amorosa e era ativa na comunidade. De Groot queria viver as duas vidas, mas sem a sobrecarga que normalmente as acompanha. Então, decidiu estudar não só o local de trabalho, não só as mulheres, como fazia a maioria das pessoas, e não apenas os homens, mas como todos interagiam. Ela queria aprender o que mantinha a maioria das famílias presa na sobrecarga, o que permitia a outras formar seu próprio terceiro caminho completamente novo, e como ligar o espaço entre eles.

Ela se deu conta de que, se *mulheres* e *homens* queriam tempo para trabalhar, amar e se divertir, a forma pela qual as pessoas trabalham, seus relacionamentos e suas atitudes sobre o lazer teriam de mudar. Porém, sem modelos reais, ela não sabia como. Assim, começou a imaginar: e se não apenas as mulheres, mas as *mulheres* e *os homens* trabalhassem em horários mais sensatos e flexíveis? E se o local de trabalho fosse mais liberal do que a rígida e estreita escada para o sucesso do trabalhador ideal? E se uma cultura baseada em desempenho em vez de uma baseada na contagem de horas absorvesse mais facilmente *tanto* homens *quanto* mulheres, "tirando o pé do acelerador" a fim de que tenham não apenas tempo para cuidar das crianças ou famílias, mas também vidas, bem como acelerando novamente quando esse tempo tivesse passado? E se *homens* e *mulheres* se tornassem responsáveis pela criação dos filhos e pelos cuidados com a casa, *dividindo* o trabalho, o amor e o lazer? Poderiam todos então viver vidas plenas?

Ela fez uma experiência com a própria vida. Quando se casou, ela e o marido, Jeff, começaram uma família, e ambos queriam trabalhar e dividir o cuidado com a filhinha. Assim, os dois mudaram seus horários de trabalho e se revezavam para ser o cuidador principal. Eles tiveram repetidas conversas sobre o que cada um esperava sobre trabalho, filhos e casa, e concordaram com padrões em comum, procurando, então, dividir os deveres de uma forma que parecia justa para ambos. Dividir com justiça também significava clarear a confusão mental. Certa vez, quando Jeff perguntou o que DeGroot queria para o jantar, ela respondeu:

"Não ter que pensar nisso". Então, quando foi a vez dela de cozinhar, ela lhe deu a mesma pausa mental. Vinte anos depois, Jeff, coproprietário de uma fábrica, viu seu pequeno negócio crescer e atingir 300 funcionários, e o ThirdPath Institute de DeGroot, uma instituição sem fins lucrativos, tornou-se uma voz importante no crescente movimento para aliviar a sobrecarga e os conflitos entre trabalho e vida. Ambos têm relacionamentos intensos com os dois filhos, agora com 17 e 23 anos. E dividir igualmente as tarefas lhes conferiu tempo para sair à noite regularmente. "Pensamos que tomamos essa decisão para o bem de nossos filhos, mas no final foi bom para o nosso casamento, para o trabalho e para nós dois", ela contou. "Foi um grande presente."

Percorrer o terceiro caminho a ajudou a ver que, para endireitar sistemas familiares como o meu, tão precariamente equilibrados, seria necessário desafiar expectativas culturais tremendamente poderosas sobre quem somos e como devemos agir: o trabalhador ideal dedicado-ao-trabalho, a mãe ideal que se autossacrifica, e o distante pai provedor. As normas são o que nos levam à sobrecarga, ela disse, e a sobrecarga nos impede de ter tempo para imaginar uma saída. "Quando os casais estão zangados um com o outro, permanecendo em suas salas brigando sobre meios de criar mais tempo e não encontrando nenhum, eles não se dão conta de que há essas outras forças invisíveis no aposento com eles", DeGroot falou. O trabalhador ideal, a mãe ideal e o pai provedor estão bem ali, puxando as cordas. "*São eles* que estão criando o estresse."

Fale com um pai sobre diminuir as horas de trabalho para se envolver mais em casa, e o trabalhador ideal leva um puxão. Tanto homens quanto mulheres sabem instintivamente – como a ciência social no Capítulo 5 mostrou – que ele seria muito mais punido no local de trabalho pelas horas flexíveis do que ela. E para tantas pessoas vivendo no limite de seus orçamentos, o medo de sofrer um grande prejuízo financeiro encerra toda a conversa bem ali. Fale com a mãe que está prestes a se afastar para deixar o pai fazer mais pelas crianças e todas as três normas culturais puxam essa corrente e a calam. As mulheres não devem naturalmente ser mães melhores? Uma mãe que quer trabalhar não está sendo egoísta? Ele não vai ficar magoado? E se o trabalho dele for afetado, como ele poderá prover a família? Temos contas a pagar! "Então ambos acabam tomando o caminho com menos resistência. Eles ficam presos", DeGroot me disse. "As pessoas sentem que não têm escolha, porque uma escolha exige alternativas significativas, e muitos casais acham que elas não existem."

Para percorrer o terceiro caminho, DeGroot pede às pessoas que lutem o que ela chama "a boa luta" no exato momento em que a sobrecarga se manifesta: quando nasce o primeiro bebê. Esse acontecimento, como eu descobri em todas as pesquisas sobre uso do tempo em todo o mundo, muda profundamente a vida de uma mulher e, até muito recentemente, quase nem um pouco a vida do homem. De Groot sabe que esse é um pedido difícil de atender. "Estou pedindo aos casais, no momento em que se sentem mais exaustos, que pensem de forma diferente", ela disse. "Que ignorem todos os vizinhos, colegas, parentes e essas normas culturais. Que comecem a imaginar o seu *próprio* caminho."

Pensei em nossos amigos, Peter, com o defumador de peru, e Jenny, minha parceira de corridas e uma de minhas melhores amigas. Eles se conheceram e se casaram enquanto obtinham o PhD em Física e moravam na Holanda, onde realizavam pesquisas de pós-graduação quando tiveram os dois filhos. Longe da família, livre das normas culturais americanas e, no entanto, não totalmente integrados na sociedade holandesa e sem saber o que fazer, eles criaram o que eu melancolicamente passei a chamar de Seus Próprios Países Baixos Particulares. Como os arranjos de trabalho flexível são mais comuns na Holanda, eles trabalhavam quatro dias no laboratório, revezando-se para que cada um tivesse um dia sozinho cuidando dos filhos. Uma babá cuidava das crianças durante três dias. Os dias, entretanto, não eram longos, visto que as horas de trabalho na Holanda costumam ser intensas e curtas. Eles saíam do laboratório no final da tarde e um deles ia ao mercado fazer compras antes que o comércio fechasse às 17h, enquanto o outro ia pegar as crianças, parando para uma xícara de chá com a babá antes de se encontrarem em casa para o jantar. A família passava os fins de semana junta. Essa divisão equitativa do trabalho mudaria quando voltaram para os Estados Unidos, já que Peter e Jenny às vezes se viam presos em ambientes de trabalho voltados para o trabalhador ideal. Porém, quando as coisas saem muito do ritmo normal, eles têm não apenas noção do que é possível fazer, como também um parâmetro para orientá-los.

Ajudar casais a encontrar os Seus Próprios Países Baixos Particulares, por assim dizer, é uma das missões-chave do instituto de DeGroot. Sua abordagem inclui três elementos principais: visão, espaço e história. Quando pede aos casais que lutem uma boa luta, ela usa um currículo bem pesquisado para ajudá-los a enxergar as poderosas forças inconscientes que atuam em suas vidas – o trabalhador ideal, o pai provedor e a mãe ideal. Então, no que ela chama de sessões de "atenção ativa", cria um espaço regular e previsível para casais comumente sobrecarregados demais até para pensar, de modo que eles comecem a descobrir onde estão e como chegaram lá. É um momento para parar, sair do redemoinho e examinar as próprias culturas de trabalho, como suas próprias histórias podem irrefletidamente moldar suas expectativas, e como é fácil cair no que ela chama de "tangos" reativos em que ninguém sai ganhando quando essas forças inconscientes estão puxando as cordas. Ela pede aos casais que conversem entre si sobre o que realmente querem para a vida em comum. Ela lhes pede que comecem a imaginar como atravessar o espaço entre onde se encontram e a visão do que de fato querem. Então ela diz aos casais que experimentem e vejam o que acontece. Repetidas vezes. Até que a visão se torne mais clara e o caminho, melhor iluminado. E, quando ficarem encurralados, quando a mudança parecer impossível, como na MomsRising, ela também tem um banco de histórias e liga casais, famílias, negócios e líderes que estão lutando para refazer suas vidas no terceiro caminho com aqueles que já conseguiram. Como em Stanford, e nos locais de trabalho que são pontos luminosos, ela está reescrevendo a narrativa e reconectando a cultura. Em casa.

Alguns casais descobrem isso sozinhos. Tom e eu, obviamente, não conseguimos. Sentindo-me atolada, pedi para ouvir algumas dessas histórias de pessoas que procuram mudar.

ANNA E JAMES – O ESCORREGÃO INVOLUNTÁRIO PARA OS PAPÉIS TRADICIONAIS

Quando DeGroot começou a orientar Anna e James, um casal de Minnesota, eles tinham escorregado para papéis de gênero tradicionais apesar das melhores intenções. Anna, cuja infância foi emocionalmente volátil com pais que se divorciaram cedo, estava entre carreiras quando tiveram o primeiro filho. Ela passou a gostar da ideia de dedicar toda a atenção à família durante alguns anos. James se tornou o provedor. Com o primeiro filho, ele tirou a licença-paternidade máxima que a empresa oferecia: uma semana. Quando nasceu o segundo filho, James planejava tirar uma licença. Contudo, depois de apenas um dia de folga, a empresa, que adotava o sistema de horas extremas, ligou em pânico e disse que, se ele não voltasse imediatamente, seu emprego corria risco. Uma casa grande e gastos cada vez maiores os empurraram ainda mais para esferas separadas quando James começou a dormir com o BlackBerry e a lidar com crises no trabalho em todas as horas, e Anna passou a fazer o trabalho de ambos. Em casa, James sentia-se exausto, irritado e distraído. "Se as crianças tentavam dizer algo, eu pensava: 'Não falem comigo, estou pensando no trabalho'", James me contou. "Se lia uma história para eles, eu o fazia da maneira mais rápida que podia, pois estava muito estressado." James ficou doente. Anna encontrava-se sozinha e infeliz. Aquela não era a vida que os dois tinham imaginado.

Dedicando tempo e espaço com DeGroot para pensar sobre o trabalho e a vida, Anna constatou que, por mais que quisesse que James assumisse o papel de pai, muitas vezes ela frustrava suas tentativas – criticando o que ele tinha feito ou repreendendo-o pelo que não fizera. Cientistas sociais chamam isso de "guardiã materna", um comportamento comum, mas bastante inconsciente que surge porque a norma da mãe ideal profundamente arraigada na psique das mulheres determina que as mães não só sabem o que é melhor, mas sempre devem estar no controle. James, em vez de retroceder, como em geral fazia, começou a dizer a ela que recuasse. "E foi o que eu fiz", Anna disse.

Anna se chocou ao descobrir que James realmente queria trabalhar menos horas a fim de ter mais tempo para ficar com a família. "O pai dele morreu aos 55 anos e James ficou preocupado com a possibilidade de também morrer cedo se não se livrasse do estresse em sua vida", Anna contou. "Percebi que nunca tínhamos conversado profundamente sobre o que de fato queríamos." Foram necessários anos de passos pequenos e gradativos, de tentativas e erros, escorregadelas e muitas conversas, mas eles por fim venderam a casa grande e adotaram um estilo de vida mais simples. James aceitou um emprego com horas flexíveis, trabalhos a distância, viagens programadas a eventos escolares, tornando-se, assim, um pai e parceiro muito mais ativo. Ao longo do tempo, Anna descobriu sua paixão como conselheira de pais e voluntária no ThirdPath Institute. Tanto Anna quanto James acabaram por perseguir o objetivo de trabalhar 30 horas por semana. James cozinha. Anna corta a grama. Eles encontraram tempo para caminhar nos bosques vizinhos, namorar e rir com as crianças. "Às vezes, parece estranho no meu currículo. Eu subi, subi e subi e, de repente, você vê que sou um engenheiro assistente", James contou. "Mas um dia desses, enquanto as crianças ouviam uma canção boba, eu me flagrei cantando com elas. Esse foi um momento surpreendente para mim. Há um ano ou dois, eu nem saberia a letra."

MARCEE E JON – O PUXÃO DO TRABALHADOR IDEAL

O poder do trabalhador ideal evita que Jon e Marcee partilhem seu trabalho e vida doméstica mais igualitariamente, mesmo depois de realizar promessas explícitas mútuas de que o fariam. Quando a filha do casal nasceu, a empresa progressista de Marcee permitiu a ela tirar uma licença-maternidade de seis meses; Jon teve uma semana. Assim, Marcee passou a entender melhor as necessidades do bebê e sua rotina, e se tornou a mãe "especialista", e Jon, o reserva. Quando Marcee voltou ao trabalho – ela estava supervisionando a transição de sua empresa de serviços financeiros globais para se tornar um local de trabalho totalmente flexível –, ela trabalhava quatro dias por semana e ficava todas as sextas-feiras com o bebê. Então Jon conseguiu uma grande promoção e a família se mudou de São Francisco para Nova York. Querendo provar sua capacidade no novo emprego, Jon começou a trabalhar até tarde e nos fins de semana. Marcee, sozinha, sem amigos ou parentes na nova cidade, esforçava-se para trabalhar e cuidar do bebê. "Isso deu início a um declive escorregadio em direção aos papéis de gênero tradicionais", Jon disse. Marcee dormia pouco e sentia-se esgotada. "Finalmente eu apenas disse: 'Não posso continuar assim. Não foi isso que eu pretendia'", ela contou.

Os dois começaram a trabalhar com DeGroot. O trabalho doméstico não era o maior problema – ela fazia as compras pela internet e cozinhava. Ele arrumava a casa, passava aspirador, pagava as contas on-line e planejava as férias. Ambos lavavam a roupa. Mas cuidar do bebê era definitivamente um problema. Marcee tinha a impressão de que fazia tudo. "Eu tinha uma visão limitada", Jon falou. "Acho que não sabia o quanto isso aborrecia Marcee até ela se sentar comigo e me contar". Eles começaram aos poucos criando novas rotinas. Primeiro, revezavam-se para pegar o bebê quando ele acordava pela manhã. Isso deu a Marcee a capacidade de voltar à academia, ou dormir mais um pouco um dia ou outro. Jon concordou que viria para casa a tempo de liberar a babá uma noite por semana, voltaria para jantar com mais frequência e esperaria até que a filha dormisse para voltar a trabalhar. Concordou também em trabalhar nos fins de semana apenas durante os cochilos dela. Nos sábados de manhã, Jon assume o papel de cuidador principal. Mas as garras do trabalhador ideal ainda evitam que eles vivam o terceiro caminho com que sonharam. "A maior parte de meu senso de autoestima, o que dói admitir, vem de ser bem-sucedido no trabalho", ele disse. "Isso não significa que eu queira ser um pai exausto, mas tenho um ego de uma tonelada empenhado em ser bem-sucedido em minha profissão, infelizmente em detrimento de outras coisas. Isso é algo com que luto constantemente." A vida está melhor, Marcee afirmou. "Mas", Jon ajuntou, "ainda não chegamos lá".

LAURA E JIM – DEIXANDO DE LADO A MÃE IDEAL

Ao criar seu terceiro caminho, Laura e Jim, um casal que DeGroot conheceu na Filadélfia, lutavam não contra o trabalhador ideal, mas contra a influência do conceito da mãe ideal sobre Laura. "Houve um período bem no começo quando senti que realmente tinha que fazer tudo em casa – todas as compras, toda a comida, todas as coisas relacionadas aos nossos filhos – além de ir trabalhar. Eu estava enlouquecendo", Laura me disse. "Foi Jim quem me deteve. Ele disse: 'Você não vai ser uma mãe perfeita porque lava toda a louça e cuida de toda a roupa. Nós somos uma grande família porque ajudamos um ao outro.'"

No trabalho, Laura, sócia de uma firma de contabilidade, aprendeu cedo o quanto poderia ser produtiva em um horário flexível quando cuidou da mãe. "Assim, quando começamos uma família, o que realmente fez a diferença foi o simples fato de ser franca e sincera com meu chefe sobre o que eu precisaria", Laura disse. "E então ser confiante o bastante para dizer, de um modo agradável: 'Você me deve essa. Eu mereci.'" Jim, vice-presidente sênior do Citibank, criou seu próprio horário flexível e o "vendeu" ao chefe. "Trabalho é importante", ele disse, "mas as crianças vão ter 4 e 2 anos somente uma vez. Eu queria ver isso". Agora os dois trabalham fora de casa dois dias por semana e partilham os cuidados dos dois filhos que frequentam a pré-escola ou ficam com a babá nos outros três dias. Ambos usam o tempo de trabalho em conferências por telefone e tarefas que exijam silêncio e concentração. Nos dias em que Jim trabalha no escritório em Manhattan, ele usa os momentos no transporte para planejar e o tempo no escritório para reuniões presenciais. O casal organiza suas agendas em um quadro branco com pelo menos um mês de antecedência, e envia um ao outro convites pelo Outlook para lembrar de quem é a vez de levar as crianças ao médico ou a data da reunião de professores. O casal sai junto regularmente e viaja por alguns dias sem as crianças várias vezes ao ano. "Jim e eu deixamos muito claro o que é importante para nós", Laura disse.

O terceiro caminho não é fácil, DeGroot falou. Mas, por outro lado, viver arrependido ou sobrecarregado também não é. "Sempre vai haver momentos delicados quando o trabalho e a vida pessoal se chocam", ela afirmou. "Existe o mito de que se pode ter tudo. Não é verdade. Mas você *pode* ter tempo para as coisas mais importantes para você."

🐵 🐵 🐵

Levantamentos internacionais constataram que a maioria dos homens e mulheres em quase todos os países ocidentalizados diz que casamentos em que os dois cônjuges dividem o trabalho e as tarefas domésticas são os mais satisfatórios.[3] Pesquisas descobriram que, quando homens e mulheres dividem o trabalho doméstico, fazem mais sexo,[4] e que, quanto mais equilibrada é a divisão das tarefas, mais felizes os dois são.[5] Mesmo assim, a lacuna na divisão doméstica, o que os cientistas sociais chamam de "divisão de trabalho por gênero", persiste. Essa lacuna é mais estreita no topo da escala socioeconômica, entre casais que têm recursos para contratar outras pessoas a fim de realizar o trabalho pesado, e mais larga entre os casais com poucos recursos.[6] Embora os homens de hoje certamente passem mais tempo cuidando dos filhos e realizando mais tarefas domésticas do que seus pais faziam, o trabalho deles ainda representa cerca de metade do que as mulheres fazem rotineiramente. Apesar de o salário das mulheres ter subido, no geral ele ainda não chega perto do dos homens. E, desde meados dos anos 1990, nada mudou: pais casados, em média, não realizam mais trabalhos domésticos tampouco cuidam mais dos filhos. A quantidade de mães na força de trabalho caiu, apesar dos números crescentes de mulheres se formando nas faculdades e fazendo cursos de pós-graduação. Além disso, atitudes sobre se os pais devem se envolver mais em casa e se as mães podem trabalhar e ter relacionamentos afetuosos com os filhos igualmente estagnaram. Cientistas sociais intrigados com as tendências chamam o fato de "revolução de gênero interrompida".[7]

E ninguém se sente muito satisfeito com a situação. Várias pesquisas constataram que discussões sobre tarefas domésticas são um dos principais motivos de conflito nos relacionamentos.[8] Uma pesquisa no Reino Unido descobriu que as mulheres passam três horas por semana *refazendo* tarefas que acham que os parceiros não realizaram bem.[9] Estudos de tempo mostram que as mulheres têm duas vezes e meia mais probabilidade do que os homens de interromper o sono para cuidar dos outros, e elas permanecem acordadas mais tempo quando o fazem.[10] Pesquisas sobre estresse concluem que, quando as mulheres chegam em casa depois de um longo dia de trabalho, os níveis do hormônio do estresse caem se os maridos ajudaram com as tarefas. Mas o que dizer disso? O levantamento descobriu que os níveis do hormônio do estresse dos maridos caem somente quando suas *esposas* fazem todo o serviço doméstico e eles ficam *relaxando*.[11] Mesmo durante a Grande Depressão, quando mais homens começaram a perder os empregos e mais mulheres assumiram o papel de provedoras da família, os estudos de uso do tempo mostram que a divisão do trabalho doméstico tornou-se um pouco mais justa, mas apenas porque as mulheres que trabalhavam pararam de realizar parte dele, e não porque os pais realizavam mais. E o que faziam esses pais desempregados com o tempo extra? Eles relaxavam.[12]

O que pode explicar por que os estudos de tempo do psicólogo Mihalyi Csikszentmihalyi constataram que os homens se sentem mais felizes quando as mulheres estão presentes, mas que a recíproca não é necessariamente verdadeira.[13] Talvez explique também sua descoberta de que os homens se sentem mais satisfeitos em casa, e as mulheres, quando vão trabalhar. Ele constatou que as mulheres relataram se sentir mais felizes por volta do meio-dia, quando a maioria está no trabalho, e mais insatisfeitas entre 17h30 e 19h30 – período reconhecido pela maioria das famílias como a "hora de as bruxas" saírem voando para apanhar os filhos na creche e espremer crianças cansadas, trabalho doméstico, jantar, banhos, o resto das contas e coisas da casa, esperando fazer conexões significativas no espaço de poucas horas. Os homens, em contraste, sentem-se mais mal-humorados pela manhã e mais contentes à noite, quando estão voltando para casa do trabalho.[14] A mídia usou a pesquisa como outro exemplo de mães egoístas alegremente largando os filhos. Mas vamos refletir por um minuto. Se o trabalho é algo que os pais que trabalham *devem fazer*, sem parar, durante mais de 40 anos intermináveis porque são os "provedores", os riscos para eles são altos no emprego. Eles encontram-se sob pressão para ter bom desempenho e estar sempre atentos. O lar é um refúgio. E, segundo os estudos de Csikszentmihalyi, homens tendem a realizar as tarefas de que gostam e costumam cuidar dos filhos somente quando estão de bom humor. Poderia haver situação melhor? Para as mulheres, porém, o lar, não importa o quanto esteja cheio de amor e felicidade, é apenas outro lugar de trabalho.

Acontece que homens e mulheres não só fazem coisas diferentes com seu tempo, mas experimentam o tempo de forma diversa, tanto que o trabalho inovador sobre o fenômeno é chamado de "realidades divergentes".[15] As pesquisas descobriram que, mesmo quando uma família está envolvida na mesma atividade – jantar –, as mães costumam se sentir frustradas por não estarem fazendo o suficiente, enquanto os pais estão orgulhosos de si mesmos por conseguirem sair do trabalho para estar ali.[16] Csikszentmihalyi, usando seu Método de Experiência por Amostragem, técnica de ligar para as pessoas durante o dia ao acaso e perguntar não só o que estão fazendo, mas também o que estão pensando e como se sentem, foi um dos primeiros a revelar como o tempo das mulheres está "contaminado".

Não importa onde estivessem ou o que estivessem fazendo, as mulheres em seus estudos sentiam-se consumidas pelo exaustivo "trabalho mental" de lembrar o tempo todo as partes em constante movimento que abrangem filhos, casa, trabalho, tarefas e agenda familiar. Isso, ele escreveu, apenas intensifica a sensação ofegante de pressão do tempo para as mulheres.[17]

Não representa grande surpresa, então, o fato de que, em pesquisas em todo o mundo, é mais provável que as mulheres apresentem maior quantidade de estresse crônico e a sensação de que a vida está fora de controle do que os homens.[18] Não é surpresa que os economistas Betsey Stevenson e

Justin Wolfers descobriram que as mulheres são menos felizes hoje do que há 40 anos e que os homens são mais felizes quando mais velhos, enquanto as mulheres têm desejos não realizados.[19]

Para fazer com que a revolução interrompida dos gêneros se mova novamente, casais heterossexuais precisam se parecer com casais gays. Um novo órgão de pesquisa constata que, livre das expectativas do pai provedor e da mãe ideal, casais gays partilham o trabalho de forma mais equitativa e dividem as tarefas com base no que gostam de fazer ou sabem fazer bem. Casais gays costumam resolver conflitos de modo mais construtivo. E as pesquisas descobriram que, ao contrário de casais heterossexuais, em que um parceiro pode ser mais feliz do que o outro, os parceiros gays costumam ser igualmente felizes.[20]

Liguei para Patrick Markey, psicólogo e diretor do Laboratório de Pesquisa Interpessoal na Universidade Villanova e autor de muitos desses estudos.

"A maior diferença que vemos entre casais heterossexuais e gays é a característica da franqueza. E, por causa disso, casais de gays e lésbicas costumam ser mais justos. Eles são muito mais propensos a *partilhar* o poder."

Passei uma noite na casa cheia de brinquedos de Bill e Andy, parceiros há dez anos, e seus gêmeos de 9 meses nascidos de uma barriga de aluguel. Ambos diminuíram as horas de trabalho, trabalham em horários flexíveis e partilham o cuidado dos bebês. Os dois lavam as roupas. Eles se revezam na cozinha. Andy faz o planejamento de longo prazo. Bill paga as contas. Com ajuda das mães que moram perto, cada um tira um tempo para si mesmo. "Posso dizer honestamente que não sinto nem um pouco que haja desequilíbrio em nossas tarefas ou que eu esteja fazendo mais do que ele, ou que ele faça algo de má vontade", Andy diz. Bill, sacudindo um bebê no quadril, balança a cabeça, concordando. "Com dois homens, simplesmente não existe expectativa em relação a quem faz o quê."

❦ ❦ ❦

Para compreender o que acontecia em minha própria vida, fiz algo que era natural para mim como repórter: peguei meu caderno de notas e a caneta e comecei a fazer perguntas. Discuti 20 anos de raiva contida em sessões semanais de "escuta ativa" com Jessica DeGroot. Fiz longas caminhadas com Tom. Aos poucos, ambos nos demos conta de que nunca *tínhamos* conversado sobre o que realmente queríamos. Quando dissemos que desejávamos ser parceiros iguais, tínhamos apenas uma vaga noção do que isso significava.

Na verdade, Tom sempre foi mais disciplinado e eficiente em relação às horas de trabalho, saindo quando as tarefas do dia estavam concluídas a fim de ir para casa e criar tempo para a família, e nunca adotando a cultura da presença física do trabalhador ideal mesmo nos ambientes profissionais mais perniciosos. Eu era a fissurada em trabalho.

Contudo, ambos compreendemos que o ponto central que havia mudado o equilíbrio do trabalho, do poder e do tempo em nosso relacionamento chegou, assim como DeGroot acha, com o nascimento de nosso primeiro filho. Nunca lutamos "a boa luta". Nós apenas fizemos nossas suposições e as engolimos como uma pílula amarga. Eu supus que Tom tiraria uma licença-paternidade para que dividíssemos a tarefa de ser pais. Ele sempre falou sobre querer ser mais ativo e envolvido com nossas crianças do que seu pai fora. Em vez disso, Tom tirou alguns dias de férias depois que os filhos nasceram. E, talvez por se sentir culpado, ele sempre me cortava quando eu o pressionava sobre o motivo de não ter separado mais tempo todos aqueles anos atrás. Certo dia, com o caderno na mão, eu lhe perguntei o que realmente aconteceu.

"Eu pensei que eu seria um parceiro em condições iguais", ele disse. "Mas, quando estava trabalhando na época, ficou claro que tirar uma licença-paternidade não era a coisa certa a fazer. Somente um pai a tinha tirado, e ele era o 'astro'. Eu estava inseguro de minha posição. Mas eu deveria saber. Isso é muito mais aceito e vejo pais jovens fazendo isso o tempo todo."

"Eu fiquei zangada com você durante anos", eu disse. "Você sabia disso?"

"Sim. Mas eu estava trabalhando em uma atmosfera realmente insalubre. Sempre havia pressão para fazer mais."

Assim, fui eu quem tirou uma licença-maternidade longa. Aprendi tudo sobre o bebê. Eu me tornei a mãe *default* e ambos pressupomos que isso era simplesmente "natural" – uma suposição que investigo em um capítulo posterior. Tornei meus horários no trabalho mais flexíveis e, como estava em casa, comecei a me encarregar de tudo o mais, também. Enquanto conversávamos, passei a entender como o resto de nossas vidas complicou ainda mais as coisas. Quando nossa filha nasceu, ela pouco dormiu durante dois anos e detestava todo mundo, menos eu. As crianças iniciaram a vida escolar em um programa de imersão de espanhol e, na verdade, eu era a única que podia ajudá-los com a lição de casa. Tom começou a viajar para o exterior todos os anos. Compreendemos que, assim que o trabalhador ideal assumiu o controle, a mãe ideal, mal-humorada, sonolenta e "dominadora" assumiu o controle sobre mim. Tom se tornou o pai divertido, brincando de luta com os filhos, fazendo caretas para tirar fotos, trocando algumas fraldas. E eu, sempre a que estava atrás da câmera e nunca presente nos álbuns de fotografias, fazia o trabalho desagradável e invisível. Tão invisível que, à medida que a nossa vida transcorria, descobri que Tom pensava que realmente *dividíamos* as tarefas com imparcialidade. Ele se zangava por eu estar zangada o tempo todo e achava que não reconhecia o que ele *fazia*, tão mais do que o pai dele fizera.

"E o fato de você não saber onde ficava o consultório do dentista? Nunca os ter levado ao médico? Só eu ficar em casa quando eles estavam doentes? Planejar todas as atividades e o acampamento de verão das crianças...?", comecei a perguntar um dia.

"Mas esse é o tipo de coisa que as mães costumam fazer, não é?", ele retrucou. "Isto é, que homem que conhecemos faz isso?"

Naquela exasperada tarde do Dia de Ação de Graças que descrevi no início deste capítulo, o trabalhador e a mãe ideal estavam verdadeiramente ali na cozinha conosco, enevoando nossa visão. "Vamos enfrentar os fatos", Tom disse. "Sem pensar muito a respeito, os homens esperam que as mulheres façam tudo que se refere às crianças e à casa. É apenas o papel que elas sempre desempenharam. É provável que eu também sempre tivesse essa noção no fundo de minha mente."

E, percebi, eu também. Nunca pedi ajuda porque pensei que tinha de fazer tudo. Sempre considerei a carreira dele mais importante. Sempre supus que, se as pessoas vissem uma casa bagunçada, eu, a dona de casa negligente, seria responsabilizada. Olhava irritada quando ele ia para a academia, lia o jornal e trabalhava por períodos longos sem interrupção, mas nós dois achávamos que o motivo pelo qual eu não fazia o mesmo era só por eu não conseguir organizar o meu tempo. Nunca compreendi que escapar à sobrecarga exigiria esforço de *nós dois*.

"Olhando para trás", Tom disse um dia, "nós deveríamos ter solucionado isso há muito tempo".

Assim, finalmente começamos a tentar.

Agora nos revezamos para levar as crianças ao dentista e ao médico. Revezamos levando Liam para a aula de bateria e apanhando Tessa na natação. Além disso, Tom colocou seu e-mail na lista de PTAs,* times esportivos, escoteiras, e todas as malas diretas para que ambos, e não apenas eu, soubéssemos o que está acontecendo. Nós nos alternamos para verificar a lição de casa. Mesmo que seja em espanhol, ele pode ver se está sendo feita. Ele cozinha noite sim, noite não, e eu limpo a casa. Eu esvazio a máquina de lavar louças pela manhã. Ele coloca nela a louça suja. O último a levantar da cama a arruma. As crianças têm suas próprias tarefas, de modo que não fico com a mente sobrecarregada por checar isso também. Temos reuniões familiares. Todos são responsáveis por anotar suas atividades no calendário da família. Se perdemos algo, azar. Anote na próxima vez. Cada criança pode escolher uma excursão por semestre para que um de nós a acompanhe, e então a programamos. Não há mais pedidos impossíveis de última hora que realmente podem estragar o dia.

Tom ainda faz as compras no mercado, mas raramente preciso comprar o que falta. Quando algo acaba, acaba. Até papel higiênico. Eu lavo e separo as roupas, mas todos dobram o que lhes pertence – às vezes fazemos uma "festa de dobrar roupas" enquanto assistimos ao filme da família na sexta à noite. Eu até entrei no YouTube e todos assistimos a um vídeo sobre como dobrar lençóis com elástico. Tornei meu trabalho invisível mais visível – depois de deixar a pilha de contas e papelada de que cuido em cima da mesa de jantar durante dias, depois mostrando a Tom os arquivos em que armazeno tudo, o livro onde mantenho todas as senhas, e como lido com as contas on-line. Hoje, ambos pagamos as contas. Parei de arrancar ervas daninhas para que ele pudesse ver que, sem esforço, o tranquilo jardim rupestre de que ele gosta tanto se transforma em um matagal. Então ele e as crianças também começaram a arrancá-las.

Tínhamos de concordar com padrões em comum – não lavar a louça em uma casa em chamas. Nada de relaxamento do *Rei Leão*. Fazer a cama significa não deixar os travesseiros no chão. Lavar a louça significa lavar as

---

* Parent-Teacher Association, algo equivalente, no Brasil, à Associação de Pais e Mestres. (N.E.)

panelas na pia e enxugar o balcão. No início, quando Tom se esquivava dos padrões, eu não cumpria a parte dele, como fizera durante anos, imaginando ser mais eficiente. Em vez disso, tirava uma fotografia com meu iPhone e lhe enviava uma mensagem.

E precisávamos pensar no que de fato *queríamos* – como finalmente nos tornarmos sócios iguais e partilhar a carga de modo mais justo nos impediria de ficar sempre irritados e na defensiva e daria tempo a *ambos* para realizar um trabalho significativo, partilhar momentos de união um com o outro e com a família – e nos divertir. No Natal, reduzimos os presentes materiais e começamos a nos dar pequenos "presentes de tempo". Tom e Tessa ganharam "T-tempo" no parque e uma tarde juntos no estúdio de arte aprendendo a fazer vitrais. Eu dei a Liam "Um dia de Sim", quando ele poderia escolher o que fazer. Para nosso aniversário de casamento, eu disse a Tom que não queria flores. Eu queria uma carta de amor. Tom e eu agora temos um "minuto de coquetel" (quem tem uma hora?) para conversarmos um com o outro sozinhos no final do dia. Falamos. Brigamos. Cometemos erros. Cometemos acertos. A vida muda. Nós nos adaptamos. Aprendemos algumas lições. Haverá muitas outras pela frente. Mas finalmente estamos começando a aprendê-las juntos. Aqui estão apenas algumas:

A Lição do Bolinho: Como qualquer mãe ideal, eu me propus a levar bolinhos para o concerto da banda da escola de Liam. Mas me esqueci de preparar alguma coisa, e me dei conta do esquecimento no exato momento em que estávamos a caminho do show. Paramos em um mercado próximo e Tom entrou correndo. Ele saiu não com os lindos cupcakes que eu tinha pedido, mas com duas caixas de Twinkies. A minha Martha Stewart interior ficou arrasada. "Você está brincando?", Tom disse. "É ensino médio. Eles acabam em um piscar de olhos." E é verdade. Tive de esquecer Martha.

Às Vezes, Deixe Pra Lá: Viajar para pesquisar para o livro foi, honestamente, a melhor coisa que já fiz. Para todos. As crianças sobreviveram sem mim. Tom foi obrigado a aprender a ser o cuidador principal e eu deixei a mãe ideal guardada e consegui ser eu mesma outra vez. No início, deixei pilhas de números de telefone e notas com a agenda e as atividades das crianças, todas ignoradas. (Como eu sei? A mensagem frenética que veio no meio de uma entrevista em Copenhague pedindo o telefone do professor de bateria, que estava no pacote não aberto.) Mas, com o passar do tempo, Tom se tornou mais confiante em dirigir o show, até realizar voos solo em reuniões de pais e mestres. Eu deixei pra lá. Se minha filha perdesse uma aula de flauta, ela perderia uma aula de flauta. Se ninguém limpasse a caixa de areia dos gatos, o gato sobreviveria. E as crianças iriam ver a mãe sob uma nova luz. "Acho legal você sair e ter novas aventuras", Liam disse.

Camp Del Ray: No verão passado, um grupo de cinco famílias de nosso bairro Del Ray, cansado das taxas dos acampamentos, do estresse de correr por aí sobrecarregando as crianças, teve uma ideia: durante uma semana, cada família se alternaria para ficar com um grupo de cinco meninas durante o dia, dando a todos os outros quatro dias para se concentrar no trabalho. Sem mesmo eu pedir, Tom, que *nunca* interrompeu o trabalho para assuntos domésticos, sugeriu que cuidaria do nosso dia. Ele fez os arranjos com os pais. Lidou com a chuva de e-mails. Levou as meninas para visitar a NPR (National Public Radio) e o Newseum, e para almoçar fora. E eu tive tempo para escrever este livro.

NOTAS

1. Joan Williams, "Holiday Survival Guide for Women", *Huffington Post* (blog), 20 dez. 2011, www.huffingtonpost.com/joan-williams/holiday-survival-guide_b_1158828.html.

2. Lisa Wade, "Of Housework and Husbands", *Sociological Images* (blog), 11 jul. 2009, http://thesocietypages.org/socimages/2009/07/11/of-housework-and-husbands/.

3. Pew Global Attitudes Project, *Gender Equality Universally Embraced*.

4. Sue Shellenbarger, "Housework Pays Off Between the Sheets", *Wall Street Journal*, 21 out. 2009, http://online.wsj.com/article/SB10001424052748704500604574485351638147312.html.

5. Matthijs Kalmijn e Christiaan W. S. Monden, "The Division of Labor and Symptoms at the Couple Level: Effects of Equity or Specialization?", *Journal of Social and Personal Relationships* 29, n. 2 (maio 2012): 358-74, doi: 10.1177/0265407511431182.

6. Judith Treas, "Why Study Housework?" in *Dividing the Domestic: Women, Men and Household Work in Cross-National Perspective*, ed. Judith Treas e Sonja Drobnic (Stanford: Stanford University Press, 2010), 11. Treas observa que a lacuna salarial nos Estados Unidos, onde as mulheres ganham cerca de 85% do que homens realizando o mesmo trabalho, é uma das maiores no mundo desenvolvido, embora não seja tão grande quanto na Coreia do Sul e no Japão, onde as mulheres ganham, em média, cerca de 65 centavos para cada dólar ganho pelos homens, além de realizar muito mais tarefas domésticas.

7. David A. Cotter, Joan M. Hermsen, Reeve Vanneman, "The End of the Gender Revolution? Gender Role Attitudes from 1977 to 2008", *American Journal of Sociology* 117, n. 1 (jul. 2011): 259-89, doi: 10.1086/658853.

8. "The Top 5 Things Couples Argue About", SixWise.com, www.sixwise.com/newsletters/06/02/22/the-top-5-things-couples-argue-about.htm.

9. Deborah Arthurs, "Women Spend THREE HOURS Every Week Redoing Chores Their Men Have Done Badly", *Daily Mail* on-line, 19 mar. 2012, www.dailymail.co.uk/femail/article-2117254/Women-spend-hours-week-redoing-chores-men-badly.html.

10. Charity M. Brown, "Women Are More Likely Than Men to Give Up Sleep to Care for Children and Others", *Washington Post*, 14 fev. 2011, www.washingtonpost.com/wp-dyn/content/article/2011/02/14/AR2011021405833.html?sid=ST2011021405945.

11. Darby E. Saxbe, Rena L. Repetti, Anthony P. Graesch, "Time Spent in Housework and Leisure: Links with Parent's Psychological Recovery from Work", *Journal of Family Psychology* 25, n. 2 (abr. 2011): 271-81, doi: 10.137/a023048.

12. Gunseli Berik e Ebru Kongar, "Time Use of Mothers and Fathers in Hard Times and Better Times: The US Business Cycle of 2003-10", Levy Economics Institute of Bard College, working paper n. 696, 8 nov. 2011, http://ssrn.com /abstract=1956630.

13. Joel M. Hektner, Jennifer A. Schmidt, Mihaly Csikszentmihalyi, *Experience Sampling Method: Measuring the Quality of Everyday Life* (Thousand Oaks, CA: Sage Publications, 2007), 165. As emoções diferentes, eles escrevem, "podem ser parcialmente atribuídas ao fato de que, quando os dois parceiros estão em casa, é mais provável que os homens se dediquem ao lazer enquanto as mulheres trabalham".

14. Ibid.

15. Reed Larson, *Divergent Realities: The Emotional Lives of Mothers, Fathers, and Adolescents* (Nova York: Basic Books, 1995).

16. Melissa A. Milkie et al., "Time with Children, Children's Well-Being, and Work-Family Balance Among Employed Parents", *Journal of Marriage and Family* 72, n. 5 (out. 2010): 1329-43, doi: 10.1111/j.1741-3737.2010.00768. x. Milkie verificou que as mães se sentem melhor quando dedicam uma atenção focada aos filhos, lendo ou falando com eles. Pais com instrução superior se sentem melhor quando realizam cuidados rotineiros, pois o fazem tão raramente que se sentem esforçados. Homens da classe operária, especialmente os que trabalham por turnos, porém, sempre realizaram mais tarefas rotineiras por necessidade.

17. Hektner, Schmidt, Csikszentmihalyi, *Experience Sampling Method*, 150.

18. Harvard Health Publications, "The Many Faces of Stress", Helpguide.org, adaptado de *Stress Management: Approaches for Preventing and Reducing Stress*, www.helpguide.org/harvard/faces_of_stress.htm.

19. http://link.springer.com/article/10.1007%2Fs10902-008-9106-5.

20. Lawrence A. Kurdek, "What Do We Know about Gay and Lesbian Couples?", *Current Directions in Psychological Science* 14, n. 5 (out. 2005): 251-54.

9
O CULTO DA MATERNIDADE INTENSIVA

Sempre penso em uma boa mãe como... alguém completamente diferente de mim.
- JEAN-ANNE SUTHERLAND, "CULPA E VERGONHA: SER UMA
BOA MÃE E A PARTICIPAÇÃO NA FORÇA DE TRABALHO" -

ÀS 11H DE CERTA MANHÃ, Karen Graf disparou para fora de casa de mau humor depois de cinco horas de sono antes de se dar conta de que tinha saído sem passar desodorante. Ela se concentrara em tirar os três filhos da cama, vesti-los, alimentá-los e despachá-los para a escola com os lanches que tinha preparado; saiu pela porta voando a fim de comprar outra lancheira para o filho que já perdera duas; parou na Staples, pois precisava de tinta para a impressora, e em seguida disparou para a lavanderia. Foi só quando ela afixou cartazes para a próxima eleição do conselho da escola e ficou pronta para bater nas portas a fim de pedir votos que se deu conta da sua pungente omissão.

Em casa para uma rápida aplicação, Graf mergulhou no resto de um dia do que ela chama de "hipermaternidade", a maioria vivida em sua van VW Routan prata. Graf, 42, tem cabelos castanhos na altura dos ombros e círculos marrom-escuros sob os olhos, um problema genético que a maquiagem ajudaria a esconder, ela disse, mas quem tem tempo de aplicá-la? Graf usa uma camiseta branca, tênis e jeans com um rasgo no joelho. No final do dia que passamos juntas, ela havia levado e buscado crianças na escola, a aulas particulares, ao ortodontista, ao playground, à casa, à casa de um amiguinho e, por fim, voltado para casa; os brilhantes cartazes da campanha no fundo da van chacoalhavam a cada curva. Ela se esquecera de levar petiscos para as crianças, cheques para as fotografias da pré-escola e para o professor particular, e de tirar alguma coisa do freezer para o jantar. Em algum ponto do caminho, ela se deu conta de que o tíquete do carro tinha vencido. Desculpou-se profusamente pelo estado "desastroso" de sua casa, com a louça do café da manhã ainda na mesa, as Barbies, jogos de tabuleiro, uniformes de escoteiro amassados e soldados de brinquedo espalhados. Entre uma viagem e outra, ela tinha lido para a filha e jogado uma partida de *Space Faces* com o filho mais novo, descansando a cabeça cansada entre as mãos. Perguntou-se em voz alta sobre a constante tensão entre querer expor as crianças a tudo, preocupando--se em ter exigido demais delas a ponto de fazê-las fracassar. "Mãe!", o filho mais velho chamou do fundo da van. "Você *tem* que cometer erros. É assim que se aprende!" Ela tinha se oferecido para ficar com a filha de outra mãe ocupada durante a tarde e até conseguiu pegar o *meu* filho no treino de corrida. Ela preparara peito de frango para o jantar com a filha, pôs as crianças na cama, assistiu ao jogo dos Giants com um olho enquanto estudava para o debate do conselho da escola com outro, imprimiu mais folhetos para a campanha com a nova tinta para impressora e caiu na cama perto da meia--noite para outra madrugada de cinco horas de sono. Antes de adormecer, perguntou-se se poderia ter feito mais alguma coisa.

"Tenho a sensação de que não faço o bastante", ela me disse. "Falo isso em voz alta e parece loucura. Olho para os meus filhos. Eles parecem felizes. Eu me pergunto por que não estou fazendo projetos de ciências com eles todas as semanas, ou por que não me preocupo por não irmos mais vezes ao museu. Quando eu saí para bater nas portas da vizinhança esta manhã, notei aqueles pequenos enfeites feitos a mão e só consegui pensar em como minha filha queria fazer enfeites comigo. Sempre me censuro por não ser mais habilidosa. Existe sempre uma escala com que você tenta se comparar constantemente."

Graf possui mestrado. Ela teve uma carreira bem-sucedida em administração durante anos antes de ter os filhos, então cuidou deles durante sete anos e meio depois que nasceram. Por querer se envolver na educação deles, foi voluntária na escola, participou ativamente da PTA, passou dois anos reorganizando completamente a avalanche de livros da sala de leitura da escola de ensino fundamental e agora realiza uma campanha para assumir uma posição no conselho escolar. "Sei que é muita coisa", ela me disse com um quê de constrangimento. "Às vezes me pergunto: 'isso é algo típico dos americanos? Ou é só a minha personalidade?'"

Ou ela está apenas tentando viver de acordo com os altos padrões desgastantes e insanos definidos para as mães modernas?

Pedi para passar um dia na vida de Graf não porque ela é uma mãe extraordinária, embora, sem dúvida, ela o seja, mas porque é uma mãe moderna de classe média americana igual às outras.

Mães americanas de todos os tipos – trabalhando, donas de casa, solteiras – não só aumentaram gradativamente a quantidade de tempo que passam com os filhos desde os anos 1960, mas também a intensidade desse tempo, triplicando a "qualidade" de horas interativas passadas lendo, conversando e brincando. E, quanto mais instrução, mais tempo é passado com os filhos. A intensidade do tempo aumentou ao mesmo tempo em que o número de mães ativas na força de trabalho quase *dobrou*. Agora, a América é o país que tem a maior porcentagem de mães que trabalham. Elas estão entre as que trabalham o maior tempo em período integral. Trabalham as horas pagas mais extremas. Fazem isso apesar de labutar em alguns dos locais de trabalho mais exigentes e insensíveis do mundo, com as políticas mais avessas à família do que as de qualquer país desenvolvido. E, comparadas a mães de outros países, as americanas passam a maior parte do tempo com seus filhos, sacrificando sono, cuidados pessoais e tempo de lazer. Hoje, mães que trabalham, como eu, passam tanto tempo cuidando dos filhos como as donas de casa dos anos 1960 – cerca de 11 horas por semana, segundo pesquisas de tempo. O tempo que mães donas de casa, como Graf, passam cuidando dos filhos aumentou para 17 horas por semana (o tempo que os pais dedicam às crianças aumentou de 2 a 7 horas por semana no mesmo período). E esse é o tempo que as mães passam só cuidando ativamente dos filhos. Mães que trabalham passam 42 horas por semana *com* os filhos, mais do que metade das horas em que estão acordadas e não estão no trabalho; mães donas de casa, uma quantidade expressiva de 64 horas.[1]

E, mesmo assim, as mães dizem aos pesquisadores de tempo que acham não ser suficiente.

A mídia está repleta de histórias sobre a mãe-helicóptero supercontroladora pairando sobre o precioso filho, como aquela que processou a pré-escola que custa 19 mil dólares por ano em Nova York por não desafiar suficientemente o filho de 4 anos.[2] É uma caricatura que quase todos nós podemos observar com alívio e dizer: "Bem, pelo menos eu não sou *tão* maluca". Mas não se consegue esse tipo de números de diários de tempo com um monte de mães-helicóptero loucas voando por aí. Consegue-se esses números que sugam o tempo somente se *toda a sociedade* estiver nas mãos de mães que cuidam dos filhos de modo intenso. Eu com certeza não sou exceção. Li os livros, como o de Judith Warner apresentando o "culto da maternidade perfeita", *A loucura perfeita*. Acompanhei o grande número de blogs de mães e percorri os estudos atordoantes sobre o quanto mães perfeccionistas americanas podem ser loucas. Testemunhei a competição delas nos playgrounds e vejo isso todos os dias na minha agenda de endereços de e-mails. "Alguém sabe onde posso encontrar aulas de arte para o meu bebê?"; "Devo pôr o meu filho de 3 anos nas aulas de mandarim?" Eu sinto isso até nas conversas mais banais. Outro dia, uma amiga me disse que inscreveu o filho em um renomado acampamento de esgrima. "Isso pode levá-lo às Olimpíadas", ela declarou. Imediatamente, fiquei tomada por um pânico cego de que nenhum de meus filhos estava no caminho para participar das Olimpíadas, censurei-me por falhar com eles e me perguntei por uma fração de segundo se agora era tarde demais para começar.

A intensidade começa cedo, com aulas de Mamãe e Eu, e correndo atrás de criancinhas no parque para evitar uma queda. Ela continua durante os anos escolares com ampla programação de esportes – equipes que "viajam" conquistam direitos especiais para se vangloriar – e intermináveis aulas enriquecedoras com os "melhores" professores e projetos como os dioramas de Forte Ticonderoga adoravelmente construídos altas horas da noite com palitos de sorvete (não, eu não fiz isso, mas eu o vi na exposição de uma escola). A intensidade superaquece quando se aproxima a hora de ir para a faculdade. Uma amiga em Saint Louis já entrou em contato com um caro instrutor de preparação para a faculdade que a aconselhou a fazer a filha se associar a clubes agora, nos quais possa assumir um papel de liderança. A filha de minha amiga tem 12 anos. E a intensidade, como uma supernova de medo em explosão, culmina com funcionários frustrados responsáveis pelas admissões enviando e-mails sobre notas e horários de aulas e recrutadores de emprego pedindo aos pais gentilmente que não redijam currículos ou fiquem esperando do lado de fora nas entrevistas.[3]

Acadêmicos dizem que a maternidade intensiva é um fenômeno da classe média branca. Mães da classe média, afirmam pesquisadores, praticam um "cultivo pactuado" e investem tempo nos filhos como se eles fossem títulos altamente rentáveis com pagamento a longo prazo. Mães da classe trabalhadora cuidam dos filhos de uma forma mais natural e independente.[4] Mas eu fico na dúvida. Os estudos de tempo afirmam que todo mundo aumentou o tempo com os filhos. E algumas de minhas pesquisas mostraram um quadro mais complicado. Quando conheci Elizabeth Sprague, 31, mãe solteira de quatro crianças em Frederick, Maryland, ela se virava com cerca de 1.700 dólares por mês da pensão alimentícia e vales-refeição e tentava ganhar alguns trocados vendendo anúncios na internet enquanto as crianças cochilavam. Sprague tentara trabalhar, mas não apenas o custo das creches para quatro crianças era "insano", como ela se preocupava com o fato de que trabalhar não era algo que uma "boa mãe" fazia. "Todos gostam de ter algum prazer na vida, e então ninguém quer ser pobre", ela me disse, nervosamente puxando o longo rabo de cavalo. "Mas você também não quer se perguntar o que o seu filho faz o dia todo enquanto você está fora." Quando ela voltou do trabalho certo dia e encontrou o bebê com cheiro do perfume de outra mulher, a culpa foi demais. Ela pediu demissão.

Durante gerações, grande porcentagem de mães afro-americanas sempre trabalhou, assim como a mãe de uma mulher chamada Kesha que conheci pela Mocha Moms, um grupo de apoio nacional para mães de cor. No entanto, Kesha, com MBA, saiu do mundo corporativo para ficar em casa com os filhos durante algum tempo. Ela se sentiu pressionada a sair por uma cruel cultura que exige a presença física do trabalhador ideal com pouca flexibilidade – muitos de seus colegas tinham esposas donas de casa – e que não lhe dava tempo para cuidar dos filhos do jeito que desejava. Às vezes, ela também sentiu a pressão de atender ao que chama de o "padrão inatingível da função de mãe". "Durante os últimos 20 anos, parece ter se criado esse mantra de que a maternidade é a mais difícil, mais importante e a melhor função do mundo", ela falou. "Não sei onde começou, talvez nas sitcoms, ou com a *Oprah*. Você ouve quando as pessoas deixam suas posições visíveis a respeito: 'O melhor tipo de mãe é o tipo que pode mostrar ao filho que as mulheres podem ter tudo!'; 'Não! A melhor mãe é a dedicada ao filho, que está lá para o que der e vier!'; 'A melhor mãe proporciona um sistema imunológico saudável para os filhos amamentando-os durante dois anos!'. Todo mundo tenta se encaixar nesse papel agora." Certo dia, ela falou com a própria mãe sobre como os padrões hoje são muito mais elevados. "Quando eu disse a ela o que as pessoas esperavam que as mães fizessem para criar uma criança equilibrada, percebi o momento em que ela começou a franzir a testa", Kesha falou. "Então ela semicerrou os olhos e me fitou com uma expressão do tipo 'quê?'. E perguntou: 'Quem é que está criando todos esses novos padrões?'."

※ ※ ※

Eu queria saber *por quê*. Por que o ícone cultural da mãe ideal que se sacrifica atingiu proporções tão monstruosas? Por que gastamos tanto de nosso tempo precioso lutando para ser mais como ela e nunca conseguindo? Por que os ataques mútuos em guerras intermináveis entre mães que trabalham e donas de casa?

Ao contrário do que ocorria nos dias antes da pílula e dos tratamentos de fertilidade, hoje os casais têm menos filhos e os têm mais tarde na vida, gastam mais com eles e costumam planejá-los. "Famílias menores contribuem para a ideia de que cada criança é mais preciosa, e assim você se dedica de modo que cada uma se torne um adulto bem-sucedido", a socióloga da Universidade de Maryland, Melissa Milkie, disse. "É a *preocupação* com isso que torna a maternidade tão intensa."

Ideais culturais como o da mãe ideal são, por sua própria natureza, inatingíveis, Milkie explicou. "Mas a lacuna entre o que esperamos de uma boa mãe e quem nós somos nunca foi tão ampla como parece agora."

A mãe ideal tornou-se tão poderosa que até os acadêmicos que estudam a maternidade intensiva não estão imunes a suas exigências. Carin Rubenstein, psicóloga social, admitiu pesarosa em seu livro *The Sacrificial Mother* (A mãe que se sacrifica) que seguiu uma acadêmica de estudos clássicos que seria entrevistada pelo filho da terceira série para um projeto de classe. Rebecca Deen, chefe do departamento de Ciências Políticas da Universidade do Texas, em Arlington, viu-se passando horas assando biscoitos, servindo na PTA e organizando o "Almoço da Turma de Sexta-feira" na escola do filho. "Meu marido me diz: 'Você é uma mãe intensa demais. Por que trabalha tanto como voluntária na escola?'", ela contou. "E eu respondi: 'Porque é importante que esse diretor me veja, que seu professor saiba que sou *aquela* mãe, a que está lá, não uma *daquelas* mães que não estão.'"

Deen e a colega Beth Anne Shelton, socióloga, descobriram que a*quela* mãe, que, é claro, *não* trabalha e *não* precisa de ajuda do parceiro, do marido, da babá ou da família, lança uma longa sombra. No estudo que realizaram sobre a cultura materna em comunidades escolares, descrevem que as mães que trabalham agem como "camaleões" e procuram "passar" na cultura das mães de tempo integral. Elas usam o "uniforme" de mães de tempo integral – moletons, roupas casuais ou jeans. Ninguém fala sobre se trabalham ou têm horários flexíveis ou fazem trocas complicadas necessárias para estar na escola ou em uma reunião da PTA no meio do dia (os pais na escola têm sua própria organização, mas eles se encontram à noite ou nos fins de semana). Às vezes, a mãe que trabalha pode ser encontrada apenas se receber um e-mail em seu endereço profissional. "Essas mães se encaram como mães de período integral e se ajustam a sua identidade profissional", disse Shelton, que confessou também ser uma mãe-camaleão. "O que não deixa tempo para mais nada."

Durante o caos de seu dia, fiquei espantada com a aura de calma que Graf manteve. Por eu ser uma mãe que trabalha, também sentia umas pontadas de culpa quando a observava, uma mãe dona de casa, dedicando-se aos filhos de um jeito para o qual eu nunca tive tempo. Talvez, eu disse, ela pareça calma porque tem confiança de estar mais perto do que uma mãe ideal deveria estar. Ela sacudiu a cabeça. "Mães que trabalham como você sentem-se culpadas, preocupadas com 'Sou mãe suficientemente boa? Passo bastante tempo com meus filhos?'. E mães donas de casa como eu sempre estão se perguntando 'Estou fazendo o suficiente? É essa a coisa certa? Deveria eu estar trabalhando? Para que estudei tanto?'. Nós estamos nos torturando." Cada uma está dominada pela culpa e impelida a compensar a vida ilusória de que nos privamos.

Alguns meses depois de me encontrar com Graf, após ela não só vencer a eleição para o conselho da escola, mas ser eleita sua presidente, ela entra voando pela porta depois de acabar de apanhar as crianças na casa de amigos e aproveita um raro momento para sentar-se à mesa da cozinha e tomar uma xícara de chá. O marido está na Índia a trabalho e sua mãe, Janet Wood, veio de Pittsburgh para uma visita e cuidar dos netos enquanto ela vai a uma conferência do conselho da escola. Graf tem uma questão crucial para ela.

"Tenho a impressão de que você olha para mim e acha que estou louca", Graf diz.

Wood, 71, uma mulher calma de olhos bondosos, parece confusa.

"Quer dizer, ser mãe hoje em dia deixa a gente ansiosa e sem fôlego", Graf continua. "Tenho a impressão de precisar expor meus filhos a muita coisa. Há muita pressão para seguir *todos* os caminhos e há *tantas* atividades que eles podem realizar. Eu me preocupo em fazer com que cheguem à faculdade. E parece que as pessoas estão entrando em pânico porque não conseguem mais identificar a fórmula para o sucesso."

Wood sacode a cabeça.

"Não, não acho que está louca. Acho que você é demais. Sempre falo de você como a 'Mãe Terra'", ela diz. "Mas eu não sentia a mesma pressão que você sente."

Duas gerações atrás, a maternidade era diferente, Wood afirma. A maioria das mães que conhecia no início dos anos 1970 ficou em casa para criar os filhos, assim como ela parou de lecionar quando Graf nasceu. Desse modo, nunca houve dúvida alguma sobre elas terem feito a escolha "certa". Simplesmente era o que todo mundo fazia. Não que os pais não realizassem coisas insensatas para auxiliar os filhos. "Quando você nasceu, o seu pai comprou um caleidoscópio com luzes e fez você olhar nele", Wood conta, revirando os olhos. "Isso devia fazer você ficar inteligente." Wood inscreveu Graf e a irmã em algumas atividades por diversão, ela diz, mas não achou que o futuro delas dependia de serem excelentes nelas.

"E é isso que também parece diferente", Graf fala. "As atividades de hoje são encaradas com muita seriedade. Os garotos só podem se inscrever nos jogos de basquete se jogarem todas as partidas. Isto é, quando se tornarem mais velhos, tudo bem, mas eles têm 7 e 8 anos. Temos dois compromissos de esportes, escotismo, aniversários e aulas todos os fins de semana. Tudo é sério demais."

Wood assente. Por crescer na Califórnia, Graf e a irmã passeavam pela vizinhança e pelo parque próximo. E, mesmo então, Wood conta, a sua liberdade não era nada comparada com a que ela tinha na infância. "Vivíamos no pé das montanhas. Preparávamos um lanche e vagávamos nos bosques, brincávamos nos córregos, em Deadman Pass, e ninguém se preocupava com isso", ela diz. "É uma pena as crianças não poderem mais fazer isso."

🐻 🐻 🐻

Eu começava a descobrir que o culto da maternidade intensiva funciona impelido por culpa, medo e ambivalência. Vamos começar com a culpa. Por que tantas mães que trabalham fora – ¾ de todas as mães de filhos pequenos – acham que nunca passam tempo suficiente com os filhos? Provavelmente porque muitas pessoas lhes têm dito que elas não passam. Li diversas vezes que mães que trabalham "abandonam" os filhos, "e os jogam em creches do jeito que alguém deixa um poodle no hotel para cães", declarou certo escritor conservador.[5] Susan Chira, em seu livro de 1998, *A Mother's Place* (O lugar da mãe), catalogou a chuva de manchetes ao longo dos anos que reforçavam esse conceito: "O mito do tempo de qualidade: como estamos ludibriando nossos filhos"; "A sua carreira pode prejudicar seus filhos?"; "O tormento dos pais que trabalham: adolescentes depois das aulas".[6] Em um discurso de 1999, o presidente Bill Clinton lamentou o fato de os pais passarem 22 horas a menos por semana com os filhos do que nos anos 1960.[7] E, alguns anos antes, em 1991, a conservadora Heritage Foundation publicou um artigo advertindo que "o maior problema enfrentado pelas crianças de hoje é a falta de tempo e atenção por parte dos pais".[8]

Porém, se os estudos de tempo mostram claramente que este *não é* o caso, que as mães estão, de fato, passando mais tempo e tempo mais intenso com os filhos, por que tantas pessoas acham que é?

Muitas, sob o feitiço da mãe ideal, apenas desejam que seja real. E outras foram influenciadas pelo estudo de tempo de ninguém mais que John Robinson, o pesquisador do uso de tempo da Universidade de Maryland que me afirmou que as mulheres tinham 30 horas de lazer. Nos anos 1990, Robinson fez um cálculo que mostrou que entre 1965 e 1985 o tempo das mães com os filhos caiu alarmantes 40%. A mídia ficou inquieta, citando a estatística em mais de 50 artigos, vários livros e ensaios lamentando as mães ausentes, filhos sozinhos em casa e a estrutura emaranhada de nossa sociedade, impossível de consertar.[9]

O único problema? Os cálculos estavam errados.

Robinson rapidamente publicou a correção. O *U.S. News & World Report* publicou uma investigação minuciosa, "O mito dos pais AWOL (ausentes sem permissão oficial)", dizendo: "O conto da escassez de tempo dos pais foi construído com base em erros e mal-entendidos".[10] No entanto, anos depois, quando o número incorreto ainda era transmitido em círculos conservadores, Robinson queixou-se para Ann Crittenden em seu livro *The Price of Motherhood* (O preço da maternidade) que seu erro era usado por ideólogos cuja "intenção é fazer as mães voltarem para casa".[11] O mal, entretanto, estava feito. Estudos de tempo mostram hoje que o tempo das mães com os filhos têm subido extraordinariamente à custa de sono, cuidados pessoais e lazer desde... 1985.[12]

Essa crença cultural forte, insidiosa e, às vezes, inconsciente de que mães que trabalham são péssimas mães e a pressão que sentem para provar que não são impulsionam grande parte de sua culpa, afirmou Jean-Anne Sutherland, socióloga da Universidade da Carolina do Norte, em Wilmington. Da mesma forma que a pressão impulsiona as mães donas de casa a viver de acordo com o modelo de mãe ideal. Sutherland começou a estudar as mães intensivas e a culpa quando teve o primeiro filho. "Eu me sentia muito culpada o tempo todo. Culpada por ficar em casa. Culpada por ir trabalhar", ela contou. Ao começar a entrevistar mães, ela se deu conta de que os grandiosos padrões da mãe ideal que todas procuravam atender eram tão inatingivelmente altos, que estavam envoltos em culpa, não importa o que fizessem. "Todos acham que as outras pessoas conseguem. Isso faz com que se queira participar de uma reunião de grupo e dizer: 'Ei, só 2% de nós estão tendo êxito e nós não gostamos delas, elas não são nem um pouco divertidas'. O resto de nós está apenas sobrevivendo", ela disse. No entanto, mesmo agora, 14 anos depois de começar os primeiros estudos, Sutherland não está imune. "Uma amiga minha tem três filhos. Ela cria galinhas no quintal dos fundos. Os filhos andam de patins dentro de casa. Ela tem nove gatos. É uma confusão, realmente divertido e descontraído", ela falou. "E eu tenho uma filha. Sou mãe solteira. Assisto a filmes. Minha casa é limpa. E muitas vezes eu digo: 'Eu deveria relaxar mais. Eu deveria ter galinhas.'"

Minha mãe cresceu nos anos 1930 e 1940 e teve *uma* festa de aniversário, e a perdeu porque ficou tempo demais em uma sessão dupla de cinema. Quando cresci nos anos 1960 e 1970, minhas festas de aniversário eram reuniões calmas com jogos do tipo cabra-cega, alguns amigos, um bolo caseiro de pão de ló deliciosamente torto e presentes simples como uma corda de pular. Para os meus filhos, entretanto, crescendo nos anos 2000, preparei festas de aniversário com extravagâncias que às vezes levei semanas para planejar. Comecei quando meu filho era bebê e fomos convidados para a festa de aniversário de 1 ano de uma criança. Em um instante atordoante, aprendi até que ponto a ordem do mundo infantil tinha mudado. Havia *pôneis*. Quando chegou a época do aniversário do meu filho, eu me senti compelida a contratar uma mulher para cantar músicas e tocar instrumentos. Como eu poderia não fazer isso? Comprei um bolo na confeitaria para que ficasse perfeito com aqueles lindos quadrados de cobertura na forma de presentes para bebê. Sei que as criancinhas teriam alegremente enfiado qualquer tipo de confeito, ou dedos, ou terra em suas bocas. Mas eu me lembro de assistir como se estivesse fora do meu corpo. De um lado, eu sabia que era ridículo. Mas de outro, parecia que não podia me impedir.

A festa de aniversário com a cantora foi seguida por uma enxurrada de festas com piscina de bolinhas, ginástica em um centro recreativo próximo, astronautas, tema *High School Musical*, karts, discotecas, chá, espaço para fazer doces. A mania de festas de aniversário atingiu seu ápice quando, no aniversário de 8 anos de meu filho, preparei o ataque inteiro do Dia D, pois ele era obcecado pela série *Band of Brothers*; e quando emprestei colunas jônicas e transformei o quintal no Monte Olimpo para a festa de aniversário de minha filha, fantasiada de deusa grega.

Sinto-me até constrangida por escrever o que nós... eu... fiz para nossos filhos. Na época, as festas pareciam muito normais, em total concordância com as festas de pirata ou temas havaianos, caminhadas na natureza e experiências científicas oferecidas por seus amigos. Simplesmente era o que todos faziam. Marqueteiros calculam que o pai médio gasta centenas de dólares para criar a "magia do aniversário" para a festa de um filho.[13] O Learning Channel até apresentou um show chamado *Outrageous Kid Parties* (Festas Infantis

Chocantes), as quais tinham carpetes vermelhos, tratamentos em spas, rodas-gigantes, palhaços de circo, trapézio, caminhões de bombeiros e 350 convidados, totalizando algo entre 30 e 60 mil dólares. "Eu faço qualquer coisa por meus filhos", anunciou uma mãe.[14] Karen Graf também gastou centenas de dólares no aniversário da filha, apenas porque seu filho elogiou a festa de um amigo que foi pouco mais que um empolgante pega-pega. Talvez nós, pais, estejamos revivendo a própria infância, como supõem alguns acadêmicos. Sociólogos argumentam que exibimos nosso status social um para o outro. Mas, sinceramente, eu não senti como se estivesse me exibindo, recapturando minha juventude ou acompanhando o ritmo dos Jones. Mais exatamente, eu sentia "provar" para quem quer que estivesse vendo que eu, também, era uma boa mãe, mesmo trabalhando, usando essas festas de aniversário como as orgulhosas penas de um pavão de amor materno.

🐞 🐞 🐞

E então há o medo. O medo do futuro.

Para Margaret Nelson, socióloga na faculdade Middlebury, em Vermont, e autora de *Parenting Out of Control* (Pais fora de controle), a entrada do pânico na maternidade teve início nos anos 1970 à medida que os empregos estáveis com bons salários e os de operários começaram a migrar para o exterior ou fábricas fecharam as portas. Conforme as fábricas fechavam, surgiam estudos mostrando que pessoas com curso superior ganham pelo menos 1 milhão de dólares a mais durante a vida do que pessoas com curso médio.[15] A faculdade tornou-se o único caminho seguro para a mobilidade ascendente e, para pais inquietos, quanto mais elitizada a faculdade, melhor. "Pais da classe média e classe média-alta estão desesperadamente frenéticos. Eles querem garantir que os filhos não sejam deixados para trás", ela me disse. "Há muita competitividade porque há muito em jogo."

E temos medo do que estamos fazendo, ou não fazendo, aos cérebros de nossos bebês.[16] O cérebro de um bebê pesa 3/4 do de um adulto, mas é duplamente ativo. Cada neurônio se torna mais forte e poderoso, formando gavinhas de axônios e dendritos com uma velocidade extraordinária e fazendo até 10 mil novas conexões cada um. Isso é um quadrilhão de novas conexões

– o dobro do encontrado em um cérebro adulto – até quando a criança completar 3 anos.[17] Nós, mães, fomos advertidas de que todos esses minúsculos neurônios precisam ser adequadamente "estimulados" ou *desaparecerão para sempre* antes que nossos bebês aprendam a tomar água sozinhos. É muito fácil ser uma mãe que deixa a desejar e ofuscar o potencial de seu filho se não passar horas girando aqueles caros móbiles pretos, brancos e vermelhos sobre a cabeça dele, colocar Mozart para ele ouvir ou sentá-lo diante daqueles vídeos de "bebês Einstein" que parecem algo saído de um show gotejante de ácido da banda Greatful Dead.[18]

E sentimos absoluto terror em relação a todo o resto. Na verdade, é um terror tão profundo que Eden Kennedy, escritora e bibliotecária, satirizou-o em *Let's PANIC About Babies!* (Vamos entrar em PÂNICO em relação aos bebês!). Ela afirmou que nos preocupamos com a possibilidade de estarmos criando o tipo de ligação íntima com nossos filhos que gostaríamos de ter tido com nossas mães, e assim passamos horas incontáveis com eles. Não conseguimos deixar de sentir uma desconfiança persistente de que o sistema escolar não está fazendo o suficiente, de modo que precisamos compensar essa deficiência em casa. O medo se instala com cada nova notícia sobre o sequestro de uma criança[19] ou tiroteio em uma escola. Assim, mantemos nossas crianças do lado de dentro, chamamos coleguinhas para brincar, vamos com eles ao parque ou enchemos seu tempo com atividades. E há a apreensão de que, como diz Karen Graf, em um mundo imprevisível ninguém mais conhece a fórmula de sucesso. "Tenho a sensação de que, se não preparar o meu filho para tudo que ele vale, não vai haver nada para ele", Kennedy disse. "Parece que não há segurança. Então, se ele precisar andar com os próprios pés e usar sua inteligência, devo *garantir* que ele tire nota 10 no exame de história!"

Graf adoraria parar de se preocupar. "Mas é preciso ter coragem", ela disse. "Você é muito criticado por isso."

☙ ☙ ☙

Essas críticas por ousar desafiar a mãe ideal é o estilhaço perdido das guerras sangrentas das mamães, travadas no campo de batalha da ambivalência. O levante social maciço da última metade do século 20 que enviou as mulheres para as faculdades, impelindo-as para o mundo profissional dos homens, foi tão profundo e veio tão rápido que ninguém mais tem certeza do que é uma "boa" mãe. Que mãe representa os valores familiares "corretos"? Qual é a "melhor" forma de criar os filhos? A ambivalência faz todo mundo olhar por cima do ombro, espiar pela sua cerca dos fundos, comparar, julgar, competir e correr para checar a mais recente moda para os pais em busca de uma certeza maior. Entre em qualquer livraria e você vai encontrar prateleiras cobertas com 25 livros diferentes de 25 autores diferentes instando-o a ser pai de 25 modos diferentes. Os experts são seguidos com algo semelhante ao fanatismo. Eu assisti a uma aula em Portland, Oregon, na qual um expert de "criação com apego" mostrou aos pais como enrolar *slings*, *wraps*, bolsas de cangurus em seus corpos para carregar com conforto os bebês cada vez mais pesados até a idade de 3 anos.

Como treinar o uso do peniquinho, se devem amamentar ou usar mamadeira, que tipo de fraldas usar são temas tensos. Revelá-los em público pode ser o mesmo que tirar o pino de uma granada. Isso é feito com o risco de arruinar festas, destruir amizades e ver a confiança de estar realizando a coisa certa totalmente despedaçada. A combinação de ambivalência e a iniciativa americana para buscar o sucesso mantêm todos em um estado de confusão. "Vivemos em uma sociedade orientada para as realizações", disse Sharon Hays, socióloga e autora de um livro inspirador sobre maternidade intensiva, *Contradições culturais da maternidade*. "Faz muito sentido que você preste atenção a todas as novas tendências, que conheça todos os MELHORES e novos meios de ser pai, não apenas ser tão bom quanto os Jones, mas ser *melhor* pai do que os Jones."

Se as mães que trabalham são consideradas mulheres egoístas que abandonam seus filhos, então mães donas de casa são criticadas por serem más feministas. Embora elogiadas por serem melhores mães, o trabalho que fazem, não apenas em casa, mas também nas escolas, igrejas e organizações comunitárias, continua não valorizado e invisível. Os dois ambientes contribuem para o culto da maternidade intensiva. O que pesquisadores lhe dirão é que donas de casa instruídas transformaram a maternidade em uma profissão. E mães que trabalham compensam excessivamente sua culpa exagerando no cuidado com os filhos. Ambos os lados tentam superar o outro (ou, pelo menos, acompanhá-lo). E ambos são vencidos pela ambivalência esquizofrênica da cultura. Sociólogos que analisam revistas femininas constataram que, embora os artigos costumem focar mães que trabalham e preterir as mães donas de casa por serem superficiais, todas as imagens glorificam a exaltação criada pela mãe ideal.[20]

Basta se aventurar no mundo anônimo das listas de e-mails sobre cuidados com filhos que não pertencem a nenhuma mulher e blogs de mães na web e, às vezes, tem-se a impressão de que se aterrissou em meio a uma brutal Guerra Civil de Maternidade. Cada novo estudo é rapidamente devorado e usado como munição para sustentar sua posição ou lançar uma saraivada de ataques ao outro. As mães que trabalham são mais felizes.[21] As mães donas de casa cozinham, fazem compras e brincam mais com os filhos![22] Mães que trabalham são mais saudáveis.[23] Os filhos de mães donas de casa são expostos a menor quantidade de germes![24] Kathryn Masterson, jornalista e mãe grávida desnorteada, escrevendo no *City Paper* de D.C. de modo brilhante – e depressivo –, captou esse cenário marcado pelas cicatrizes seguindo os ataques anônimos de morteiros sobre o popular programa Listserv DC Urban Moms sobre... *carrinhos de bebê*. "Bugaboo é sofisticado e moderno, Maclaren é destinado para a classe-média alta muito instruída. Graco é para a classe baixa", uma das mães escreveu.

Uma mãe de Georgetown que se autodescreveu como "altamente instruída" e dona de um Bugaboo não se conteve. "Não dou a mínima se vocês todas me julgarem", ela escreveu. "Nós provavelmente não seríamos amigas se nos encontrássemos no parque, e isso também está ótimo."

E a guerra de chamas se iniciou. Em 19 páginas de comentários, mães apresentaram suposições sobre a classe, instrução, nível de renda e profundidade do amor pelos filhos das outras mulheres. Epítetos começaram a voar. Até que o último golpe mortal aterrissou e silenciou a discussão do carrinho de bebê: "Vocês estão matando o planeta, desperdiçam seu dinheiro e vestem roupas engraçadas nos filhos. Como não julgar vocês?".[25]

A guerra dos experts não começou com essa geração. Considere esse conselho de Granville Stanley Hall, fundador da psicologia infantil, em 1899: "Todo esse lixo que ensinam às crianças sobre as pequenas fadas da chuva com seus baldes lavando os vidros precisa desaparecer. Precisamos de menos sentimentalismo e mais surras". Luther Emmett Holt, um dos criadores da pediatria, disse que, quanto menos se brinca com as crianças, melhor. Gritar, ele escreveu, era "o exercício do bebê".[26] Até a Primeira Guerra Mundial, a maioria dos lares de classe média empregava criados que, como Mary Poppins, cuidavam de quase toda a criação das crianças – quase metade das mulheres que trabalhavam prestavam serviços domésticos.[27] Quando as mulheres da classe operária foram trabalhar nas fábricas e as mulheres de classe média foram deixadas por sua própria conta, os experts advertiram que elas eram mães emocionais demais e não deveriam sufocar os filhos, mas, sim, levá-los em rédea curta.[28]

Essa abordagem impessoal à criação dos filhos foi seguida por uma época mais permissiva nos anos de 1930. Porém, a tendência foi rapidamente desacreditada no best-seller de 1942 de Philip Wylie, *Generation of Vipers* (Geração de víboras), que advertia que muito amor materno "infantilizaria" as crianças. O pêndulo balançou para o outro lado com as mães sacrificadas e indulgentes da TV dos anos 1950, como Donna Reed. Em seguida, veio a "negligência benigna" dos anos 1960. Depois o movimento feminino, partes do qual denegriam o casamento e a maternidade como instituições de um patriarcado opressivo, e, agora, a maternidade intensiva.

Atualmente, até mesmo quando as mães trabalham muitas horas em seus empregos, o movimento da Nova Domesticidade instiga a mãe ideal a criar galinhas, plantar hortas orgânicas, tricotar, fazer conservas de legumes e até dar aulas para as crianças em casa.

A quantidade de crianças que têm aulas em casa na América – dois milhões – se equipara à quantidade das que frequentam escolas *charter* (escolas que funcionam de modo independente, mas com fundos públicos).[29] E agora, mães que ensinam os filhos em casa não são apenas religiosas, como ocorria no passado. Um número crescente é como Lisa Dean, formada na Escola de Direito Vassar e Georgetown, que alegremente desistiu de um emprego estressante de 64 horas por semana de advogada imobiliária para ensinar os dois filhos. Quando Dean fundou a Columbia Homeschool Community em Maryland, em 1999, ela tinha quatro membros. Em 2012, quando chegou a 225 famílias e 500 crianças, ela teve de encerrar o recebimento de novos membros porque a organização se tornava muito grande. O ensino doméstico é hoje uma grande indústria, com livros, materiais e dias especiais para excursões dos alunos a lugares como Colonial Williamsburg. "O ensino doméstico toma todos os momentos de sua vida", ela me disse. Dean contou que ficou acordada até as 4h preparando aulas. Ela é o tipo de professora que, quando os filhos estudavam Rembrandt, costurou um gorro com um esfregão para a filha a fim de ela se parecer com alguém que ele poderia ter pintado. Ela fez os filhos dissecarem o olho de uma vaca na cozinha e transformou todas as férias em uma experiência educacional, com criação de diários e ensaios criativos para serem entregues depois. Também organizou reuniões mensais, festas com integrantes do ensino doméstico, dias de passeio em campo, concursos de Natal. Ela levou os filhos a mesquitas quando estudaram o Islã, começava as aulas às 11h quando seus cérebros adolescentes precisavam de mais sono, e tinha dias em que todos ficavam de pijama e apenas liam. Além disso, organizou acampamentos de verão em que os filhos brincavam no córrego atrás de sua casa e, quando as cigarras apareciam em profusão, ela assava biscoitos de insetos com elas. "Talvez eu seja culpada de ser a pior mãe-helicóptero de todos os tempos", ela disse. "Mas acho que não poderia ter encontrado um meio de passar o meu tempo de modo mais proveitoso."

Então, quem está certo? O que é melhor? E, mais importante, como podemos deter essa "loucura de perfeição"?

🐞 🐞 🐞

Um grupo de mães encontra-se sentado ao redor de uma longa mesa em um café movimentado em Portland, Oregon. Elas têm se reunido há mais de um ano, calmamente procurando refúgio do culto à maternidade intensiva a sua volta, tentando responder a essas perguntas. Enquanto pedem entradas orgânicas e copos de vinho, explicam como têm se sentido exaustas com as guerras maternas. Elas se revezam levando os filhos à escola, correm com as crianças para e de aulas, preocupam-se com as lições de casas e voam de uma missão a outra como mães-helicóptero. Elas conhecem o medo, a culpa, a ambivalência. Elas sentiram a competição por parte de pais que ensinam cálculo ao filho da sexta série para lhe dar uma vantagem. Elas tentaram ser perfeitas.

E estão fartas. Querem não apenas parar de sentir, como uma das mães disse, que o tempo passa voando "como um lunático enfurecido", mas também descobrir não como viver de acordo com os padrões inatingíveis da mãe ideal, mas como criar seu próprio.

Algumas mães trabalham período integral, outras são donas do próprio negócio, trabalham meio período, em casa ou cuidam dos filhos em período integral. Elas chamam seu grupo de Mães da Simplicidade, pois, sim, elas também têm seguido um expert – um que defende um estilo que ele chama de Pais da Simplicidade. Realmente, responder a essas perguntas é um motivo para se reunir e, pelo menos durante uma hora por semana, sair da loucura da criação de filhos tempo suficiente a fim de ver como elas entraram nela e ajudarem umas às outras a encontrar um jeito de sair. As Mães da Simplicidade vivem longe das próprias mães, avós, irmãs, tias e sensatas mulheres mais velhas que poderiam olhar para elas com olhos semicerrados e, como a mãe de Kesha, perguntar: "Quem está criando todos esses padrões?". E então dizer que respirem. Assim, elas mesmas tentam fazer isso umas às outras.

"Honestamente, não é tão difícil apenas ceder e ser levado pela inércia", diz uma das mães.

"Inércia?", pergunto. "Não é essa a força que evita que você se mova?"

"Estou me referindo à inércia de acompanhar o que todos os outros estão fazendo", ela responde. "'Você se inscreveu nessa aula?', 'Seus filhos precisam fazer isso', 'Eles realmente deveriam tentar aquilo.' É necessário muito esforço consciente para recuar."

Outra mãe, Jen Yoken, admite que foi necessário um furacão para ela se dar conta do quanto sua vida tinha se tornado impossível de viver. Durante duas semanas, a família viveu sem energia elétrica e dormiu em colchões improvisados no chão da área de serviço, comendo qualquer enlatado que tinham na despensa. "No início, achei que teríamos um colapso nervoso, mas depois percebi que nunca tinha me sentido mais calma", ela diz. "Acendemos velas. As crianças montaram uma barraca. Não tínhamos escolha senão viver com simplicidade." E ela queria manter esse espírito vivo depois que a energia voltou.

Cassandra Dickson, escritora, frequentou escolas Quaker, sentindo-se, assim, sempre atraída pela beleza da vida simples. Ela foi uma das primeiras que procurou outras mulheres que queriam escapar à maternidade intensiva. "Parecia que havia esse novo tipo de vertigem no mundo e que todas pensavam que só acontecia com elas. Havia um tipo de código de silêncio para que ninguém falasse a respeito", Dickson explicou. "Quando você pode contar histórias, quando pode ficar vulnerável dentro de um grupo, então você cresce e se sente mais forte. Há a oportunidade de fazer uma verdadeira mudança, mesmo que pequena."

As Mães da Simplicidade serão as primeiras a lhe dizer que ainda não chegaram a um resultado. Mas estão tentando. Quando me encontrei com elas, tinham designado umas às outras a tarefa de encontrar tempo para si mesmas, o que, a maioria admitiu, nunca foi uma prioridade.

"Eu me sentei ao pé da varanda ao sol, e só tentei estar presente. Depois comecei a me sentir culpada, como 'Ah, meu Deus, estou gastando 15 minutos tentando não fazer nada'", disse Megan Galaher. "Mas pelo menos eu consegui meus 15 minutos esta semana."

"Era para ser 15 minutos por *dia*", disse Dickson.

Elas trabalharam com o intuito de criar rituais tais quais regulares jantares de família, atuando como "âncoras" previsíveis no caos e "ilhas de calma" de tempo não programadas para si mesmas, seus filhos e suas famílias. Agora que uma das filhas de Dickson entrou nas competições de ginástica, a mãe se certifica de que as duas tenham um momento de calma para dividir um bule de chá. As mães tentam se ajudar mutuamente e percebem que os momentos "especiais" supercarregados que sempre tentam conseguir para os filhos são muito menos valiosos do que a beleza dos comuns – as danças ou brincadeiras espontâneas que podem surgir quando a família lava a louça do jantar –, momentos de graça singelos que ocorrem quando não se está distraído e correndo até a próxima tarefa importante.

Mary-Beth Frerichs se encontrava no processo de simplificar toda a sua vida quando se juntou ao grupo. Ela pediu demissão do emprego corporativo para começar o próprio negócio. Deixou o filho reduzir as atividades para somente um esporte de que ele realmente gostava. O grupo a ajudou a parar para pensar antes de agir: "*Quero* mesmo assar esses cupcakes ou estou fazendo isso só para que não pensem que eu sou uma mãe ruim?". Ela começou a recusar convites que pareciam obrigações. Lentamente, a família se viu em meio a agradáveis jantares no meio da semana e realizando espontâneas viagens para esquiar no fim de semana porque não tinham outros três compromissos na agenda. "Estou *sentindo* mais do que nunca – mais tristeza, mais alegria. Quando eu estava em meio à rotina maçante, simplesmente não tinha tempo", ela conta, um pouco surpresa. "Eu me sinto mais... viva."

Kathy Masarie, pediatra e orientadora de pais, tem se encontrado com as Mães da Simplicidade e as incentivado a prosseguir com seu experimento imperfeito, porque é difícil enfrentar a mãe ideal sozinha. Como criaturas sociais programadas para se encaixar na multidão, às vezes a única forma de se afastar da loucura que a multidão exige, ela disse, é criar uma multidão menor e diferente para você. Faça isso para salvar não só a sua sanidade, mas a de seus filhos, ela afirmou. "O que essa cultura de maternidade intensiva nos *diz* que é valioso discorda do que realmente é valioso: ame os seus filhos. Mantenha-os em segurança. Aceite-os como são. E então saia do caminho deles."

PONTO LUMINOSO
MÃE NATUREZA

As mulheres são tão propensas quanto outros primatas a se preocupar com o bem-estar dos novos bebês. Mas o que as mães de grupos de caçadores não fazem após o parto é recusar que qualquer outro se aproxime ou segure seu bebê. Esta é uma diferença importante... Bebês nunca são deixados sozinhos e estão com frequência no colo de alguém, mas esse alguém não é invariavelmente a mãe.
- SARAH BLAFFER HRDY, *MOTHERS AND OTHERS (MÃES E OUTROS)* -

Ela (o Anjo da Casa) era intensamente solidária. Era imensamente encantadora. Era totalmente altruísta. Ela se sobressaía nas difíceis artes de cuidar da família. Ela se sacrificava diariamente. Se tinha frango, ela ficava com a coxa; se havia uma corrente de vento, ela se sentava nela — resumindo, ela era feita de um modo a nunca ter um pensamento ou desejo para si mesma, e preferia ser sempre solidária com as mentes e os desejos dos outros.
- VIRGINIA WOOLF, "PROFISSÕES PARA MULHERES" -

PARO NA FAZENDA DE NOZES de Sarah Blaffer Hrdy no sopé das Vaca Moutains no norte da Califórnia e estaciono perto de um pequeno bosque de ciprestes. A casa do tipo *hacienda* é aberta, graciosa e repleta de peças folclóricas e arte tribal que ela coleciona durante mais de 30 anos de estudo de campo observando a maternidade de macacos, chipanzés e outros primatas a fim de melhor compreender o comportamento maternal de nossa própria espécie de primatas. Hrdy, uma antropóloga evolucionista com treinamento em Harvard, membro da Academia Nacional de Ciências, professora emérita da

Universidade da Califórnia, Davis, e uma das especialistas mais renomadas em maternidade, leva-me até a sua grande cozinha de fazenda. Ela prende seus entusiasmados *ridgebaks* da Rodésia, serve-me uma xícara de café e me oferece uma tigela de nozes.

Procurei Hrdy porque, para ser franca, depois de minha tarde com Pat Buchanan e minha incursão na maternidade intensiva, eu estava confusa. Era melhor, até "natural" como alguns argumentavam, as mães ficarem em casa com os filhos? Eram as mulheres – como uma de minhas amigas que gostava de afirmar ser mãe dona de casa – simplesmente biologicamente "equipadas" para serem as principais cuidadoras? Assim, por que lutar contra isso? Deveria eu, como o autossacrificado "anjo da casa" do popular poema vitoriano de Coventry Patmore com que Virginia Woolf se irritava, demitir-me do emprego? Sentar-me na corrente de ar? Pegar o menor pedaço de frango? Comer a torrada queimada? Ser responsável pela carona das crianças para a escola? Usar aquelas hélices de helicóptero com orgulho? Esse esforço todo se destinou a compreender o tempo no trabalho, em casa, e se eu, como mãe, merecia ter tempo para, de algum modo, simplesmente causar uma mudança drástica fútil e irrefletida na ordem natural?

Alta, esbelta e de voz macia, com um quê de sua criação texana, a mulher de 65 anos de idade quer que eu veja a fotografia de uma mulher !kung. A mulher, integrante de uma tribo de caçadores no deserto do Kalahari, na África, que vive de modo semelhante aos primeiros humanos há cerca de 2 mil anos na era pleistocênica, está grávida de oito meses. Ela carrega uma sacola de 13 quilos de nozes mongongo que colheu e uma de dois quilos de água e comida. Seu filho de 4 anos e 15 quilos cavalga em seus ombros. Hrdy calcula que a mãe carregou o menino por cerca de 700 quilômetros durante toda a vida dele.

"Esta é uma mulher que trabalha", ela diz. "Toda a ideia de que as mães ficavam no acampamento e os homens saíam para caçar? Nada disso! Essas mulheres andavam milhares de quilômetros todos os anos com os filhos. Ou, se não fosse seguro, deixavam-nos no acampamento." Ela para a fim de ressaltar este detalhe: às vezes, as mães *deixavam seus filhos no acampamento*. As crianças ficavam com os pais, irmãos mais velhos, avós, parentes e outros adultos confiáveis e protetores – pessoas que Hrdy chama de *"allopais"* ("allo" significa "outros que não" em grego). "É natural que as mães trabalhem. É natural que as mães cuidem dos filhos", ela diz. "O que não é natural é que as mães sejam as únicas a cuidar das crianças. O que não é natural é não ter mais *apoio* para as mães. E não apenas para as mães que trabalham fora. Mães que ficam em casa ainda precisam e merecem muita ajuda", ela fala.

Com tanto apoio dos *allopais* no início da evolução humana, a vida das mães era mais integrada entre o trabalho e a casa, Hrdy afirma. "O que é diferente hoje é que o local de trabalho não é mais compatível com o papel de mãe. É simples assim."

Não é tanto que as mulheres sejam equipadas para serem mães – na verdade, Hrdy argumenta em seu primeiro livro *Mãe Natureza* que elas não o são. Elas são equipadas para fazer sexo. E, se houver gordura suficiente em seu corpo e ela estiver ovulando, vai engravidar. É por esse motivo que bebês humanos evoluíram para nascer gordinhos e muito bonitinhos, diz. É por isso que eles são tão bons em olhar no fundo dos olhos dos adultos e ler emoções. Para sobreviver, bebês humanos antigamente tinham de aprender a agir contra o que Hrdy chama de ambivalência maternal natural até que conseguissem se segurar e mamar e, então, o fluxo da prolactina para a produção de leite e o hormônio do bem-estar oxitocina corressem pelo corpo da mulher e ela criasse uma conexão com o bebê.

E agora, a ciência começou a descobrir que os homens também estão equipados para se conectar e proteger os bebês. Durante anos, o fato de que alguns homens ganham peso e experimentam enjoos matinais enquanto as esposas ou parceiras estão grávidas – assim chamada de síndrome de *couvade* – foi rejeitado como psicossomático. Isto é, até cientistas descobrirem que primatas como saguis e tamaris fazem o mesmo. Pesquisadores constatam agora que os pais, como as mães, produzem altos níveis dos hormônios cortisol e prolactina. O cortisol, o hormônio do estresse da luta-ou-fuga que, quando flui constantemente no corpo, pode causar muitos danos, também está ligado ao vínculo e à empatia com a criança. A prolactina, que se origina da palavra "lactar", é o que estimula o leite no peito da mulher e, no homem, está associada à maior sensibilidade ao choro do bebê. O nível do agressivo hormônio masculino testosterona cai cerca de 1/3 nas três primeiras semanas após o nascimento da criança. Além disso, estudos do cérebro em certos primatas estão descobrindo que a paternidade aumenta regiões necessárias para o planejamento e a memória, duas habilidades críticas à função de pai.[1] O que isso significa? O cuidado dos pais é tão importante que seus corpos mudam fisicamente para se adaptar à função. "Homens", diz Hrdy, "têm uma imensa capacidade de proteção".

Como foi, então, que as mães passaram a ser vistas como as cuidadoras "naturais"? Pelo tempo, Hrdy afirma. Não há dúvida de que há diferenças biológicas entre homens e mulheres, embora ambos tenham instintos inatos de proteção que esperam ser "ativados". Para quaisquer diferenças de gênero que existam, pesquisas sérias de neurociência descobriram que isso não significa que homens e mulheres *nasceram* com conexões cerebrais diferentes, mas que, ao longo do tempo, é mais provável que o cérebro maleável seja moldado por *experiências de vida*.[2] Hrdy argumenta que, com tempo e experiência, o que pode começar como ligeiras diferenças entre homens e mulheres – independente de serem biologicamente inatas ou socialmente programadas – são ampliadas. E isso era tão verdadeiro na era pleistocênica, quando os homens deixavam o acampamento por longos períodos para caçar, quanto é hoje, quando ainda se espera muito que os homens sejam os provedores que saem para trabalhar.

Hrdy diz que, quando o bebê nasce, as mulheres não só sabem instintivamente o que fazer, mas, em virtude do maior tempo sozinhas que passam com o novo bebê – o que ocorre principalmente por causa da amamentação, da licença-maternidade e do hábito –, elas aprendem por tentativa e erro e experiência. Assim, são capazes de deduzir mais depressa do que os homens quais são as necessidades do bebê. A maioria dos homens simplesmente não teve o mesmo tempo, ela argumenta, para desenvolver a mesma competência e confiança. E quando os pais têm tempo e proximidade com os filhos, é muito mais provável que eles participem ativamente de sua criação. Pesquisadores que estudam os pigmeus aka da África Central descobriram que, quando uma família vive perto de parentes da mãe, sua família estendida ajuda tanto que o pai cuida dos filhos apenas 2,6% do tempo. Porém, quando a família vive perto da família *dele*, onde a mãe tem menos apoio e o dele se torna essencial, o pai assume cerca de 2/3 da criação.[3]

Para testar a teoria de que tempo e experiência são o que aumenta até pequenas diferenças, Hrdy explica que cientistas sociais marcaram o tempo das taxas de reação em novos pais. Tanto mães quanto pais reagiram instantaneamente ao ouvirem a gravação do choro de um bebê. Hrdy estala os dedos. Entretanto, se o bebê está só agitado, os pesquisadores constataram que mães reagiram apenas um pouco mais depressa[4] (ela afirma que o oposto ocorre nos tempos de reação de primatas como os sauás, e os bebês sauás "naturalmente" preferem os pais[5]). Em humanos, "a diferença no tempo de reação é muito pequena. O homem tem a capacidade de reagir, mas o limiar dela é um pouco menor", Hrdy afirma. "Isso significa que, ao longo do tempo, o bebê se inquieta e a mamãe o pega e o acalma. O bebê se acostuma com a mamãe. Assim, quando o pai chega e, se mamãe não está, pega o bebê, este, por não estar muito acostumado com o pai, continua inquieto. O pai então pensa: 'Por que me incomodar? O bebê quer a mãe'. Como o biólogo Ed Wilson ressaltou, 'o galho já está um pouco torto no nascimento'. Mas pela experiência, ao longo do tempo, a diferença entre os gêneros aumenta." Imagine, ela diz, se a mudança de locais de trabalho e normas de gênero permitissem aos pais ter mais tempo sozinhos com o bebê no início de sua vida. "Esses são tempos fascinantes."

Hrdy argumenta que, se os humanos estão conectados para alguma coisa, essa coisa é confiança e cuidado com outros. As crianças evoluíram para instintivamente sondar o mundo à procura de pessoas de quem possam depender, apelar e pedir atenção – não apenas os pais, mas *allopais*. É um impulso, Hrdy diz, nascido de uma longa história humana que ela chama de "criação cooperativa". Os neurocientistas descobriram em tomografias cerebrais de adultos olhando para imagens de rostos de bebês que centros de recompensa e regiões do cérebro associados com a comunicação, apego e cuidados se ativam instantaneamente. E não apenas nos cérebros de pais, mas também nos cérebros de adultos sem filhos.[6]

Outros primatas que partilham muito DNA ancestral com humanos – chimpanzés, gorilas, orangotangos – deixam o cuidado dos filhotes exclusivamente para a mãe, como faz metade das 276 espécies de primatas. Assim, desde a época de Charles Darwin, principalmente cientistas do sexo masculino assumiram que o mesmo ocorria com os humanos. Mas humanos são diferentes.

Antropólogos que estudam tribos de caçadores primitivos como os !kung, hazda, aka e efe relatam que em cada um deles os bebês são passados para os outros – tanto homens quanto mulheres – quase a partir do momento do nascimento. E todos ajudam a cuidar das crianças e alimentá-las. Pesquisadores descobriram que entre os efe da África Central os bebês têm em média 14 diferentes cuidadores nos primeiros dias de vida. Quando a criança completar 4 anos, ela terá passado 60% do dia nos braços de *allopais*.[7]

Como se iniciou essa cooperação? Sobrevivência, pura e simples. "Se as mães não tivessem apoio social dos *allopais*, elas não teriam filhos", Hrdy diz, "porque as crianças estariam mortas".

A criação cooperativa, Hrdy argumenta, é responsável pela infância humana incomparavelmente longa e a principal razão pela qual os humanos desenvolveram um cérebro de proporções enormes. Resumindo, em primeiro lugar, foi esse impulso muito recente para as pessoas dividirem e alimentarem os pequenos que nos tornou humanos.

Ela explica seu ponto de vista para mim: nenhum mamífero do mundo leva mais tempo do que os humanos para chegar à vida adulta. São necessárias mais de 13 milhões de calorias para criar uma criança da infância até a vida adulta independente. Na era pleistocênica, como agora com sociedades caçadoras, a carne de caça era responsável por mais de 30 a 40% dessas calorias. "Caçar sempre foi uma ocupação muito arriscada", Hrdy afirma. "Um homem podia sair durante dias e dias e voltar com nada." E quando os caçadores retornavam, frequentemente a carne era dividida com o fator político em mente – agradar um homem poderoso, pagar uma dívida a um amigo, criar laços com outro. Assim, para que uma criança sobrevivesse – e quase metade não sobrevivia –, elas precisavam obter de 60 a 70% de sua alimentação da caça. Simplesmente não havia como uma mãe conseguir suprir todo esse alimento por conta própria, ou mesmo a mãe e o pai. Eles precisavam da ajuda de *allopais*. Tanto que a antropóloga Kristen Hawkes, que observou que as mulheres hazda mais velhas e, portanto, não mais em condição de reproduzir, eram as mais trabalhadoras e mais eficientes para obter alimento, criou a "hipótese da avó" – que as mulheres humanas, sozinhas entre os primatas, sobrevivem tanto tempo após a menopausa *porque* têm sido *allopais* muito valiosos.[8]

Hrdy teoriza que partilhar o cuidado e afastar a fome foi o que, em primeiro lugar, permitiu à infância humana se tornar tão longa, do mesmo modo que os filhotes de outros animais que dividem os cuidados têm períodos mais longos de dependência. E ela afirma que essa infância mais longa "foi uma oportunidade maravilhosa para o desenvolvimento de cérebros grandes". Dividir os cuidados também pode ter obrigado os cérebros adultos a se tornarem mais sofisticados a fim de cooperar e partilhar informações. Chimpanzés, com o cuidado somente da mãe e infâncias mais curtas, têm cérebros 2,5 vezes maiores do que se poderia esperar, considerando o tamanho do corpo deles. Os cérebros humanos são quase 7,5 vezes maiores.[9] De alguma forma, os primeiros modelos darwinianos simplesmente assumiram que os humanos se desenvolveram para ter cérebros grandes porque os machos seriam melhores caçadores. Ou que nós nos desenvolvemos para ter cérebros grandes porque os homens seriam melhores lutadores", Hrdy diz. "O que acontecia com as mães e as crianças não era levado em consideração, ainda que o ponto mais importante fosse a sobrevivência infantil. Mesmo com todos esses acasalamentos, não importava que a prole não sobrevivesse."

Hrdy me leva para um passeio pela fazenda de nozes. Ela explica que começou a compreender a maternidade depois do nascimento do primeiro dos três filhos agora adultos. Ela deparou não apenas com querer desesperadamente ter êxito na carreira, mas também com sentir um "incômodo ressentimento" em relação ao marido que saía para longos períodos de trabalho concentrado todos os dias e estar desesperada em dar os melhores cuidados ao "delicioso" recém-nascido. Embora criada por uma série de governantas, na época, Hrdy foi profundamente influenciada pela nova teoria sobre apego do psicanalista John Bowlby – que quanto mais sensível e consistente a mãe for com o filho desde o início, mais segura a criança será (mais tarde, Bowlby mudou seu ponto de vista e compreendeu, como Hrdy, a importância dos *allopais*). Hrdy sentiu-se preocupada. Se deixasse a criança para trabalhar e delegasse o cuidado a terceiros, estaria ela retornando para os costumes conservadores da geração da mãe ou, pior, privando o filho da segurança emocional? Uma pergunta incômoda se ocultava no fundo de sua mente: "Será que sou uma mãe ruim?"[10]

Esses sentimentos conflitantes entre querer trabalhar – em um campo competitivo com poucas mulheres e mães em número ainda menor –, querer no marido um parceiro para cuidar dos filhos e querer dar aos filhos a segurança emocional de que precisavam deram impulso a 30 anos de pesquisas que hoje são consideradas inigualáveis na redefinição de nossa compreensão da evolução humana e dos papéis de mães e pais. "Mesmo o que não consegui aprender a tempo de me ajudar na criação de meus três filhos, consegui passar a outras pessoas", ela escreve em *Mãe Natureza*.

Hrdy ainda acredita firmemente na teoria do apego, mas suas próprias pesquisas, assim como a própria experiência com o marido e várias creches, babás, *au pairs*, domésticas, professores, parentes e amigos prestativos e carinhosos mostraram-lhe que seus filhos e as crianças desenvolvem segurança emocional com relacionamentos íntimos com pessoas carinhosas que as cercam. "É como se eu tivesse uma comunidade me ajudando a criar meus filhos", ela conta. À medida que as crianças cresciam, o marido se tornou o principal cuidador nos fins de semana, possibilitando a ela ter tempo sem interrupções para se concentrar em seus pensamentos e textos. Seus filhos obtiveram a atenção sensível e consistente de que precisavam, só que não dela. "Ela é uma mãe fabulosa", disse sua filha Katrinka, professora de História e treinadora de remo no norte de Nova York. "Ela se sente mal sobre quando estava ocupada com as pesquisas, mas eu não me lembro disso." [11]

Hrdy afirma que, para pessoas vivendo longe de uma família grande ou do apoio de uma rede "tribal" de *allopais*, é essencial criar a sua própria.

Até mesmo a conservadora Phyllis Schlafly criou seus seis filhos – e formou-se em Direito e viajava pelo país proferindo palestras estimulando mães a permanecer em casa, lutando contra o feminismo e mães que trabalham, chamando as creches de "cuidado de estranhos" e organizando protestos contra a Emenda de Direitos Iguais – com a ajuda de *allopais*. "Ela tinha ajuda doméstica... Ela não as chamaria de babás, mas ela tinha pessoas em casa", a escritora Suzanne Venker, sobrinha de Schlafly, contou ao *Los Angeles Times*. "Ela mencionou o fato com intensidade suficiente para que sua opinião fosse assimilada pelos jovens sobre como ela conseguiu fazê-lo? Não, ela não mencionou." [12]

NOTAS

1. Bianchi, Robinson, Milkie, *Changing Rhythms*, 64-77.

2. Jose Martinez, "Manhattan Mom Sues $19K/yr. Preschool for Damaging 4-Year-Old Daughter's Ivy League Chances", *New York Daily News*, 14 mar. 2011, www.nydailynews.com/new-york/manhattan-mom-sues-19k-yr-preschool-damaging-4-year-old-daughter-ivy-league-chances-article-1.117712.

3. Jennifer Ludden, "Helicopter Parents Hover in the Workplac", *All Things Considered*, National Public Radio, 6 fev. 2012, www.npr.org/story/146464665.

4. Annette Laureau, *Unequal Childhoods: Class, Race, and Family Life* (Berkeley: University of California Press, 2003).

5. Tony Snow, "The Lewinsky Principle", *Jewish World Review*, 8 mar. 1999, www.jewishworldreview.com/tony/snow030899.asp.

6. Susan Chira, *A Mother's Place: Taking the Debate About Working Mothers Beyond Guilt and Blame* (Nova York: Harper, 1998).

7. The Council of Economic Advisors, "The Parenting Deficit: Council of Economic Advisors Analyze the 'Time Crunch'", maio 1999, http://128.121.176.141/ParentingDeficitCEA-Maio99.html#Anchor8.

8. David Whitman, "The Myth of AWOL Parents", *U.S. News & World Report*, 23 jun. 1996, www.usnews.com/usnews/culture/articles/960701/archive_033795_3.htm.

9. Ann Crittenden, *The Price of Motherhood: Why the Most Important Job in the World Is Still the Least Valued* (Nova York: Henry Holt, 2001), 19; também 277 n12.

10. Whitman, "The Myth of AWOL Parents"; Chira, *A Mother's Place*, 160-62.

11. Crittenden, *Price of Motherhood*, 278.

12. Bianchi, Robinson, Milkie, *Changing Rhythms*, Tabela 5A-1. Porém, longe de reconhecer o quanto a vida com esse tipo de exigência de tempo pode ser insana, as que se encontram presas ao modelo da mãe ideal encaram mães oprimidas como merecedoras desses momentos de loucura. Elas fizeram "ajustes" e, justamente por isso, conservadores como Gary Bauer afirmaram: "para assegurar isso, mesmo com trabalho fora de casa, elas proporcionam o que somente as mães podem proporcionar". Veja Robert Pear, "Married and Single Parents Spending More Time with Children, Study Finds", *New York Times*, 17 out. 2006, www.nytimes.com/2006/10/17/us/17kids.html?pagewanted=all&_r=0.

13. Punchbowl, *Birthdays by the Numbers: 20 Facts and Figures* (Framingham, MA: Punchbowl, Inc., 2010), www.punchbowl.com/trends/thanks/birthdays-by-the-numbers-20-facts-figures.

14. Janet Bodnar, "Outrageous Kid Parties", *Kiplinger* (blog), 28 mar. 2011, www.kiplinger.com/columns/drt/archive/outrageous-kid-parties.html. Janet Bodnar, "Outrageous Kid Parties", Kiplinger (blog), 28 mar. 2011, www.kiplinger.com/columns/drt/archive/outrageous-kid-parties.html.

15. Anthony P. Carnevale, Stephen J. Rose, Ban Cheah, "The College Payoff: Education, Occupations, Lifetime Earnings", Georgetown University Center on Education and the Workforce, 5 ago. 2011.

16. Glenda Wall, "Mothers' Experiences with Intensive Parenting and Brain Development Discourse", *Women's Studies International Forum* 33, n. 3 (2010): 253-63, http://dx.doi.org/10.1016/j.wsif.2010.02.019.

17. Kim John Payne e Lisa M. Ross, *Simplicity Parenting: Using the Extraordinary Power of Less to Raise Calmer, Happier, and More Secure Kids* (Nova York: Ballantine Books, 2010), 177.

18. Alex Spiegel, "'Mozart Effect' Was Just What We Wanted to Hear", *Morning Edition*, National Public Radio, 28 jun. 2010, www.npr.org/templates/story/story.php?storyId=128104580. E as mães não foram as únicas. Muito ansiosas em proporcionar uma vantagem aos filhos, os governadores da Geórgia e do Tennessee até começaram a dar um CD com músicas de Mozart para cada bebê nascido em seus estados. O "efeito Mozart" foi baseado em um pequeno estudo com 36 alunos universitários. Os que ouviram Mozart durante dez minutos apresentaram melhor desempenho em um teste de raciocínio espacial do que alunos que eram testados em silêncio ou ouvindo uma voz monótona.

19. Payne e Ross, *Simplicity Parenting*, 179. Eles alegam que mais de 95% das crianças desaparecidas são fugitivas que voltam depois de alguns dias. Boa parte das demais são resultado de disputas de custódia, e somente uma minúscula porcentagem faz parte dos desaparecimentos realmente horríveis que todos os pais temem.

20. Deirdre D. Johnston e Debra H. Swanson, "Invisible Mothers: A Content Analysis of Motherhood Ideologies and Myths in Magazines", *Sex Roles* 48, n. 1-2 (jul. 2003): 21-33.

21. Lisa Belkin, "(Yet Another) Study Finds Working Moms Are Happier and Healthier", *Huffington Post* (blog), www.huffingtonpost.com/lisa-belkin/working-mothers-happier_b_1823347.html.

22. HealthDay News, "At-Home Moms Cook, Shop, Play More with Kids: Study", *U.S. News & World Report*, 16 set. 2012, http://health.usnews.com/health-news/news/articles/2012/09/16/at-home-moms-cook-shop-play-more-with-kids-study.

23. University of Akron, "Work Has More Benefits Than Just a Paycheck for Moms: Working Moms Are Healthier Than Stay-At-Home Moms", *Science Daily*, 19 ago. 2012, www.sciencedaily.com/releases/2012/08/120819153843.htm.

24. HowStuffWorks.com Contributors, "Does Being a Stay at Home Mom Benefit Your Kids?", *TLC*, http://tlc.howstuffworks.com/family/stay-at-home-mom-benefit-kids.htm.

25. Kathryn Masterson, "The Mommy-Fight Site", *Washington City Paper*, 21 jan. 2011, www.washingtoncitypaper.com/articles/40290/dc-mommy-fight-site/.

26. Lisa Wade, "'Too Much Mother Love': Proving the Necessity of Nurture", *The Society Pages*, 5 set. 2012, http://thesocietypages.org/socimages/2012/09/05/too-much-mother-love-proving-the-need-for-nurture/.

27. Sharon Hays, *The Cultural Contradictions of Motherhood* (New Haven: Yale University Press, 1996), 40. Um especialista muito respeitável como o Departamento de Infância dos Estados Unidos advertiu na década de 1920 que o treinamento do uso do banheiro poderia começar já no primeiro mês com a meta de estabelecer "regularidade absoluta".

28. Ibid., 35.

29. Jay Mathews, "Hidden Rival of Charter School Growth", *Washington Post*, 7 out. 2012, www.washingtonpost.com/local/education/hidden-rival-of-charter-hool-growth/2012/10/07/f236c20a-0a99-11e2-a10c-fa5a255a9258_story.html.

PONTO LUMINOSO: A MÃE NATUREZA

1. Emily Anthes, "Stretch Marks for Dads: What Fatherhood Does to the Body And the Brain", *Slate*, 14 jun. 2007, www.slate.com/articles/health_and_science/medicalexaminer/2007/06/stretch_marks_for_dads.html. Veja também Peter B. Gray e Kermyt G. Anderson, "The Evolving Father: How Fatherhood Differs Across Cultures and Through Time", *Psychology Today* (blog), 2 jul. 2012, www.psychologytoday.com/blog/the-evolving-father/201207/prolactin-is-men-too.

2. Lise Eliot, "Girl Brain, Boy Brain?", *Scientific American*, 8 set. 2009, www.scientificamerican.com/article.cfm?id=girl-brain-boy-brain. De fato, neurocientistas encontraram diferenças estruturais nos cérebros masculinos e femininos. Contudo, experimentos que analisam cérebros masculinos e femininos em várias idades e levando em conta diferentes traços de personalidade indicam que a experiência de vida molda grande parte dessas diferenças.

3. Sarah Blaffer Hrdy, "Cooperative Breeding and the Paradox of Facultative Fathering", in *Neurobiology of the Parental Brain*, ed. Robert Bridges (Burlington, MA: Academic Press, 2008). Nesses casos, os homens da tribo Aka assumem apenas 62% dos cuidados.

4. Sarah Blaffer Hrdy, *Mother Nature: Maternal Instincts and How They Shape the Human Species* (Nova York: Ballatine Books, 1999), 212.

5. Ibid., 213.

6. Morten L. Kringelbach et al., "A Specific and Rapid Neural Signature for Parental Instinct", *PLoS ONE* 3, n. 2 (2008), doi: 10.1371/journal.pone.001664. Andrea Caria et al., "Species-Specific Response to Human Infant Faces in the Premotor Cortex", *NeuroImage* 60, n. 2 (abr. 2012): 884-93, doi: 10.1016/j.neuroimage.2011.12.068.

7. Sarah Blaffer Hrdy, *Mothers and Others: The Evolutionary Origins of Mutual Understanding* (Cambridge, MA: Harvard University Press, 2011), 78.

8. Enrico de Lazaro, "New Study Supports 'Grandmother Hypothesis'", *Sci-News*, 24 out. 2012, www.sci-news.com/othersciences/anthropology/article00678.html. Para o estudo, veja Peter S. Kim, James E. Coxworth, Kristen Hawkes, "Increased Longevity Evolves from Grandmothering", *Proceedings of the Royal Society B* 22, n. 279 (dez. 2012): 4880-84, doi: 10.1098/rspb.2012.1751.

9. Michael Balter, "Why Are Our Brains So Ridiculously Big?", *Slate*, 26 out. 2012.

10. Hrdy escreve com emoção sobre a própria maternidade e o início de sua busca para melhor compreendê-la em *Mother Nature*, xi-xix.

11. Claudia Glenn Dowling, Jenny Gage, Tom Betterton, "The Hardy Sarah Blaffer Hrdy", *Discover Magazine*, 1º mar. 2003, http://discovermagazine.com/2003/mar/feathrdy#.UL-FA05_Wok.

12. Megan Daum, "Phyllis Schlafly: Back on the Attack", *Los Angeles Times*, 31 mar. 2011, http://articles.latimes.com/2011/mar/31/opinion/la-oe-daum-column-schlafly-20110331.

10
OS NOVOS PAIS

Se eu fosse rainha, meu principal plano de ação afirmativa teria três etapas. Primeiro, eu iria promover oportunidades iguais de educação e treinamento profissional efetivo para mulheres a fim de que elas não fossem reduzidas à dependência de um homem ou do Estado. Segundo, meu plano daria estímulos e incentivos aos homens para dividir alegrias, responsabilidades, preocupações, problemas e, às vezes, tédio de criar filhos da infância à vida adulta de modo mais equitativo (isso, admito, é a parte mais desafiadora de concretizar e implementar o plano). Terceiro, o plano teria mais creches de qualidade disponíveis desde a primeira infância. No meu mundo ideal, as crianças não seriam a prioridade das mulheres, seriam prioridade dos seres humanos.
- RUTH BADER GINSBURG -

DOIS PAIS ENCONTRAM-SE SENTADOS EM COBERTORES com os filhos pequenos em um parque ensolarado em Albuquerque às 15h30 de uma sexta-feira. Todd Stenhouse segura o filho agitado, Rhys, no colo enquanto lê um livro colorido de folhas grossas. Howard Kaibel oferece fatias de abacaxi de um tupperware à filha Iris. Um terceiro pai chega carregando uma grande sacola cor-de-rosa enfeitada com um grande elefante roxo, e rapidamente a coloca no chão para correr atrás da filha, Lilly, enquanto ela trota em direção ao playground de areia e tagarela alegremente sobre seu novo chapéu felpudo.

Kaibel e Stenhouse se entreolham. "Lilly é tagarela. E ela ainda não tem 2 anos", Kaibel diz com uma pontinha de admiração e preocupação. "Iris ainda não fala muita coisa." Stenhouse garante que é absolutamente normal crianças daquela idade desenvolverem habilidades verbais em ritmos diferentes. "Quer ficar em pé?", Stenhouse pergunta a Rhys, de 1 ano e 2 meses, segurando-o pelos braços, e deixa que caminhe com as pernas gorduchas de bebê. Agora é Stenhouse que fica contrariado. "Ele ainda não está andando", diz enquanto observa as meninas caminharem cambaleantes pelo playground. Desta vez, Kaibel é quem garante que isso é normal. Durante a próxima hora, os homens empurram os filhos nos balanços, seguem-nos em triciclos, respondem a cada pergunta incessante com paciência, apanham-nos antes que caiam – "Peguei!" –, limpam a poeira quando não conseguem – "Kabum!" – e levam os pequenos em intermináveis viagens no grande escorregador vermelho. Com Kaibel, parei de contar depois de 17. "Descer, papai! Descer!", Iris grita de novo e de novo. Outro pai corre atrás do filho, Benjamin. "Tenho que ver se ele não suja as calças."

Os homens fazem parte de um grupo de Encontro de Pais de Albuquerque organizado por Kaibel. Alguns dos quarenta e tantos pais do grupo trabalham meio período, como Kaibel. Alguns trabalham período integral ou horas flexíveis, como o pai de Benjamin. Kaibel conta que outros dividem com as esposas cargas iguais de trabalho e de cuidado com os filhos, como o pai de Lilly. Alguns pais ficam em casa, como um pai homossexual com trigêmeos, e como Stenhouse, que perdeu o emprego na área de crédito imobiliário com a crise do mercado em 2008. Outros trabalham em turnos, como o pai que cuida dos filhos quando a esposa vai trabalhar no hospital. Os pais são informais, mandam mensagens uns para os outros, antes de ir para o zoológico, talvez. Quando se reúnem, não falam muito. A conversa geralmente gira em torno do que fazer quando não há um fraldário no banheiro masculino até o último jogo de hóquei. Não há competição entre eles. Kaibel admite sem constrangimento que é terrível vestir Iris e, durante muito tempo, colocou as roupas dela de trás para frente ou do avesso. Nenhum dos outros pais notou. "Todos sabemos que nós também vamos fazer isso algum dia", Kaibel fala. Mas ouve-se um riso nervoso quando os pais contam filhos e filhas enquanto penduram a sacola no ombro, como suas mulheres fazem, e anunciam "Vou trabalhar". Eles estão em terreno desconhecido ao se livrar dos papéis do trabalhador ideal e pai provedor. E todos estão um pouco fora do ponto de equilíbrio. "É um dos principais motivos pelos quais comecei o grupo", Kaibel diz. "Eu sabia que, se eu estava tendo dificuldades, outros também estavam."

Muitos dos pais realizam voos cegos, sem modelos para orientá-los. Quando Kaibel era criança em Mineápolis, seu pai, defensor público e juiz de direito administrativo, trabalhava constantemente. A mãe de Kaibel cuidava dos filhos. Quando Kaibel se tornou o cuidador principal de Iris, seu pai não sabia o que pensar do filho que assumia uma tarefa que poucos homens de sua geração tinham assumido. Mas quando Kaibel se tornou mais seguro – sendo inclusive citado no jornal local por organizar um dos primeiros chás de bebê somente de homens –, o mesmo aconteceu com seu pai tradicional. Kaibel conta que ele postou o artigo em seu Facebook e se gabou do filho para os amigos. Quando os pais do grupo de encontro se reúnem, eles partilham uma sensação de alívio. "É muito bom estar com um grupo que encoraja esse comportamento", Stenhouse diz, "onde somos mais aceitos e não estamos muito fora da norma".

Porque eles acham que ainda não são totalmente aceitos. "Eu estava em uma biblioteca com outro pai, passando o tempo com as nossas filhas em uma quarta-feira à tarde, e uma mãe se aproximou de nós e nos olhou fixamente. Ela não sabia o que pensar. Então ela perguntou: 'Como vocês chamam o que fazem?'", Kaibel diz. "Será que eu deveria ser algo mais do que um pai? Eu simplesmente me afastei." Eles recebem olhares estranhos de mães e babás no playground e se sentem ignorados nos grupos de Mamãe e Eu da região. Eles se zangam com mães que tentam fazer com que se sintam culpados por não matricular os filhos em atividades "enriquecedoras" como uma popular aula de espanhol para bebês. Ou não os informam a respeito da última moda sobre apego maternal com a presença constante do bebê e amamentação. "Onde estão os pais em todos os artigos?", Kaibel pergunta, ultrajado. "Eles nem mesmo são citados."

E os homens precisam muito estar envolvidos se quiserem sair da sobrecarga e redefinir o trabalho, o amor e o lazer.

Howard Kaibel não escolheu ter uma atuação ativa como pai. Kaibel, os cabelos ruivo-claros bem curtos, usa jeans, tênis azuis, uma camiseta cinza e um pequeno piercing de ouro no nariz. Enquanto empurra Iris no balanço de pneu, ela inclina a cabeça para trás e fecha os olhos, rindo. Kaibel explica que, depois do nascimento da filha, a esposa, professora, ficou em casa para cuidar dela durante o primeiro ano. "Eu notei que Iris ficava cada vez mais distante, que eu não era um dos centros de seu mundo. A mãe era", ele conta. Então, começou a escrever um diário sobre as poucas experiências da vida da filha de que partilhava para que não as esquecesse. "E eu fiz o que todo pai nessa situação faz. Simplesmente disse a mim mesmo: 'Bom, é assim que tem que ser. Este é o preço de ser o provedor da família'. E eu não tinha ideia de que minha vida mudaria tanto."

Em 2008, Kaibel perdeu o emprego quando houve a recessão. Assim, sua esposa voltou a trabalhar como professora e ele assumiu o cuidado com a filha, continuando a procurar emprego durante a hora do cochilo dela. Embora tenha mestrado e traga no currículo posições de responsabilidade nas empresas durante anos, mais de 150 solicitações de emprego foram rejeitadas. Depois de alguns meses de buscas inúteis, ele se sentiu só e isolado. Passava o dia distraído e deprimido, fazendo serviços domésticos, compras no mercado e cuidando do bebê. Então, decidiu, como ele diz, sair desse torpor. Se ia ser o principal cuidador de Iris, abraçaria a tarefa com entusiasmo. Então começou um blog. Comprou um banco infantil para bicicleta e começou a levar Iris a todos os lugares. Criou pequenas regras – para cada tarefa, uma atividade divertida para os dois. Começou a levar Iris à biblioteca e a outras atividades infantis, mas, como único pai, ficou cansado com as constantes queixas das mães sobre o pouco que os maridos ajudavam em casa. Em um nível, Kaibel diz que conseguiu. Ao assumir mais tarefas domésticas, ele se descobriu aborrecido quando alguém deixava uma toalha suja no chão à espera de que alguém a apanhasse. "É uma falta de respeito", ele diz. E ele e a mulher, Laura, ainda estão lutando para encontrar seu caminho – com a culpa dela por estar trabalhando, a culpa dele por não ser o provedor, a divisão imperfeita de trabalho e a hesitação em pedir ajuda um ao outro. "A estrutura conjugal *vai* ter que se adaptar e aprender a fazer isso melhor", ele afirma. "E os homens *vão* ter que aprender a se comunicar melhor."

Embora Kaibel continue a procurar por um emprego de tempo integral, ele adora a sua nova vida. "Os homens estão começando a perceber que perdemos essa intensa dimensão de nosso relacionamento com nossos filhos ao nos escravizarmos no trabalho o tempo todo", ele diz. "E começamos a compreender que precisamos também ter esse vínculo."

Alguns homens sempre foram pais participativos. Outros anseiam por sê-lo. Porém, todo o calor e luz da discussão sobre mudar os papéis dos gêneros em décadas recentes sempre se concentraram nas mulheres: a educação das mulheres, as oportunidades das mulheres de se envolverem em um mundo mais amplo e discutir amargamente sobre se as mães devem trabalhar e a impossível carga dupla que carregam quando o fazem. A pergunta instigadora, "O que as mulheres realmente querem?", sempre foi apresentada com uma conotação de desespero, como se as próprias mulheres não soubessem a resposta. *The Bitch in the House* (A bruxa da casa) se enfureceu por que seu marido não dividia o trabalho da casa, mas ela supôs que fosse porque ele simplesmente não queria e tinha o poder de não fazê-lo. E, sem dúvida, embora parte disso fosse verdade, ninguém percebia que talvez os homens nem ao menos acreditassem ter uma escolha, presos no emprego com a missão de trabalhar todas as horas como trabalhadores ideais e provedores. Em outras palavras, ninguém passou muito tempo perguntando "O que os *homens* realmente querem?".

O fato é que muitos homens *querem* ou precisam ser novos pais. O U.S. Census Bureau (departamento responsável pelo censo nos Estados Unidos) relata que 1/3 de todos os pais com esposas que trabalham – que estão cada vez mais se tornando provedores iguais quando não o sustento principal – rotineiramente cuidam de seus filhos com idade inferior a 15 anos, mais do que o 1/4 de 2002,[1] e metade alega dividir igualmente o cuidado dos filhos, diferente dos 41% nos anos 1990.[2] Embora eles ainda totalizem menos de 1% de todos os casais, o número deles em que o homem fica em casa para ser o cuidador principal tem dobrado nos últimos anos.[3] Isso tudo representa o começo de uma mudança potencialmente profunda em direção a uma divisão equitativa na tarefa de criar os filhos que poderia abalar os papéis enrijecidos dos gêneros, derrubar o trabalhador ideal, desatolar a revolução atolada dos gêneros e desenrolar o emaranhado do tempo.

Durante anos, a maioria das pesquisas sobre a paternidade se concentrou nas consequências de sua ausência nas comunidades de baixa renda. Grande parte dos debates sobre políticas envolveu os direitos de custódia de pais divorciados. Apenas no final dos anos 1990 os cientistas começaram a estudar com mais atenção a profundidade com que a paternidade altera os homens psicologicamente, e cientistas sociais começaram a retomar estudos que mostravam que pais ansiavam passar mais tempo com os filhos. Assim, começou a pesquisa sobre o que chamavam do "novo pai" protetor.[4] Estudos do tempo começaram a descobrir que os pais praticamente triplicaram o tempo que passam com os filhos de 1965 a 2000, e isso mesmo quando a taxa de casamentos caiu e a de divórcios e nascimentos fora do casamento aumentaram.[5] Em 2008, pesquisadores constataram que pais com mulheres que trabalham cuidavam consistentemente mais dos filhos sozinhos e assumiam mais responsabilidade total pelas crianças do que pais com mulheres donas de casa, principalmente quando as crianças eram pequenas e bebês e as exigências do tempo, maiores.[6] Em 2008, estudos notaram o fato de que mais pais nos Estados Unidos, na Alemanha, na Noruega e no Reino Unido estavam se tornando "novos pais" protetores, mas principalmente nos fins de semana.[7] Uma série de estudos de tempo começou a aparecer nos países nórdicos e descobriram que pais que tiravam licença-paternidade sozinhos tinham mais probabilidade de não apenas passar mais tempo com os filhos, mas também de ter relacionamentos estreitos com eles à medida que cresciam, algo sobre o que discorro no Capítulo 11. Os pais também tinham maior probabilidade de reduzir as horas de trabalho e dedicar mais tempo ao trabalho doméstico – os primeiros passos em direção à verdadeira equidade de gênero com suas parceiras.[8]

Quando Brittany McGill se preparava para obter o PhD na Universidade de Maryland, estudou diários de tempo e descobriu que tentar ser um novo pai em casa e atender às expectativas do provedor e trabalhador ideal no emprego era criar a mesma insanidade em relação ao tempo que as mulheres que trabalham começaram a vivenciar nos anos 1970. McGill descobriu que pais que se consideravam progressistas – novos pais protetores – passavam a mesma quantidade de tempo no trabalho que pais tradicionais, que encaravam seus papéis como de provedores. Os novos pais, entretanto, passavam quatro horas a mais por semana com os filhos, brincando, tomando parte em "atividades de realização" e cuidando deles. Para criar esse tempo com os filhos, ela constatou que os pais, assim como as mães que trabalham fizeram durante décadas, abdicavam do sono, do cuidado pessoal e do tempo de lazer.[9] Em outras palavras, eles se tornavam... sobrecarregados.

Um estudo do Instituto de Famílias e Trabalho descobriu não apenas que o número de pais estressados pelas grandes exigências de tempo do trabalho e casa tinha aumentado, mas também que quase o dobro de pais em casais nos quais ambos trabalham entrava em conflito a respeito. Em seu relatório "A nova mística masculina", eles declararam que agora pais também sofrem da carga de tentar ter tudo. Em dois levantamentos nacionais, o Centro para Trabalho e Família da Boston's College constatou que a maioria dos pais considerava seu papel como cuidador *tão* importante quando o de provedor e que 53% consideraria ficar em casa para criar os filhos se tivesse condições financeiras.[10] Quando o CDC pediu às pessoas que respondessem à declaração em um levantamento nacional, "É mais importante para o homem passar muito tempo com a família do que ter sucesso na carreira", mais homens do que mulheres, 75 e 68%, concordaram ou concordaram com veemência.[11]

Não é difícil ver o novo pai. Ele está carregando seu bebê em um Snugli, como Will Arnett em *Up All Night*, na TV, e marchando pelo parque em uma brigada de pais empurrando carrinhos, como no filme *O que esperar quando você está esperando*. Em 2013, o Meetup anunciou 400 diferentes grupos de pais, como o de Albuquerque, com aproximadamente 35 mil membros em dez diferentes países. E a web explodiu com blogs de pais em que muitos agora escrevem sobre a "culpa dos pais".

Os novos pais estão se tornando vozes influentes. Quando a Huggies veiculou um novo anúncio mostrando um desajeitado pai tentando trocar uma fralda, um grupo de novos pais muito competentes protestou contra o antiquado estereótipo até a Huggies retirar o anúncio e se desculpar. Matt Schneider, um dos líderes do maior grupo Dad Meetup do país, com cerca de 700 pais na cidade de Nova York, estava conversando com o CEO da Meetup.com sobre como a licença-paternidade é importante para os pais criarem um vínculo com os filhos e estabelecerem a divisão de trabalho na casa em termos mais equitativos desde o começo. Como resultado, o CEO instituiu uma política de licença-paternidade remunerada de quatro semanas para novos pais. "É pouco comparado com o que as mães conseguem", Schneider disse, "mas isso é mais do que outras companhias oferecem".

Esses pais também estão divulgando uma pesquisa, antes na obscuridade, que constatou que crianças em idade pré-escolar com pais mais participativos mostram maior competência cognitiva, mais autocontrole, mais empatia e menos utilização de estereótipos de gênero que crianças em idade pré-escolar com pais menos participativos. Adolescentes com pais mais participativos têm maior probabilidade de apresentar melhor autoestima, autocontrole, competência social e habilidades de vida – considerando que o pai não seja excessivamente controlador ou autoritário.[12] Estudos descobriram que meninas são menos confiantes que meninos já no ensino fundamental, e a autoestima delas continua a cair durante todo o ensino médio. Mas os pesquisadores constatam que passar tempo com um pai carinhoso é um fator importante para evitar que elas percam a autoestima e a confiança quando chegam à puberdade.[13]

Por terem crescido com pais provedores reservados e distantes, muitos pais dizem aos pesquisadores que eles querem ser o tipo de pais que gostariam de ter tido. Charlie, um novo pai com quem conversei, disse que não tinha certeza do que isso poderia significar exatamente, até que se viu sozinho com um bebê faminto aos prantos. "Quando eu me comprometi em tirar uma licença-paternidade de dois meses, fiz isso principalmente por minha mulher. Quando nos casamos, concordamos em tentar dividir nossas vidas o mais equitativamente possível. Não foi por causa de nenhum sentimento arraigado de 'Ah, quero passar todo esse tempo com meu recém-nascido'", Charlie me contou. A realidade se instalou em sua mente no primeiro dia da licença. Ele já enfrentara a pressão de ter de pedir a licença ao chefe. Embora a política de licença-paternidade para novos pais constasse nas normas há anos, Charlie foi o primeiro a solicitá-la. E agora ele não conseguia fazer a filha tomar a mamadeira. "Liguei para minha mulher mais ou menos às 15h dizendo: 'Ela vai morrer de fome se não tomar esta mamadeira!'. Minha mulher estava prestes a vir para casa." Ele se sentia deslocado e, após apenas sete horas na função, um fracasso total. "Eu disse à minha mulher: 'Vou tentar mais uma vez'. E, no final do dia, minha filha e eu descobrimos como fazer isso juntos. Esse foi um momento *fantástico* para mim; quando realmente me dei conta do que significava. 'Uau! Essa é mesmo *minha* filha!' Foi o começo de algo realmente especial, um relacionamento pai-e-filha de fato estreito. E hoje tenho isso com minhas duas filhas."

PONTO LUMINOSO
CRIANÇAS CORAJOSAS E FELIZES

Eu afirmo que o agradecimento é a forma mais elevada de pensamento e que a gratidão é a felicidade duplicada pela admiração.
- G. K. CHESTERTON -

Os dias que nos deixam felizes nos trazem sabedoria.
- JOHN MASEFIELD -

CERTA TARDE, QUANDO TESSA ESTAVA NA TERCEIRA SÉRIE, eu fiquei muito estressada, trabalhando em uma história com prazo de entrega sobre um suposto criminoso de guerra somali, quando nossa babá ligou no último minuto dizendo que não podia apanhar Tessa na escola e levá-la à aula de balé, que era às 16h30, um horário impossível para a maior parte dos pais que trabalham. E, sem pensar de novo, comecei a fazer planos para levá-la.

Quando corri para pegá-la na escola, voei para casa e atirei-lhe um lanche enquanto manuseava freneticamente o meu BlackBerry, pois tínhamos cerca de oito minutos para atravessar a cidade e chegar à aula. Ela desceu as escadas lentamente depois de levar toda a vida para calçar as meias de balé e anunciou que agora a professora exigia que seus cabelos fossem presos em um coque.

"Pensei que uma faixa fosse suficiente", falei.

"Meus cabelos ficaram compridos demais na semana passada."

"E você está me dizendo isso agora? Nós temos que sair! AGORA!"

Ela cruzou os braços e levantou uma sobrancelha. "Mas a professora disse."

O BlackBerry começou a tocar de novo. Meu coração acelerou. Minha cabeça doía. Praguejei. "Esqueça a professora. Entre no carro."

Preciso confessar que, enquanto serpenteava pela cidade, perguntei-me por uma fração de segundo se poderíamos encaixar uma parada na cvs a fim de comprar grampos para cabelos. Quando passamos disparando por ela, Tessa reclamou furiosa do banco de trás. Foi o suficiente.

"Tessa! A sua mãe trabalha para um dos melhores jornais do país!", comecei. "Estou trabalhando em uma reportagem de primeira página com um prazo! Estou tirando um tempo do meu dia ocupado para levar você para a sua aula de balé. Eu acho que você podia pelo menos ficar agradecida."

Silêncio.

E então veio uma vozinha gelada do banco de trás:

"É o *The New York Times*?"

A história entrou para o folclore da família como exemplo da presença de espírito de Tessa. Porém, com o passar do tempo, fiquei mais perturbada com o fato. Não pelo comportamento dela. Pelo meu. Por que eu pressupus automaticamente que, quando a babá não podia ir, *eu* deveria assumir? Havia a minha culpa intoxicante, meu desejo de ser a mãe perfeita, o pânico cego de não desapontar meus filhos ou fazê-los perder um compromisso porque eu não estava em casa o tempo todo anuviado de tal modo a minha percepção, que eu não pude nem mesmo *ver* o quanto essa decisão foi insana? Mas o mais importante era: o que eu estava ensinando a *ela*? Além de lhe dar um modelo de mãe profissional de uma harpia louca, zangada e desbocada, eu estava lhe ensinando que ela estava no centro do universo. Longe da lição que *pensei* estar lhe ensinando – ficar firme com seus propósitos e não desistir –, eu lhe ensinava o oposto. Eu lhe ensinava que ela tinha o direito.

Quando comecei essa busca pelo tempo para o trabalho, amor e lazer, encontrei minha amiga Deb, que, como eu, estava arrancando os cabelos. Ela participava de caronas solidárias desde sempre, entrou no mundo competitivo das viagens dos times esportivos, aulas de música e compromissos sociais dos filhos, e cuidava de uma criança com necessidades especiais. "Toda essa correria", ela disse. "Só me diga se vale a pena."

Então, isto é para Deb: não. As pesquisas mostram que não, não vale a pena. Não, se está enlouquecendo todos, se ninguém está se divertindo, se não há tempo para criar vínculos, se os adultos estão perdendo suas identidades a serviço dos filhos que pensam que o mundo existe para servi-los e entretê-los, e não há espaço para ninguém... apenas ser. Pais de classe média hoje estão tão "focados-nos-filhos" que podem estar encorajando um "dilema de dependência" e criando jovens que não sabem pensar, tampouco tomar decisões e se aventurar por conta própria. Essa é a conclusão dos pesquisadores do Centro sobre a Vida Diária das Famílias da UCLA após estudar 32 famílias de classe média com renda dupla de L.A. Tanto os pais quanto as mães sentiam-se culpados quando o trabalho interferia na vida da família. Eles sentiam-se pressionados a criar tempo para a família "perfeita" juntos. Os pesquisadores observaram que esses pais procuravam fazer os filhos felizes comprando-lhes muitas coisas, cedendo a suas exigências e nunca lhes pedindo que ajudassem nas tarefas. Dificilmente eles são os únicos. Os economistas constataram que os publicitários gastam 16 bilhões de dólares por ano visando a pais culpados e filhos consumistas e que a criança média americana ganha cerca de 70 brinquedos novos por ano.[1] "Talvez tenhamos atingido um ponto crítico", disse Elinor Ochs, antropóloga e diretora de estudo. "Talvez passamos de ser focados-nos-filhos para ser dominados-pelos-filhos."[2]

As pesquisas mostram que é importante estimular as crianças a participar de atividades de que gostam, mas encaixar mais coisas em sua agenda não é o melhor a fazer.[3] E há fortes evidências de que isso piora a situação. Além disso, toda essa tecnologia brilhante, estimulante e viciante que lhes damos para deixá-los felizes, para mantê-los quietos quando estamos ocupados, na qual também nos viciamos, está nos tornando mais impacientes, impulsivos, esquecidos e egoístas.[4] "Estamos nos extenuando", a pediatra e educadora parental Kathy Masarie me disse, "e criando um produto inferior".

Durante anos, Suniya Luthar, psicóloga da Escola de Formação de Professores da Universidade Columbia, e as colegas têm acompanhado grupos de crianças do empobrecido centro e dos subúrbios ricos da cidade de Nova York. O que ela descobriu foi espantoso: crianças ricas apresentam de duas a três vezes mais probabilidade de sofrer de depressão, ansiedade e altos níveis de angústia do que as crianças que vivem na dura pobreza urbana. Além disso, as crianças ricas têm maior probabilidade de usar drogas e álcool.[5]

"Eu sou uma dessas mães", admitiu (ela me mandou uma mensagem de texto do salão onde tinha levado a filha para arrumar o cabelo para a formatura). "Assim, certamente não vou jogar pedras. Mas a subcultura em que vivemos pode ser muito nociva." Ela disse que é uma subcultura que valoriza o sucesso material e está convencida de que isso significa inserir seus filhos em um dos poucos espaços em uma faculdade de "elite". "Estamos fabricando essa loucura."

Nesse processo, para muitas crianças o tempo se tornou estruturado, organizado e controlado minuto a minuto. O tempo livre caiu de 40% de seu dia para 25%, e muito dele é consumido com TV e mídia eletrônica.[6] Os pesquisadores constataram que a fiscalização dos pais e os temores de um mundo perigoso cheio de estranhos encolheu os "habitats" das crianças. Como a mãe de Karen Graf lembra, na geração passada, as crianças podiam vagar livremente por quilômetros e passavam horas ao ar livre, criando brincadeiras e jogando bola, hoje, entretanto, muitas zonas de independência das crianças não vão além do final do quarteirão,[7] e apenas 6% das crianças com idades entre 9 e 13 anos brincam na rua sozinhas em uma semana normal.[8] Ligas esportivas organizadas se tornaram tão estruturadas que há pouco espaço para a *diversão*. A participação é de crianças de no máximo 11 anos.[9]

Jean Twenge, professora de Psicologia na Universidade Estadual de San Diego e autora de *Generation Me* (Geração Eu), descobriu em sua pesquisa que, hoje, cinco vezes mais alunos do ensino médio e da faculdade sofrem de depressão e ansiedade do que jovens durante a Grande Depressão. As crianças de hoje, superfiscalizadas, criadas com excesso de elogios dos pais e com o culto à autoestima, têm permissão para tudo, valorizam ser ricos, têm egos inflados e sentem-se… infelizes.[10] Elas sentem que não têm o poder de controlar o próprio destino, Twenge relata, de modo que costumam ser descrentes e facilmente se colocam nos papéis de vítimas. Assim, tendo sido programados dessa forma toda a vida, chegam à jovem vida adulta sem ter certeza do que gostam, e muito menos do que são. Todas aquelas idas e vindas no carro, de aulas de canto ao professor particular ao treino de basquete, não formam a intimidade ou independência que gera uma qualidade que os pesquisadores estão descobrindo ser essencial ao sucesso e à felicidade. Uma qualidade que eles chamam de *firmeza de caráter*.

A firmeza de caráter é a capacidade de ter uma ideia e se ater a ela quando as coisas ficam difíceis. Estudos constataram que, quanto mais firmeza de caráter as crianças têm, maior é a média de suas notas, maior é a probabilidade que têm de passar por um programa difícil, superar outras pessoas em competições como o Concurso Nacional de Ortografia, ter melhor instrução e uma carreira mais estável. Esses estudos demonstraram que firmeza de caráter é um melhor indicador de sucesso até mesmo que os pontos conseguidos em um vestibular ou o QI.[11] Quanto mais firmeza de caráter, maior a probabilidade de seguir uma paixão, perseverar e às vezes realizar trabalho duro *sozinho* para atingir uma meta. E as pesquisas mostram que, quanto mais se faz isso, maior é a probabilidade de ser feliz.[12] E não é isso que todos afirmamos querer para os nossos filhos?

Christine Carter, cientista social no Centro para o Bem Maior da Ciência da Universidade da Califórnia, em Berkeley, faz parte do movimento crescente de Psicologia Positiva. Ela estuda o estado efêmero que chamamos de felicidade e como criar filhos felizes. Em nosso foco simples nas realizações de nossos filhos, entendemos tudo ao contrário, ela diz enquanto observamos o pôr do sol na baía de São Francisco da janela de seu chalé nas colinas de Berkeley. "A suposição básica americana é que, se nossos filhos entrarem em uma boa faculdade, eles conseguirão um ótimo emprego, e *então* serão felizes", Carter diz. "Mas isso não é realmente verdade. Como pais, precisamos primeiro focar a felicidade. Focar a firmeza de caráter torna-se uma questão de eles realizarem seu *próprio* potencial em vez de reunir habilidades ostentosas que parecem espetaculares no formulário de admissão da faculdade."

Isso ocorre porque a realização, toda a criação de um currículo ostentoso, não necessariamente conduz à felicidade. Em vez disso, ela diz, sentir-se positivo e feliz em primeiro lugar é o que promove a realização. Uma meta-análise de 225 estudos sobre realização, sucesso e felicidade realizada pela psicóloga Sonja Lyubomirsky da Universidade da Califórnia, em Riverside, descobriu que pessoas felizes, aquelas que estão confortáveis na própria pele, apresentam maior probabilidade de ter "casamentos e relacionamentos felizes, rendas elevadas, excelente desempenho profissional, envolvimento comunitário, boa saúde e vida longa" – em outras palavras, sucesso.[13] E esse estado positivo e feliz, ela diz, nasce da firmeza de caráter.

A firmeza de caráter não é algo com que se nasce, Carter afirma. É algo que se pode aprender e exercitar, como um músculo. Se você é pai, consegue ensinar firmeza de caráter. Como? Deixe seus filhos enfrentarem dificuldades. Um pouco de desafio, até um pouco de angústia, é bom para eles. Quando as crianças aprendem a resolver os próprios conflitos, sem mamãe ou papai surgindo para salvá-las, elas formam firmeza de caráter, autoconfiança e as habilidades criativas para solucionar problemas que levam a grande sucesso acadêmico.[14] Ensine-as a tentar coisas novas, ela diz, a correr riscos, seguir sugestões, ver se elas se transformam em paixões, trabalhar duro, talvez dominar algum assunto, talvez cometer erros, mas amar a jornada em si, não a recompensa.

Carol Dweck, psicóloga em Stanford, passou anos estudando inclinações. Em um experimento, ela e sua equipe de pesquisa deram às crianças um teste curto e então as elogiaram. Para um grupo, elas disseram: "Ah, vocês devem ser muito inteligentes", uma atitude que dizem reforçar uma "inclinação fixa" – que as habilidades são inerentes e imutáveis. Para outro grupo, elas disseram: "Vocês foram muito bem, vocês devem ter trabalhado duro". Esse tipo de elogio, elas dizem, reflete o "crescimento da inclinação" – ou alguém que acredita que o sucesso resulta de firmeza de caráter, esforço e trabalho duro, e não é uma aptidão inata. Então, os pesquisadores apresentaram aos dois grupos um segundo teste. As crianças puderam escolher um quebra-cabeça mais fácil ou mais difícil. A maioria das crianças que foi elogiada como "muito inteligente" optou pelo quebra-cabeça mais fácil. Carter explica que elas tinham medo de cometer um erro e serem "descobertas" como não tão inteligentes. Mas 90% das crianças cuja firmeza de caráter tinha sido elogiada escolheram montar o quebra-cabeça mais difícil e continuar aprendendo. "Quando você é orientado a crescer, você é impelido pelo amor, pela paixão e por quem é", ela diz. "Quando você está em uma inclinação fixa, tende a ser perfeccionista. Você é impulsionado pelo medo e por quem você acha que os outros querem que você seja. E perfeccionistas, por definição, nunca ficam satisfeitos. Eles nunca estão felizes."

Para criar filhos felizes com firmeza de caráter, Carter ensina aos pais a primeiro deixar de se autossacrificar. Ela diz que pais deprimidos foram ligados a comportamentos negativos dos filhos, enquanto emoções positivas tendem a ser contagiosas.[15] Assim, é importante que os pais comecem por cuidar de si mesmos e de seus casamentos ou relacionamentos. Ela aconselha às famílias a se tornarem mais cientes de como passam seu tempo e como falam um com o outro a fim de formar redes de apoio, criar rotinas fáceis, rituais significativos e saborear os pequenos momentos de união.

E, mais importante, ensine-lhes *gratidão*. "Ensine seus filhos a contar suas dádivas", Carter diz. Adultos que muitas vezes se sentem agradecidos são mais generosos, mais empáticos e "têm mais energia, mais otimismo, mais conexões sociais e mais felicidade do que aqueles que não são", escreveu Melinda Beck no *The Wall Street Journal*, em uma reportagem sobre uma década de pesquisa a respeito da gratidão. "Eles também apresentam menor probabilidade de enfrentar a depressão, a inveja, a avareza ou o alcoolismo. Eles ganham mais dinheiro, dormem melhor, exercitam-se com mais regularidade e têm maior resistência a infecções virais."[16] E, Beck escreve, pesquisadores estão começando a descobrir os mesmos benefícios nas crianças. "Crianças que sentem e agem com gratidão costumam ser menos materialistas, tiram melhores notas, estabelecem metas mais altas, queixam-se de menos dores de cabeça e estômago e sentem-se mais satisfeitas com amigos, familiares e escolas do que as que não o fazem."

Enquanto conversamos, as duas filhas de Carter irrompem porta adentro com os pais de Carter. A cientista social, divorciada, diz que trabalha duro a fim de criar os próprios "hábitos de felicidade" da família – como partilhar três coisas boas que aconteceram durante o dia antes de dormir. A felicidade humana é construída não com indulgência, ela diz, mas com vínculos significativos com outros seres humanos. E, para as crianças – assim como os adultos –, você desenvolve esses vínculos, você promove criatividade, constrói firmeza de caráter e se torna mais completamente você mesmo – no tempo livre imaginativo, feliz, desestruturado dedicado ao… lazer.

NOTAS

1. Susan Gregory Thomas, "Are Dads the New Moms?", *Wall Street Journal*, 11 maio 2012.
2. "The 21st Century Dad: Happy Father's Day!", *Visually*, http://visual.ly/21st-century-dad-happy-fathers-day.
3. U.S. Census Bureau, "Families and Living Arrangements", Table SHP-1, "Parents and Children in Stay-at-Home Parent Family Groups: 1994 to Present" (Washington, D.C.: U.S. Department of Commerce, 2011), www.census.gov/population/www/socdemo/hh-fam.html.

4. Kathleen Gerson, *No Man's Land: Men's Changing Commitments to Family and Work* (Nova York: Basic Books, 1993).

5. Gretchen Livingstone e Kim Parker, "A Tale of Two Fathers, More Are Active, but More Are Absent", Pew Research Center, 15 jun. 2011.

6. Rong Wang e Suzanne M. Bianchi, "ATUS Fathers' Involvement in Childcare", *Social Indicators Research* 93 (2009): 141-45.

7. Jennifer L. Hook e Christina M. Wolfe, "New Fathers? Residential Fathers' Time with Children in Four Countries", *Journal of Family Issues* 33, n. 4 (2 abr. 2012): 415-50, doi: 10.1177/0192513X11425779.

8. Ann-Zofie Duvander e Ann-Christin Jans, "Consequences of Fathers' Parental Leave Use: Evidence from Sweden", *Finnish Yearbook of Population Research* 2009, 49-62.

9. Brittany S. McGill, "Navigating New Norms of Involved Fatherhood: Employment, Gender Attitudes, and Father Involvement in American Families" (Dissertação de PhD, University of Maryland, 2011).

10. Brad Harrington, Fred Van Deusen, Beth Humberd, *The New Dad: Caring, Committed and Conflicted* (Boston: Boston College Center for Work & Family, 2011), www.bc.edu/content/dam/files/centers/cwf/pdf/FH-Study-Web-2.pdf. "Os homens estão com uma sensação de perda em relação ao que não conseguem fazer", afirma Brad Harrington. Um levantamento realizado pelo A Better Balance (Um Equilíbrio Melhor), um grupo de pesquisa sem fins lucrativos, constatou que 75% dos pais preocupam-se com o fato de que seus empregos impedem que tenham tempo para ser os pais que gostariam. "Então, não existe apenas a culpa das mães, mas também a dos pais", afirmou a copresidente Dina Makst. "Os pais estão se sentindo pressionados para atender a esse novo ideal do que é ser um bom pai."

11. "Key Statistics from the National Survey of Family Growth", Centers for Disease Control and Prevention, atualizado em 27 de julho, 2012, www.cdc.gov/nchs/nsfg/abc_list_a.htm#work.

12. Scott Coltrane, "Fathering Paradoxes, Contradictions, and Dilemmas", in *Handbook of Contemporary Families: Considering the Past, Contemplating the Future*, ed. Marilyn Coleman e Lawrence H. Ganong (Thousand Oaks, CA: Sage Publications, 2003), 394-410.

13. Chun Bun Lam, Susan M. McHale, Ann C. Crouter, "Parent-Child Shared Time from Middle Childhood to Late Adolescence: Developmental Course and Adjustment Correlates", *Child Development* 83, n. 6 (nov./dez. 2012): 2089-2103.

PONTO LUMINOSO: CRIANÇAS CORAJOSAS E FELIZES

1. Payne and Ross, *Simplicity Parenting*, 57.

2. Wendy Soderburg, "How Working Parents Cope", UCLA *Today*, 26 abr. 2005, www.today.ucla.edu/portal/ut/050426news_howworking.aspx.

3. Joseph L. Mahoney, Angel L. Harris, Jacquelynne S. Eccles, "Organized Activity Participation, Positive Youth Development, and the Over-Scheduling Hypothesis", *Social Policy Report* 20, n. 4 (2006): 3-19, www.srcd.org/press/mahoney.pdf.

4. www.nytimes.com/2010/06/07/technology/07brainside.html?r=0.

5. Suniya S. Luthar e Bronwyn E. Becker, "Privileged but Pressured? A Study of Affluent Youth", *Child Development* 73, n. 5 (set./out. 2002): 1593-1610.

6. Christine Carter, *Raising Happiness: 10 Simple Steps for More Joyful Kids And Happier Parents* (Nova York: Ballantine Books, 2010), 137.

7. David Derbyshire, "How Children Lost the Right to Roam in Four Generations", *Daily Mail* on-line, 15 jun. 2007, www.dailymail.co.uk/news/article-462091/How-children-lost-right-roam-generations.html#ixzz1ywZBP0EF.

8. Cheryl Charles et al., "Children and Nature 2008: A Report on the Movement to Reconnect Children to the Natural World", jan. 2008, www.childrenandnature.org/uploads/CNMovement.pdf.

9. Payne e Ross, *Simplicity Parenting*, 153-61.

10. Associated Press, "Study: Students More Stressed Now Than During Depression?", USA *Today*, 12 jan. 2010, http://usatoday30.usatoday.com/news/education/2010-01-12-students-depression-anxiety_N.htm. Veja também Jean M. Twenge, "The Narcissism Epidemic", *Psychology Today*, www.psychologytoday.com/blog/the-narcissism-epidemic.

11. Angela L. Duckworth et al, "Grit: Perseverance and Passion for Long-Term Goals", *Journal of Personality and Social Psychology* 92, n. 6 (2007): 1087-1101.

12. Carter, *Raising Happiness*, 171-72.

13. Sonja Lyubomirsky, Laura King, Ed Diener, "The Benefits of Frequent Positive Affect: Does Happiness Lead to Success?", *Psychological Bulletin* 131, n. 6 (2005): 803-55.

14. Carter, *Raising Happiness*, 27.

15. Ibid., 5.

16. Melinda Beck, "Thank You. No, Thank You", *Wall Street Journal*, 23 nov. 2010.

PARTE QUATRO
LAZER

II
ACONCHEGO DINAMARQUÊS

O Produto Nacional Bruto não leva em consideração a saúde de nossas crianças, a qualidade de sua educação ou a alegria de suas brincadeiras. Ele não inclui a beleza de nossa poesia ou a força de nossos casamentos, a inteligência de nosso debate público ou a integridade de nossos servidores públicos. Ele não mede nem a nossa inteligência tampouco a nossa coragem, nem nossa sabedoria ou nosso aprendizado, nem nossa compaixão nem nossa devoção ao nosso país, ele mede tudo resumido, exceto o que faz a vida digna de ser vivida.

— ROBERT F. KENNEDY —

SÃO 15H25 DE UMA SEXTA-FEIRA CHUVOSA EM COPENHAGUE. Vibeke Koushede deixa o escritório no Instituto Nacional de Saúde Pública e habilmente dirige uma das poucas minivans visíveis pelas estreitas ruas medievais, coloca-a em uma vaga de estacionamento e atravessa a rua correndo para apanhar os gêmeos de 5 anos. Os dois frequentam um jardim de infância público no interior a cerca de 35 quilômetros da cidade, onde brincam o dia todo na floresta e nos campos. Embora o programa do jardim de infância fique aberto até as 17h, a maioria dos dinamarqueses trabalha em horários flexíveis como ela, Vibeke explica, e apanha os filhos entre 15h30 e 16h. Os dinamarqueses encaram o horário entre 17h e 20h quase como sagrado para a família, ela diz. Depois disso, as crianças vão para a cama e os pais aproveitam a noite juntos ou ligam os computadores e realizam mais trabalho em casa. "Até as 16h30, as cadeirinhas já foram empilhadas nas mesas, os pisos foram varridos. Nunca há mais que uma ou duas crianças esperando. E você nunca quer ser esse pai."

Vibeke sorri e cumprimenta com a cabeça os cerca de 12 outros pais que estão parados na calçada sob guarda-chuvas ou vestindo jaquetas impermeáveis Gore-Tex junto das bicicletas molhadas de chuva. Metade são mães, metade são pais.

O professor do jardim da infância, um "pedagogo", conduz as crianças que saem do ônibus. Depois de rápidos abraços, os gêmeos de Vibeke, Gustav e Bertram, são logo presos em suas cadeirinhas e ela volta ao volante, serpenteando pelo tráfego até a escola onde está seu filho de 7 anos, Luca. Hoje é seu dia de trabalho "curto". Ela e o marido, Søren, revezam dias curtos e longos para que um deles se concentre de modo ininterrupto e o outro garanta que os quatro filhos estejam em casa até as 16h30.

Ela chega à escola de Luca, encontra outra vaga de estacionamento impossível e começa a saltar pela chuva em direção à escola, deixando os gêmeos no carro.

Vibeke, 37, usando justos jeans pretos e brilhantes tênis prata Converse, os longos cabelos loiros esvoaçando, olha para mim, onde eu hesito perto do carro com os gêmeos. "Tenho certeza de que, como americana, você acha isso muito estranho."

Balanço a cabeça, sem jeito. Imagens do noticiário da noite passam diante dos meus olhos: a mulher que deixou o bebê no carro para correr até a lavanderia e acabou sendo arrastada pela rua quando um ladrão saiu com o carro e o bebê. Elizabeth Smart. Jaycee Duggard. Fotos de crianças desaparecidas em caixas de leite. O olhar frio de Nancy Grace e a polícia que julga as péssimas mães...

Vibeke sorri.

"Está tudo bem. Na Dinamarca, todos fazem isso o tempo todo."

Noto um carrinho de bebê com rodas enormes sozinho na entrada de uma casa próxima. No lado de dentro, sob um protetor de plástico para a chuva, um bebê dorme tranquilo. Essa visão se tornaria familiar nos próximos dias. "Achamos que é melhor que eles não sejam perturbados e tomem ar fresco", um pai depois explicaria enquanto entrávamos em um restaurante para um *brunch* em meio a carrinhos parados sozinhos e tranquilos diante do prédio como uma fileira de vasos de plantas gigantes. Dentro da escola de Luca, o ar carrega um delicioso aroma de canela e maçãs. Uma professora estende um recipiente de roscas escurecidas que as crianças assaram como parte do programa pós-aulas. "Elas estão queimadas, mas nós nos divertimos muito e rimos muito", ela diz. "E eles têm que aprender que algumas coisas na vida nem sempre funcionam com perfeição, mas que é possível se divertir mesmo assim." Luca, que estava esperando em um aposento aconchegante com a melhor amiga, Inez, pede que a menina vá para a casa dele, e Vibeke encaixa mais duas crianças na van, dirigindo-se para casa.

Seu apartamento, no prédio de uma velha fábrica na agradável vizinhança com muitos imigrantes de Norrebro, parece o paraíso. Com janelas do piso até o teto, ele é ventilado e claro. Apoios para os pés para escalada em rochas enfeitam a parede e, em outra, silhuetas incomuns de animais e criaturas míticas dançam sobre frases como "O futuro pertence aos que acreditam na beleza de nossos sonhos – Eleanor Roosevelt". Patinetes estão posicionados junto a um abajur de piso. O apartamento é aberto, compacto, alegre, convidativo, imaculado e *arrumado*.

Fiquei espantada pela primeira, mas certamente não a última quando comecei a visitar outros lares dinamarqueses e notei que não há lixo. Onde estão as cidades feitas de tubos de toalhas de papel, papelão e lenços de papel? A gigantesca Casa Cor-de-Rosa dos Sonhos da Barbie? Os trilhos sinuosos de Thomas, o condutor? As borboletas cintilantes feitas de cabides? Os trabalhos feitos com macarrão? As meias fedidas perto da porta? Começo a me perguntar se os dinamarqueses descobriram como criar buracos negros para todos os brinquedos de plástico, obras-primas da infância, rascunhos intermináveis de exercícios de matemática e montes de catálogos, ofertas de cartões de crédito e cupons de desconto atrás daqueles armários minimalistas. Garantiram-me repetidas vezes que os dinamarqueses apenas não compram, produzem ou guardam tantas coisas.

As crianças, com um olhar de Vibeke, põem a mesa para um lanche de maçãs e suco. Quando terminam, todos, com apenas uma palavra da mãe, tiram os pratos e os colocam na pia, depois correm para construir um forte gigante com cobertores e travesseiros. Ergo as sobrancelhas, pensando em todas as broncas que dou para conseguir que as crianças ajudem com as tarefas. "Tenho quatro meninos e isso é o que ensino a eles – que ajudar na casa é o que se faz quando se tem uma família", ela diz com firmeza. Uma grande lousa na parede registra a programação da família. Um jantar simples com amigos da vizinhança é realizado todas as segundas-feiras, aulas de natação para os filhos menores – quando ela e o marido costumam correr ou caminhar perto de um lago próximo – e treino de voleibol para o qual o filho adolescente vai e volta sozinho com transporte público. Não há muito mais o que falar a respeito. Pergunto a Vibeke se isso significa que ela tem tempo para si mesma. Ela responde que ela e o marido colocam as crianças na cama sempre às 20h a fim de passar as noites juntos. "E, às vezes, meu marido me manda sair de casa para correr ou fazer algo por mim", ela diz, contando como o marido realmente quis participar de um acampamento dos filhos com os escoteiros em um fim de semana recente, ao qual ela não foi, e a encorajou a ir com uma amiga a um spa. Dedicar tempo aos amigos é uma prioridade para os dois, assim como separar tempo para o lazer de ambos. Eles realizam viagens curtas pelo menos duas vezes no ano. "Ambos sabemos que separar tempo para nós mesmos significa que vamos voltar para a família renovados. Somos pais melhores quando fazemos uma pausa."

Fui para a Dinamarca porque a equipe de estudos da socióloga australiana Lyn Craig descobriu que as mães dinamarquesas têm mais tempo de lazer do que todas as mães nos países que ela estudou – uma hora a mais de lazer por dia do que mães nos Estados Unidos, na Austrália e na França, e uma hora e meia a mais do que mães italianas. Craig analisou que, com seis horas e doze minutos de lazer por dia, as mães dinamarquesas têm quase as sete horas que os pais dinamarqueses têm e *mais* tempo de lazer que os pais em todos os outros países industrializados. Uma hora e meia de tempo de lazer das mães dinamarquesas todos os dias é passada em tempo "genuíno" ou livre de crianças para si mesmas. Esse é o maior tempo de puro lazer de todas as outras pessoas que Craig estudou, exceto pais dinamarqueses e italianos. Craig constatou que as mães americanas, que passam mais tempo de lazer do que quaisquer dos pais estudados com os filhos, passam o menor tempo de lazer sem eles. As mães americanas, em média, têm cerca de 36 minutos para si mesmas todos os dias.[1] E isso não significa que as mães dinamarquesas não tenham o que fazer. A Dinamarca tem uma das maiores taxas de emprego de mães do mundo, com mais de 80% de mães com filhos menores de 15 anos na força de trabalho.[2] Fui para lá não apenas a fim de ver exatamente como elas conseguem, mas também para descobrir o que significa ter tempo de lazer. As mães são menos sobrecarregadas? Estão todas mais felizes? E, mais importante, há alguma coisa a ser aprendida?

Às 17h05, Søren entra pela porta da frente. Søren é presidente da Câmara dos Deputados no Parlamento dinamarquês. Ele conta que deixou o trabalho às 16h30 e foi para casa, a cerca de 5 quilômetros, de bicicleta, na chuva, só para estar em casa a tempo.

"A tempo de quê?", pergunto.

"Minha aula de exercícios preferida", Vibeke diz com um sorriso. Ela beija o marido e dispara pela porta.

Søren se troca e veste uma camiseta cinza e jeans pretos, vai até a geladeira na grande cozinha aberta e tira uma tigela com massa, que ele fez às 5h45. Então, começa a sová-la a fim de preparar uma pizza para o jantar. As crianças estão sentadas diante da TV para o seu desenho favorito de sexta à tarde, *Lucky Luke*. Confortável na poltrona cinza, Luca, de 7 anos, faz uma forte massagem em Inez. Søren é alto e magro e tem cabelos castanhos macios. Ele explica, enquanto ajeita os óculos com as costas da mão enfarinhada, que cozinhar, tomar conta das crianças e trabalhar na casa é algo natural para homens dinamarqueses como ele. Os pais dele trabalhavam, e o pai passava mais tempo na cozinha do que a mãe. Além disso, ele gosta de fazer pizza desde que aprendeu como prepará-la na aula de Economia Doméstica a que todos os meninos e meninas dinamarqueses devem assistir na escola. "Intuitivamente achei natural tomar parte das tarefas da casa porque foi isso que vi", ele conta enquanto abre a massa e coloca fatias de pepperoni em círculo sobre ela. "Quando criança, eu sempre imaginei que teria uma carreira. Sempre imaginei me casar com uma mulher instruída que também tivesse uma carreira. Para mim, seria muito estranho estar com uma mulher que não tivesse seus próprios objetivos ou que não desenvolvesse habilidades próprias. Acho que faz parte da natureza humana – querer conquistar algo. Para mim, seria estranho eu trabalhar fora e ter uma mulher fazendo todo o serviço doméstico. E nós conhecemos pouquíssimos casais como esses."

Dentro de uma hora, a pizza está quente e fervilhante. As crianças puseram a mesa, Vibeke entra, radiante e feliz, capacete de ciclismo debaixo do braço. Durante o jantar, pergunto a eles o que, exatamente, possibilita às mães dinamarquesas – e aos pais – ter mais tempo de lazer do que pais em outros países, e também mais tempo de lazer para si mesmos.

Os Koushedes se entreolham. Bem, primeiro, eles dizem, parece que os americanos valorizam o sucesso acima de tudo, e os dinamarqueses priorizam viver uma boa vida. "Aqui, ganha-se muito status pelo que fazemos no tempo de lazer", Vibeke conta, servindo vinho para os adultos e leite para as crianças. "Os jornais estão repletos de histórias sobre pessoas que fazem coisas interessantes para seu lazer", Vibeke continua. "Às vezes, olho o Facebook e me pergunto se as pessoas têm tempo para trabalhar."

TRABALHO

Os dinamarqueses não vivem para trabalhar. Os dinamarqueses trabalham duro, os Koushedes insistem, mas trabalham de maneira muito focada, e muitas empresas oferecem um saudável *smorgasbor* (bufê) com pão preto, carnes defumadas, legumes, frutas frescas e saladas para os funcionários. Søren explica que a maioria dos dinamarqueses trabalha as habituais 37 horas semanais, das 9h às 16h24 todos os dias. "O que, se multiplicarmos por cinco dias, soma exatamente 37 horas." Trabalhar mais horas é proibido por lei para a maioria dos empregados de acordo com a Diretriz de Tempo de Trabalho da União Europeia (executivos, empresários, funcionários hospitalares e outros estão isentos). Embora os europeus tivessem seguido uma jornada de trabalho mais longa do que os americanos até os anos 1960,[3] nenhum europeu tem permissão de trabalhar mais do que 48 horas por semana.[4] (O governo francês reduziu a jornada de trabalho para 35 horas semanais em 2000.[5] Sindicatos alemães negociaram o direito a uma jornada mais curta – a filosofia *Kurzarbeit* de "menos trabalho, trabalho para todos" – a fim de reduzir o desemprego e dividir o trabalho entre um número maior de trabalhadores.)[6] Apenas a Grã-Bretanha faz uma exceção à Diretriz, com a advertência de que os trabalhadores não podem ser *obrigados* a trabalhar mais do que 48 horas.[7] Na Dinamarca, não se fazem muitas piadinhas na mesa do cafezinho ou se dão muitas olhadas no Facebook no escritório, eles explicam. Você faz seu trabalho e vai para casa. "Alguns dos meus colegas de excelente desempenho e grande produtividade pegam os filhos às 16h ou 16h30 todos os dias", Søren conta. "Ninguém trabalha no escritório até as 18h, 19h ou 20h só para mostrar que está ali. Costumamos nos concentrar no que deve ser feito e o fazemos."

Os Koushedes explicam que o trabalho flexível que se ajusta à vida das pessoas em empregos em que isso é possível é a norma. Locais de trabalho costumam ter uma hierarquia horizontal, sem muitas camadas de gerenciamento, o que confere mais autonomia aos funcionários.[8] Algumas empresas mandam os empregados para casa com o jantar ou enviam suas roupas à lavanderia porque, Vibeke diz, acreditam que, se eles tiverem vida própria e forem felizes, farão um trabalho melhor. A maioria dos dinamarqueses não se sente obrigada a checar os smartphones e e-mails tarde da noite. Na verdade, eles dizem, as pessoas que trabalham até tarde e constantemente verificam os e-mails tarde da noite são vistas como ineficientes, e não como trabalhadores ideais guerreiros, o que ocorre na América.

A maioria dos dinamarqueses também tem seis semanas de férias remuneradas todos os anos, uma das políticas de férias mais generosas do mundo,[9] e, ao contrário dos americanos, a maioria das pessoas aproveita cada minuto delas. Os Koushedes vão acampar com os filhos na primeira semana de verão depois do término das aulas. E passam várias semanas, como fazem muitos dinamarqueses, em um chalé rustico de verão no interior onde as crianças vagueiam livres e passam longos e preguiçosos dias na natureza. Doze feriados nacionais, incluindo o Dia da Oração e Pentecostes, acrescentam duas semanas de folga remunerada[10] (os Estados Unidos têm 11 feriados federais, incluindo 4 de julho, Dia dos Veteranos e Dia dos Presidentes). "A sensação aqui é de que as pessoas têm direito de tirar férias", Søren diz. Vibeke acrescenta: "Acho que, com apenas duas semanas de férias por ano, como alguns de nossos amigos têm na América, você acaba esgotado".

E essas horas reduzidas de trabalho e férias longas oneram a economia?
Não.

A economia dinamarquesa é uma das mais competitivas do mundo, apenas alguns pontos atrás da dos Estados Unidos.[11] Além disso, apesar de os dinamarqueses trabalharem muito menos, é uma das mais produtivas, colocada imediatamente atrás dos Estados Unidos.[12] A Dinamarca apresenta baixa taxa de desemprego[13] e um dos melhores padrões de vida do mundo.[14] Ela tem uma das menores diferenças entre pobres e ricos de qualquer país do mundo, enquanto os Estados Unidos possuem a maior.[15] E apenas 6% dos dinamarqueses acham que é difícil ou muito difícil viver com sua renda atual, comparados a 21% dos americanos,[16] apesar de os Estados Unidos se classificarem como a maior renda doméstica do mundo.[17]

AMOR

Quando se trata de família, os dinamarqueses consideram dar aos filhos um bom começo na vida algo favorável para toda a sociedade. A Dinamarca assegura um ano de licença a ser dividida entre pais e mães após o nascimento ou a adoção de uma criança. Tanto Vibeke quanto Søren tiraram licenças longas – algo que a Dinamarca, a Suécia, a Islândia, a Noruega e a Alemanha estão encorajando mais pais a fazer pelas novas políticas governamentais de "use-a ou perca-a". "Pais descrevem a experiência como algo que modifica a vida", disse para mim o sociólogo sueco e coautor de *New Swedish Father* (O novo pai sueco), Thomas Johansson. "Eles se tornam mais participativos nas tarefas domésticas e na atenção aos filhos. Seus relacionamentos são mais próximos. E muitos têm tempo para repensar o significado de suas vidas."[18]

Estudos de tempo mostram que os dinamarqueses, assim como os suecos – e ao contrário dos homens em quaisquer outros países do mundo –, realizam quase tanto trabalho doméstico e cuidam tanto das crianças quanto as dinamarquesas. Em 40 anos, a lacuna de tempo entre homens e mulheres caiu de 4 horas para 45 minutos por dia (principalmente em dias úteis; a lacuna é mais estreita nos fins de semana).[19] "Esta condição realmente não tem precedentes na história da humanidade, passar de uma geração de pais distantes e provedores a pais presentes na sala de parto, tirando licença-paternidade e empurrando carrinhos", disse Svend Aage Madsen, psicólogo do Hospital da Universidade de Copenhague que estuda a paternidade.

Embora Søren tenha tirado apenas algumas semanas de licença quando Luca nasceu, ele cuidou dos gêmeos durante quatro meses sozinho depois da licença de Vibeke. Ele diz que aprendeu pelo jeito difícil como ir ao mercado pode ser um processo longo e árduo de preparar a sacola de fraldas, trocar, alimentar e lidar com um bebê agitado. "Agora que mais homens estão tirando licença, começam a reconhecer quanto trabalho dá ficar em casa e compreender por que as mulheres ficam cansadas", Søren diz. "E o relacionamento com meus filhos é muito mais forte por cuidar deles. Isso fará diferença quando eles crescerem e lembrarem que o pai estava lá."

A Dinamarca oferece a maior licença-maternidade remunerada – 52 semanas pagas com 80 a 100% do salário – e uma das maiores taxas de mães que trabalham no mercado de trabalho no mundo. Depois de seis meses, o governo garante a cada criança uma vaga em um centro de desenvolvimento infantil e, para crianças em idade escolar, um programa pós-aulas. Se houver uma lista de espera, que geralmente não dura mais de três meses, o governo pagará um pai para que fique em casa, ajudará a contratar uma "cuidadora de crianças" ou pagará um pai que aceite cuidar de crianças em casa além do próprio filho.[20]

No início, Søren ficou preocupado com a possibilidade de uma licença longa prejudicar sua carreira. Em vez disso, ele foi promovido alguns meses depois de voltar ao trabalho. "Homens tirarem uma licença passou a ser tão comum que não costuma afetar suas carreiras", ele diz. "E temos a oportunidade de ficar com os nossos filhos enquanto são pequenos, algo que nunca teremos de novo." Agora, Vibeke diz, às vezes os meninos procuram Søren porque ele reage a eles mais depressa do que ela. Como se lesse o pensamento, Gustav, um dos gêmeos, move a cadeira e a ajeita para ficar mais perto do pai.

Regulamentações da União Europeia e acordos dos sindicatos dinamarqueses asseguram que todos os pais com filhos abaixo de 8 anos receberão dois dias de licença médica remunerada para cuidar das crianças, além de licenças médicas para eles mesmos.[21] E cada pai recebe dois dias de "atenção" por cada criança pequena, que podem ser divididos e tirados em metade dos dias. Com três filhos com menos de 8 anos, isso significa que Vibeke e Søren recebem seis dias de folga cada um por ano além das oito semanas de férias remuneradas e feriados nacionais. "Quando as crianças têm algum evento na escola, posso tranquilamente tirar esse dia como um dia de 'atenção'", Søren conta.

Mas e quanto aos padrões de criação dos filhos? Menciono os bebês dormindo nos carrinhos sem supervisão. "Sabem, uma dinamarquesa foi presa e acusada por expor a criança ao perigo por fazer isso fora de um restaurante em Nova York."[22] Menciono os gêmeos deixados no carro e todas as crianças pequenas sozinhas que vi durante minha estada em Copenhague, andando nas ruas, lotando as ciclovias já abarrotadas com suas bicicletas, e andando de patinete até as estações de trem e de metrô. Vibeke e Søren assentem de novo. Eles afirmam que a Dinamarca é um país pequeno onde as pessoas se sentem seguras. Os pais são carinhosos e focados na família, mas muito mais tolerantes do que em outros países. As crianças podem ser mais independentes quando pequenas. E os adultos valorizam seu tempo livre, separado do tempo com as crianças, também valorizado por eles. Há um grupo de mães intensivas na Dinamarca que diz que as mães devem se dedicar não apenas aos filhos, mas também a adotar um estilo de vida natural, orgânico e sem glúten. "Nós as chamamos de 'mães espelta', Vibeke conta, por causa do grão antigo que se tornou moda nos círculos de comida saudável. "Mas elas são um caso extremo."

Mães estudando – Vibeke se formou quando os filhos eram bebês – e entrando no mercado de trabalho se tornou a nova norma, ela diz. A política tributária promove a independência econômica das mulheres ao tratar homens e mulheres como indivíduos, e não apenas parte de uma unidade familiar, como na América.

E se espera cada vez mais que os homens dividam igualmente o trabalho com a casa e as crianças (eles dizem que há um motivo pelo qual tanto meninos quanto meninas são obrigados a assistir a aulas de economia doméstica). Em um estudo sobre atitudes realizado na Escandinávia, homens e mulheres dinamarqueses mostraram maior inclinação para estar em casamentos e parcerias totalmente igualitários. Quase 70% das mulheres dinamarquesas e 60% dos homens dinamarqueses disseram que prefeririam dividir igualmente o trabalho remunerado, doméstico e com as crianças.[23] Sociólogos e economistas dinamarqueses com quem conversei pareceram perplexos quando eu lhes disse que o Levantamento Social Geral dos Estados Unidos ainda encontra profundas ambivalências na América quando a questão é se seria melhor para a mãe de crianças pequenas ficar em casa em vez de trabalhar. "Na Dinamarca nunca se faria essa pergunta", disse um deles.

LAZER

A estrutura da sociedade dinamarquesa é formada de modo a apoiar o lazer, explica Vibeke. Muitas lojas e pontos comerciais geralmente não abrem aos domingos ou muito depois das 19h para que todos estejam em casa com as famílias (embora novas leis agora permitam um horário mais estendido em grandes lojas e supermercados). Grupos de mães patrocinados pelo governo reunidos por professores de enfermagem na Dinamarca e na Suécia para que mães novatas não se sintam isoladas e sobrecarregadas, na realidade, acabaram se tornando a base para as atividades de lazer de muitas mães no futuro. Mais tarde eu jantaria em Malmo, na Suécia, com Catarina Ellehuus, médica nascida na Dinamarca, e Marin Rutberg, professora pré-escolar, que vinham se reunindo para jantares, drinques, cinema e saídas só de garotas desde que se conheceram em um grupo de mães na Suécia em 2005. "Ter um filho é um grande acontecimento. Ele muda você. Assim, é realmente natural que essas mães se tornem a base de sua amizade. E esta é a Escandinávia, onde são todos iguais, certo?", Ellehuus me disse. "Nossos maridos saem às segundas-feiras, portanto, é mais do que justo que tenhamos outra noite para nós." Hanne Dühr, professora de enfermagem do sistema governamental de saúde que conheci em Copenhague, cria esses grupos de mães e compreende o quanto eles podem ser poderosos. Ela ainda viaja para esquiar e se encontra regularmente com o mesmo grupo de mães novatas que reuniu quando teve os filhos nos anos 1970.

Digo aos Koushedes que li que a Dinamarca conquistou o recorde, segundo alguns relatos, de ter a maior quantidade de clubes esportivos, academias de ginástica e centros recreativos comunitários per capita, com longas listas de espera para entrar nos cento e poucos clubes de sauna e natação no gelo.[24] "A maioria dos dinamarqueses é sócio de clubes esportivos", Vibeke concorda. "E, é claro, nós temos aulas por catálogo."

As aulas por catálogo, logo aprendi, fazem parte de uma longa tradição dinamarquesa de educação para adultos. Ao contrário da América, onde a educação para adultos muitas vezes invoca imagens sombrias de leitura corretiva, as aulas oferecidas na Dinamarca pretendem cutucar a imaginação, expandir a mente, revigorar a alma e, atestam os catálogos, tornar os dinamarqueses "mais sensatos e saudáveis". A cada outono chegam grossos catálogos nos lares dinamarqueses oferecendo aulas de tudo, desde idiomas estrangeiros, arte, culinária, história, a fotografia, teatro, aprender a debater ou construir um par de esquis, e muito mais. As aulas têm preço acessível, uma vez que são subsidiadas pelo governo, por sindicatos ou grupos comunitários, e são extremamente populares.

Mais tarde, eu passaria uma noite vagando pelas aulas oferecidas pela AOF, uma associação comunitária que vem organizando aulas por catálogo desde 1924. Em uma aula de inglês, os alunos, uma combinação de homens e mulheres de todas as idades, haviam passado por uma ampla série de aulas ao longo dos anos, de badminton e *ghost walks* a uma série de palestras sobre pensamento positivo chamadas, misteriosamente, de "Fucking Nice" (algo como "Legal pra c…"). Pergunto se pessoas, se mães se sentem egoístas ou culpadas por dedicarem tempo a si mesmas, como muitas na América. Eles olham para mim como se não soubessem o que fazer com a minha pergunta absurda. Então todos riem.

🙊 🙊 🙊

Depois do jantar com os Koushedes, Vibeke e as crianças tiram a mesa e Søren coloca a louça na máquina. Para criar tempo para si mesmos, para a vida social e para o lazer, Vibeke diz, eles também baixaram seus padrões. Para começar, os gostos dos dinamarqueses costumam ser simples, mas eles pararam de se importar em manter aparências. "Costumava ser assim quando se queria entreter. Você precisava preparar um jantar com três pratos", Søren explica. Mas hoje, estimulados por uma amiga iconoclasta, Michelle Hviid, que convenceu um grupo de vizinhos de que é mais importante partilhar momentos breves, mas agradáveis, todas as segundas-feiras à noite do que obedecer à tradição, eles não esperam mais para se reunir até os apartamentos e cardápios estarem perfeitos.

Algumas noites depois, fui convidada para um jantar simples com os vizinhos na casa de Hviid – outro apartamento aberto decorado com aros de circo, trapézios, cesta de basquete e lanternas em forma de estrela muito claras penduradas no teto. Hviid, escritora, empresária e mãe solteira de duas crianças, põe todos para trabalhar, inclusive a filha loira de 5 anos, que usa uma faca muito afiada para picar morangos com habilidade surpreendente. Hviid explica que os amigos se reúnem das 18h às 20h, nem um minuto a mais. Ninguém se incomoda em arrumar ou se preocupa com a poeira pelos cantos. "E, às vezes, o jantar é composto de espaguete com ketchup", Vibeke diz com uma risada, "porque é tudo que temos".

Durante o jantar, Vibeke comenta que, embora tenha crescido na Dinamarca e seus pais trabalhassem, a mãe fazia todo o serviço da casa e cuidava das crianças. O pai de Vibeke é inglês e muito conservador. "Eu me lembro que quando criança pensava: 'Isso não é justo. Ela faz tudo e você só fica sentado aí'", ela conta. Vibeke sentiu-se muito mais atraída pelos casais dinamarqueses que via a sua volta, e como o fato de dividir as tarefas dava tempo a homens e mulheres, e não apenas, como no caso dos pais, aos homens. Essa sensação foi reforçada quando morou na Inglaterra com o filho mais velho de um relacionamento anterior como uma jovem mãe solteira. "Na Inglaterra, eu sentia que não era considerada uma boa mãe se quisesse sair e fazer alguma coisa de que gostasse", Vibeke conta. "Mas aqui, ter o meu lazer é algo que nem ao menos discutimos. É simplesmente natural."

E você não se sente culpada?, pergunto. Egoísta? Que está negligenciando seus filhos? Preocupada com a lista de afazeres?

Os Koushedes e seus vizinhos me lançaram um olhar inexpressivo. "Acho que talvez as mulheres dinamarquesas conheçam seu valor", Søren diz finalmente.

🐷 🐷 🐷

A Dinamarca, lar dos vikings, dos contos de Hans Christian Andersen e de doces deliciosos e amanteigados, é um país feliz. Os dinamarqueses não disparam pelas ruas loucamente com sorrisos exuberantes colados no rosto. Mas há um *contentamento* profundo. É o motivo pelo qual LEGO, do dinamarquês *led godt*, significa literalmente "brincar bem".

O primeiro *World Happiness Report* (Relatório da Felicidade do Mundo) das Nações Unidas colocou a Dinamarca no topo de sua lista global (os Estados Unidos ficaram na 11ª posição).[25] Os dinamarqueses também estão no topo do Índice de Melhor Vida da OCDE por ter a maior satisfação em relação à vida e o melhor equilíbrio trabalho/vida pessoal (os Estados Unidos se classificaram nas 14ª e 28ª posições, respectivamente).[26] E, além de uma série de estudos, pesquisas e relatórios que classificam os dinamarqueses como as pessoas mais felizes do mundo,[27] a Dinamarca consistentemente ocupou o primeiro lugar do Eurobarômetro da Comissão Europeia quanto à felicidade e ao bem-estar desde que a mensuração foi criada em 1973.[28]

As crianças dinamarquesas também estão entre as mais felizes (ocupando a 7ª posição, e os Estados Unidos, a 21ª),[29] mesmo com os dinamarqueses, talvez para surpresa de alguns americanos, tendo o maior número de crianças inscritas em creches formais.[30] O *The Economist* classificou a Dinamarca em 5º lugar em seu "Índice de Onde Nascer" de 2013 (os Estados Unidos, em grande parte por causa da imensa dívida, caíram do primeiro lugar em 1988 para 16º).[31] A Unicef registra que, com 6,5%, a Dinamarca tem uma das taxas mais baixas de pobreza infantil de qualquer país industrializado – resultado de uma política tributária que redistribui riqueza e forma uma rede de segurança social sólida (o índice de pobreza infantil nos Estados Unidos fica atrás da Letônia, com 23%).[32]

Apesar das altas taxas de impostos, a Dinamarca é a queridinha da esquerda *e* da direita política. O governo dinamarquês está classificado entre os mais transparentes, eficientes, confiáveis e menos corrupto por organizações sociais civis.[33] A Dinamarca avança na direção da independência energética, com fontes renováveis responsáveis por 40% do fornecimento do país.[34] E suas políticas favoráveis aos negócios a colocam nos primeiros lugares do Índice de Liberdade Econômica global da conservadora Heritage Foundation.[35] A mesma rede de proteção, que patrocina creches, assistência médica, generosos benefícios aos desempregados e um sistema de educação pública livre e sólido até a faculdade dá às empresas uma enorme flexibilidade para contratar e despedir empregados, chamada "modelo de flexibilidade".[36] Isso deixa todos felizes. Como Rikke, uma professora que conheci durante sua licença-maternidade, declarou: "Não preciso me preocupar com o que possa acontecer ao meu emprego, meu parceiro ou a mim. Sei que nunca vou ter que dizer 'Ah, que pena, vou precisar dormir no parque'".

A Dinamarca também é considerada um dos melhores lugares para ser mãe (os Estados Unidos ocupam a 25ª posição)[37] e tem uma das maiores taxas de fertilidade da Europa.[38] É um dos melhores lugares para ser mulher, estando entre os dez melhores segundo o Índice Global de Gêneros do Fórum Econômico Mundial (os Estados Unidos estão no 22º lugar).[39] A equidade de gêneros é tão importante que, em 1999, o governo indicou um ministro de gabinete para a igualdade de gêneros com a função de monitorá-la. O ministro faz cumprir leis destinadas a assegurar que homens e mulheres tenham direitos iguais no local de trabalho, pagamentos e oportunidades iguais, mesma influência na sociedade e sejam considerados do "mesmo valor".[40] A Dinamarca recusou exigir quotas formais de gênero, como outros países europeus. A lei dinamarquesa, entretanto, exige que, quando possível, todos os conselhos, comissões, instituições e outras organizações que recebem fundos do governo tenham equilíbrio de gêneros. Quando uma posição fica livre, a lei exige que se sugira um número igual de homens e mulheres para a substituição. Com mulheres ocupando praticamente 40 cadeiras no Parlamento, a Dinamarca está entre os 15 primeiros países do mundo com o maior número de mulheres na legislatura nacional (os Estados Unidos, com 16,9% em 2011, ocuparam o 91º lugar).[41] A monarca constitucional da Dinamarca é a amada rainha Margrethe II, e, em 2011, o país elegeu uma primeira-ministra pela primeira vez, Helle Thorning-Schmidt, mãe de dois filhos.

Linda Haas, socióloga da Universidade de Indiana, dedicou a vida a compreender como, nas últimas décadas do século 20, a Suécia, a Dinamarca e a Islândia mudaram seus pontos de vista sobre homens e mulheres de maneira tão profunda. A escassez de mão de obra, assim como a ideologia, deram impulso à equidade de gêneros, ela explicou, enquanto os governos procuravam mães para ocupar posições em vez de importar trabalhadores imigrantes, como na América. Os sistemas políticos nórdicos também são mais bem planejados para pensar amplamente nas questões sociais e criar um consenso. Desde os anos 1920, eles contaram com comissões de acadêmicos extrapartidários, pensadores e profissionais para trabalhar com sindicatos e políticos a fim de estudar e recomendar uma política familiar. "Essa abordagem séria, pragmática, que visa promover transformações em todas as áreas com o intuito de desenvolver uma política social, *não* é a que temos nos Estados Unidos", ela me disse. Ao longo do tempo, as novas políticas passaram a se reforçar. "Por exemplo, o Instituto de Seguro Social da Suécia, que administra o sistema de licenças-maternidades, desempenhou um papel importante na formação da opinião de que os pais podem e devem cuidar dos filhos", ela disse. "E isso é feito de uma maneira muito visual, com pôsteres em todas as clínicas infantis e centros pré-natais de homens, como aquele grande lutador musculoso com seu minúsculo bebê. Como pai, não se pode perder isso."

Eu tinha ido à Dinamarca para verificar por que as mães dinamarquesas têm tanto tempo de lazer e, no entanto, descobri que estava passando a maior parte de meu tempo com pais cada vez mais participativos. Não se pode ter um, disseram-me repetidas vezes, sem o outro. Fiquei espantada pelo grande número de pais de terno empurrando enormes carrinhos pelas ruas na Dinamarca e na Suécia. Pais viajando sozinhos em trens, ônibus e bicicletas com os filhos. Pais dominando playgrounds ensolarados em tardes preguiçosas durante a semana com as crianças. Até sinais pintados em calçadas mostravam o desenho de um pai, não uma mãe, segurando a mão de uma criança. E um pôster gigante do lado de fora da popular loja Tiger mostrava um homem sorridente usando um avental verde e rosa no qual se lia O AVENTAL FAZ O HOMEM.

Encontrei-me com Jens Bonke, um economista da RockWool Foundation, em Copenhague, que reúne e analisa dados sobre uso de tempo. Ele constata que, com a ênfase do país na igualdade, não só os homens e as mulheres dinamarqueses têm mais ou menos a mesma quantidade de tempo de lazer, mas estão avançando na direção do que ele chama de "convergência de gêneros" total. Bonke prevê que até 2023, se a tendência atual continuar, mulheres e homens dinamarqueses estarão dedicando o mesmo tempo ao serviço doméstico. E até 2033, eles também passarão o mesmo tempo em um emprego remunerado.[42] "Seja como for, isso não está muito longe", ele me disse. "Em outros países, a convergência de gêneros vai levar de 70 a 80 anos para ocorrer."

Se tempo é poder, as mulheres dinamarquesas parecem perto do ponto de equilíbrio.

Mas assim como Hrdy descobriu em seus estudos sobre sociedades de caçadores, a convergência de gêneros nas sociedades modernas exige a presença de *allopais*. Na Dinamarca, isso inclui não apenas os pais, mas também um sistema de atendimento à criança confiável e de qualidade.[43] Encontrei-me com uma família que tinha uma filha de 5 meses, Mathilde. Camilla estava chegando ao fim da licença-maternidade e seu parceiro, Jorgen, estava prestes a começar a dele. Eles encontraram um centro de desenvolvimento infantil na vizinhança virando a esquina de seu apartamento, local em que Mathilde ficaria quando estivesse com 9 meses de idade. Eu lhes disse que muitos americanos não confiam em creches e acham que é melhor que as mães de crianças pequenas fiquem em casa. Eles pareceram espantados. "Mesmo que tivéssemos o dinheiro para que um de nós ficasse em casa, eu gostaria que Mathilde fosse para a creche, porque 98% das outras crianças estão lá", Jorgen falou. "Os pedagogos têm experiência em desenvolvimento infantil. E é lá que as crianças aprendem a interagir com outras crianças e outros adultos." Camilla, prestes a voltar ao trabalho como webmaster em uma empresa privada, franziu a testa, perplexa. "Se um pai quer ficar em casa, as pessoas diriam: 'Como é possível você estimular o seu filho em casa o dia todo?'"

Ok. Vamos fazer uma pausa para uma pequena checagem de realidade.

A Dinamarca possui cerca de 43 mil km², um pouco menos que duas vezes o tamanho de Massachusetts. Sua população de 5,6 milhões de pessoas é maior do que a de Los Angeles, com 3,8 milhões, mas menor do que a da cidade de Nova York, com 8 milhões. Ao contrário dos Estados Unidos, um dos países com a maior diversidade racial e étnica do mundo,[44] a Dinamarca constitui um dos mais homogêneos. Aproximadamente 90% de todos os dinamarqueses possuem descendência escandinava. E, embora o país tenha visto a chegada de refugiados somalis, iraquianos e bósnios em anos recentes, seus maiores grupos de imigrantes vêm da Turquia, Polônia e Alemanha.[45] Nenhum partido político domina o parlamento desde 1909. Assim, o governo é obrigado a governar do centro por consenso e compromisso, pelo que ele chama de "democracia colaborativa".[46] O que difere muito do poder político na América, divisor, veemente, apaixonado, mergulhado em dinheiro e muitas vezes hostil, onde dois partidos dominantes têm vivido em um beco sem saída por mais de um século em uma batalha filosófica fundamental até sobre o que um governo adequado deveria fazer. A psique dinamarquesa está orientada para o bem comum. A psique americana se origina do duro ideal do individualismo. A Dinamarca não é ampla, esparramada, caótica e imensamente dinâmica. A Dinamarca não é o superpoder militar, econômico e humanitário do mundo.

E a Dinamarca *não* é perfeita. Tudo é absurdamente caro. O afluxo recente de refugiados muçulmanos trouxe à tona um feio traço de intolerância.[47] Há registros de preconceitos antimuçulmanos na mídia assim como na habitação, na educação e nos empregos.[48] Desenhos do profeta Maomé em uma publicação dinamarquesa enfureceram muçulmanos em todo o mundo. Isso, por sua vez, apenas fortaleceu o crescente poder do Partido Popular, que é contra a imigração[49] e constitui agora um dos maiores partidos no Parlamento, cujos líderes compararam o Islã a uma "praga".[50]

Em outros países nórdicos, a taxa de consumo de bebidas alcoólicas entre os adolescentes é alta, como também é, ironicamente em um país tão feliz, a taxa de suicídio.[51] Como em outros países nórdicos, a Dinamarca apresenta uma das maiores taxas de coabitação, nascimentos de mães solteiras e divórcios.[52] E, mais uma vez como em outros países nórdicos, o empurrão inicial nos anos 1990 para apoiar famílias trabalhadoras proporcionou todas as oportunidades – licença-maternidade, trabalho flexível e de meio período – para as mães. Isso afastou as mulheres de trabalhos mais difíceis no setor privado e as levou para empregos governamentais mais condescendentes e, sem intenção, deixou esses países com elevadas taxas da chamada "segregação sexual ocupacional", com poucas mulheres em campos tradicionalmente dominados pelos homens ou em posições de poder no mundo corporativo e empresarial[53] (isso, em parte, foi o que levou os países escandinavos a começar mais recentemente a pressionar por políticas familiares mais neutras em relação ao gênero, como licenças-maternidade e paternidade). "Criamos uma sociedade que permitiu à mãe ter um *emprego* de período integral. Mas a questão hoje é: pode ela ter uma *carreira*?", perguntou-me Elisabeth Moller Jensen, diretora da KVINFO, o Centro Dinamarquês para Informações sobre Gênero, Igualdade e Diversidade, financiado pelo governo. E alguns se queixam de que os países nórdicos podem levar a igualdade de gêneros longe *demais*, como quando os suecos insistiram em ter apenas brinquedos neutros no que se refere ao gênero nas pré-escolas e criaram um novo pronome neutro, *hen*, para usar em vez de *han* (dele) e *hon* (dela).[54]

A questão aqui é que os Estados Unidos não são a Dinamarca, tampouco deveriam ser. Muito mais útil, então, nessa jornada para compreender o tempo de lazer e felicidade é reconhecer as diferenças e olhar para os temas mais amplos e universais que podem se aplicar a eles:

- O dinheiro realmente não pode comprar felicidade. Ou tempo.
- A confiança é importante para ter uma vida feliz, assim como ter uma renda estável, boa saúde, paz de espírito e vínculos estreitos com as pessoas.

- Justiça, governo eficiente e equidade social em raça, gênero e renda são não apenas as fundações de uma boa sociedade, mas também os alicerces da satisfação na vida.

- Trabalho significativo *pode* ser feito sem se trabalhar todas as horas e sem que você sacrifique a si mesmo, a sua família ou a sua vida. Dar aos empregados controle e previsibilidade sobre seus horários *pode* gerar produtividade e lucros. Férias e descanso *podem* fazer de você um empregado melhor e uma pessoa mais feliz.

- Pais e mães *podem* dividir a vida e o trabalho igualmente. Ambos *podem* ser economicamente independentes e desenvolver vínculos estreitos com os filhos. É possível que eles sejam pais carinhosos ao ficar com os filhos e lhes deem a dádiva da firmeza de caráter e a liberdade para vagar.

- Tempo familiar significativo é acessível como uma noite de risos e espaguete com ketchup, porque isso é tudo que há na despensa.

- Criar tempo para o lazer a fim de revigorar a alma é crítico para viver uma boa vida.

- Há um poder extraordinário em uma pequena mesa coberta com uma folha nova de papel branco e posta com pratos rústicos, sal grosso, um lindo limão verde e uma única vela branca.

Eu estava prestes a aprender com uma americana a última aula de felicidade na estética dinamarquesa de abraçar a beleza e o calor de um simples momento presente, que eles chamam de *hygge*.

Enquanto espero na fria estação de trem Skodsborg fora de Copenhague, Sharmi Albrechtsen encosta o bonito Audi conversível prata usando um casaco de cashmere branco e exibindo um sorriso enorme. "Eu sou americana. Eu sempre dirijo", ela explica neste país tão alucinado pelo transporte público que os trens têm um lugar para bicicletas e carros têm impostos de quase 200%.

Albrechtsen, escritora que trabalha com marketing e relações públicas, cresceu em Bethesda, Maryland, um elegante subúrbio de Washington, D.C., a determinada filha de um determinado imigrante indiano. "Eu fui criada com a ideia de que *precisava* ser a melhor aluna da classe. Eu *precisava* frequentar uma boa faculdade. Eu *precisava* ganhar muito dinheiro. Eu *precisava* ter ótimo desempenho. Eu precisava, precisava, precisava", ela diz enquanto passamos em meio ao terreno plano e lamacento. "Então eu me mudei para a Dinamarca e meu mundo virou de pernas para o ar. Ser ambiciosa não é algo apreciado aqui."

Quando nos ajeitamos para usufruir um almoço de salmão defumado, salada verde e grossas fatias de pão integral em uma casa branca de fazenda do século 18 no campo, ela explica que aprendeu pelo jeito difícil que se prejudicaria se realmente apresentasse suas qualificações nas entrevistas como foi ensinada na América. Ela estava violando o princípio tácito da lei dinamarquesa de Jante – uma exigência cultural que valoriza a comunidade, a convicção de que nenhuma pessoa é melhor do que ninguém. Ela aprendeu que, se trabalhasse até depois das 18h, o carro dela seria o único no estacionamento. Se trabalhasse até depois das 19h, ela teria de comprar leite, pão e bacon para o jantar em um posto de gasolina, porque os mercados já estariam fechados. Quando sua filha nasceu, ela disse que não podia simplesmente "ficar à toa" durante a licença-maternidade de um ano de duração, de modo que começou uma empresa de *catering*. "Meu marido diz que sou um tubarão, que preciso me mover o tempo todo a fim de respirar. Mas eu tenho algo dentro de mim que me impulsiona, que me mantém acordada à noite." Parte do impulso, ela diz, sempre foi conseguir a casa maior, o carro melhor, a mais recente bolsa Louis Vuitton, a próxima coisa grande. Ela conta que isso – olhar para o horizonte em busca de algo melhor em vez de notar o que estava diante dela – custou-lhe o primeiro casamento. "Foi então que tive que decidir: eu ia deixar a Dinamarca ou *eu* ia mudar?"

Pela filha, ela decidiu ficar. E assim começou a estudar o que faz os dinamarqueses tão felizes e a escrever um blog, *Happy Danes* (Dinamarqueses felizes), com o intuito de registrar sua tentativa confusa e muitas vezes hilariamente imperfeita de tentar viver de modo diferente. A primeira descoberta foi mais tempo de lazer. Ela concordou em trabalhar com o orientador oferecido por seu empregador para melhorar o item número três de sua avaliação de desempenho: equilíbrio de trabalho-vida. Assim, aprendeu a sair do escritório entre 16h30 e 17h. Ela casou-se de novo e começou a preparar o jantar com o marido todas as noites. Além disso, passou a acender uma vela para que a refeição simples parecesse especial. Ela começou a lutar contra o impulso de interromper a filha e ler cinco livros para ela desenvolver o intelecto quando a menina já estava feliz brincando sozinha. Em vez disso, aprendeu a pegar um livro para ela. E começou a fazer caminhadas matinais na praia e a nadar nua no oceano no inverno. Ao desacelerar, Albrechtsen começou a notar como às vezes fazia as coisas do próprio jeito. Em uma viagem familiar para um chalé na Suécia, ela se preocupou tanto com o estado lamentável em que estava o local e o quanto a paisagem era feia que ignorou totalmente um longo passeio na neve e o que poderia ter sido uma divertida cavalgada em pôneis islandeses. "Embora eu estivesse lá, concentrei-me tanto no estado do chalé e em como poderia haver outro lugar melhor para ficar que perdi tudo."

E ela compreendeu que esse era o segredo para a felicidade dos dinamarqueses. *Hygge*. O momento. Quando você está cavalgando pôneis islandeses, *cavalgue* pôneis islandeses. Quando está tomando uma xícara de chá, *tome* uma xícara de chá. Quando está caminhando diante de uma casa linda e sente o desejo e a inveja se instalar, lembre-se do quanto você ama a sua. Não se trata tanto de baixar as expectativas, ela diz, mas de ser realista. "Isso é *hygge*", ela diz, pronunciando-a "heu-guh" e mostrando a simples casa de fazenda ao redor em que a luz clara entrava pelas janelas. "Esta mesa. O único limão verde. A única vela branca. O prato de sal grosso. As coisas pequenas e simples que fazem com que a vida seja adorável."

"Então você é feliz?", pergunto.

Ela sorri com tristeza. "Sim e não", diz por fim. "Meu marido é totalmente feliz e a minha filha também. E eu gostaria de ter a satisfação deles – não lutar por nada mais do que eles já têm. Eu me esforço. Não se pode simplesmente apagar a sua cultura de repente, e eu fui programada para trabalhar e ensinada a lutar. Mas estou tentando."

NOTAS

1. Lyn Craig e Killian Mullan, "How Mothers and Fathers Share: A Cross-National Time-Use Comparison", *American Sociological Review* 76, n. 6 (dez. 2011): 834-61.
2. "Maternal Employment Rates", OECD Directorate of Employment, Labour and Social Affairs, 13 maio 2012, www.oecd.org/els/familiesandchildren/38752721.pdf.

3. Alberto F. Alesina, Edward L. Glaeser, Bruce Sacerdote, "Work and Leisure in the U.S. and Europe: Why So Different?", in NBER *Macroeconomics Annual 2005*, vol. 20 (Cambridge, MA: MIT Press, 2006).

4. "Directive 2003/88/EC of the European Parliament and of the Council of 4 November 2003 Concerning Certain Aspects of the Organisation of Working Time", *Official Journal of the European Union*, 18 nov. 2003, http://eur-lex.europa.eu/LexUriServ/LexUriServ.do?uri=OJiL:2003:299:0009:0019:en:pdf.

5. Antoine Mariotti, "French PM Stirs Controversy Over 35-Hour Work Week", France 24 website, 30 out. 2012, www.france24.com/en/20121030-france-prime-minister-ayrault-controversy-suggests-open-revising-35-hour-work-week.

6. Markus Dettmer e Janko Tietz, "Germany's Massive Job-Saving Program Could Still Fail", *Spiegel* on-line, 30 dez. 2009, http://www.spiegel.de/international/business/betting-on-an-upswing-in-2010-germany-s-massive-job-saving-program-could-still-fail-a-669502.html.

7. "Guide: Maximum Weekly Working Hours", Gov.uk website, 3 dez. 2012, www.gov.uk/maximum-weekly-working-hours/overview.

8. "The Danish Work Culture", Copenhagen Capacity website, www.copcap.com/content/us/living_working/working_in_copenhagen/the_danish_work_culture.

9. Janet C. Gornick e Marcia K. Meyers, "Institutions That Support Gender Equality in Parenthood and Employment", in *Gender Equality*, ed. Gornick and Meyers, 3-64.

10. "Public Holidays", Visit Copenhagen website, www.visitcopenhagen.com/good-to-know/practical-stuff/public-holidays.

11. World Economic Forum, "Table 3: The Global Competitiveness Index 2012-2013 Rankings and 2011-2012 Comparisons" (Genebra: World Economic Forum, 2012), www3.weforum.org/docs/CSI/2012-13/GCR_Rankings_2012-13.pdf.

12. Bureau of Labor Statistics, "International Comparisons of GDP Per Capita And Per Hour, 1960-2011", Division of International Labor Comparisons e-newsletter, 7 nov. 2012, www.bls.gov/fls/intl_gdp_capita_gdp_hour.pdf.

13. "OECD Unemployment Rate at 7.9% in August 2012", news release, Paris, 9 out. 2012, www.oecd.org/std/labourstatistics/HUR_NR10e12.pdf.

14. Central Intelligence Agency, "Denmark", *World Factbook*, atualizado em 10 de julho, 2013, www.cia.gov/library/publications/the-world-factbook/geos/da.html.

15. www.oecd-ilibrary.org/docserver/download/8111041ec016.pdf?expires=1354825701&id=id&accname=guest&checksum=1D1F01F471772BFFAC7BEAB473892BE9. Os Estados Unidos têm uma das maiores lacunas na igualdade de renda dos países ricos, ficando atrás apenas da Turquia, do México e do Chile. World Economic Forum, *Global Gender Gap Report 2012*, www.weforum.org/issues/global-gender-gap.

16. www.oecd-ilibrary.org/docserver/download/8111041ec018.pdf?expires=1354827710&id=id&accname=guest&checksum=28799B2F2C1DB17F4349A61C19419ABE.

17. "Income", OECD *Better Life Index*, www.oecdbetterlifeindex.org/topics/income/

18. Esses países europeus tentaram oferecer aos pais mais dinheiro para usufruírem da licença paternidade. Eles lhes ofereceram mais tempo remunerado longe do trabalho. Contudo, Thomas Johnson me contou em uma entrevista que foi somente depois de serem aprovadas leis que destinaram parte da licença familiar somente para os pais – e determinaram que, se os pais não usassem sua parte, a família iria perder a licença – que a quantidade de pais que usufruíram da licença paternidade aumentou.

19. Jens Bonke e Bent Jensen, "Paid and Unpaid Work in Denmark – Towards Gender Equity", *Electronic International Journal of Time Use Research* 9, n. 1 (nov. 2012): 108-19, www.eijtur.org/pdf/volumes/eijtur_9_1.pdf.

20. "Education in Denmark", FYI Denmark website, www.fyidenmark.com/education-in-Denmark.html.

21. Summaries of EU Legislation, "Parental Leave and Leave for Family Reasons", Europa website, atualizado em 27 de abril, 2010, http://europa.eu/legislation_summaries/employment_and_social_policy/employment_rights_and_work_organisation/c10911en.htm.

22. Benjamin Weiser, "Danish Mother's Claim of False Arrest Is Rejected", *New York Times*, 15 dez. 1999, www.nytimes.com/1999/12/15/nyregion/danish-mother-s-claim-of-false-arrest-is-rejected.html?ref=annettesorensen.

23. Anne Lise Ellingsater, "Dual Breadwinner Societies: Provider Models in the Scandinavian Welfare States", *Acta Sociologica* 41, n. 1 (1998): 59-73, doi: 10.1177/000169939804100105.

24. Jennifer Buley, "A Celebration of Ice-Cold Water", *Copenhagen Post*, 11 jan. 2012, http://cphpost.dk/culture/culture-news/%E2%80%9C-celebration-ice-cold-water%E2%80%9D. Veja também *The Sport for All Committee Report – Conclusions and Proposals*, resumo, 2009, http://kum.dk/Servicemenu/Publikationer/2009/The-Sport-for-All-Committee--Conclusions-and-Proposals.

25. John Helliwell, Richard Layard, Jeffrey Sachs, eds., *World Happiness Report* (Nova York: Earth Institute, Columbia University, 2012), www.earth.columbia.edu/sitefiles/file/Sachs%20Writing/2012/World%20Happiness%20Report.pdf.

26. "Denmark", OECD *Better Life Index*, www.oecdbetterlifeindex.org/countries/denmark/.

27. "Denmark 'Happiest Place on Earth'", BBC News, 28 jul. 2006, http://news.bbc.co.uk/2/hi/5224306.stm. Veja também Ray Clancy, "People Living in Denmark Are the Happiest, Europe Wide Study Shows", ExpatForum.com, 29 dez. 2011, www.expatforum.com/general-considerations/people-living-in-denmark-are-the-happiest-europe-wide-study-shows.html. Emily Alpert, "Happiness Tops in Denmark, Lowest in Togo, Study Says", *Los Angeles Times* (*World Now* blog), 2 abr. 2012, http://latimesblogs.latimes.com/world_now/2012/04/happiness-world-bhutan-meeting-denmark.html. *Blue Zones* (Zonas azuis), de Dan Buettner, mostra a Dinamarca como uma "zona azul", onde as pessoas são mais saudáveis, felizes e vivem mais que em outras áreas: Dan Buettner, *Thrive: Finding Happiness the Blue Zones Way* (Washington, D.C.: National Geographic Society, 2008), excerto de "Lessons from Denmark", *Blue Zones*, 7 fev. 2012, www.bluezones.com/2012/02/lessons-from-denmark/.

28. "Happiest in the World", Official Website of Denmark, http://denmark.dk/en/meet-the-danes/work-life-balance-the-danish-way/happy-danes/.

29. "Dutch Kids Are the Happiest in Europe", *Dutch Daily News* (blog), 16 jan. 2010, http://www.dutchdailynews.com/dutch-kids-happiest/.

30. "PF3.2: Enrolment in Childcare and Pre-Schools", OECD Family Database, 14 jun. 2012, www.oecd.org/els/familiesandchildren/37864698.pdf.

31. Laza Kekic, "The Lottery of Life: Where to Be Born in 2013", *Economist*, 21 nov. 2012, www.economist.com/news/21566430-where-be-born-2013-lottery-life.

32. UNICEF Innocenti Research Centre, *Measuring Child Poverty: New League Tables of Child Poverty in the World's Richest Countries* (Florence: Unicef, maio 2012), www.unicef-irc.org/publications/pdf/rc10_eng.pdf.

33. *Corruption Perceptions Index* (Berlin: Transparency International, 2012), www.transparency.org/cpi2012/results. Os Estados Unidos ocupam a 19ª posição.

34. Danish Energy Agency, "Renewables Now Cover More Than 40% of Electricity Consumption", news release, 24 set. 2012, www.ens.dk/en/info/news-danish-energy-agency/renewables-cover-more-40-electricity-consumption.

35. The Heritage Foundation, "Denmark", *2012 Index of Economic Freedom* (Washington, D.C.: Heritage Foundation, 2012), www.heritage.org/index/country/denmark?src=next.

36. "Flexicurity: A Model That Works", *Economist*, 7 set. 2006, www.economist.com/node/7880198.

37. Save the Children, *State of the World's Mothers 2012: Nutrition in the First 1,000 Days* (Westport; CT: Save the Children, maio, 2012), www.savethechildren.org/atf/cf/{9def2ebe-10ae-432c-9bd0-df-91d2eba74a}/STATEOFTHEWORLDSMOTHERSREPORT2012.PDF.

38. World Bank, "Fertility Rate, Total (Births Per Woman)", databank, http://data.worldbank.org/indicator/SPDYN.TFRT.IN.

39. Ricardo Hausmann, Laura D. Tyson, Saadia Zahdti, eds., *The Global Gender Gap Report 2012* (Genebra: World Economic Forum, 2012).

40. Maria Carbin, *Report Analysing Intersectionality in Gender Equality Policies For Denmark and the EU* (Vienna: QUING Project, Institute for Human Sciences, 2008), www.quing.eu/files/results/ir_denmark.pdf.

41. Jennifer L. Lawless e Richard L. Fox, *Men Rule: The Continued Under-Representation of Women in U.S. Politics* (Washington, D.C.: Women & Politics Institute, American University, jan. 2012), www.american.edu/spa/wpi/upload/2012-Men-Rule-Report-web.pdf.

42. Bonke e Jensen, "Paid and Unpaid Work in Denmark". "Teremos que esperar 70-80 anos até que mulheres e homens tenham o mesmo tempo de trabalho dentro e fora de casa" (p. 109). Eles apresentam projeções para convergência de gêneros na Dinamarca e a previsão de que "mulheres e homens também irão gastar o mesmo tempo em trabalho remunerado em 2033, enquanto isso já deve ocorrer em 2021 em relação ao trabalho não remunerado" (p. 115).

43. "Baby Blues: A Juggler's Guide to Having It All", *Economist*, 26 nov. 2011, www.economist.com/node/21539925. Amelia Gentleman, "'We Lost the Focus on Emotional Warmth'", *Guardian*, 20 abr. 2009, www.guardian.co.uk/society/2009/apr/21/child-care-europe. Estudos dinamarqueses verificaram que as creches beneficiam as crianças, especialmente as que possuem origem social inferior, e levam a um sucesso acadêmico maior. Jane Greve constatou que, ao contrário do que ocorre nos

Estados Unidos, o emprego de mães e creches não estão associados à obesidade infantil: Greve, "New Results on the Effect of Maternal Work Hours on Children's Overweight Status: Does the Quality of Child Care Matter?", *Labour Economics* 18, n. 5 (out. 2011): 579-90, http://ideas.repec.org/a/eee/labeco/v18y2011i5p579-590.html. Jens Bonke me contou que, quando pesquisadores dinamarqueses encontraram efeitos positivos exercidos pelas creches, eles têm dificuldade em publicar seus artigos em revistas de língua inglesa. "Sempre surge a pergunta, 'Como pode ser?'", ele disse. "Sempre que enviamos artigos para revistas americanas, eles dizem: 'Vocês devem explicar que na Dinamarca é diferente e por que é tão diferente'. Há um verdadeiro preconceito, uma falta de disposição de compreender outro sistema." Um exame mais abrangente sobre as publicações a respeito de cuidados infantis e a Dinamarca pode ser encontrado em Rachel Dunifon et al., "Maternal Employment and Child Achievement in the Danish Context" (working paper, Cornell University and the Danish National Center for Social Research), https://espe.conference-services.net/resources/321/2907/pdf/ESPE2012_0395_paper.pdf.

44. Peter H. Schuck, "Diversity and Candor: How Should We Talk About Our Differences" (discurso realizado em "Ethics at Noon", Santa Clara University, Santa Clara, CA, 24 out. 2004), www.scu.edu/ethics/publications/submitted/schuck/diversity-and-candor.html.

45. Statistics Denmark, "Population and Elections", *Statistical Yearbook 2012*, www.dst.dk/pukora/epub/upload/16251/02pop.pdf.

46. "Political Structure", Danishnet.com, www.danishnet.com/info.php/government/political-structure-31.html.

47. Philip Reeves, "Muslims in Denmark Face a Wave of Intolerance", *All Things Considered*, National Public Radio, 6 fev. 2012, www.npr.org/2011/06/28/137480110/muslims-in-denmark-face-a-wave-of-intolerance.

48. Para mais sobre preconceito na mídia, veja Hasan Cucuk, "Study Highlights Anti-Islam Bias Seen in Danish Media", *Today's Zaman*, 9 dez. 2012, www.todayszaman.com/newsDetail_getNewsById.action?newsId=300585. Para discriminação na habitação, educação e trabalho, veja "Islam in Denmark", Euro-Islam.info website, 2012, www.euro-islam.info/country-profiles/denmark/.

49. Para a posição anti-imigração da DPP, veja Dansk Folkeparti website, "The Party Program of the Danish People's Party", www.danskfolkeparti.dk/The_Party_Program_of_the_Danish_Peoples_Party. Ele diz: "A Dinamarca não é um país de imigrantes e nunca foi. Assim, não vamos aceitar uma transformação para uma sociedade multiétnica. A Dinamarca pertence aos dinamarqueses e seus cidadãos devem viver em uma comunidade segura baseada nas leis, que se desenvolvem ao longo das linhas da cultura dinamarquesa. Talvez seja possível absorver estrangeiros na sociedade dinamarquesa contanto que isso não arrisque a segurança e o governo democrático. Até um determinado limite e obedecendo a regras especiais de acordo com condições da Constituição, estrangeiros podem obter a cidadania dinamarquesa".

50. Tasneem Brogger, "Danish Support for Anti-Immigration Party Rises, Poll Shows", *Bloomberg*, 27 fev. 2006, www.bloomberg.com/apps/news?pid=newsarchive&sid=aYsZDc.NNfM0.

51. "Suicide Rates Per 100,000 by Country, Year, and Sex (Table)", World Health Organization website, 2011, www.who.int/mental_health/prevention/suicide_rates/en/. Para mais sobre consumo de

bebidas por adolescentes, veja "UK Teen Drinking Is Serious and Chronic, Study Suggests", *Science Daily*, 2 abr. 2009, www.sciencedaily.com/releases/2009/04/090401102944.htm.

52. Para taxa de divórcios nos países nórdicos, veja Ingrid Spilde, "Increased Divorce Rates Are Linked to the Welfare State", *ScienceNordic*, 18 out. 2012, http://sciencenordic.com/increased-divorce-rates-are-linked-welfare-state. Para comparação internacional de taxas de casamento, divórcio e mães solteiras, veja U.S. Census Bureau, "International Statistics", *Statistical Abstract of the United States: 2012*, tabelas 1335, 1336 e 1337, www.census.gov/compendia/statab/2012/tables/12s1336.pdf. O Departamento do Censo informa que a taxa de casamentos na Dinamarca, 10,3 em cada 1.000 pessoas em 2008, foi quase igual à taxa de 10,4 em cada 1.000 pessoas nos Estados Unidos. Mas a taxa de divório de 4,1 na Dinamarca não era tão alta quanto a dos Estados Unidos, de 5,2. Para taxas de coabitação, veja "SF3.3: Cohabitation Rate and Prevalence of Other Forms of Partnership", OECD Family Database, 7 jan. 2010, www.oecd.org/els/familiesandchildren/41920080.pdf.

53. "Women at Work: Who Are They and How Are They Faring?", OECD *Employment Outlook, 2002*, cap. 2, www.oecd.org/els/emp17652667.pdf.

54. Nathalie Rothschild, "In Sweden, a Debate Over Whether Gender Equality Has Gone Too Far", *Christian Science Monitor*, 7 abr. 2012, www.csmonitor.com/World/Europe/2012/0407/In-Sweden-a-debate-over-whether-gender-equality-has-gone-too-far.

12
VAMOS BRINCAR

Acho que não é demais dizer que a diversão pode salvar a sua vida. Ela certamente salvou a minha. A vida sem diversão é uma existência opressiva e mecânica organizada em torno da realização de tarefas necessárias à sobrevivência. O lazer é o palito que mistura o drinque. É a base de toda a arte, jogos, livros, esportes, filmes, moda, diversão e admiração — resumindo, a base do que nós consideramos civilização.
- DR. STUART BROWN, FUNDADOR DO INSTITUTO NACIONAL DA BRINCADEIRA -

Supõe-se normalmente que não há habilidades envolvidas em usufruir o tempo livre, e que qualquer pessoa pode fazê-lo. No entanto, as evidências sugerem o contrário: é mais difícil aproveitar o tempo livre do que trabalhar. Ter lazer à nossa disposição não melhora a qualidade de vida, a menos que se saiba como usá-lo com eficiência, e isso é algo que, de modo algum, se aprende automaticamente.
- MIHALY CSIKSZENTMIHALYI -

ESTOU PARADA COM OS DEDOS DOS PÉS curvando-se na borda de uma plataforma a seis metros do chão. Eu tinha subido uma estreita escada de aço para chegar a essa plataforma, e minha cabeça se tornava mais leve e meus braços mais fracos a cada degrau. Quando segurei o suporte e passei o pé da escada para a plataforma, não tive tempo de lembrar o quanto sinto medo de altura. O quanto detesto brinquedos de parques de diversão e enfrentar turbulências em aviões. Como passei a maior parte de minha vida segurando os pertences de outras pessoas enquanto elas passeavam na montanha-russa ou na roda gigante, assistindo timidamente e em segurança do chão.

A uma ordem, começo a impelir o quadril para frente. Percebo que meu equilíbrio é tão precário que, se não fosse pela mão firme do instrutor atrás do arnês preso ao redor de minha cintura, eu certamente mergulharia de cabeça no ondulante colchão de ar embaixo. Meus joelhos tremem. Não consigo respirar. O suor se infiltra no giz que apliquei com generosidade nas palmas das mãos apenas segundos antes. Estendo a mão direita para a barra do trapézio surpreendentemente pesada. Com a esquerda, seguro no suporte da plataforma atrás de mim com todas as forças que ainda me restam.

"É hora de soltar", o instrutor diz com delicadeza.

"A mão esquerda?"

"Sim."

"Agora?"

"Sim. Agora."

Estou parada na minúscula plataforma a uma grande altura na Academia de Trapézio España-STREB, no Brooklyn, porque Nadia Stieglitz e Sara Baysinger me convidaram para acompanhá-las em programas a fim de nos divertirmos. As duas mulheres dirigem uma organização que se chama Camundongos que Brincam (Mice at Play) – como os camundongos fazem quando o gato sai. A organização começou na sala de estar de Nadia em 1998 quando, esgotada pelo trabalho, pelo esforço exaustivo de cuidar da casa e pela árdua alegria de criar os filhos, ela sentiu a vida esvaindo-se. Ela crescera ativa e alegre na França. Mas se sentia perdida. "Eu descobri estar me tornando uma pessoa entediante. E triste. Minha vida tinha se encolhido para duas áreas: emprego e criação de filhos", ela me disse com leve sotaque. "Percebi que não era desse jeito que queria levar a vida. Eu tinha perdido uma grande parte de mim e queria reencontrá-la." Quando suas três filhas estavam dormindo – o marido viajava com frequência –, ela conseguiu algum tempo às segundas à noite e convidou um grupo de mulheres para irem a sua casa com o intuito de se divertirem. Elas jogavam pôquer, ficavam até tarde contando histórias, preparavam pratos exóticos ou pintavam as unhas dos pés com esmaltes coloridos. Quando os filhos do grupo ficaram mais velhos, as mulheres começaram a sair, assistindo a palestras e aulas, indo a galerias de arte, ousando tentar qualquer coisa nova, extravagante ou divertida, que lhes vinha à mente. Primeiro, a ideia era apenas estimular o cérebro, mas elas logo descobriram que, ao criar tempo para brincar, eram as suas almas que estavam salvando.

Com o fervor de missionárias, Nadia e Sara começaram a pesquisar a ciência da brincadeira e a aprender como as mulheres, em particular, não se permitem fazê-lo. Elas organizaram formalmente o grupo Camundongos que Brincam para mulheres famintas por tempo-e-brincadeiras, criaram um site na web e um boletim informativo, e começaram a planejar "encontros para brincadeiras" regulares dos quais qualquer mulher podia participar. Desde 2010, as mulheres experimentaram boxe e vela e, com a ajuda de especialistas, fabricaram os próprios perfumes, inventaram coquetéis e sorvetes artesanais. Elas experimentaram dança do ventre, nado sincronizado e escalada. Participaram de safaris fotográficos, aprenderam técnicas de sobrevivência na selva e mergulharam nas águas geladas de Coney Island com os Ursos Polares no Ano-Novo. As brincadeiras eram ativas e envolventes. Elas são destinadas a livrar as mulheres da própria mente e de sua falta de tempo, e mergulhar de cabeça, corpo e alma nas brincadeiras, nos momentos especiais que o psicólogo Mihaly Csikszentmihalyi chamou de "flashes de vida intensa contra o fundo monótono da vida diária".

Antes do encontro na Academia de Trapézio España-STREB do qual Sara e Nadia me convidaram a participar, passei a tarde com as famílias delas no apartamento de Sara no Brooklyn em uma antiga fábrica de relógios. Seus maridos tinham acabado de voltar dos seus jogos de futebol programados regularmente durante toda a tarde. Os homens sempre conseguiram arrumar tempo para se divertir, elas disseram, saindo para tomar uma cerveja depois do futebol, jogando tênis, fazendo viagens malucas inesperadas. Como acontece com a maioria dos homens, ninguém precisou formar uma organização para mantê-los jogando. As crianças estavam absorvidas em fazer uma massa pegajosa com um bolo de gengibre e bolachas cream-cracker, cobertura de baunilha e discos de balas de menta e chocolate. Com um fogo agradável queimando em um canto, música suave tocando e o aposento tomado pelo zunido de conversas e risos, Sara e Nadia explicaram que seres humanos *precisam* brincar. Pesquisas constatam que a brincadeira é o que permite aos seres humanos criar, improvisar, imaginar, inovar, aprender, solucionar problemas, ser inteligentes, abertos, curiosos, resilientes e *felizes*.[1] "Estamos em uma sociedade em que temos que justificar a brincadeira", Nadia disse. "Mas brincadeiras fazem você se lembrar da melhor parte de seu eu e como pode ser feliz. Na brincadeira, há uma maravilhosa leveza do ser."

"Às vezes ficamos intrigadas com o que as brincadeiras podem fazer pelas pessoas", Sara disse. "Elas são capazes de transformá-las totalmente. Elas as reconectam – consigo mesmas, com os outros, com as possibilidades do mundo." Sara, mãe de dois garotos pequenos, sentia a transformação pelas brincadeiras em si mesma. Nunca especialmente boa nos esportes quando criança, ela disse que lentamente parou de jogar quando adolescente. Já adulta, a única vez em que movia o corpo era para obedientemente se exercitar. "Era sempre muito entediante e doloroso." Então, em um dos primeiros encontros dos camundongos alguns anos antes, ela saltou de uma minúscula plataforma de trapézio a seis metros do chão – como aquela em que eu logo estaria me balançando – e se jogou no ar. Sara achou que não apenas o nível de adrenalina subiu, mas também a sua confiança. Ela podia ficar aterrorizada em um momento e superar o medo no seguinte. "Antes daquele momento, eu nunca me chamaria de atleta. E agora é uma de minhas paixões." Ela passou a competir em triatlos e meias maratonas. "Eu recuperei a alegria que tinha quando criança somente depois de me juntar aos Camundongos."

Nadia também transformou a si mesma, a sua família e, ela espera, o futuro das filhas pela brincadeira. Pesquisadores de lazer constataram que as filhas aprendem a usufruir o lazer com as mães. E, como a maioria das mães se coloca em último lugar e se preocupa com a lista de afazeres, seu exemplo ensina as filhas a fazer o mesmo.[2] Pesquisadores de lazer também descobriram que, quanto mais se brinca na infância, maior é a probabilidade de brincar na vida adulta, que tentar uma série de atividades e experiências no início da vida, quando os riscos de falhar ou provar sua coragem são muito menores, facilita voltar a elas mais tarde, na vida adulta.[3] Nadia queria mostrar às filhas que, ao impregnar a sua vida e o trabalho como pintora e designer com brincadeiras, elas poderiam fazer o mesmo com a delas. Ela desejava ensinar as duas a não se perder como ela fez. Nadia também queria ensinar a suas filhas que é brincando junto que uma família se torna realmente próxima. A família tem sua própria lista de coisas a fazer: uma jarra a que recorrem, cheia de coisas divertidas que gostariam de realizar. Na agenda em um fim de semana recente havia: encontrar o melhor chocolate quente de Manhattan; visitar a Doughnut Plant no East Village e experimentar um novo sabor; fazer uma

Caça ao Tesouro; andar de bicicleta; jogar jogos de tabuleiro; assistir a um filme (que era realmente um desafio para ver quantos filmes conseguiriam ver em um dia); planejar as próximas férias da família: cite o país que mais gostaria de visitar, conte a história desse país, crie um orçamento e descubra o que a família poderia fazer com ele. "Nossa mãe é sempre quem diz: 'vamos experimentar algo novo'. Ela traz aventura para nossas vidas", diz a filha de 16 anos de Nadia, Iliade. "Nunca sei o que esperar quando entro pela porta", afirmou seu marido, Mackie, rindo. "É maravilhoso."

Em eleições, levantamentos e entrevistas, as pessoas em todo o mundo descrevem suas vidas como uma rotina esmagadora, louca e muitas vezes punitiva. Elas dizem que anseiam por nada mais do que tempo para alegria. Tempo para brincar.[4] E, no entanto, apesar do aumento de redes sociais, Meetups e Groupons, muitas pessoas não têm tempo para isso. Nadia e Sara estão descobrindo que, mesmo com seus encontros para brincadeiras tentadores, bem-organizados e relativamente baratos, pelos padrões da classe média (uma noite no trapézio custa 62 dólares), as mulheres parecem simplesmente não conseguir se obrigar a brincar. "Nós encontramos muita resistência", Nadia contou. "Pensei que, nesse estágio de nosso negócio, teríamos muito mais sucesso."

Porém, há uma razão para as mulheres acharem difícil brincar. Nadia e Sara não estão apenas se opondo ao culto americano ao trabalho, à produtividade, à realização, à velocidade e aos negócios. As duas mulheres estão pressionando a carga da história humana que pode ser resumida a três palavras poderosas: Mulheres. Não. Brincam.

Lembram-se da influente *Teoria da classe ociosa*, de Thornstein Veblen? Ele descartou mulheres na página 2, que, como parte da classe "inferior" desde pelo menos os tempos bárbaros, deveriam realizar o trabalho servil da sociedade. Pense na Bíblia e na "boa esposa", Provérbios 31: "Levanta-se, mesmo à noite, para dar de comer aos da casa... Sua lâmpada não se apaga... Está atenta ao andamento da casa, e não come o pão da preguiça". E isso, naturalmente, é depois que ela compra terras, planta um vinhedo, ajuda os necessitados, costura colchas escarlates, vende roupas de linho e faz o marido parecer bem. É claro que na Idade Média havia festivais, dias santos e comemorações.

Mas quem, perguntam os estudiosos do lazer, você acha que preparava o banquete? Em toda a história, as senhoras que almoçam, as mulheres com tempo nas mãos, faziam parte da elite opulenta. Sua "ociosidade forçada", debatem os estudiosos do lazer, ocorria não por uma escolha consciente, mas por uma demonstração inconsciente e visível do elevado status social do marido, do pai ou de algum parente do sexo masculino. Se tempo é poder, o tempo livre *dela* mostrava o poder *dele*. E as mulheres sem status tinham panelas para lavar. Um estudo sobre o lazer da classe trabalhadora feminina na Alemanha nos anos 1920 constatou que as mulheres encaravam a *ideia* de tempo livre para si mesmas como "incompatível" com uma imagem respeitável. Em vez disso, elas viam "a constante prontidão para trabalhar e a preocupação persistente pelo bem-estar de terceiros" como características adequadas a uma mulher. O tempo para o lazer era algo que os homens, independentemente de seu status social, deviam ter.[5] A hora da sesta na Espanha? "Puxa, eu nunca fiz uma sesta em toda a vida", contou a pesquisadora do tempo Almudena Sevilla-Sanz. "Minha mãe também não. Ela é professora. Durante a infância, precisava percorrer uma longa distância de casa até a escola. Ela voltava correndo para casa, preparava o almoço e tudo o mais enquanto meu pai fazia a sesta. Ela ainda faz. Isso nunca teve sentido para mim, mas para ela é normal." E quanto à aposentadoria? Uma pesquisadora de lazer com quem falei, Heather Gibson, socióloga da Universidade da Carolina do Norte, em Greensboro, suspirou. Claro, algumas jogam golfe, escolhem um novo hobby ou passam tempo com amigos. "Mas muitas aposentadas têm dificuldade em realizar a transição para o lazer e fazer coisas para si mesmas, porque acham que as pessoas vão considerá-las preguiçosas", ela disse. "Assim, enchem suas horas ocupando-se o tempo todo." E muitas aposentadas *são* ocupadas – ainda fazendo a maior parte do serviço doméstico. Estudos do tempo descobriram que, quando os maridos se aposentam antes das esposas, eles muitas vezes fazem mais trabalho doméstico e tarefas pela casa. Porém, quando a mulher também se aposenta, as horas que ele dedica à casa diminuem e o tempo de lazer aumenta, e ela acaba fazendo a maioria das tarefas, repetindo o mesmo padrão de toda uma vida.[6]

Um trabalho seminal de pesquisa de lazer feminista realizado por Eileen Green recebeu o nome de *Women's Leisure, What Leisure?* (Lazer feminino, que lazer?). Em seu estudo sobre o tempo livre das mulheres em Sheffield, Inglaterra, nos anos 1980, ela e suas coautoras descobriram que as mulheres se identificavam como esposas e mães em primeiro lugar e se sentiam culpadas por gastar dinheiro ou usar tempo para si mesmas. "Seus maridos, quando perguntamos como se sentiam sobre as mulheres terem lazer de modo independente, disseram não haver problema de vez em quando, mas, caso o fizessem com frequência, eles sentiriam que algo estava errado com o casamento", Green me disse. "Mas para os homens, bem, era totalmente diferente. Os maridos disseram que ter lazer era parte do que significava ser homem." Quando a estudiosa de lazer da Universidade Estadual da Carolina do Norte, Karla Henderson, tentou entrevistar mulheres da área rural sobre seu tempo de lazer, todas riram dela. Todo o tempo "livre" que tinham era preenchido com trabalhos agradáveis, mas produtivos, como fazer colchas, tricô, compotas, jardinagem e conversar com as amigas enquanto se ocupavam na cozinha. Henderson passou a encarar isso como lazer "invisível" – e, na verdade, é o único tipo de lazer aceitável e diligente que a maioria das mulheres já usufruiu. Henderson e outros estudiosos disseram que mulheres que dedicam tempo para si mesmas, deliberadamente escolhendo ter lazer sem as crianças ou a família, não representam nada menos do que um ato de resistência corajoso – quase subversivo.[7]

Como é de se esperar, Nadia e Sara descobriram que os encontros para brincadeiras mais populares são sempre os que parecem mais "produtivos" sobre nutrição, desintoxicação ou exercícios. "É muito mais difícil promover algo que é pura brincadeira", Sara disse. "Existe sempre essa enorme culpa."

No meu último dia em Paris para a conferência sobre uso do tempo, quando conversei com a pesquisadora australiana sobre uso do tempo Lyn Craig sobre seus estudos, ela sentiu-se radiante ao me contar que se entregou a um pouco de lazer naquela manhã e tinha acabado de comprar sapatos e tomar café com uma amiga. Eu lhe disse com orgulho que eu, também, havia finalmente conseguido tempo para o lazer. Eu levantara às 5h e saíra para uma corrida no Champs-Élysées e ao redor do jardim das Tulherias.

Ela franziu o nariz. "Lazer com um propósito", ela disse com aversão. "Muito americano."

Eu quis protestar. Gostei da minha corrida matinal. Mas Craig tinha razão. Eu tinha saído específica e intencionalmente para me *exercitar*. Eu estava pensando sobre virtualmente queimar todo aquele *pain au chocolate*, obedientemente *treinando* para minha primeira meia maratona, livrando-me da ansiedade que cola em mim como uma aura. Eu não tinha corrido por simples prazer.

Para pesquisadores do uso do tempo como John Robinson, que deu início a toda essa minha jornada, "lazer" é definido por uma série de atividades, como ouvir rádio ou fazer exercícios. Robinson também conta como lazer qualquer tempo residual que, como restos de refeições, não se encaixam perfeitamente em outras categorias como "trabalho" ou "cuidados pessoais". Foi assim que ele analisou o meu diário de tempo semanal e extraiu 27 horas aqui e acolá de lazer insatisfatório.

Entretanto, se conversarmos com qualquer pesquisador de tempo, ele dirá que o verdadeiro teste de lazer não é *como* a atividade preenche certo espaço de tempo, mas a *sensação* que esse tempo transmite. E diferentes atividades são diferentes para diferentes pessoas em diferentes momentos de suas vidas. Um dia despreocupado na praia com amigos de 20 anos pode ser totalmente diferente de um dia com duas crianças pequenas propensas a queimaduras de sol, que não sabem nadar, precisam de um cochilo e insistem em dolorosamente esfregar os minúsculos pés cheios de areia nas suas pernas nuas. Assim como a sobrecarga é resultado da imprevisibilidade e da falta de controle, o verdadeiro lazer, segundo os pesquisadores, é resultado de ter algum controle sobre a experiência e também escolha, livre de obrigações. "Mas as mulheres têm um maior senso de obrigação, e não apenas a sensação de escolha voluntária", Heather Gibson me disse. Gibson é presidente da recém-reconstituída Comissão de Mulheres e Gênero (ela estava inativa há anos) da Organização de Lazer Mundial.[8] Estudos constataram que o tempo de lazer para as mulheres muitas vezes significa apenas mais trabalho. As mulheres costumam ser as que planejam, organizam, fazem malas, executam, delegam e limpam depois de passeios, feriados, férias e eventos familiares. E Gibson e outros pesquisadores constataram que, além de ser fisicamente incômodo, o lazer para as mulheres pode ser mental e emocionalmente exaustivo, pelo fato de elas em geral se sentirem responsáveis por garantir que todos *os outros* estejam aproveitando a atividade de lazer e, assim, constantemente tiram a temperatura emocional de todos os envolvidos. Essa "ética de cuidado" forte e autossacrificante, como os pesquisadores a chamam, também é o motivo pelo qual as mulheres costumam ter uma contínua fita magnética de tarefas ainda a serem realizadas, responsabilidades e preocupações que tocam em suas cabeças como uma musiquinha da qual é difícil se livrar, que contamina a experiência de qualquer tipo de tempo.[9]

O que Nadia e Sara enfrentam enquanto lutam para criar uma revolução da brincadeira para mulheres soa como se fosse possível arrancar isso direto das páginas da pesquisa sobre lazer acadêmico feminista. As mulheres dizem a Nadia e a Sara que não têm tempo para brincar. Elas afirmam que estão ocupadas demais levando as crianças aos seus compromissos. Mulheres que trabalham e donas de casa dizem que se preocupam por não passar tempo suficiente com os filhos, de modo que sentem que precisam e querem passar quase todo seu tempo de lazer com eles – o que ajuda a explicar por que o lazer das mulheres muitas vezes ocorre em fragmentos interrompidos de tempo. Um estudo recente com 32 famílias de classe média em Los Angeles descobriu que a maioria das mães experimentou "episódios" de lazer que não duraram mais do que dez minutos.[10] Muitas mães, todavia, disseram a Nadia e Sara que realizar algo por um período mais longo e renovador sozinhas faria com que se sentissem egoístas ou preguiçosas. "Quando as crianças são pequenas, achamos que o lazer das mulheres tende a se basear em amigos e no lar, de modo que as mães estejam por perto", Gibson me disse. "E, quando os filhos são maiores, ainda existe uma sensação de culpa quanto a deixá-los, mesmo que isso proporcione às mulheres uma sensação de fuga e liberdade."

As mulheres dizem a Nadia e Sara que sentem não ter *direito* a tempo de lazer. Elas sentem que precisam *merecê-lo* primeiro depois de chegar ao fim da lista de tarefas. O que nunca acontece. "Vemos com frequência as mulheres dizerem que vão cuidar do lazer quando todo o resto estiver feito", Gibson falou. Muitas vezes, as mulheres dizem a Nadia e Sara que se sentem exaustas demais para fazer algo além de desabar no final do dia e ligar a TV.

Ah, finalmente, a questão da TV e o lazer.

Assistir à TV é o principal passatempo do mundo industrializado.¹¹ Vários estudos de tempo constataram que os adultos americanos assistem em média de duas a quatro horas de TV por dia. Pesquisadores descobriram que as crianças americanas estão expostas, em média, a quatro horas de TV em "segundo plano" por dia além de uma hora e meia em que ficam coladas diretamente a ela. E um estudo constatou que, quando se acrescentam computadores, smartphones, videogames e outros dispositivos, o tempo diante da tela para americanos adultos, não contando o trabalho com computadores, pode atingir espantosas 8,5 horas por dia, o maior tempo de qualquer país desenvolvido do mundo.¹² Para pesquisadores do uso do tempo como John Robinson, somos uma nação de viciados em TV que passam as horas livres preguiçando indiferentes com um saco de batatas fritas na frente do tubo, o que está, segundo vários estudos, nos tornando gordos, deprimidos, socialmente isolados e mais propensos à violência, além de baixando a nossa autoestima, perturbando o nosso sono, amortecendo nossos sentidos, enevoando nossa mente e encurtando a duração de nossa atenção e nossa vida.¹³ De fato, as pesquisas atestaram que, com o clique do controle remoto, nosso cérebro pensante desliga. Dentro de 30 segundos, perdemos a sensação de nós mesmos, e nossas ondas alfa ficam tão ativas quanto se estivéssemos olhando fixamente para uma parede vazia.¹⁴

No entanto, o relacionamento entre TV e tempo de lazer é muito mais complicado do que parece. Sim, assistimos a muita TV, mas pesquisadores de uso do tempo que olham não apenas o que as pessoas estão fazendo, mas também como se sentem e quais outros malabarismos realizam em determinado momento descobriram que muitas vezes as pessoas ligam a TV porque se sentem exaustas demais para fazer qualquer outra coisa. E para muitas pessoas com muito a fazer, a TV realmente funciona mais como uma parede vazia, talvez com um pouco de papel de parede colorido sobre ela. Estudos de Métodos de Amostragem de Experiência constataram que as mulheres realizam várias tarefas enquanto assistem à TV – pagam contas, dobram roupa limpa, verificam e-mails, ou, como eu certa noite, analisam dados sobre um Levantamento Social Geral no laptop enquanto as crianças assistiam a *Viagem ao Centro da Terra*.¹⁵

A TV, entretanto, faz surgir outra questão. Se o verdadeiro lazer é uma questão de escolha, às vezes a TV constitui apenas a escolha mais fácil. Ela está na sua sala de estar. É barata. Ligá-la não requer esforço. Sim, às vezes escolhemos a TV porque estamos cansados demais para qualquer outra coisa. Mas, outras vezes, segundos os pesquisadores, nós a escolhemos porque não temos certeza do que realmente gostaríamos de fazer em um momento de tempo livre indeterminado. Parte dessa incerteza vem de viver em uma cultura de reverência ao trabalho. E parte de fadiga de decisão. Conheci uma moça solteira que havia morado na Itália e tinha acabado de voltar. Lá, dias longos e preguiçosos longe do escritório eram aceitos como parte do *el dolce far niente* – a doçura de não fazer nada. Morando novamente nos Estados Unidos, esse tipo de tempo livre *parecia* diferente. "Sabe, às vezes, nos fins de semana, fico ansiosa quando não tenho nada programado", ela confessou. E, para as mulheres, parte da indecisão sobre o que fazer vem de estarem condicionadas a pôr sempre todos e todo o resto em primeiro lugar. "Às vezes descobrimos que as mulheres dizem que estão ocupadas demais para participar de um encontro para brincadeiras, mas acabaram de completar suas agendas com todas aquelas atividades infantis e obrigações sociais que podem não ser muito satisfatórias. Então, falam como se fossem as heroínas quando dizem às pessoas que não têm tempo para brincadeiras", Nadia me contou. "Talvez ficar um pouco à vontade, aprender algo novo exija muito esforço, e elas não têm energia para isso. Mas, realmente, acho que elas têm *medo*. Medo da sensação que ter tempo livre para si mesmas vai proporcionar."

Eu estava com medo? Com medo, talvez, de que, sem o trabalho, as responsabilidades da maternidade e da família e da afobação da lista de afazeres, eu não soubesse o que iria encontrar? Isso seria parte do que me fazia não parar nunca?

Sara e Nadia estavam me convidando há meses para sair e brincar. No fundo, eu sabia que, se eu ia escrever por que o tempo de lazer é importante, o que conseguir tempo para isso faz à alma e como a ciência está descobrindo que brincar é essencial à vida, eu tinha de encontrar tempo para eu mesma *fazer* isso. No entanto, eu apresentava todas as mesmas desculpas para adiar uma atitude que as mulheres apresentavam há décadas.

Será que eu poderia andar com raquetes de neve? Não tenho tempo. Um dia de pintura a dedo? Ioga no alto da montanha? Fantasiar-me com roupas dos anos 1940? Ocupada demais. Uma procura de artigos eróticos em Manhattan? Ahn, passo. Que tal dançar flamenco até encontrarmos *duende*, o estado mítico de louco abandono? Vôlei na praia? Surf a remo? Tenho coisas mais importantes a fazer. Eu continuava a adiar o momento para brincar. Até que, com o prazo de entregar o manuscrito aproximando-se, eu simplesmente não pude mais postergar. E o único encontro para brincadeiras na agenda dos Camundongos que Brincam antes do prazo era... o Trapézio Voador.

Gemi.

"Não, isso é perfeito", Nadia insistiu. "Uma parte importante da brincadeira é sair da sua zona de conforto. Isso a obriga a estar muito presente. A sua mente se envolve totalmente no momento. Você tende a esquecer todas as preocupações na vida e todas as coisas que precisa fazer. Isso é fluxo. E, quando as coisas começam a acontecer, esse é o momento *eureca!*"

Na Academia de Trapézio España-STREB em Williamsburg, no Brooklyn, realizamos um treinamento nas esteiras, tiramos brincos e joias, e fomos presas fortemente ao equipamento de segurança. Nervosa, fiquei na fila com outras seis mulheres esperando minha vez para subir na plataforma lá no alto. Nadia e Sara adotaram algumas normas não escritas para os encontros a fim de assegurar que as mulheres saiam de suas cabeças e entrem no fluxo: nada de smartphones, ou pelo menos nada de checá-los incessantemente; nada de falar de trabalho ou entrar nas redes sociais – um encontro para brincadeiras não é lugar para pensar em avançar na carreira. Também não há nada a provar em um encontro para brincadeiras. Não há conversas sobre ganhar alguma coisa, vencer outra pessoa ou conquistar algo, o que Nadia e Sara sabem que contraria o desejo arraigado nos americanos por realizações, país onde até a ioga se tornou um esporte competitivo.[16] Um encontro para brincadeiras é um momento destinado a ser aberto para tentar algo novo e se divertir. Assim, como a pura brincadeira, realmente não importa o que vai acontecer. Você balança no trapézio e é pega em pleno ar? Ótimo. Você cai seis metros e aterrissa de cara no ondulante colchão lá embaixo? Grande coisa. Assim, pare de se julgar – e aos outros também. Nadia e Sara querem que suas mulheres se sintam livres, que sejam elas mesmas e parte de um grupo animado e apoiador, não importa o que aconteça.

Na fila, à minha frente, Moria Holland, uma mãe divorciada, tinha se inscrito em seu primeiro encontro para brincadeira depois de conversar com o filho de 6 anos. "Ele disse: 'mãe, quando você e suas amigas se reúnem, vocês nunca riem ou correm por aí. Vocês nunca se divertem'", ela contou. "Estou com medo de fazer isso, mas, quanto mais pensei a respeito, mais me dizia: 'Ele tem razão'. Eu tinha que experimentar algo diferente." Atrás de mim, Gigi Branch-Shaw, outra mãe divorciada e uma das primeiras integrantes dos Camundongos, disse que realmente não entendia o que estava perdendo até começar a brincar. "Quando fomos no encontro para uma escalada, no início fiquei com medo. Depois, quando comecei a subir, lembrei-me de como gostava de subir em árvores quando criança. É como se eu tivesse voltado ao meu verdadeiro eu", ela contou. "O tempo parece diferente quando se brinca." Fazer coisas que ela nunca pensou que poderia fazer levou energia e renovação aos seus relacionamentos e lhe deu confiança para tentar coisas novas – no trabalho, na vida, na diversão. Agora ela se esforça a fim de encontrar tempo para brincar – "mesmo que seja por apenas 20 minutos" –, para andar de bicicleta pela diversão em vez de pela determinação de se exercitar, para caminhar com o filho de 14 anos, para ligar para uma amiga sem motivo especial. "Às vezes, eu realmente preciso me obrigar a vir a esses encontros", ela contou. "Mas, quanto mais brinco, mais tenho vontade de brincar."

"Você está pronta?", o instrutor que me segurava pelo arnês perguntou baixinho. Agora, sinto o suor não só nas palmas das mãos, mas também na sola dos pés. Acabei de ver Moria engolir em seco, deixar a plataforma e balançar no ar. Gigi está subindo a escada. Não há tempo para me preocupar se pareço gorda no equipamento de segurança. Não há tempo para me perguntar o que as crianças estão fazendo e se Tom verificou a lição de casa delas. Não há tempo para pensar se trabalhei bastante a fim de merecer esse momento de brincadeira. Não há como voltar atrás.

No que parece um doloroso movimento em câmera lenta, solto a mão esquerda do apoio da plataforma e, hesitantemente, pego a barra do trapézio.

"Já!", o instrutor grita. Não é uma pergunta. Isso, aprendi, é um comando. Meu coração pula. Dobro os joelhos trêmulos.

"Uhul!"

E salto.

🙂 🙂 🙂

A brincadeira ativa, diz Stuart Brown, é um estado de ser oposto a tudo o mais. É atemporal, como um fluxo, e crucial aos humanos do momento do nascimento até o último suspiro. Brincar também representa um estado de espírito, uma atitude de leveza, curiosidade, admiração que pode penetrar em qualquer situação. Ambos são tão essenciais à evolução, ao desenvolvimento, à inovação e à civilização do ser humano que o historiador Johan Huizinga afirmou em 1938 que, muito melhor do que o *Homo sapiens*, o ser humano racional e inteligente, a nossa complicada espécie deveria ser chamada de *Homo ludens*, o ser humano lúdico. E a neurociência, Brown argumenta, está começando a mostrar o quanto isso é verdadeiro. Brincar, segundo ele, é o que forma cérebros complexos, habilidosos, sensíveis, socialmente competentes e flexíveis, o que, por sua vez, forma sociedades e pessoas complexas, habilidosas, sensíveis, socialmente competentes.[17]

Stuart Brown é psiquiatra, fundador do Instituto Nacional da Brincadeira, e uma das mais renomadas vozes solitárias que defende o tempo para brincar no selvagem mundo sério e atarefado. Ele sabe que a maioria das pessoas se sente sobrecarregada demais para brincar. Brown fez carreira tratando pessoas que sofrem dos efeitos do que ele chama de privação de brincadeiras, o que, afirmou o psiquiatra, tende a se instalar assim que os humanos atingem a adolescência. Os homens tendem a manter pelo menos uma ilusão de brincadeira pelos esportes, ou jogando ativamente, ou assistindo. As mulheres tendem a perdê-la totalmente. "Há essa imensa sensação de perda", Brown me disse. "O lamento de que não há tempo para brincar é intenso e quase universal. Porém, quando esse tempo não se torna uma prioridade, há grandes consequências emocionais, espirituais e físicas. Quase todos nós temos uma natureza brincalhona e cabe a nós recuperá-la. Mas se o seu tempo é constantemente fragmentado e você está aumentando a rotação do motor com as exigências do dia, torna-se muito, muito difícil."

Pergunte a Brown por que os humanos precisam brincar – um tema que continua a atordoar os cientistas – e ele lhe mostrará uma série de fotografias de um imenso urso polar saltando no gelo com um husky siberiano muito menor do que ele. O poderoso urso poderia rasgar o cão menor ao meio. Em vez disso, os dois se curvam, rolam, lutam, saltam, mordem-se e geralmente brincam. A primeira questão que Brown ressalta é que ambos os animais parecem bem alimentados, descansados e tranquilos. O fato de as necessidades básicas estarem atendidas permite-lhes ser abertos e prontos para brincar, o que, ele diz, também se aplica aos humanos. A segunda questão é que esse tipo de luta bruta mostra exatamente por que a brincadeira é tão importante. Brown insiste que está ocorrendo algo especial que supera o mero exercício ou a visão científica de que brincadeira é prática, um meio de preparar os jovens animais para comportamentos de que vão precisar para sobreviver quando adultos. "É a exploração do possível", Brown disse. "A brincadeira pega uma coisa – um urso polar que poderia comer um pequeno cão – e a transforma em algo diferente, algo inesperado. Uma dança. Ela pega o caos e encontra a ordem. Ela se baseia em confiança, no fato de que ninguém vai se ferir. E não parece ter qualquer motivo. Eles brincam pelo prazer de brincar."

Lagartos, tartarugas, ratos, pássaros, primatas, a maioria dos mamíferos e até alguns peixes brincam na juventude. Pesquisadores descobriram uma correlação direta entre brincadeira animal e o crescimento do cerebelo, a parte do cérebro mais rica em neurônios, responsável pelo controle do movimento, do equilíbrio, da coordenação e de funções cognitivas essenciais como o processamento da linguagem e a atenção.[18] Os cientistas também estão encontrando ligações diretas entre a brincadeira animal e o desenvolvimento do córtex pré-frontal, a "mente" do cérebro pensante que controla emoções e impulsos e leva à melhora da atenção e da tomada de decisões, todos fatores essenciais para formar relações sociais saudáveis. Quanto mais brincadeiras, maior o córtex pré-frontal. Os cientistas afirmam que é provável que as descobertas se apliquem também aos seres humanos: crianças que têm mais tempo para brincadeiras livres, não estruturadas tendem a ser social e academicamente mais proficientes à medida que crescem.[19]

Poucos animais continuam a brincar durante a vida adulta. Os humanos brincam. Brown alega que brincadeiras esculpem o cérebro. Fazendo bagunça, fingindo, contando histórias, movimentando os corpos, criando, contando piadas, desmontando coisas, sendo curioso, competindo nos esportes, devaneando e alegremente explorando novas experiências – como balançando em um trapézio ou até escrevendo um livro –, o cérebro cria conexões ricas e novas que se unem de várias formas. Quando crianças, a brincadeira é o meio pelo qual começamos a compreender a nós mesmos e o modo como o mundo funciona, simulando experiências e emoções, aprendendo habilidades sem risco. Quando adultos, a brincadeira é o que mantém os nossos cérebros flexíveis. E isso, segundo Brown, é o que possibilita à nossa espécie inovar, criar, solucionar velhos problemas de maneiras novas e continuamente adaptar nosso comportamento para prosperar em um mundo em constante mudança e muitas vezes perigoso. Certa vez, os gerentes do Laboratório de Propulsão a Jato da Caltech descobriram que os melhores engenheiros tinham as mais ricas experiências com brincadeiras – construindo pistas de corrida de cavalos com caixas de sabão em pó, desmontando relógios, trabalhando com as mãos –, e então começaram a incluir questões sobre o histórico de brincadeiras nas entrevistas padrão de candidatos a emprego.[20] Brown conta que o físico ganhador do Prêmio Nobel, Richard Feynman, era um mestre da "brincadeira séria", e abordava seu trabalho com uma atitude brincalhona. "Eu inventava coisas e brincava com coisas para me entreter", Feynman escreveu em sua autobiografia. Com o mesmo espírito, ele observava alunos na cafeteria brincarem girando pratos. "Pela diversão", ele disse, o que levou ao desenvolvimento dos "diagramas de Feynman" para explicar a eletrodinâmica quântica e que acabou por resultar em seu Prêmio Nobel.[21]

Em estudos com animais, a vida sem brincadeira é triste. Cientistas colocaram ratos jovens em gaiolas somente com ratos adultos, que não brincam, e os mantiveram longe de outros ratos jovens e brincalhões. Eles descobriram que, quando privados de brincadeiras, o cérebro dos ratos jovens apresentou um desenvolvimento anormal. De fato, tão anormal que eles pareciam cérebros de ratos com um córtex frontal danificado. Em uma experiência, quando apresentados a um odor de gato, tanto os ratos que brincavam quanto os ratos privados de brincadeiras fugiram, estes últimos com o seu hormônio de estresse, o cortisol, atingindo níveis altíssimos e o coração batendo acelerado. Mas somente os ratos que brincavam voltaram lentamente, começaram a farejar ao redor e testaram o ambiente outra vez. "Os que não brincavam nunca saíram do esconderijo", Brown explicou. "Seus níveis de cortisol não voltaram ao normal. Muitos deles morreram."[22]

Brown começou o longo estudo sobre brincadeiras analisando, em experimentos como o dos ratos, as consequências de sua ausência. Quando era um jovem psiquiatra, pediram-lhe que investigasse por que Charles Whitman, que fora escoteiro, coroinha e fuzileiro, matou 17 e feriu 41 pessoas na Universidade do Texas em 1966. Sim, houve abuso, um pai controlador e muito estresse na vida de Whitman. Porém, o que mais espantou Brown foi o fato de, quando criança, Whitman nunca ter recebido permissão para brincar. E essa falta "o deixou sem um repertório de comportamentos para lidar com altos níveis de estresse, principalmente humilhação e depressão", Brown afirmou.

Desde então, Brown reuniu mais de 6 mil "histórias de brincadeiras" de pessoas. E o que ele encontra nas que não conseguem tempo para brincar – em cada atitude ou atividade – muitas vezes é falta de alegria. Rigidez, vício, trabalho compulsivo, diminuição da curiosidade e, no fundo, depressão. Para ajudar as pessoas a recuperar suas naturezas brincalhonas, ele as leva de volta às primeiras brincadeiras que se encontram em sua memória para lembrar do que gostavam de fazer quando crianças a fim de que comecem a refletir sobre elas e descobrir como usá-las na vida adulta – para trazer criatividade e paixão ao seu trabalho, como Richard Feynman, para promover a intimidade, a conexão e a diversão nos relacionamentos em casa com seus parceiros e crianças e com o intuito de criar tempo para simplesmente usufruir brincadeiras despreocupadas para a alma.

Foi isso que Brown viu Barbara Brannen, uma mulher que conheceu no Colorado, fazer.

Brannen era uma executiva bem-sucedida em Denver com dois filhos e uma vida movimentada que, com o passar do tempo, viu-se cada vez mais sobrecarregada, insatisfeita, triste e tão esgotada por trabalhar o tempo todo que perdeu o uso do braço esquerdo. "Várias coisas na minha vida se desintegraram, e decidi que isso ocorreu porque eu tinha parado de brincar", ela me contou. "Decidi que a brincadeira era um presente, um presente que as mulheres, em especial, recebem a mensagem muito cedo de que devem desistir. E elas precisam encontrá-lo de novo."

Visitei Brannen no escritório em sua casa. Ela atendeu a porta usando uma bandana com cintilantes corações vermelhos pendurados em dois fios, deu uma grande risada como se imensamente satisfeita em me ver e me entregou um porquinho de plástico cor-de-rosa. "Este é um porco de chuveiro", ela disse. "Tomar um banho com um porco todas as manhãs é como decidir 'Hoje vai ser um dia bom. Um dia divertido.'"

O escritório dela, que dá vista para as Montanhas Rochosas, é decorado com macacos de meia, tigres, arco-íris, borboletas, canetas roxas, bambolês, marca-textos coloridos e toda espécie de bugigangas de plástico e animais de pelúcia. Brannen explica que, no processo de se recuperar de uma cirurgia delicada no braço, ela começou a encontrar tempo para devolver a brincadeira a sua vida e que ela, como "uma treinadora", administrando um negócio chamado Playmore (Brinque mais), tem ajudado outras pessoas a fazer o mesmo. Ela descobriu que o segredo está em ajudar as pessoas a lembrar o que causava felicidade nelas quando crianças, a ponto de não conseguirem esperar para fazê-lo e, após começarem, nunca desejarem parar. Para ajudar as pessoas a sacudir as lembranças moribundas e muitas vezes embaraçadas, ela usa blocos gigantes de papel com linhas largas, como as usadas no jardim da infância, e uma caixa de lápis de cor, solicitando às pessoas que simplesmente comecem a escrever o que ela chama de uma "lista de brincadeiras".

Foi o que ela mesma passou a fazer. Assim, descobriu que *tinha* tempo para lazer. Só que não era *seu* tipo de lazer. Ela passara a fazer todas as coisas que os filhos queriam ou o marido queria ou os outros esperavam dela – encontros, reuniões sociais, idas ao cinema ou apenas aguardar a chegada das férias ou dos feriados. Ela gostava, "mas eu queria sentir o coração cantar", disse. "Eu queria algo que pudesse me cativar, que, quando eu terminasse de fazer, me fizesse sentir rejuvenescida, não importa que me sentisse esgotada."

Ela começou a tentar lembrar o que gostava de fazer, mas tinha deixado de lado. Então, começou a ler revistas em quadrinhos de novo, a sentar-se para tocar piano durante alguns minutos quando passava diante dele. Ela injetou diversão em todo seu dia, ouvindo música em alto volume enquanto limpava o closet ou usando tiaras com bolinhas balouçantes no trabalho. Ela estourava bolhas no carro para os filhos quando ficavam mal-humorados e começou a carregar uma vara de condão caso sentisse vontade de agitá-la se ficasse presa no trânsito. Com o passar do tempo, ela lembrou que o que mais gostava de fazer quando criança e do que sentia mais falta na vida adulta era estar ao ar livre. Brannen adorava esquiar, passear na floresta. Adorava fazer tortas de lama. E, acima de tudo, adorava água. Ela também se deu conta de que o marido não gostava de nenhuma dessas coisas, e talvez esse fosse o motivo pelo qual demorou tanto para ela se lembrar. Foi uma constatação assustadora. Ela amava o marido. Seu desafio passou a ser, então, encontrar tempo para suas próprias brincadeiras enquanto preservava o tempo para o que gostavam de fazer juntos. Ela começou devagar, plantando um jardim no quintal dos fundos e sujando as mãos, como quando fazia tortas de lama. Depois, encontrou trilhas de caminhada na vizinhança e levava o cão ou encontrava uma amiga para caminhar. Ao longo do tempo, à medida que o braço sarava e as crianças cresciam, em uma decisão repentina e inesperada, ela se viu na REI* comprando um caiaque. Embora não tivesse ideia de como remar, ela encontrou três pequenos lagos a dez minutos de sua casa e agora vai regularmente espadanando água. "É mesmo muito, muito divertido."

Brannen olhou para mim.

"Quando foi a última vez que você brincou"?, ela perguntou. "Quer dizer, realmente brincou?"

Parei. Isso foi meses antes de Nadia e Sara finalmente me convencerem a participar de um encontro para brincadeiras. Larguei a caneta e o bloco que estava usando para anotar nossa conversa e pensei. Quando parei de construir casas para a Barbie com nossas velhas enciclopédias vermelhas? Subir naquele imenso pinheiro no quintal de nosso vizinho? Virar cambalhotas? Jogar futebol com minha amiga Julie depois da aula? Enfrentar os feitos ousados do pique-bandeira ou jogos turbulentos como o buldogue inglês debaixo dos postes de luz da rua em noites quentes de verão, em que tudo acabava na brincadeira de verdade ou desafio?

"Ah, nem sei. Quando eu tinha uns 11 anos?", falei. "Talvez 12?"

---

* Loja de artigos para esportes radicais, trilhas e acampamentos. (N.E.)

Em pleno ar, é surpreendente como o corpo parece não pesar nada. No ponto mais alto do balanço, as pernas quase flutuam para cima e sobre o trapézio. E, por um breve instante, no ápice do balanço de volta, as mães saem com facilidade da barra enquanto você voa para frente, pendurada pelos joelhos, como fazia com tanta naturalidade quando criança nas barras duras e frias do playground.

Nesse momento, você saltou da plataforma da España-STREB algumas vezes e sobreviveu. Você parou de gritar a cada balanço. Suas mãos tremem, não mais de medo, mas com uma esquisita empolgação que dá a sensação de que a *pele* esteve tomando café o dia todo. De cabeça para baixo, zunindo de costas pelo ar, você arqueia as costas e estende as mãos, tanto por instinto quanto por qualquer instrução gritada do chão abaixo. Você viu um Camundongo depois do outro neste encontro para brincar no trapézio fazer o mesmo e, pelo intervalo de meros segundos, perder as mãos do instrutor pendurado pelos joelhos em seu próprio trapézio. Então você não espera nada.

O momento chega sem esforço. Durante o arco do balanço para frente, mãos agarram seus pulsos. Pegou.

Assim, é essa a sensação de voar.

PONTO LUMINOSO
REALMENTE PLANEJE AS FÉRIAS

EM TODOS OS VERÕES, quando se prepara para as férias, Carolyn Semedo-Strauss enche a minivan com a bagagem. Junto às malas e sacolas de lona, ela empurra bolsas de fios e caixas de livros, como uma promessa para si mesma, na esperança de que realmente vá passar tempo usufruindo momentos de tranquilidade sozinha. Na maioria dos anos, as caixas voltam intocadas. Ela reúne os três filhos e todas as engenhocas eletrônicas, CDs, livros, lápis de cera, jogos e equipamentos para mantê-los relativamente satisfeitos durante a viagem de dez horas da Virgínia até Massachusetts. Então, despede-se do marido com um beijo e parte para a reunião de família. É uma grande família afro-americana, com 11 irmãos, e todos os anos eles vêm de todas as partes do país para alguns breves dias na casa dos pais. Com tanto de seu tempo tomado pelo redemoinho da logística, apressando-se para ver todos e certificando-se de que todos os *outros* estão felizes, seu tempo de férias deixa sua mente em um "emaranhado" exaustivo e não *parece* calmo.

Roger Mannell, psicólogo na Universidade de Waterloo, em Ontário, dirigiu talvez o único estudo de laboratório sobre tempo de lazer. Suas pesquisas constataram que, quando as pessoas têm uma sensação de *escolha* e *de controle* sobre o que fazem com o tempo livre, elas apresentam mais probabilidade de entrar no fluxo, esse estado absorvente e intemporal que alguns chamam de ponto culminante da experiência humana. "Parte do problema em relação ao lazer é que as pessoas não estão muito seguras do que realmente *querem*. Elas não sabem o que o tempo de lazer significa para elas", Mannell falou. "E nunca desaceleram tempo suficiente para descobrir."

Nesse experimento, Mannell disse aos objetos de estudo que eles estavam participando de duas tarefas diferentes de aprendizado. O verdadeiro experimento, entretanto, era o que fizeram e como se sentiram durante o período de 30 minutos de tempo "livre" entre as duas tarefas. Um grupo recebeu uma *opção* sobre o que fazer; o outro recebeu *instruções* sobre o que fazer. Mannell então pediu a cada grupo que calculasse quanto tempo esperaram entre as tarefas. Os que não tiveram opção foram quase excepcionalmente precisos – relatando que 29 minutos excruciantemente aborrecidos tinham passado. Mas os que receberam livre escolha ficaram tão envolvidos no que faziam, em estado de fluxo, que perderam totalmente a noção do tempo. Em média, eles sentiram que o período de espera foi de apenas nove minutos. Mannell realizou mais estudos e averiguou que as pessoas que sentiram naturalmente ter mais controle sobre a própria vida também entravam mais em estado de fluxo, enquanto as que sentiam que forças externas controlavam mais a própria vida entravam menos.[1] Para Mannell, escolher o lazer conscientemente é o primeiro passo para recuperá-lo. "As instituições nas quais entramos e das quais saímos em nossas vidas diárias têm alguma responsabilidade em criar vidas mais equilibradas e precisam mudar. Mas algo em nós precisa mudar também", Mannell afirmou. "Se realmente encaramos com seriedade a possibilidade de encontrar mais tempo livre e ter controle sobre ele, então devemos fazer a escolha de buscar coisas que sejam realmente significativas para nós."

Eu disse a Mannel que, em conversas com dezenas de mulheres enquanto eu realizava pesquisas para este livro, muitas lamentaram que seu senso de pressão de tempo e confusão mental as acompanhava nas férias. "Você entra nesse estado frenético, e, quando tem tempo, não sabe o que fazer com ele", uma delas falou. Outra disse: "Mesmo nas férias, eu simplesmente não consegui sentir uma alegria desafogada, despreocupada e que vira-você-de-dentro-para-fora". Muitas mulheres afirmaram que, mesmo se fosse uma viagem a um resort *all inclusive*, à praia, a um acampamento, ou uma viagem de carro para visitar a família, férias muitas vezes significavam apenas mais trabalho para elas. "Quem decide, quem planeja, quem organiza, quem faz os arranjos? Eu. Eu. Eu. E eu", disse Mara. Tempo para relaxar? Ela riu com amargura e descreveu férias em um resort onde até um mergulho com os golfinhos era só mais um item a ser riscado de sua lista de tarefas, juntamente com levantar cedo a fim de pegar lugar na piscina lotada, passar protetor solar nas crianças e constantemente verificar o setor de achados e perdidos à procura dos pertences que ficavam perdendo. "Eu só perpetuei o que fazia em casa", ela contou. "Eu estava irritando até a mim mesma."

Mannel sugeriu que eu planejasse um experimento informal e reunisse um grupo de mulheres para pensar sobre o que *realmente queriam* vivenciar durante seu tempo de folga e o anotassem. Isso, ele disse, iria *obrigá-las* a criar tempo para pensar sobre lazer significativo de modo que pudessem escolhê-lo deliberadamente. Carolyn Semedo-Strauss era a única no grupo que realmente atingiu o objetivo. No outono, eu me encontrei com ela em um café. Ela correu a mão pelos longos cabelos rastafári e então pegou um caderno em que tinha anotado o que queria fazer e a sensação que o tempo deveria lhe transmitir: ela queria ler por prazer, escrever, ver o pôr do sol, usufruir tempo de qualidade com a família, sentir-se totalmente presente e não tão espalhada e criar lembranças duradouras.

"E como foi?", perguntei.

Ela não leu e não escreveu. Mas fazer uma lista do que queria deixou muito mais claro o que ela não queria: ser a encarregada o tempo todo. "Então eu me recostei e saboreei os cachorros-quentes como todos os outros uma vez", ela contou.

Certo dia na praia, as crianças estavam soltando pipas com os primos, jogando futebol e procurando conchas. Ela sentava-se satisfeita ao calor do sol, apreciando os aromas penetrantes da refeição preparada ao ar livre que tinham acabado de comer e a tranquilidade de estar com sua grande família. Por volta do pôr do sol, pesadas nuvens escuras de tempestade se juntaram no horizonte, lançando sombras sobre a família a sua volta. Ela pegou a câmera. *Snap*. "Foi quando me ocorreu – *isso* é o que eu queria", Semedo-Strauss contou, os olhos brilhantes, sorrindo do pôr do sol, do tempo com a família, da presença e da lembrança duradoura que tinha, de fato, criado.

NOTAS

1. Stuart Brown, *Play: How It Shapes the Brain, Opens the Imagination, and Invigorates the Soul* (Nova York: Avery, 2009), 11. Brown ressalta a biologia e a ciência cerebral que fundamentam a brincadeira, bem como seus benefícios. "A brincadeira é cercada por uma espécie de magia. O que pode parecer uma busca frívola ou até infantil acaba por ser vantajoso. É um paradoxo que um pouco de atividade 'não produtiva' possa deixar uma pessoa extremamente mais produtiva e revigorada em outros aspectos da vida."

2. Charlene S. Shannon e Susan M. Shaw, "Mothers as Leisure Educators: Lessons Daughters Learn" (ensaio apresentado no Eleventh Canadian Congress on Leisure Research, Nanaimo, British Columbia, 17--20 maio 2005), http://lin.ca/Uploads/cclr11/CCLR11-134.pdf. Elas escrevem: "O comportamento de muitas mulheres não ofereceram exemplos de tempo de lazer pessoal, mas passaram a mensagem implícita de que o lazer da família se torna prioridade quando a mulher se torna mãe".
3. Heather Gibson, entrevista por telefone com a autora, 23 de março de 2012.
4. Margaret Beck e Jeanne Arnold, "Gendered Time Use at Home: An Ethnographic Examination of Leisure Time in Middle-Class Families", *Leisure Studies* 28, n. 2 (abr. 2009): 137.
5. Christina Bennighaus, "Mothers' Toil and Daughters' Leisure: Working-Class Girls and Time in 1920s Germany", *History Workshop Journal* 50 (2000): 45-72, doi: 10.1093/hwj/2000.50.45.
6. Catherine M. Richards, "Gender and Housework: Postretirement Change" (tese de mestrado, Oregon State University, 14 jul. 2000), http://ir.library.oregonstate.edu/xmlui/handle/1957/33064. Para uma olhada fascinante em como homens e mulheres aposentados passam as horas de um dia comum, veja Rachel Krantz-Kent e Jay Stewart, "How Do Older Americans Spend Their Time?", U.S. Department of Labor, *Monthly Labor Review*, 8 maio 2007, 8-26. Os dados sobre uso de tempo mostram que as mulheres de 55 anos ou mais passam muito mais tempo realizando tarefas domésticas e muito menos com lazer do que os homens, sendo que a lacuna fica maior com as mulheres de 65 a 69 anos. Segundo o estudo, os homens passam 70 horas por semana com lazer e atividades esportivas, enquanto as mulheres passam somente 46 horas em média.
7. Nicole Samuel, ed., *Women, Leisure and the Family in Contemporary Society: A Multinational Perspective* (Nova York: Oxford University Press, 1996), 9.
8. Karla Henderson, entrevista com a autora, 10 de agosto de 2011.
9. Algumas das melhores pesquisas sobre lazer feminino estão reunidas em duas antologias: Karla A. Henderson, ed., *Both Games and Gaps: Feminist Perspectives on Women's Leisure* (State College, PA: Venture Publishing, 1999), e Samuel, *Women, Leisure and the Family*.
10. Beck e Arnold, "Gendered Time Use", 139. O estudo constatou que os pais também vivenciaram curtos períodos de lazer, mas eles ainda têm maior probabilidade do que as mães de usufruir períodos de lazer com duração de até 120 minutos. E os pais têm mais tempo de "puro" lazer para si mesmos – até 30 minutos a mais por dia. Por outro lado, as mães passam quase todo seu tempo livre com os filhos.
11. *Society at a Glance 2009:* OECD *Social Indicators*, www.oecd.org/berlin/42675407.pdf, cap. 2.
12. Americanos e as 3-4 horas de TV por dia: Bureau of Labor Statistics, "Table 1: Time Spent in Primary Activities and Percent of the Civilian Population Engaging in Each Activity, Averages per Day by Sex, 2011 Annual Averages", news release, 22 jun. 2012, www.bls.gov/news.release/atus.t01.htm; Nielsen Company, *The Cross-Platform Report: Quarter 3* (Nova York: Nielsen Company, 2012), www.nielsen.com/content/corporate/us/en/insights/reports-downloads/2012/cross-platform-report-q3-2011.html. A taxa de tempo diante da TV é maior entre os mais velhos e pessoas menos instruídas: Catherine Rampell, "The Old and Uneducated Watch the Most TV", *New York Times* (*Economix* blog), 26 jun. 2012, http://economix.blogs.nytimes.com/2012/06/26/the-old-and-uneducated-watch-the-most-tv/. Reino Unido e quatro horas de TV por dia: Mark Sweney, "TV Viewing 'Peaks at Four Hours a Day'", *Guardian*, 24 jan. 2012, www.guardian.co.uk/media/2012/

jan/24/television-viewing-peaks-hours-day. Tempo diante da tela até oito horas por dia: Brian Stelter, "8 Hours a Day Spent on Screens, Study Finds", *New York Times*, 26 mar. 2009, www.nytimes.com/2009/03/27/business/media/27adco.html?_r=0. TV e quatro horas de TV ao fundo para crianças: Alice Park, "Background TV: Children Exposed to Four Hours a Day", *Time*, 2 out. 2012, http://healthland.time.com/2012/10/02/background-tv-children-exposed-to-four-hours-a-day/. Os Estados Unidos têm a maior taxa de tempo diante da TV do mundo: "Boxed In: Who Watches Most Television?", *Economist*, 23 set. 2009, www.economist.com/node/14252309.

13. TV e obesidade: Q. Qi et al., "Television Watching, Leisure Time Physical Activity, and the Genetic Predisposition in Relation to Body Mass Index in Women and Men", *Circulation* 126, n. 15 (2012): 1821-27, doi: 10.1161/CIRCULATIONAHA.112.098061. TV e depressão: Emily Main, "Too Much TV Can Make You Depressed", *Rodale News*, atualizado em 9 de abril de 2010, www.rodale.com/watching-too-much-tv-0. TV e isolamento: David S. Bickham e Michael Rich, "Is Television Viewing Associated with Social Isolation? Roles of Exposure Time, Viewing Context, and Violent Content", *Archives of Pediatrics & Adolescent Medicine* 160, n. 4 (2006): 387-92, doi: 10.1001/archpedi.160.4.387. TV e autoestima: S. P. Tin et al., "Association Between Television Viewing and Self-Esteem in Children", *Journal of Developmental & Behavioral Pediatrics* 33, n. 6 (jul. 2012): 479-85, doi: 10.1097/DBP.0b013e-31825ab67d. TV e violência: Rosie Mestel, "Adolescents' TV Watching Is Linked to Violent Behavior", *Los Angeles Times*, 5 ago. 2008, www.latimes.com/features/health/la-hew-kidviolence2002,0,2251451.story. TV e distúrbios do sono: Randy Dotinga, "Using Electronics Before Bed May Hamper Sleep", *U.S. News & World Report*, 7 mar. 2011, http://health.usnews.com/health-news/family-health/sleep/articles/2011/03/07/using-electronics-before-bed-may-hamper-sleep. TV e diminuição da capacidade de concentração: Iowa State University, "ISU Study Finds TV Viewing, Video Game Play Contribute to Kids' Attention Problems", news release, 4 jul. 2010, http://archive.news.iastate.edu/news/2010/jul/TVVGattention. TV e diminuição de expectativa de vida: Jeannine Stein, "Watching TV Shortens Life Span, Study Finds", *Los Angeles Times*, 12 jan. 2010, http://articles.latimes.com/2010/jan/12/science/la-sci-tv12-2010jan12.

14. Herbert E. Krugman, "Brain Waves Measures of Media Involvement", *Journal of Advertising Research* 11, n. 1 (fev. 1971): 3-9, www.thedryingroom.com/tv/Brin%20Wave%20Measures%20of%20Media%20Involvement%20-%20Herbert%20E.%20Krugman.pdf. Veja também Thomas B. Mulholland, "Training Visual Attention", *Academic Theory* 10, n. 1 (1974): 5-17, www.thedryingroom.com/tv/Training%20Visual%20Attention%20-%20Thomas%20B%20Mulholland.pdf. Um forte argumento sobre a TV como vício pode ser encontrado em Wes Moore, "Television: Opiate of the Masses", *Journal of Cognitive Liberties* 2, n. 2 (2001): 59-66, www.cognitiveliberty.org/5jcl/5JCL59.htm.

15. Shira Offer e Barbara Schneider, "Revisiting the Gender Gap in Time-Use Patterns: Multitasking and Well-Being Among Mothers and Fathers in Dual-Earner Families", *American Sociological Review* 76, n. 6 (dez. 2011): 809-33, doi: 10.1177/0003122411425170.

16. William J. Broad, "How Yoga Can Wreck Your Body", *New York Times*, 5 jan. 2012, www.nytimes.com/2012/01/08/magazine/how-yoga-can-wreck-your-body.html?pagewanted=all. Robin Marantz Henig, "Taking Play Seriously", *New York Times*, 17 fev. 2008.

17. Sara Beck, "Even Smiles Count, However Exacting the Competition", *New York Times*, 4 mar. 2012, www.nytimes.com/2012/03/05/sports/national-yoga-competition-tests-even-the-audience.html?pagewanted=all.

18. Henig, "Taking Play Seriously".

19. "Dr. Sergio Pellis", University of Lethbridge, Research & Innovation Services (biography), www.uleth.ca/research/research_profiles/dr-sergio-pellis. Brown, *Play*, 33-42.

20. Brown, *Play*, 9-11.

21. Rebecca Abrams, *The Playful Self: Why Women Need Play in Their Lives* (Londres: Fourth Estate, 1997), 190-91. Um vídeo hilário de Feynman tocando bongô com abandono vai fazer você sorrir: "Richard Feynman Playing Bongos", YouTube.

22. Stuart Brown, entrevista para a autora, 9 de março de 2012. Brown também se referiu ao experimento na palestra no Aspen Ideas Festival em 2010, "The Neuroscience of Play: What Play Does for You and Your Brain, and What Happens to You if You Don't Play", www.aspenideas.org/session/neuroscience-play-what-play-does-you-and-your-brain-and-what-happens-you-if-you-dont-play.

PONTO LUMINOSO REALMENTE *PLANEJE* AS FÉRIAS

1. Roger Mannell, entrevista com autora, 22 de maio de 2012. Veja também Douglas A. Kleiber, Gordon J. Walker, Roger C. Mannell, *A Social Psychology of Leisure* (State College; PA: Venture Publishing, 1997). Roger C. Mannell, Jiri Zuzanek, Reed Larson, "Leisure States and 'Flow' Experiences: Testing Perceived Freedom and Intrinsic Motivation Hypotheses", *Journal of Leisure Research* 20, n. 4 (1988): 289-304.

PARTE CINCO

NA DIREÇÃO DA SERENIDADE

13
ENCONTRANDO TEMPO

O modo como você vive seus dias é o modo como você vive a sua vida.
- ANNIE DILLARD -

SENTEI-ME A UMA MESA COM MAIS QUATRO PESSOAS, lápis na mão, paralisada. Diante de cada um de nós está um calendário para uma semana, começando no domingo e terminando no sábado. Cada dia é dividido em grades horárias, começando às 6h e terminando à meia-noite. A tarefa desse workshop de Triagem de Tempo que dura o dia inteiro parece muito simples: Crie a Sua Própria Programação. O que você faria, por exemplo, na terça-feira às 10h ou na sexta-feira às 15h para dar significado a sua vida? Quando verificar os detalhes do cotidiano, como soa a você ter tempo todos os dias não apenas para trabalhar bem, mas também para passar tempo de qualidade com a família e amigos, e para revigorar sua alma?

Olho para a página fixamente.

E da mesma forma todos os demais: uma corretora de imóveis que sente haver tanto caos entre seu trabalho e as exigências da vida que é como se seu tempo estivesse "sangrando"; um homem que só quer descobrir como relaxar nos fins de semana sem se sentir culpado; sua mulher, que quer que o mundo pare por alguns dias para ela alcançá-lo; uma jovem mulher que vive disparando para a frente, passou por dois casamentos e tira fotos de maravilhosos pores do sol para postar no Facebook enquanto voa pela estrada a fim de chegar a algum outro lugar. "Eu sinto uma tremenda sensação de perda o tempo todo."

Tínhamos começado o workshop naquela manhã com um exercício de tempo muito diferente: preencher uma programação com o que havíamos feito na semana anterior. Essa foi fácil. Todos encheram os pequenos quadrados de horas com tanta coisa que a escrita espremida saiu pelas margens da página. Terry Monaghan, "especialista em produtividade" autonomeada e líder de disparates, então nos perguntou o que faríamos se nossas programações se abrissem e, de repente, descobríssemos que tínhamos mais tempo.

"Ler", eu respondi. Os demais responderam também: "dormir", "organizar as gavetas", "aprender a velejar", "costurar", "rezar", "viajar", "ser feliz".

"Onde está o tempo para isso em suas programações?", Monaghan perguntou. Não havia nenhum. Foi então que ela nos deu calendários em branco e mandou que *encontrássemos* tempo. Ficamos olhando, aturdidos, durante vários outros desconfortáveis minutos.

A abordagem de Terry Monaghan em relação à administração do tempo é simples: o tempo nunca muda. A semana sempre terá 168 horas. O que se *pode* mudar são as atividades que você *escolhe* fazer *no* tempo. E o que pessoas ocupadas e sobrecarregadas precisam compreender, ela disse, é que *nunca* vamos conseguir fazer tudo que precisamos, queremos ou deveríamos fazer. "Quando morrermos, a caixa de e-mails ainda estará cheia. A lista de tarefas ainda estará lá. Mas vocês, não", ela nos disse. "Oitenta por cento dos e-mails que chegam são mesmo lixo, e é necessário o equivalente a *dezenove semanas e meia por ano* só para verificá-los. Oitenta por cento de sua lista de tarefas é lixo. Vejam, as coisas bobas da vida *nunca* terminam. Isso é vida. Vocês nunca vão limpar o prato de modo a finalmente se permitir chegar às coisas boas. Então vocês têm de decidir. O que querem realizar nesta vida? O que é *importante* para vocês agora pode não ser mais daqui a dois anos. As coisas estão sempre mudando."

Monaghan nos encara olhando desanimadamente para as nossas Programações Perfeitas vazias. Ela suspira. "Isso não é uma ciência complexa, pessoal", afirma. "Comecem com tempo para o que é mais importante."

Foi bem aí que me encalacrei. *Tudo* parecia importante. Meu trabalho. Minha família. Meus amigos. Minha comunidade. Limpar a caixa de areia do gato. Separar os sapatos da Barbie de minha filha. Evitar que a bagunça se instale em casa...

Mais tarde, Ellen Ernst Kossek, psicóloga organizacional e professora de Administração na Purdue University, me diria que isso significa que eu não sou apenas um "integrador" dos deveres do trabalho e de casa, mas o tipo de integrador chefe que ela chama de "amante de fusão". Ao contrário de "separadores", que mantêm o trabalho e a vida separados com linhas claras, eu costumo ver tudo de uma vez, o tempo todo. Em seu livro CEO of Me (CEO de mim mesma), Kossek escreve que algumas pessoas desenvolvem a integração respondendo a e-mails do trabalho nas folgas do jogo de futebol do filho ou ligando para a babá durante a tarde do escritório, equilibrando uma centena de bolas diferentes com segurança.[1] Mas se essa integração estiver fazendo com que eu me sinta sobrecarregada, então eu não a realizava muito bem. A desvantagem de ser um amante de fusão, ela disse, é que as pessoas como eu tendem a ficar confusas quanto a que exigência é mais urgente no momento, de modo que não temos um foco nítido do que fazer. Não conseguimos decidir. Assim, acabamos realizando atividades profissionais e domésticas de forma *ambivalente* e desanimada, o que produz resultados medíocres e um vago desapontamento em ambos. Puxa!

Lá estava, novamente, aquela *ambivalência*.

Na verdade, eu sempre sofri de indecisão. Hambúrguer com ou sem fritas? Ligar para amigos da escola ou ficar em casa e assistir a *O barco do amor*? A indecisão era composta por uma torturante dúvida interior e apenas intensificou quando tentei ser mãe e profissional ao mesmo tempo. Gurus de gerenciamento de tempo falam sobre afastar aquela importuna "fricção interior" que corrói a força de vontade e obscurece o raciocínio antes que se possa decolar para alturas superprodutivas. Mas, sinceramente, ao viver em uma mistura de ambivalência e dúvida interior, desabando entre as exigências do trabalhador e da mãe ideal, "a fricção interior" nem mesmo começa a tratar do que ocorre no lado de dentro.

Às vezes, a simples agonia de deixar o bebê quentinho ou a criança chorosa e sair pela porta de manhã para ir a um local de trabalho implacável era suficiente para esgotar minhas forças pelo resto do dia. Eu ainda me lembro de ver a minúscula mão de meu filho acenando de sua cadeirinha no carro e a profunda angústia que senti quando Tom virou à esquerda para levar Liam para Abracadabra certa manhã e eu, dirigindo o carro atrás deles, virei à direita para enfrentar outro dia de trabalho longo e imprevisível. Eu me sentia culpada e infeliz ao me arrastar para o escritório. Trabalhar em casa ou horas flexíveis não era uma opção na época, tampouco é agora.

No minuto em que atravessei a porta do escritório, o palavrório começava na minha cabeça: "Você largou as crianças. É melhor fazer algo extraordinário para compensar isso". Mas em geral eu tinha exatamente a vitalidade psíquica necessária para iniciar o dia com os flashes mais fáceis e que desviam a atenção da minha lista de tarefas a fazer, pensando que eu simplesmente faria o meu trabalho e *então* passaria a coisas mais importantes. A pesada inércia costumava desaparecer no meio da manhã. Então geralmente eu me envolvia tanto no que estava fazendo que perdia a noção do tempo. O início lento e cheio de culpa costumava tornar meus dias de trabalho mais longos, a agitação da poluição no meu cérebro dificultava a tarefa de pensar. Então eu ficava presa a um prazo final ou no trânsito, e, cheia de culpa, aparecia em casa mais tarde do que imaginara.

Não era assim o tempo todo. Havia dias bons. Sair de manhã se tornou mais fácil emocional e logisticamente quando as crianças atingiram a idade escolar. Mas essa sensação desigual de não estar nem aqui, nem ali, e vagamente inadequada em ambos, é do que me lembro mais sobre ser uma mãe profissional com crianças pequenas no início do século 21. Durante anos, eu me imaginei derrapando de lado no dia, relutante e ressentida, escondendo-me como um caranguejo.

Psicólogos dizem que a ambivalência é, literalmente, um ser de duas mentes. Em seus laboratórios, eles descobriram que essa sensação nebulosa é muito mais desconfortável e estressante sobre o corpo e a mente do que escolher uma posição em detrimento de outra ou meramente ser neutro. Porém, o desconforto da alma ambivalente se torna insuportável quando somos forçados a fazer uma escolha.[2] Em uma batalha constante consigo mesma, você luta, não por uma trégua, mas por um empate. Não há um vencedor evidente, nenhum fim à vista. É como viver a vida na espera. Nós nos distraímos deste inquieto cenário interno com negócios, com a agitação de nossas listas de tarefas por fazer. Ser ambivalente, dizem os psicoterapeutas David Hartman e Diane Zimberoff, é estar preocupado com o que se quer e com o que não se quer. "O oposto da ambivalência é a rígida intolerância pela ambiguidade, nuance ou paradoxo", eles escrevem. "A síntese dos dois é 'um comprometimento apaixonado em face da ambiguidade.'"[3]

Ah, então é isso?

Sentada no workshop de Triagem do Tempo, olhando fixamente para a minha Programação Perfeita em branco, percebi que nunca seria capaz de programar minha saída da vida sobrecarregada com eficiência. Eu precisava enfrentar minha própria ambivalência sobre tentar viver dois ideais conflitantes de uma vez. Nunca haveria espaço suficiente em um dia para os dois. Enquanto eu vinha nessa busca para compreender a sobrecarga e como sair dela, observei indefesa quando Jeff, um dos nossos melhores amigos, morreu de repente e sem explicação em decorrência de um câncer de estômago. A vida é muito frágil. Eu simplesmente não podia esperar, como tantas pessoas tagarelavam, até que as crianças tivessem crescido e partido e a loucura tivesse passado para viver a minha melhor vida. Eu não podia esperar que o trabalhador ideal se aposentasse, que as empresas e os governos reescrevessem as políticas, que a sociedade reformulasse suas atitudes. Talvez eu não tivesse tempo. Eu precisava descobrir como viver minha vida com esse comprometimento apaixonado diante da ambiguidade, bem aqui, bem agora.

Procurei pessoas que tinham conseguido. Isso me levou para Mai Heyck-Merlin e o grupo que ela reuniu, chamado WoMoBiJos: Working Mothers with Big Jobs (Mães Trabalhadores com Grandes Empregos). As WoMoBiJos são mulheres com 30 e 40 anos que vivem em cidades diferentes e têm grandes carreiras em finanças, no mundo dos negócios sem fins lucrativos, medicina e outros campos. As que moram perto de Nova York se encontram uma vez por mês para o café da manhã. O resto se comunica principalmente pela magia dos grupos Google e pela internet. Elas adoram seu trabalho, no entanto, não são trabalhadoras ideais guerreiras. Elas amam seus filhos e suas famílias, no entanto, não cumprem as exigências da mãe ideal. Seu mantra é "bom o suficiente é a nova perfeição". Elas amam a vida que levam. E muitas encontraram uma maneira de criar tempo para si mesmas. Apesar de todas terem uma vida movimentada, nenhuma se descreveu como se sentindo sobrecarregada.

Ao conversar com elas, rapidamente o porquê se tornou evidente: nenhuma das WoMoBiJos se sentia ambivalente. Suas vidas com certeza não eram perfeitas – viver com uma criança de 2 anos, disse uma delas, é "como viver com um duende embriagado bipolar". Elas estavam cansadas. Elas trabalhavam duro para as coisas funcionarem. Mas sem a névoa da ambivalência cheia de culpa obscurecendo seus dias, elas eram capazes de viver a vida com paixão.

"Não descrevo a minha vida como massacrante. Eu a vejo como profundamente rica e complexa. Sinto-me energizada pelos desafios que preciso enfrentar", disse Heather Peske, uma WoMoBiJo de Boston com duas filhas que viaja frequentemente a trabalho, mas certifica-se de ter as sextas-feiras livres em casa. "Não estou sendo excessivamente otimista e estou definitivamente cansada. Há compromissos e tensões, mas eu gosto de viver desse jeito. Equilíbrio é uma formulação simplista porque muitas vezes a vida não é equilibrada. Ela se inclina em várias direções em diversos momentos entre meu trabalho, meus filhos, meu parceiro ou eu mesma. Mas descobri que, em vez de procurar o equilíbrio perfeito, é melhor que eu me pergunte: estou tentando fazer o melhor possível? Estou fazendo as coisas pelos motivos certos? Faço as pessoas que amo se sentirem amadas? Estou feliz? E então faço os ajustes à medida que preciso."[4]

"Não sinto conflitos. Eu sinto que estou fazendo as minhas escolhas", disse Melea, diretora de uma empresa sem fins lucrativos e mãe de dois que cria os próprios horários e trabalha em casa dois dias por semana. "Mas eu sei que grande parte disso é possível por causa da cultura apoiadora do meu local de trabalho. Quando se está em um ambiente agitado e cheio de pressão, como muitas de minhas amigas estão, fica-se em conflito constante."

Maia Heyck-Merlin ama seu trabalho como gerente de uma empresa sem fins lucrativos de reforma educacional e também administrar seu próprio negócio, a Together Teacher, que ensina administração de tempo e técnicas organizacionais para professores. Ela formou o grupo WoMoBiJo logo depois do nascimento da filha, quando se chocou com a confusão de ambivalência que paira sobre as guerras das mães. Ela se uniu a um grupo de mães cujos maridos tinham empregos importantes e ganhavam muito dinheiro e, seguindo os passos da mãe ideal, ficavam em casa com os filhos. "Pensar em ir trabalhar todos os dias me deixa nauseada", uma delas lhe contou. Ela tentou outro grupo de mães que trabalham, mas a maioria era advogada ou lutava para trabalhar em gaiolas de tempo em locais de trabalho que cultuam o trabalhador ideal. Elas eram infelizes. A primeira sessão começou com todas recortando fotografias de revistas do que elas imaginavam que pudessem ser vidas melhores ou procurando desejosamente negócios que poderiam começar por si mesmas. Heyck-Merlin não conseguiu se relacionar com nenhum grupo. Ela queria trabalhar. Ela queria ser uma boa mãe. Ela queria ter tempo de viver uma boa vida. E ela não viu motivos para *não* fazer tudo isso. E tampouco as outras WoMoBiJos que começou a encontrar.

"Todas nós temos empregos extremamente voltados para a missão da empresa. Sentimos que estamos fazendo o bem tornando o mundo um lugar melhor – para nossos filhos, para todo o mundo", Heyck-Merlin disse. "Sinto que sou uma mãe muito boa. Sou muito boa no meu emprego. Não posso ser tudo todos os dias. Mas acho que me daria bem se tentasse em um período de um mês. Estou disposta a ter pouco estresse na minha vida, um ótimo emprego e muita alegria."

Quanto mais converso com as WoMoBiJos, mais se torna evidente que elas estão livres do atoleiro da ambivalência porque as estruturas de suas vidas, como os melhores pontos luminosos que eu encontrei, proporcionam total apoio no trabalho, no amor e na diversão. Todas trabalham em ambientes incrivelmente flexíveis. Muitas WoMoBiJos trabalham em horários comprimidos ou regularmente de casa. Elas trabalharam para conquistar posições de autoridade de modo que são donas de seu tempo, podendo controlá-lo e prevê-lo. Elas não se arrependem de nada. Certa vez, quando os homens da organização de Heyck-Merlin queriam se reunir regularmente às 7h30, ela ressaltou para seu chefe, com delicadeza, que, como a única executiva com um marido que trabalhava em período integral – o marido professor –, isso era impossível. Então, eles decidiram realizar reuniões em horário comercial.

Seus parceiros dividem, em maior ou menor grau, a tarefa de cuidar dos filhos e da casa equitativamente. Eles automatizam, delegam ou largam todo o resto – fazendo compras on-line, contratando ajuda ou não se importando se a casa não estiver perfeita ou se seus maridos sempre fazem sanduíches para o jantar. Assim, ninguém enfrenta uma jornada dupla em casa. Heyck-Merlin não sente receio de pendurar uma lista de tarefas em grandes reuniões de familiares ou amigos. "Por que alguém deve ficar sentado no sofá enquanto eu faço todo o serviço? Eles podem esvaziar a máquina de lavar louças."

As WoMoBiJos também são implacavelmente claras quanto a suas prioridades. Elas não se sentem compelidas a fazer ou a passar tempo com algo que seja obrigatório. Todas elas são disciplinadas e organizadas e aprenderam habilidades para integrar as vidas profissionais e domésticas. Elas dedicaram tempo, como Peter Senge prega em *A quinta disciplina*, a primeiro ter curiosidade, descobrir o que é importante para elas e certificar-se de que isso esteja no primeiro lugar em suas agendas. Elas criam limites firmes com o intuito de proteger o tempo sem interrupções no trabalho, o tempo sem perturbações para se conectar com a família, e tempo livre de culpa para si mesmas a fim de recarregar, mesmo que isso signifique saborear totalmente pequenos momentos de solidão a que não davam valor, como cortar o cabelo.

Mais do que tudo, espantei-me com a extrema confiança que as WoMoBiJos têm em si mesmas, nas suas habilidades, nas decisões que tomaram e no modo como vivem a vida, danem-se as normas culturais. Eu me perguntei: era isso? Sua confiança? Eram elas capazes de criar essas vidas ricas, complexas e plenas e vivê-las com entusiasmo simplesmente porque *acreditavam* ser capazes? E, se esse fosse o caso, poderiam as WoMoBiJos, em vez de ser apenas um pequeno grupo de mulheres admiráveis em circunstâncias especiais invejáveis, realmente ser pioneiras mostrando a todas nós o caminho? Se elas podiam acreditar que conseguiam viver sem ambiguidade, poderiam as outras? Poderia eu?

"Na verdade, eu não me importo com o que as pessoas pensam", Heyck-Merlin me disse. "Mas também não acredito que alguma coisa se deva a características de personalidade. Tudo é aprendido. É uma atitude. É uma habilidade que precisa ser desenvolvida. É preciso prática. E tempo."

Essa é a doutrina que Kathy Korman Frey, que alguns chamam de "Guardiã da Confiança", tem pregado. Frey, MBA de Harvard, é empresária, mãe de duas crianças e professora de Administração na Universidade George Washington, além de dirigir o Projeto Mães Entusiasmadas, o maior banco de dados globais de estudos de caso empresariais escritos por mulheres empresárias sobre como administram suas empresas e conduzem as vidas domésticas ao mesmo tempo.

Ela é inflexível em afirmar que o que mantém tantas mulheres confusas e sem tempo é o fato de que a maioria ainda não desenvolveu a habilidade da confiança, ou o que ela chama de "autoeficiência".

"A autoeficiência é realmente a fronteira final para as mulheres", ela me disse um dia enquanto estávamos sentadas no pátio dos fundos entre sua casa de Washington, D.C. e a edícula que lhe serve de escritório. Segundo ela, a falta de autoeficiência é uma grande parte do motivo pelo qual as mulheres não negociam melhores salários, cargos mais elevados ou arranjos de trabalho flexíveis que lhes dariam mais controle sobre seu tempo.[5] Esse é o motivo pelo qual muitas se sentem impostoras na classe ou no trabalho e não apresentam opiniões ou desafiam decisões. É o que faz muitas mulheres pedirem ou esperarem ajuda dos parceiros em casa. É parte do motivo por que tantas sentem a sobrecarga e enfrentam dificuldade em imaginar uma vida além dela. E é o grande motivo pelo qual jovens mulheres limitam seus horizontes. "As mulheres começam a perder a autoeficiência quando adolescentes. Somos as primeiras a nos menosprezar e pôr os outros em primeiro lugar", ela disse. "Depois ficamos tão ocupadas com todas as exigências desse mundo louco que nem encontramos tempo para pensar a respeito."

Porém, ela afirma que a autoeficiência, como a firmeza de caráter, pode ser aprendida. Como um músculo, é possível exercitá-la e fortalecê-la. E ela está dedicando sua vida a ensinar as quatro formas pelas quais a renomada psicóloga Albert Bandura disse que poderiam ser aprendidas.[6] Ela as chama de "Truque Mental Jedi":

- Tenha "experiências de mestria". Quanto mais fizer as coisas bem feitas, mais você ficará confiante para fazer outras coisas bem.

- Encontre modelos e escolha mentores.

- Escute e acredite nas palavras positivas e encorajadoras que as pessoas lhe dizem.

- "Assuma o controle." Reconheça que *percepções* são o que moldam a experiência. E, quando se trata de padrões de pensamento negativos e que frustram seus interesses, ela aconselha, como Cher fez em *Feitiço da Lua*, "caia fora!".

"Veja, estamos em crise. As mulheres podem lidar com ela de uma ou duas maneiras: tornar-se acionistas dos laboratórios que fabricam antidepressivos como Prozac, ou fazer coisas de bom senso como criar vínculos com pessoas de maneiras muito específicas, mudando nossa atitude e desenvolvendo a autoeficiência", ela disse. "Não estou afirmando que não é difícil, mas que é como usar sapatos vermelhos. Você tem o poder. Você sempre teve o poder."

Liguei para Terry Monaghan. Se eu realmente usaria o que vinha aprendendo nessa jornada e juntaria os fragmentos espalhados de confete, se eu em algum momento me permitiria um momento de paz, se eu descobriria como seguir minha vida com paixão diante da ambiguidade, compreendi que precisaria de uma disciplina rígida de autoeficiência.

Monaghan tinha um bom histórico. Quando conheci uma de suas clientes de treinamento, Liz Lucchesi, uma corretora de imóveis e mãe de duas crianças, ela me disse que tinha ficado presa na sobrecarga e "ligada" o tempo todo. Ela dormia talvez quatro horas por noite rangendo os dentes. Quando começou a trabalhar com Monaghan, não via os filhos há quatro dias. "Eles estavam dormindo quando eu chegava em casa", ela contou. "Meu marido estava furioso, dizendo: 'Você não ri mais. Não é divertido ter você por perto'. Não íamos à igreja há algum tempo. Eu sempre me sentia tão cansada que ficava emotiva e levava as coisas para o lado pessoal. Eu estava sempre distraída."

Na primeira sessão, Monaghan começou perguntando a Lucchesi o que era mais importante para ela. Lucchesi lutou contra a própria ambivalência. Ela se aventurou por conta própria no ramo de imóveis depois de trabalhar muito em uma firma de administração de imóveis dominada por homens sem chegar a lugar algum. Assim, pensou que ser a própria chefe lhe daria o tempo e flexibilidade que a antiga firma não propiciava. No entanto, descobriu que era ainda mais inflexível e exigente do que qualquer pessoa jamais tinha sido. A história de Lucchesi me fez pensar em uma mulher mais velha que conheci e que acabara de deixar um emprego que exigia muito tempo na América corporativa somente para se lamentar: "Fui trabalhar por conta própria e meu marido disse que eu fui trabalhar para uma bruxa. Trabalho de noite e nos fins de semana, nunca tenho folga e meu trabalho nunca está bom o suficiente. Onde está o tempo para mim?"

Lucchesi percebeu que o que mais queria não era ser uma trabalhadora ideal em sua própria administradora de imóveis, mas, sim, ter tempo de brincar com os filhos e se concentrar na melhor parte de seu trabalho – criar relacionamentos com os clientes e redigir contratos. Assim, Monaghan começou a trabalhar com ela a fim de criar um sistema e rotinas que iriam ajudá-la a atingir esse objetivo. É claro que elas não programavam tudo minuto a minuto, mas Monaghan obrigou Lucchesi a primeiro tirar as partes mais importantes de seu quebra-cabeça e fixá-las no tempo em seu calendário. Todo o resto fluía ao redor desses grandes pedaços.

No trabalho, à medida que Lucchesi começou a se concentrar em fazer o que realmente *gostava*, seu negócio cresceu e ela pôde contratar outras pessoas e delegar tarefas, como colocar placas de VENDE-SE, atender clientes em potencial em *open houses*, cuidar de sua contabilidade e de seu website. Quando a conheci, seu volume de vendas anuais tinha triplicado de 15 para 48 milhões de dólares. Ela dormia oito horas por noite. Além disso, tinha tempo para brincar com os filhos e ir à igreja. Tornara-se uma ativa filantropa na comunidade e estava correndo de novo e gostando disso, não apenas se arrastando nos aparelhos da academia. Para se divertir, ela tinha aulas de piano e acabara de voltar de um fim de semana em um camping. "Os nós na base da nuca e no alto dos ombros desapareceram", Lucchesi contou. Ela me disse que havia sido colocada neste mundo para levar uma vida boa. E finalmente sentia que tinha conseguido.

Em nosso primeiro encontro, Monaghan me fez a mesma pergunta: "O que é mais importante para você agora?".

"Ahn, escrever este livro?", respondi. "E ter tempo para a minha família?"

Ela me interrompeu antes que eu pudesse acrescentar mais alguma coisa. Então me perguntou o que eu planejava fazer na semana seguinte a fim de criar tempo para as duas coisas. Comecei a recitar uma lista exaustiva de praticamente tudo que precisava fazer na vida. Na outra semana, quando marcamos de nos encontrar de novo, eu estava me sentindo culpada e derrotada. Mal tinha feito uma marca em todas as tarefas que havia decidido fazer.

"Então", ela disse com ironia quando ligou, "quanto tempo levou para você descobrir que não podia fazer tudo que havia em sua lista em uma semana?"

Na verdade, eu sempre soube.

"Grande parte de nossa sobrecarga vem de expectativas irreais", ela falou. "E, quando não as atendemos, em vez de questioná-las, pensamos que *estamos fazendo algo errado*." Administrar a sobrecarga, ela disse, resume-se a saber qual é a história que cria essas expectativas irreais.

"Então, qual é a minha história?", perguntei.

"Você quer escrever o livro perfeito", ela respondeu diretamente. "E você acha que o livro perfeito é algo escrito por *outra pessoa*. A conversa contínua consigo mesma é: você não é boa o suficiente. Assim, independente do que faça, *nunca vai ser suficiente*. Todos os seres humanos têm alguma medida de 'não é suficiente'. Você pode ser detido por ela, ou simplesmente notá-la, como o tempo."

Comecei a apenas tentar *notar* esse tempo tempestuoso interior, em vez de ser carregada por ele. *Notar* o quanto eu tentava viver inconscientemente de acordo com ideais impossíveis. *Notar* minha ambivalência. E comecei a lidar de modo mais consciente com as questões que intimidam não apenas os perfeccionistas, mas, realmente, qualquer um com pulsação: quanto é suficiente? Quando está bom o suficiente? Como vou saber?

Começamos com moderação: arrumando minha escrivaninha. "Isso dá a seu cérebro um descanso da desordem visual." Enquanto trabalhamos para criar sistemas e rotina para os meus dias, parecíamos sempre voltar ao meu cérebro, e o que fazer para controlar a sobrecarga não era somente uma questão de criar mais espaço e ordem na minha agenda e no meu escritório, mas fazer o mesmo na minha mente.

Quando eu me questionava ou ficava obcecada sobre não saber o que estava fazendo, ela me interrompia bruscamente. "Nesse momento, você precisa liberar toda essa energia que é consumida pela preocupação." Ela me disse que pegasse uma folha de papel, ajustasse um timer para cinco minutos e escrevesse furiosamente sobre tudo que estava me incomodando, sem exceção. Eu não precisei fazer nada sobre esse "Diário da Preocupação". Apenas tirar a ambivalência da minha cabeça e colocá-la em outro lugar daria um descanso ao meu cérebro. "É um jeito de sair da rodinha do hamster."

Fizemos o mesmo com a imensa lista de tarefas que eu levava na minha cabeça como uma marca da vergonha. Todas as segundas-feiras de manhã, passei a separar um tempo para planejar a semana. Comecei com um depósito de lixo cerebral. Era a lista de tudo em minha mente de hoje até a eternidade. A memória atuante consegue manter apenas cerca de sete fatos em determinado momento. E, caso a lista de tarefas seja muito mais longa do que isso, o cérebro, preocupado com a possibilidade de esquecer alguma coisa, ficará preso em um círculo interminável, ruminando, como uma descarga quebrada. É preciso "puxar a descarga" da lixeira cerebral. "Se a sua lista de afazeres vive no papel, o seu cérebro não precisa gastar energia para ficar se lembrando dela", Monaghan disse.

Enquanto eu trabalhava com Monaghan, também entrevistei especialistas de administração de tempo e produtividade, li livros, recortei artigos de revistas, assisti a webinários, ouvi gravações em vídeo, participei de palestras, fiz meu Estoque de Perspectiva de Tempo[7] para ver se encarava o passado, presente e futuro na configuração ideal de felicidade, fiz uma Auditoria de Energia[8] para conferir se estava com o desempenho máximo física, mental, emocional e espiritualmente e revisei dezenas de diferentes metodologias que visavam aliviar a sobrecarga engolidora de tempo. A essência de todos os seus conselhos parecia se resumir ao que meus filhos aprenderam na pré-escola: Planeja. Faça. Revise. Dedique tempo para descobrir o que é importante no momento e o que quer realizar na vida. Se você for ambivalente, tome conhecimento disso. Escolha algo. Envolva-se. Brinque. Tente uma abordagem. Avalie. Se não estiver funcionando, desfaça-se dela e brinque com outra coisa. Continue disciplinada, mas aprecie o processo. Não existe uma resposta certa. Isso é vida.

Como a própria Monaghan faz, comecei a usar pedacinhos de um método, fragmentos de outro.[9] Se pareciam ajudar, continuava usando-os. Se os métodos eram complicados ou trabalhosos demais, passava para outros.

Entretanto, sem dúvida, a habilidade que aprendi e que transformou a minha experiência do tempo é o poder do pulso.

🐾 🐾 🐾

"Aposto que você está escrevendo o seu livro do jeito que escrevi meus três primeiros", Tony Schwartz me disse. Eu tinha ligado para Schwartz, autor de *The Way We're Working Isn't Working* (Desse jeito não está funcionando), para perguntar sobre o Energy Project, sua empresa que se baseia na ciência do desempenho humano a fim de transformar culturas de trabalho das "zonas de sobrevivência" extenuantes do trabalhador ideal ávido de tempo ao que ele chama de "zonas de desempenho" totalmente comprometido.

"O que você quer dizer?", perguntei.

"Acorrentada a sua escrivaninha. Sentada diante do computador por dez horas seguidas."

"Hum, sim."

"Escrevo em três ou quatro arrancadas de 90 minutos agora e sou totalmente comprometido. Então faço uma pausa, como alguma coisa, dou uma corrida ou medito. Troco de canal distintamente", ele explicou. "Levei pelo menos um ano para escrever os meus primeiros três livros. Nos dois últimos, trabalhei menos que a metade do tempo todos os dias, mas terminei cada um em seis meses. É uma questão de usar *ritmo*."

Os seres humanos, ele disse, estão destinados a *pulsar*, a alternar entre gastar e recuperar energia. O coração bate. Os pulmões se enchem e se esvaziam. O cérebro faz ondas. Nós acordamos e dormimos. Até a digestão é ritmada. Nós fomos feitos para funcionar da mesma maneira, alternando entre períodos de foco intenso e tempo para descansar e se renovar. Em virtude do fato de o trabalho do antigo trabalhador ideal ser medido em horas, tendemos a trabalhar longas horas. Ignoramos os sinais de fadiga, tédio e distração e apenas avançamos. Mas dificilmente conseguimos realizar nosso melhor trabalho.[10] "Perdemos contato com o valor do descanso, da renovação, da recuperação, dos momentos tranquilos e do tempo ocioso", Schwartz me disse. Então, dificilmente representa surpresa, com a pressão de longas horas, estar presente no emprego, e com as constantes interrupções do local de trabalho moderno, menos de 10% dos trabalhadores dizem que realizam seu melhor raciocínio no trabalho.[11]

Em seu livro *Be Excellent at Anything* (Seja excelente em qualquer coisa), Schwartz escreve que, em 1957, cientistas descobriram que os humanos dormem em ciclos de 90 minutos, e que a atividade das ondas cerebrais desacelera e depois retoma a velocidade a ponto de quase despertar, apenas para recomeçar o próximo ciclo de sono. Algumas décadas depois, pesquisadores do sono constataram as mesmas oscilações de 90 minutos de estados elevados a mais baixos de alerta durante o dia e os chamaram de ciclos "ultradianos".[12] O pensamento de Schwartz também foi influenciado pela pesquisa do psicólogo da Universidade Estadual de Flórida, Anders Ericsson. Ele estudou jovens violinistas da prestigiosa Academia de Berlim para verificar o que era necessário para se tornar o melhor. Ericsson é amplamente reconhecido por criar a teoria de que são necessárias 10 mil horas de treino inflexível de qualquer coisa para se tornar um expert. "Isso levou à suposição de que a melhor maneira de realizar tarefas é simplesmente trabalhar *mais* horas", Schwartz falou. Isso, entretanto, é somente uma parte da equação. O estudo de Ericsson constatou que os melhores violinistas não apenas praticavam mais, como o faziam com determinação: eles praticavam logo pela manhã, quando se sentiam revigorados, praticavam intensamente sem interrupção durante não mais que 90 minutos por não mais que quatro horas por dia. E, mais importante, Schwartz disse, os melhores violinistas *descansavam* mais. Eles dormiam mais à noite e tiravam mais cochilos durante o dia. "Grandes realizadores trabalham mais intensamente que a maioria de nós, mas também se recuperam com mais profundidade",[13] Schwartz escreveu.

Trabalhar continuamente sem intervalos é, na verdade, um meio certeiro de produzir um trabalho abaixo da média. Cientistas sabem há muito que, durante o sono, o cérebro consolida novas informações e habilidades fazendo novas conexões entre os neurônios, efetivamente o reconectando. Neurocientistas de Sydney descobriram que essa reconexão também ocorre durante o dia quando realizamos uma pausa. Em experimentos de laboratório, eles constataram que alunos que estudavam, mas faziam pausas regulares, apresentavam melhor desempenho em testes cognitivos do que alunos que estudavam sem interrupção. Os cientistas teorizam que prática, estudo e trabalho contínuos rompem o ciclo de recarregamento natural pulsante do cérebro.[14]

A pulsação – desativando e reativando o cérebro – realmente faz com que ele preste mais atenção. O cérebro evoluiu para detectar e responder à mudança, sempre alerta ao perigo. E, quando a novidade se desgasta e o cérebro se torna "habituado", ele não nota mais imagens, sons ou sentimentos não ameaçadores que estavam constantemente presentes, de forma semelhante como não se nota mais a sensação das roupas roçando a pele depois de algum tempo, ou a entediante folha de teste de matemática para a qual seu filho olhava fixamente. Psicólogos da Universidade do Illinois entregaram a sujeitos uma tarefa de 50 minutos e descobriram que o grupo que teve o melhor desempenho era o que tinha realizado breves pausas.[15]

Pausas também inspiram a criatividade. Os cientistas descobriram que pessoas que dedicam tempo a devaneios obtêm pontos mais altos em testes de criatividade.[16] E há um motivo bioquímico muito bom pelo qual suas melhores ideias e aqueles flashes de inspiração tendem a vir não quando você está trabalhando duro, mas quando está no chuveiro, viu, trabalhador ideal?

Em uma série de testes que usam imagens cerebrais e eletroencefalografia, os psicólogos John Kounios e Mark Beeman de fato mapearam o que ocorre no cérebro durante o momento *eureca*, quando o cérebro repentinamente faz novas conexões e imagina, Kounios relata, "formas novas e diferentes de transformar a criatividade da realidade em algo melhor".[17] Kounious e Beeman descobriram que, quando o cérebro está solucionando um problema de forma deliberada e metódica, o córtex visual, a parte do cérebro que controla a visão, torna-se mais ativo. Assim, o cérebro está focado para o exterior. Porém, exatamente no momento da inspiração, o cérebro de repente se volta para o interior, o que os pesquisadores chamaram de "piscadela do cérebro". Ondas alfa no córtex visual direito desaceleram, assim como quando muitas vezes fechamos nossos olhos ao pensar. Milissegundos antes da inspiração, Kounious e Beeman gravaram uma explosão de atividade gama no hemisfério direto na área do cérebro logo acima do ouvido, que se acredita estar ligado a nossa capacidade de processar metáforas. Um estado de ânimo positivo eleva as chances de uma inspiração criativa, assim como *dedicar tempo para relaxar*,[18] como Arquimedes fez em sua banheira antes do momento "eureca!" sobre o deslocamento da água e como Einstein fez ao elaborar a Teoria da Relatividade enquanto, segundo dizem, passeava de bicicleta.[19]

Terry Monaghan tentou me treinar a trabalhar em pulsos. A ideia era juntar o tempo em blocos a fim de minimizar as constantes multitarefas, "troca de papéis" e mover-se para trás e para a frente entre afazeres profissionais e domésticos como uma mosca sem cérebro em um fogão quente. A meta era criar períodos de tempo ininterrupto a fim de se concentrar no trabalho – o tipo de tempo que eu geralmente encontrava no meio da noite – durante o dia, e para ficar mais focada e menos distraída com a família.

Quando era hora de trabalhar, comecei a fechar o e-mail e a desligar o telefone. Quando era tempo de ficar com a família, eu tentava fazer a mesma coisa. Comecei a reunir tarefas domésticas em uma pilha e separar um período de tempo todos os dias para realizá-las. Foi mais fácil focar no trabalho sabendo que eu teria um tempo de folga para realizar os afazeres domésticos urgentes mais tarde.

Quando eu enfrentava dificuldades, procrastinava, evitava uma tarefa, ficava presa na ambivalência, seguia o conselho de Monaghan e ajustava um timer para 30 minutos, e depois fazia uma pausa. "O seu cérebro pode se focar em qualquer coisa, até em uma tarefa desagradável, se souber que vai durar apenas 30 minutos", ela disse. Lentamente, à medida que ganhava confiança e controle, como diria Kathy Korman Frey, eu trabalhava em períodos de 45 e, depois, de 90. Fiz pesquisas e escrevi a maior parte deste livro em pulsos de 90 minutos. No meio do dia.

Trabalhar em pulsos, juntando o tempo, o lixo cerebral e o Diário da Preocupação ajudaram-me a reunir os pedaços de meu tempo.

Andei praticando outras habilidades:

- Criar tempo para uma pausa, pensar no que é mais importante. Do método de Peter Bregman,[20] escolhi algumas áreas de foco mais importantes para mim, que acabaram se resumindo em apenas três: Escrever Este Livro, Ter Tempo de Qualidade com a Família e Ser Saudável – o que me ajudaria a fazer melhor as duas primeiras. Todo o resto foi separado sob o título que ele chama de "Os Outros 5%", as coisas sem valor que não deveriam tomar mais do que 5% de seu tempo e energia. Isso tem sido TÃO LIBERTADOR! Mais do que tudo, essa mudança de atitude me ajudou a romper o ciclo insatisfatório se-quando em que fiquei presa por tanto tempo: *se* eu conseguir completar toda a minha lista de tarefas, *então* vou ter criado espaço para as coisas importantes e para o lazer. Agora, as áreas de foco vêm em primeiro lugar. Reservo algum tempo dos 5%. Minha lista de tarefas para o dia é curta o bastante para caber em um post-it. Todo o resto vai para a lista-mestre de tarefas a fazer. Talvez eu nunca consiga concluí-la, mas ter os afazeres no papel tira o barulho da minha cabeça.

- Comecei a levar um pequeno caderno de notas comigo, como William Powers sugeriu em *O BlackBerry de Hamlet*, e a usar o app Notes no meu iPhone para captar as linhas de pensamento, ideias ou ansiedades que batem quando menos se espera. Só o fato de saber que tenho um lugar para colocá-las, como a lista-mestre de tarefas a fazer, ajudou a romper o círculo de poluição mental de tempo contaminado.

- Tentei dar mais vitalidade à minha força de vontade e evitar a fadiga causada pela tomada de decisões por meio da criação de rituais para tornar partes de minha programação tão automáticas que não requerem nenhuma decisão. Separo minha roupa para correr na noite anterior a fim de não ter de decidir na manhã seguinte se vou me exercitar ou não. Eu já decidi.[21] Na maioria das manhãs, como prega Tony Schwartz, tento escolher UMA coisa que é mais importante a fazer naquele dia,[22] e tento fazê-la primeiro, quando, como a ciência está descobrindo, o cérebro encontra-se mais alerta.[23]

- Se não estou com uma reportagem para entregar ou esperando algo urgente, tento checar os e-mails em lotes durante o dia e responder ao que posso imediatamente. Mudei as configurações para fazer o download das mensagens de modo manual. Não fico mais à disposição de algum servidor atirando montes de informações na minha caixa a cada minuto. Mesmo assim, o e-mail é um trabalho em andamento.

Para ser sincera, todo esse exercício para encontrar tempo, encontrar uma forma de escapar à sobrecarga e ir além da ambivalência ainda é, em grande parte, um trabalho em andamento. Boa parte do tempo em que trabalhei neste livro estive de licença e tinha total controle do meu tempo. Quando voltei à agitação do trabalho no jornal e à vida de uma engrenagem na roda muito maior de outra pessoa, fiquei preocupada de que seria atirada direto para a estaca zero, e que meu tempo ficasse fragmentado como confete mais uma vez. Sem dúvida, foi assim que me senti nos primeiros meses. Pega diretamente no mundo do trabalhador ideal, eu trabalhava muitas horas. Eu trabalhava até tarde. Eu trabalhava até chegar a ponto de exaustão, cometendo erros bobos. Porém, comecei a me dar conta de que tudo que aprendi, todas as habilidades que vinha praticando, ainda estavam lá. Eu continuo tendo áreas de foco, só que uma delas agora inclui fazer um bom jornalismo todos os dias. Eu ainda trabalho em pulsos. Tenho a manhã de segunda-feira dedicada ao lixo cerebral. Junto meu tempo. Faço pausas. Ainda não dedico mais do que 5% às intermináveis tarefas não importantes da vida. Faço UMA coisa por dia.

Tento me guiar o menos possível por ideais e expectativas irrealistas e mais por como me sinto, se estou feliz, se meu trabalho fez uma diferença, o quanto estou me sentindo conectada com meus filhos, com Tom, com minha família e amigos. E dedico tempo para entender a razão. Tento mudar. Eu não quero mais viver a vida de outra pessoa.

Em casa, Tom, eu e as crianças estamos melhorando na divisão da responsabilidade pelo segundo turno. Isso permitiu tempo para brincar. Passei dias inteiros lendo outra vez. Minha boa amiga e parceira de corridas, Jenny, corre comigo várias meias maratonas, uma delas em meio a uma floresta por trilhas maravilhosas e uma estúpida em que foram distribuídos chocolates no km 16. Nós até nos inscrevemos e participamos de uma corrida de revezamento de 300 quilômetros com mais dez pessoas, incluindo Tom, e corremos, às vezes no meio da noite, enfeitados com tantos braceletes cor-de-rosa, azuis, verdes e amarelos que brilhavam no escuro que parecíamos barcas de festa. Comemos petiscos e rimos como há tempos eu não ria. As Mães Del Rey que nunca saíram do lugar alguns anos antes agora se tornaram a Binders Full of Women (Pastas Cheias de Mulheres), em honra ao lema do candidato presidencial Mitt Romney. Não é formal ou organizado, como os Camundongos que Brincam, mas conseguimos aqui e ali nos encaixar em uma viagem matinal de canoa, uma brincadeira, uma aula de atividades circenses, fazer arte com creme de barbear e surf a remo. Jenny também me convenceu a participar de uma turma durante uma temporada. E, na verdade, não há nada tão bom para a alma quanto ver as estrelas e a lua refletidas nas águas calmas enquanto você pega o seu remo, dá impulso com as pernas e desliza para o amanhecer.

Ao ter uma clara noção do que é mais importante fazer, fortalecendo meus músculos de autoeficiência, não sou dominada pela sensação de que não fiz o suficiente e pelo impulso de fazer "apenas mais uma coisa". E assim, pela primeira vez em décadas, eu – às vezes – chego aos lugares – espantosamente – *na hora*. Limpar a confusão na minha cabeça e a culpa que pairava sobre cada decisão desanimada me deu mais paz de espírito do que qualquer sistema de gerenciamento de tempo elaborado. O tempo ainda é uma luta. Eu ainda trabalho muito. Eu ainda não durmo o suficiente. Eu ainda me preocupo. Não fiz muito progresso no orçamento da família. Meu peso aumentou e diminuiu. E eu ainda tenho dias idiotas. Mas estou *aprendendo*. O tempo *parece* melhor. Em vez de ambivalência, o que eu sinto mais em relação ao tempo é gratidão.

PONTO LUMINOSO
HORIZONTES DE TEMPO

HÁ UM TEMPO EM QUE A AMBIVALÊNCIA chega ao fim, quando as escolhas são mais claras e viver com elas é mais confortável. Isso tem tudo a ver com o tempo. Laura Carstensen, professora de Psicologia e diretora-fundadora do Stanford Center of Longevity, passou anos entrevistando pessoas mais velhas. Ela se preocupava com o fato de pessoas idosas sofrerem de solidão, ansiedade, depressão ou medo de morrer. Assim, ela as encorajou a participar de reuniões sociais e tentou fazer com que conhecessem outras pessoas. "Elas diziam: 'Não tenho muito tempo para pessoas'. E eu respondia: 'Parece que você tem *muito* tempo'. Levei bastante tempo para compreender que elas não se referiam ao tempo durante o *dia*, mas ao tempo em suas *vidas*. Elas tinham uma perspectiva totalmente diferente em relação ao tempo. Muitas coisas não fazem mais sentido quando o tempo está acabando."

Ela começou a entender que, quando o 'horizonte de tempo' de uma pessoa é curto, se restam apenas cinco ou dez anos para ela viver, torna-se, digamos assim, cada vez mais claro o que é importante. A ambivalência é substituída por um senso mais aguçado de certeza. Tudo isso facilita decidir como passar o precioso recurso de tempo, agora que se pode ver o quanto ele é verdadeiramente finito. "Horizontes de tempo muito abertos e de futuro amplo acabam exercendo um efeito emocional muito difícil nas pessoas. Quando se pensa nos anos reprodutivos, fica-se ansioso não só consigo mesmo e seu futuro, mas também sobre o futuro de seus filhos. Estão eles brincando com as crianças certas na pré-escola? Tiram notas suficientemente boas? O que vai acontecer se eles não forem bem em matemática?", Carstensen me disse. "Porém, quando os nossos horizontes de tempo se tornam mais curtos, começamos a ver o mundo de modo diferente. Começamos a ver que o mais importante muitas vezes são coisas simples – o perfume das rosas, assistir aos seus netos chapinhando em uma poça de água, o sorriso no rosto de um amigo com quem você se encontra para um café. São esses pequenos momentos em que começamos a nos concentrar."

E estar focado no que é importante e na beleza dos pequenos momentos, ela disse, é o que faz as pessoas mais velhas realmente se sentirem mais felizes. Para testar sua teoria, Carstensen colocou pessoas jovens e velhas em um aparelho de ressonância magnética, mostrou-lhe imagens positivas e negativas e registrou como a amídala, a área do cérebro que controla as emoções e o medo, reagiu. Ela constatou que as pessoas jovens mostravam elevada atividade cerebral quando viam imagens positivas e negativas. Pessoas mais velhas, entretanto, registraram reações apenas a imagens positivas, levando ao que ela chama de "efeito de positividade".[1]

Carstensen disse que dividir o horizonte do tempo é uma habilidade que os jovens podem aprender com os velhos. "Minha experiência como avó mostra que, quando estou com meus netos, estou *realmente* com eles. Porém, quando meu filho era pequeno, eu estava com ele, mas também estava trabalhando, preparando alguma outra coisa e tentando convencê-lo a fazer a lição de casa", ela contou. "É difícil dizer isso de uma forma que não soe terrível, mas, se o mundo como o conhecemos fosse terminar em um ano, você não estaria preocupada com a lição de casa."

Liguei para Sue Shaw, uma das primeiras pesquisadoras de lazer feminista. Shaw tinha acabado de se aposentar e mudou-se com o marido para um chalé perto de um lago em Ontário, Canadá. Fiquei curiosa sobre o que um horizonte de tempo reduzido e o fim da ambivalência significavam para a experiência do lazer. Shaw não checa mais seus e-mails com frequência e livrou-se de anos de documentos e arquivos. Ela passa os dias caminhando na floresta, lendo e até apreciando projetos de limpeza e manutenção que ela e o marido põem em prática juntos. "Agora tenho uma quantidade satisfatória de lazer e de liberdade para fazer o que gosto com esse tempo. Mas isso é algum tipo de estado elevado?", ela perguntou. "Algumas pessoas falam sobre fluxo como uma experiência quase mística e religiosa. Talvez elas queiram buscar um estado alterado de consciência. Eu, entretanto, costumo encontrar essa sensação de fluxo, de estar totalmente ligada ao momento, na natureza, no campo, ou quando estou levando um bom papo com uma amiga e uma taça de vinho na mão. É algo fugaz. Não é algo que eu tente medir no tempo, porque as horas são quase irrelevantes. Há uma sensação de paz associada a esses momentos. Uma conexão com um universo mais amplo, com outras pessoas ou com o mundo. Levei minha neta em um fim de semana para ver a lua e as estrelas – a lua estava muito cheia – e ela se admirou com o que viu. Ela tem apenas 3 anos. São momentos como esses que só parecem realmente importantes para a qualidade de nossa experiência com o tempo."

Não importa o quanto o horizonte seja curto ou longo.

NOTAS

1. Ellen Ernst Kossek, CEO of Me: Creating a Life That Works in the Flexible Job Age (Upper Saddle River, NJ: Prentice Hall, 2008).

2. Frenk van Harreveld et al, "Ambivalence and Decisional Conflict as a Cause of Psychological Discomfort: Feeling Tense", *Journal of Experimental Social Psychology* 45, n. 1 (jan. 2009): 167-73, doi: 10.1016/j.jesp.2008.08.015.

3. David Hartman e Diane Zimberoff, "Existential Resistance to Life: Ambivalence, Avoidance & Control", *Journal of Heart-Centered Therapies* 7, n. 1 (2004): 3-63.

4. Peske disse que adotou essas questões gerais depois de ler um post em um blog da dra. Claire McCarthy, "Work and Life Aren't About Balance", *Thriving: Boston Children's Hospital's Pediatric Health Blog*, 27 set. 2011, http://childrenshospitalblog.org/work-and-life-arent-about-balance/.

5. Joan Williams, "Women Don't Negotiate Because They're Not Idiots", *Huffington Post*, 31 jan. 2013, www.huffingtonpost.com/joan-williams/women-dont-negotiate_b_2593106.html.

6. Albert Bandura, "Self-Efficacy", in *Encyclopedia of Human Behavior*, vol. 4, ed. V. S. Ramachaudran (Nova York: Academic Press, 1994), 71-81, www.uky.edu/~eushe2/Bandura/BanEncy.html.

7. Philip Zimbardo, "Zimbardo Time Perspective Inventory", The Time Paradox-website, www.thetimeparadox.com/zimbardo-time-perspective-inventory/.

8. "The Energy Audit", The Energy Project website, http://theenergyproject.com/tools/the-energy-audit.

9. Uso parte da Técnica Pomodoro para ajudar meus filhos a se pôr em dia com a lição de casa quando se atrasam. Eles fazem uma lista de todas as tarefas que precisam realizar. Eles ajustam o cronômetro para 20 minutos e começam com a primeira, trabalham durante 25 minutos, fazem uma pausa, e assim por diante, até chegarem ao fim da lista e os deveres estiverem concluídos. Veja a Técnica Pomodoro desenvolvida por Francesco Cirillo, www.pomodorotechnique.com/.

10. Phyllis Korkki, "To Stay on Schedule, Take a Break", *New York Times*, 16 jun. 2012, www.nytimes.com/2012/06/17/jobs/take-breaks-regularly-to-stay-on-schedule-workstation.html?_r=1&.

11. Judy Martin, "Employee Brain on Stress Can Quash Creativity and Competitive Edge", *Forbes*, 5 set. 2012, www.forbes.com/sites/work-in-progress/2012/09/05/employee-brain-on-stress-can-quash-creativity-competitive-edge/.

12. Schwartz, Gomes, McCarthy, *Be Excellent at Anything*, 61, 67.

13. Ibid., 4.
14. Nicky Phillips, "Taking a Break Is Secret to Success", *Sydney Morning Herald*, 16 ago. 2012, www.smh.com.au/national/education/taking-a-break-is-secret-to-success-20120815-24951.html.
15. Atsunori Ariga e Alejandro Lleras, "Brief and Rare Mental 'Breaks' Keep You Focused: Deactivation and Reactivation of Task Goals Preempt Vigilance Decrements", *Cognition* 118, n. 3 (mar. 2011): 439-43, doi: 10.1016/j.cognition.2010.12.007.
16. John Tierney, "Discovering the Virtues of a Wandering Mind", *New York Times*, 28 jun. 2010, www.nytimes.com/2010/06/29/science/29tier.html?pagewanted=all.
17. John Kounios, "The Neuroscience Behind Epiphanies", TED *Talks Talent Search*, video, http://talent-search.ted.com/video/John-Kounios-The-neuroscience-b.
18. John Kounios e Mark Beeman, "The *Aha!* Moment: The Cognitive Neuroscience of Insight", *Current Directions in Psychological Science* 18, n. 4 (2009): 210, doi: 10.1111/j.1467-8721.2009.01638.
19. Diz a lenda que, quando o matemático grego mergulhou no banho e viu o corpo deslocando a água na banheira, ele repentinamente se deu conta de que poderia medir o volume de ouro da mesma forma. Afirma-se que ele soltou o famoso brado "Eureca!" e correu nu pelas ruas. Veja David Biello, "Fact or Fiction? Archimedes Coined the Term 'Eureka!' in the Bath", *Scientific American*, 8 dez. 2006, www.scientificamerican.com/article.cfm?id=fact-or-fiction-archimede. A lenda também diz que Einstein descobriu a Teoria da Relatividade enquanto andava de bicicleta. Veja Dennis Overbye, "Brace Yourself! Here Comes Einstein's Year", *New York Times*, 25 jan. 2005, www.nytimes.com/2005/01/25/science/25eins.html.
20. Peter Bregman, "18 Minutes: Find Your Focus, Master Distraction, and Get The Right Things Done", http://peterbregman.com/18-minutes/.
21. Por uma intensa exploração da ciência que fundamenta os hábitos e como mudá-los, sou profundamente grata ao trabalho de Charles Duhigg, *O poder do hábito – por que fazemos o que fazemos na vida e nos negócios* (ed. americana – Nova York: Random House, 2012).
22. Esta ideia é descrita em seu videoblog: Tony Schwartz, "Develop Productivity Rituals", HBR *Blog Network*, vídeo, 3 jan. 2012, http://blogs.hbr.org/video/2012/01/develop-productivity-rituals.html.
23. Sue Shellenbarger, "The Peak Time for Everything", *Wall Street Journal*, 26 set. 2012. A ciência está descobrindo que o trabalho cognitivo é melhor realizado pela manhã, visto que a temperatura corporal começa a aumentar e a memória operacional, a atenção e a concentração estão no máximo (isso, é claro, supondo que você tenha tido de sete a oito horas de sono na noite anterior – algo que muitos de nós não têm). Embora certamente não se aplique a todos, a atenção tende a cair após uma refeição. O sono se instala por volta das 14h, e geralmente somos mais facilmente distraídos entre 12h e 16h.

PONTOS LUMINOSOS: HORIZONTES DE TEMPO

1. Laura L. Carstensen, "The Influence of a Sense of Time on Human Development", *Science* 312, n. 5782 (30 jun. 2006): 1913-15, doi: 10.1126/science.1127488.

14
EM DIREÇÃO À SERENIDADE DO TEMPO

O que quer que deva fazer, faça-o agora. As condições são sempre impossíveis.
- DORIS LESSING -

TARA BRACH NOS DIZ PARA FECHAR OS OLHOS e prestar atenção a nossa respiração. Sua voz, calma e tranquilizadora, nos diz para abandonar o "interminável frenesi. Sempre pensando que deveríamos estar fazendo algo diferente. Sempre pensando que algo está faltando, algo está errado, e que precisamos estar em outro lugar". Ela nos pede para respirar. "Fique aqui. Repouse em seu corpo. No seu coração. Neste momento. Na terra. Esteja em casa."

Começo a dormir.

Eu fui para o retiro de meditação da Comunidade de Meditação Intuitiva de Tara Brach em Washington, D.C., em um sábado de manhã, visto que minha jornada para compreender o tempo aproximava-se do fim. Eu estava descobrindo que uma última aula para aprender a sair do interminável frenesi da sobrecarga era aprender a dominar o infindável ruído de nossa própria mente contaminada.

No momento em que os neurocientistas no Centro de Estresse de Yale que visitei descobriam que a sobrecarga pode fisicamente *encolher* o cérebro pensante, um diferente grupo de cientistas, usando tomografia e treinamento consciente – o processo de aprender a focar totalmente o momento presente –, descobria que, quando desaceleramos, nosso cérebro complexo literalmente *fica maior*. O centro de medo do cérebro se contrai. Neurocientistas de Harvard verificaram que a massa cinzenta das pessoas se expandiu depois de apenas oito semanas de meditação, prática de ioga ou apenas sentindo o corpo durante 27 minutos por dia.[1] "Isso é algo que até mesmo há alguns anos não imaginávamos ser possível", Britta Hözel, neurocientista de Harvard que liderou vários estudos e uma praticante do treinamento, me disse. "Acho fascinante que, em um tempo relativamente tão curto, após uma mudança de comportamento e na maneira com que se encara a vida, vemos as verdadeiras estruturas físicas mudando o cérebro."

O ponto é, ela diz, que a sobrecarga nunca vai embora, mas é possível mudar a maneira de encará-la: pausar e notá-la sem julgamento, não reagindo a ela. Mudar seu pensamento faz o cérebro crescer. E um cérebro maior, com mais neurônios crepitantes estalando e saltando de novas maneiras, significa mais massa cinzenta para pensar, lembrar e tomar decisões com mais clareza, ela afirmou. Uma amídala menor da parte mais antiga do cérebro emocional significa menos perdas de controle, colapsos e episódios de medo paralisante. Assim, quando o cérebro cresce, você consegue *ver* melhor o redemoinho da sobrecarga sem ser *carregada* por ela. "Hoje estou tendo um dia estressante, portanto posso entender essa sensação de sobrecarga muito bem", Hözel disse. "Mas com o treinamento consciente você se dá conta de que já está onde precisa estar. E provavelmente realizará mais apenas se concentrando no que está acontecendo exatamente agora. É tudo uma questão de mudar sua perspectiva."

No retiro de meditação, acordo com a voz de Brach, de uma psicóloga e de um professor de meditação budista. Ela fala sobre o espaço. Nossos cérebros, tão inalterados desde os dias em que vivíamos em grupos de caçadores, estão conectados de modo a procurar ameaças e notar tudo que esteja errado, ela diz. Assim, é possível facilmente ficarmos presos no que ela chama de transe – de negócios, de desmerecimento, de ansiedade. "Então descobrimos que estamos vivendo em um mundo muito menor do que nós. Somos um monte de músculos tensos, repetindo velhos padrões de vida acelerada, incapazes de apreciar o pôr do sol, de realmente ouvir música, de ver o brilho nos olhos de uma criança, de ouvir nossos filhos quando nos contam histórias", ela fala. "Estamos tão absortos em passar à próxima tarefa que perdemos a vida, perdemos o amor, perdemos estar no momento. Acho que o desafio vale a pena." E ela diz que o jeito para conseguir isso é encontrar espaço para ventilar a sobrecarga. "Abrir algumas frestas."

Assim, tento novamente. Fecho os olhos. Respiro. E uma música do Boz Scaggs que não ouvia desde os tempos da escola começa a tocar em minha mente. "Lido. Whoa-oh-oh-oh…" Lembro-me de Mihaly Csikszentmihalyi.

Quando ele começou a, aleatoriamente, enviar mensagens a pessoas ao longo do dia em seus estudos de tempo perguntando em que estavam pensando, esperava ouvir que estivessem contemplando pensamentos elevados, planejando novas aventuras ou recordando acontecimentos felizes. Em vez disso, ele encontrou... o caos. "Quando deixada sozinha, a mente se volta para maus pensamentos, planos triviais, lembranças tristes e preocupações com o futuro", ele escreveu. "Entropia – desordem, confusão, decadência – é a opção automática da consciência."[2] Segundo ele, o único caminho para a paz de espírito literal é focar uma meta ou treinar a mente por meio de uma disciplina interna como a meditação ou o treinamento consciente.

Em um intervalo, aproximo-me de Brach, uma mulher miúda, serena, com longos cabelos castanhos e um sorriso beatífico. Como se encontra esse espaço, pergunto, com tantas pessoas achando que não têm tempo?

"Você *não* precisa ir para um retiro de meditação durante um mês." Ela ri. "Talvez você dedique algum tempo no meio do dia para fazer uma pausa, durante apenas três ou cinco minutos. Talvez você faça uma pausa de alguns segundos depois de desligar o telefone antes de passar à próxima atividade. Você pode mudar sua perspectiva em 15 segundos. Se ficar sentada com um leve sorriso no rosto durante três minutos, você muda sua bioquímica. Ela envia uma mensagem ao sistema nervoso informando que você não corre perigo. Você só precisa da *intenção* de desacelerar. Isso é tudo de que precisa. Algo que a ajude a deixar o tema de seus pensamentos e entrar no seu corpo. O corpo vai levar você para casa."

Ela conta que, quando o filho nasceu, sentiu-se pressionada pelo tempo, como ocorre com tantos outros pais. Então se comprometeu a meditar todos os dias, mas concedeu-se uma "porta dos fundos": não importava durante quanto tempo. "Alguns dias isso significava que eu me sentava na beira da cama, respirava fundo cinco vezes, oferecia uma prece ao mundo e desabava. Valia a pena."

Sair da sobrecarga, ela diz, significa acordar. Acordar para a vida. Acordar para o fato de que ela está escapando. É por esse motivo que há poder em encontrar comunidades voltadas para a mente, como Jessica DeGroot e o ThirdPass fizeram, como as Simplicity Moms, New Dadas, WoMoBiJos e

Hot Mommas. "Porque, se você esquecer, elas vão lembrá-la de que a vida vai passar depressa e que hoje é um dia especialmente magnífico."

Lembro-me de certa noite quando eu era criança, olhando pela janela e vendo um brilhante pôr do sol sobre a viçosa floresta de pinheiros perto de nossa casa. Fui tomada por um pensamento: se ao menos eu estivesse em outro lugar, um lugar melhor, então eu poderia realmente o apreciar. Foi uma ideia inconsciente que, relembrando minha vida passada, tocava como um disco quebrado sem parar, como o trecho da canção dos Boz Scaggs que não consegui tirar da cabeça no retiro.

Quando eu tinha 34 anos, passei meses assistindo a minha irmã morrer de câncer sem saber o que fazer.[3] Pela primeira vez, apeguei-me a cada minuto precioso como se fosse uma joia rara. Restavam tão poucos a ela. Se minha irmã precisava percorrer essa estrada horrível, então eu queria apenas estar lá com ela para que ela não tivesse de viajar sozinha. Nesse foco singular, o menor gesto, o momento mais tranquilo eram transformados em um delicado presente de graça. Cada detalhe se apresentava em uma plenitude dolorosa, o Adriamycin vermelho-vivo gotejando em suas veias, o modo que ríamos como garotinhas que tinham aprontado uma travessura enquanto eu penteava seus loiros cabelos grossos e ondulados e uma grande mecha caía, a luz do quarto de hospital que esmaecia quando a noite suavemente se envolvia em sombras. A lágrima solitária que rolou do canto de seu olho quando se tornou claro que sua vida estava no fim.

Os gregos chamam esse tipo de tempo de *kairos*. Eles dizem que, quando vivemos dominados pelo relógio, estamos presos ao tempo *chronos*. Esse é o tempo que corre, marcha, arrasta-se e voa. É a vida que T. S. Elliot mediu em colheres de café e as 30 horas de lazer que John Robinson soma em suas planilhas. Mas *kairos* é o tempo do "momento certo", o eterno agora, quando o tempo não é um número em um mostrador, mas a enormidade da experiência em seu interior. No dia que procurei escrever este capítulo, fui apanhada nas engrenagens do *chronos*, correndo de uma reunião na escola pela manhã, da qual havíamos esquecido, para a oficina a fim de buscar o carro barulhento de Tom. A secadora estava quebrada. Roupas encharcadas foram penduradas por toda a casa. Meu filho esquecera o grande projeto de geometria. E eu precisei remover fisicamente o teclado do computador para evitar que minha filha passasse a maior parte do dia no moviestarplanet.com. Sem ideia do que escrever, saí para uma caminhada. Quando passei pelo parque perto de nossa casa, vi uma garotinha usando uma brilhante coroa de papel cor-de-rosa e rindo com as amigas. Uma delas perguntou: "Que horas são?". A garotinha, completamente absorta na alegria de voltar da escola andando com as amigas em uma gloriosa tarde ensolarada, começou a rir. "São 20oh00!"

Quando minha irmã se foi, pensei que, por ela, eu me lembraria de viver o resto dos meus dias com essa mesma graça frágil e humilde, como se fossem sempre 20oh00, sabendo que um dia, eu também, não estaria mais aqui. Eu comecei até mesmo a usar seu relógio todos os dias para me lembrar disso. E ainda uso.

Mas logo esqueci.

Encontro-me sentada nas duras cadeiras de madeira na sala de meditação. Tara Brach está falando de novo. "Às vezes é como se estivéssemos correndo para a linha de chegada de nossa vida, pairando na superfície e nunca mergulhando dentro dela, como se a vida fosse um problema a ser resolvido, e não um mistério a ser vivido", ela diz. O caminho de volta para a vida, ela diz, é, primeiro, respirar.

Certa noite, quando meus filhos eram menores, eu estava no jardim tirando ervas daninhas do terrível cascalho enquanto eles pulavam alegremente no trampolim. "Mamãe, venha pular com a gente!", eles gritaram. "Daqui a pouco", eu ficava dizendo. "Só vou acabar de tirar o mato." Houve uma época, antes de essa jornada começar, na qual eu costumava me perguntar sempre: "O que preciso fazer antes de me sentir bem?". E então eu repassava uma lista mental interminável. Naquela noite, com uma conhecida sensação de vago pânico surgindo, eu me senti compelida a terminar pelo menos *uma* coisa daquela longa lista, arrancar as ervas daninhas. Perdida em meus pensamentos confusos, não percebi que o sol tinha se posto. Ou que meus filhos haviam entrado. Quando ergui os olhos de novo, o céu estava escuro, o quintal, ainda coberto de mato, e eu, sozinha. Muitas vezes me lembrei desse momento com remorso.

Em um domingo chuvoso, não muito depois do retiro, as crianças e eu preparamos uma sopa juntas. A cozinha estava uma bagunça. Imediatamente, comecei a atacar a pia, lotada de cascas de legumes e louça suja. Tessa sentou-se no banco perto da janela na sala de televisão para observar a chuva.

"Mamãe, vamos almoçar", ela disse.

"Estou lavando a louça agora."

"Vamos, mamãe, vamos fazer uma pausa juntas."

"Em um minuto. Só me deixe terminar a louça".

"Mãe, venha até aqui."

Foi a terceira vez que me fez acordar. Apenas pare, pensei. Pare agora mesmo. Respirei. Agora, pensei. Posso me sentir bem agora mesmo. Aqui, pensei. Aqui é o melhor lugar para estar. Sempre esqueço, mas agora eu lembro. Eu lembro que a vida vai terminar depressa e que este é um dia absolutamente maravilhoso.

Servi um pouco de sopa que tinha acabado de preparar, deixei a bagunça na pia da cozinha e sentei-me perto de Tessa no banco da janela. Liam veio se juntar a nós. Não os perturbei por causa de tarefas ou lição de casa ou coisas a fazer. Só ficamos sentados juntos no banco da janela. Tomando sopa. Vendo a chuva cair.

NOTAS

1. Britta K. Holzel et al., "Mindfulness Practice Leads to Increases in Regional Brain Gray Matter Density", *Psychiatry Research: Neuroimaging* 191 (2011): 36-43.

2. Hektner, Schmidt, Csikszentmihalyi, *Experience Sampling Method*, 279.

3. Sempre serei grata ao meu antigo patrão, Knight-Ridder Washington Bureau, por generosamente me conceder tempo de estar com ele de acordo com a lei de Família e Licença Médica, e pela extensa licença não remunerada.

APÊNDICE
FAÇA UMA COISA

> O tempo é a moeda de sua vida. Você o gasta.
> Não permita que outros o gastem por você.
> - CARL SANDBURG -

TRABALHO

- Tempo é poder. Não se desfaça do seu.
- Realizar um bom trabalho, ter tempo de qualidade para a família, relacionamentos significativos e o espaço para revigorar a alma: é disso que se trata uma boa vida. Isso nunca foi apenas uma "questão das mães". E é muito mais do que assimilar o mais recente sistema de gerenciamento. É sobre equidade. É sobre qualidade de vida. É sobre estado de espírito. É sobre direitos humanos.
- Aposente a norma do trabalhador ideal. Dê adeus às horas de presença física no escritório. Mude a cultura do local de trabalho, os padrões de desempenho e o jeito pelo qual gerenciamos. Gerenciar a sobrecarga é mais do que escrever algumas políticas nos livros, reclamar no departamento de Recursos Humanos ou criar uma nova "iniciativa feminina" para interromper a onda de mulheres *e homens* talentosos e instruídos deixando organizações rígidas porque querem realizar um bom trabalho e *também* ser cuidadores ativos e viver vidas plenas. São as organizações antiquadas que devem mudar, oferecendo arranjos de trabalho flexíveis para todos, treinando gerentes em comportamentos práticos que apoiem as famílias e liderando do alto, por exemplo.

- A ambiguidade é o inimigo do local de trabalho que alimenta a sobrecarga. Defina sua missão. Estabeleça parâmetros claros e medidas de desempenho que mostrem quanto é suficiente. Quando é bom o suficiente? E como você vai saber? Comunique-se. Adapte-se.

- Repense trajetórias profissionais, substituindo escadas íngremes e estreitas de mão única por estruturas vazadas, campos amplos com caminhos serpenteantes correndo por eles. Pense com fluidez. Poderíamos criar curvas senoidais, caminhos profissionais com avanços e recuos, para homens e mulheres? Como disse uma amiga minha, mãe que trabalha, "se existem acessos para que políticos em desgraça como Eliot Spizer* voltem ao mercado de trabalho, por que não para os pais?"

- Entenda a neurociência de como os humanos trabalham melhor: pulsando entre períodos de intensa concentração de normalmente não mais que 90 minutos e intervalos para trocar totalmente de canal.

- Aceite o poder renovador das férias. Permita aos trabalhadores qualificados que devaneiem ou experimentem uma ideia sem medo do fracasso.

- Recorra à ciência da motivação humana primeiro oferecendo salários e benefícios justos aos empregados, depois permitindo que tenham maior autonomia, senso de objetivo e a capacidade de se tornarem mestres no que fazem.

- Trabalhar usando novas maneiras não significa trabalhar *menos*. Significa trabalhar *com a cabeça*. Significa um ambiente de trabalho e empregados mais saudáveis, despesas de assistência médica reduzidas, menos despesas com rotatividade de empregados e menos faltas. Significa mais inovação, criatividade e, céus, até *lucros*.

- Compreenda que preconceitos implícitos – que homens = carreira, mulheres = lar – estão vivos em você e em outras pessoas e é simplesmente como o seu cérebro funciona. Treine-o para superar estereótipos automáticos mudando a história e expondo-se para homens e mulheres que realizam um bom trabalho, são cuidadores dedicados e usam tempo para revigorar

---

* Político do Partido Democrata que governou o estado de Nova York de 2007 a 2008, renunciando ao cargo por conta de um escândalo sexual envolvendo uma prostituta. (N.E.)

suas almas. Gerentes, entendam o poder das "microafirmações". Gestos de inclusão e atenção delicada, generosidade, dar crédito aos outros e oferecer feedback justo, específico e oportuno são medidas pequenas, mas eficazes para combater preconceitos inconscientes.

- A sobrecarga é um produto da falta de controle, imprevisibilidade e ansiedade que ambos produzem. Aprenda nos locais de trabalho que criativamente adotaram uma nova maneira de trabalhar e uma cultura de trabalho mais saudável. Descubra o que funciona melhor para a sua organização, quer isso envolva usar softwares de programação de horários para dar a empregados pagos por hora mais oportunidades de se manifestar sobre seus turnos de trabalho, tornando-se um ambiente de trabalho de somente-resultados com sessões de Erradicação do Lodo, instituindo flexibilidade no tempo, maneira e local de trabalho, ou limitando o trabalho a horas previsíveis. Utilize consultores. Utilize uma firma de design. Encontre uma forma de mudar.

- Conheça-te a ti mesmo. Mesmo que a cultura de seu local de trabalho não mude, saiba como *você* trabalha melhor. Você é um separador? Integrador? Segmentador? Em algum ponto, todos nós passamos de um a outro. Descubra e refine o seu próprio "estilo flex". Crie equipes, redes e ilhas de sanidade e apoio em sua organização. Esclareça sua própria filosofia, lute contra a ambiguidade e comunique-a a todos os níveis hierárquicos.

- Compreenda a história que impulsiona o que você considera "não suficiente". Note-o. Esclareça como você define o sucesso, o que quer e o *seu* horizonte de tempo. Como disse Steve Jobs, "o seu tempo é limitado, portanto não o desperdice vivendo a vida de outra pessoa".

- Se você trabalha em um local de trabalho insano que adota o sistema do trabalhador ideal e não planeja se demitir, saiba que ao não se conformar se torna uma pessoa ameaçadora. Quando os outros jogam sujeira no seu caminho, lembre-se das palavras mágicas: "Do que você precisa?".

- Que tipo de políticas familiares funcionariam melhor na América? Na verdade, não sabemos. Nunca tivemos uma discussão substancial. É tempo de ter uma agora. Um bom lugar para começar: licença remunerada, horas de trabalho curtas ou longas e bons empregos de meio período com benefícios.

Uma cultura que espere que *tanto* pais como mães tirem licença-paternidade. Programas de educação infantil desde a primeira infância de alta qualidade acessíveis e com bons preços a todos. Vamos treinar pessoas que cuidam de nossas crianças e trabalham com elas e pagar-lhes mais do que a atendentes de estacionamento. Dias e anos letivos e programas criativos para antes e depois da escola que se ajustem melhor aos horários de trabalho dos pais, o que, idealmente e quando possível, será mais flexível. Vamos conversar uns com os outros com calma, vamos ouvir, vamos aceitar que nunca houve uma forma certa de fazer as coisas. E vamos começar devagar.

- Vamos recuperar a frase "valores familiares" de modo que signifique famílias estabelecendo as próprias prioridades sobre o que é importante e as vidas que todos querem levar juntos.

- Vamos difundir a palavra "feminista" e lembrar o que ela sempre significou de fato: a busca pela personalidade das mulheres.

- Dedique tempo para pensar sobre o que realmente quer conquistar na vida e o que é mais importante fazer. Programe tempo para isso no primeiro dia.

- Lembre-se de que a maior parte de sua lista de tarefas nunca é completada e que grande parte dela pertence mesmo à coluna dos "outros 5%".

- Planeje. Faça. Revise. Encontre um sistema para administrar as atividades que escolher fazer *em um tempo* que funcione para você. Crie rotinas. Automatize. Reduza o número de pequenas decisões que precisa tomar em um dia, reservando sua força de vontade para as grandes decisões que realmente *precisam* do poder de seu cérebro para acontecer.

- Escolha UMA coisa que é mais importante para fazer todos os dias.

- Separe o seu tempo. Multitarefas o deixam estúpido. Trabalhe em blocos concentrados de tempo com pausas regulares e encaixe os 5% de coisas-da--vida sem importância depois de ter criado tempo para o que é importante.

- Desligue. Estabeleça parâmetros razoáveis para usar a comunicação instantânea e a tecnologia. Às vezes, um e-mail às 3 horas da manhã é crítico, mas geralmente não é. Detenha o "ciclo de receptividade" que faz o trabalho parecer intenso e interminável.

AMOR

- Expulse a ambivalência. Saiba que a ambivalência sobre mães que trabalham, pais dedicados, mudança de papéis de gêneros, local de trabalho em processo de mudança e exclusão de seu tempo de lazer alimenta a sua culpa e ambivalência. Saiba que os humanos evoluíram para se adaptar e estar de acordo com o grupo. E saiba que, exatamente agora, o grupo não sabe com clareza o que quer que você faça. Isso significa que *você* precisa ter certeza do que quer, precisa fazer suas escolhas, reconhecer quando são forçadas e se apoderar delas. Aceite o que quer que esteja fazendo, o que quer que tenha escolhido com paixão e veja para onde vai. E adapte-se à medida que avança.

- Seja HUMANA, reconheça que os papéis de gênero da era industrial são antiquados e concorde com o fato de que é bom que as pessoas, a sociedade, a humanidade, *tanto* homens *quanto* mulheres, sejam livres para se instruir, trabalhar, seguir paixões e criar filhos da maneira que funcionar melhor para cada família.

- Verifique seus preconceitos inconscientes. Você está favorecendo a carreira de seu parceiro por medo de que ele sofra mais se deixar o local de trabalho ou reduzir as horas trabalhadas? Conscientize-se do preconceito. Questione se ele é verdadeiro. Fale. Lute. Tome decisões *em conjunto*.

- Reconheça que o que acontece quando o primeiro bebê vai do hospital para casa é crítico: você estabelecerá padrões de vida e comportamento que serão difíceis de romper mais tarde. É nesse momento que as exigências da mãe ideal irão pressionar com mais intensidade. É nesse momento que o impulso de fechar o portão e manter o marido e os outros afastados é mais forte. Enquanto a sua biologia está atuando, o mesmo acontece com a sua cultura. A biologia de seu parceiro ou cônjuge está igualmente atuante. Divida os cuidados. Isso significa que a Mamãe precisa de um tempo. E Papai precisa agir sozinho, não apenas como o "ajudante" ou o pai "divertido". Se não for possível tirar uma licença-paternidade sozinho, crie a sua própria licença-paternidade para o Papai. Sábado de manhã. Domingo à tarde. E Papai, faça tudo – fraldas, louça, mamadeiras. A confiança e a competência que você vai desenvolver mudará o relacionamento com seus filhos e sua parceira e o relacionamento com a família com o passar do tempo.

- Encontre os Seus Próprios Países Baixos Particulares.
- Reconheça como é crítico ter pais participativos.
- Crie sistemas familiares e rotinas automatizadas para diminuir as discussões, os resmungos e ressentimentos. Divida a carga. Como uma família, descubra o que precisa ser feito para manter a casa e suas vidas funcionando. Estabeleça padrões com os quais todos concordem. Depois, divida a carga equitativamente, certificando-se de que seus filhos trabalhem por igual. Monitore. Avalie. Continue trabalhando nisso. NÃO suspire, atormente, gema e faça tudo sozinha, resmungando ressentida o tempo todo.
- *Allopais*. Peça e aceite a ajuda dos adoráveis *allopais*. Crie uma rede de apoio. Encontre soluções criativas em conjunto.
- Estacione o helicóptero. Você não precisa fazer tudo sozinha e melhor do que os outros. Como Kathy Maserie disse: "Ame seus filhos. Mantenha-os em segurança. Aceite-os como são. E então saia do caminho deles".
- Procure não controlar e pressionar por realizações, mas ajude seus filhos a desenvolver resiliência, perseverança e *firmeza de caráter*. Isso significa deixar que eles sigam pequenas sugestões que podem – ou não – virar paixões. E deixe que cometam erros.
- Felicidade em primeiro lugar. A felicidade gera sucesso e realizações. O inverso não é necessariamente verdadeiro.
- Ensine seus filhos a contar suas bênçãos, a serem agradecidos.
- Dê tempo e espaço aos seus filhos para não fazer nada, ou apenas observar o formato das nuvens. Leve-os para fora. Deixe-os, quando puder, vagar. E se dê o mesmo presente de tempo e espaço. Partilhe momentos de união, façam refeições juntos, guarde o smartphone e *esteja* presente.

- Reconheça que as crianças realmente crescem depressa e que o momento de parar, notar e usufruir é agora. E agora. E agora.

- Mantenha a simplicidade. Viva de acordo com suas posses. Compre apenas coisas de que precisa e encontre um lugar para elas. (Eu sei, eu sei, o orçamento. Estamos trabalhando nisso.)

- Largue os livros de especialistas. Declare o fim da guerra das mamães – estivemos todos do mesmo lado na busca da boa vida o tempo todo. Confie em si mesma. Crie redes de apoio com pais que pensam como você. Como dizia o dr. Benjamin Spock, você sabe mais do que pensa.

- Encoraje seus filhos a trabalhar como babás. Tanto homens quanto mulheres são, biologicamente, "inatos" quando se trata de cuidar de crianças. É que a cultura sempre esperou e deu às mulheres o *tempo* para serem boas nisso.

DIVERSÃO

- Entenda que, para as mulheres, nunca houve uma história ou cultura de lazer ou diversão, a menos que você considere varrer, fazer queijo, bater manteiga, fazer colchas e tricotar o seu tipo de diversão. Vai ser preciso esforço e energia para que você se permita ter tempo para brincar. Faça esse esforço. Encontre um grupo como os Camundongos que Brincam ou crie o seu próprio. Tente aprender a dança do ventre. Faça uma caminhada. É mais provável que você o faça se tiver um grupo ou amigas com quem contar. Seja subversiva!

- Antes das férias ou de um período de tempo livre e desestruturado de lazer, realmente *pense* sobre o que gostaria de vivenciar e como gostaria de se sentir, e até tome notas. Ser consciente de como quer que esse tempo seja, colocando seus pensamentos na agenda, torna mais provável que as coisas realmente aconteçam.

- Lembre-se de que a brincadeira é útil. Os humanos precisam dela. Dê-se permissão para brincar. Leve uma atitude brincalhona para o trabalho e seja assim também em casa. Tenha mais curiosidade do que medo.

Encontre tempo para se maravilhar e admirar. Encoraje suas filhas pré-adolescentes a conservar o espírito brincalhão.

- Acenda uma vela. Como os dinamarqueses, leve algum *hygge* para sua vida.
- Tome banho com um porco cor-de-rosa.
- Não espere até que montes de poeira desapareçam e a geladeira esteja cheia para aproveitar seu tempo com amigos. Espaguete com ketchup e bons corações serão suficientes.
- Faça silêncio todos os dias. Mesmo que isso signifique respirar fundo cinco vezes. Ser observadora durante pelo menos meia hora por dia vai, literalmente, expandir seu cérebro.
- Tente algo novo, saia da sua zona de conforto e desafie-se para entrar no *fluxo*.
- Acredite em si mesma. Pratique os Truques de Mente Jedis: tenha experiências engenhosas. Encontre modelos e mentores. Escute e seja convencida por palavras positivas e encorajamento. E fique no controle. Cultive uma atitude de "crescimento" para experimentar coisas novas e acredite na mudança.
- Não tem certeza do que quer ou para onde quer ir? Encontre um parceiro que seja um bom ouvinte. Dedique tempo para esclarecer sua realidade atual e as suas metas. Quando enxergar com mais clareza a lacuna entre os dois, deixe seu cérebro trabalhar imaginando soluções criativas sobre como atravessá-la.
- Leve consigo um caderno de notas ou tenha um aplicativo para tomar notas no smartphone a fim de captar as inspirações e os momentos *aha!* que aparecem nas ocasiões mais estranhas, quando você *não* estiver trabalhando duro.
- Dê uma folga ao seu cérebro. Saia de sua cabeça e entre em seu corpo, em sua respiração, ou no momento. Mulheres, principalmente, são propensas a ruminar e se preocupar. Observe os pensamentos sem julgamento, escolha pensar de modo diferente e reconecte seu cérebro. Peça ajuda e delegue. Escreva a lista de tarefas em uma imensa lixeira cerebral, depois se dê permissão para não cumpri-la na íntegra. Dedique cinco minutos

para despejar a confusão de ansiedades em um Diário de Preocupações. Descontamine o seu tempo.

- Encurte o seu horizonte de tempo. E se realmente vivêssemos como se estivéssemos morrendo? Como isso mudaria o que você considera importante e as escolhas que fez quanto a como usar o seu tempo? Experimente.
- Expulse a mentalidade de negócios.
- Viva uma vida autêntica.

AGRADECIMENTOS

QUANDO TERMINEI O MANUSCRITO DESTE LIVRO e apertei o botão "enviar" do e-mail para a minha fantástica editora, Sarah Crichton, sentei-me no sofá de meu escritório e comecei a pensar em todas as outras pessoas fantásticas que me ajudaram a criá-lo. Fiquei ali sentada durante mais de duas horas.

Em um mundo carente de tempo, sinto respeito, gratidão e admiração pelo enorme número de pessoas que tão generosamente me deram o seu, respondendo a infindáveis e-mails, pacientemente esclarecendo minhas dúvidas persistentes, partilhando pesquisas fascinantes, explicando-as para mim quando eu não as entendia, e não apenas me permitindo entrar em suas vidas, mas também me confiando suas histórias. Obrigada por lerem rascunhos mal escritos, fazendo perguntas pontuais até que os esboços confusos de ideias obscuras se transformassem em pensamentos mais definidos. E também por segurar minha mão quando eu me preocupava por não ter nada de valioso a dizer ou por dever realmente escrever sobre guerra, política ou algo "importante", lembrando-me sempre, com vários graus de firmeza, de que tinha de parar com isso, ou seja, que a questão da falta de tempo também tem mérito.

A jornada deste livro começou quando Bob McCartney e R. B. Benner do *The Washington Post* me colocaram no Comitê de Leitoras depois de uma das poucas vezes em que falei em público, embora a reunião já tivesse terminado. Sou grata a eles e a John Robinson por atender ao telefone, apresentando-me o desafio do diário do tempo, fazendo-me ir a Paris, fora da minha própria sobrecarga pela primeira vez, sendo uma pessoa legal e, por fim, estimulando-me a mudar a minha vida. A jornada nunca teria se iniciado se minha amiga e talentosa editora Sydney Trent não me tivesse dito para aceitar o desafio do diário do tempo de Robinson e escrever sobre ele. Sou grata a ela; a minha parceira de pesquisas, Amy Joyce; a Lynn Medford, por quem eu andaria sobre brasas; a Frances Stead Sellers, Marcia Davis, Sara Goo e às mulheres muito inteligentes e atenciosas no oásis desse comitê. A Marc Fischer, um dos melhores do ramo, por me ajudar a encontrar coerência no que inicialmente era um palavreado empolado, a Deb Leithauser por publicá-las na *The Washington Post Magazine*, a Janet Michaud por acreditar que eu estava diante de algo importante e por encontrar as imagens corretas para ilustrá-lo, e para as literalmente centenas e centenas de leitores que, quando eu me preocupava por expor as minhas neuroses e falhas pessoais, escreveram-me e-mails longos a acalorados dizendo, em essência: "Você entrou na minha cabeça e escreveu sobre a minha vida". Isso me encorajou a dar os primeiros passos para tentar compreender por que todos nos sentimos tão enlouquecidos e o que poderia ser feito a respeito.

Tom Shroder foi fundamental desde os primeiros dias de *brainstorming* para escrever a proposta de se tornar um dos leitores e críticos mais rígidos e atentos, captando a prosa fraca, marcando clichês e ideias preconceituosas com um "argh" e sempre me impelindo para o melhor. Em meio a um intenso pânico à medida que o prazo final se aproximava, ele me deu o melhor dos conselhos: "Você não tem tempo para pirar". Tom também me apresentou a Gail Ross, agente extraordinário, com quem tenho uma imensa e feliz dívida. Gail escutou a minha fúria desconexa e imediatamente entendeu o que eu tentava fazer antes que eu mesma entendesse – "Você quer escrever algo que mude o jogo". Sou grata a ela por ser minha rocha, e a Anna Sproul-Latimer e o resto da equipe de Ross Yoon. Sou grata por Gail assinar todos seus e-mails com xxs, o que sempre abrilhanta os dias mais sombrios e confusos.

Gail me levou a Sarah Crichton, que eu tive a grande sorte de ter como professora hilariante e amada na Escola de Jornalismo da Universidade Columbia. Eu a admirava de longe há anos e ainda estou um pouco atordoada por ela ter enxergado a promessa neste livro e oferecido apoio incondicional. Além disso, ela não apenas ficou tão entusiasmada com o que eu estava descobrindo quanto eu, mas também pacientemente me concedeu o tempo de que eu precisava para analisar tudo e editou o livro com precisão, sabedoria e graça. Sou grata a Lottchen Shivers, Nick Courage, Tobi Haslett e a toda a equipe da Farrar, Strauss e Giroux por acreditarem e habilmente orientarem este projeto da ideia às prateleiras de livros e *e-readers*.

AGRADECIMENTOS

Sou grata aos editores e aos meus colegas do *The Washington Post:* a Don e ao resto da família inabalável Graham e sua convicção no jornalismo e nos jornalistas; aos editores Marcus Brauchli, Liz Spayd e Raju Narisetti, que gentilmente me concederam tempo para realizar essa jornada; a Peter Perl, ótima pessoa e o homem com o ouvido gentil e a caixa de lenços de papel, que organizou este livro; e a Vernon Loeb, cujo apoio incondicional, entusiasmo, energia contagiante, reprimendas para que eu fosse dar uma corrida e o ocasional almoço para manter a saúde mental me fizeram continuar sempre. E a Marty Baron, Kevin Merida, Lynda Robinson, Sydney e meus amigos e colegas das equipes de temas empresariais e sociais por sua boa vontade em me substituir enquanto eu estava fora e alegremente me receberem de volta. É um privilégio trabalhar com eles e para o *The Washington Post*, o que de fato, como eu disse para a minha filha, é um dos melhores jornais do país.

Dee Cohn me ajudou a começar a encontrar as pesquisas certas. Chris Davenport ofereceu conselhos sábios sobre o processo de redação e gentilmente leu rascunhos. Sou grata a David Rowell por partilhar seu amor pela redação narrativa, a Petula Dvorak e sua admirável rede Mothers on the Hill, a Ian Shapira e suas ligações com a cultura milenar, a Shankar Vedantam por seus sábios conselhos de registrar feito louca primeiro, e escrever somente quando os contornos do livro ficaram claros. A Carlos Lozada, Rachel Dry e Zofia Smardz por me estimularem a escrever fragmentos no Outlook.

Tenho uma dívida para com Steve Coll, Andres Martinez, Rachel White, Faith Smith e o conselho, os associados e a equipe da New America Foundation por generosa e sinceramente apoiarem e oferecerem um lar intelectual e instigante durante todas as pesquisas e redação do livro. A Caroline Esser por sua ajuda meticulosa e interessada na pesquisa, e à infatigável Becky Shafer, a Lucy Shakelford, Kirsten Berg e a equipe de especialistas de verificadores de dados que me ajudaram a apresentar fatos confiáveis. Quaisquer erros ou declarações inverídicas são meus e meus somente. A Andrew McLaughlin e Karen Kornbluh por me ajudarem a ver os fatos como um todo. A Rosa Brooks, Sheri Fink, Amanda Ripley, Liza Mundy, Annie Murphy Paul, Jason DeParle, Tamar Jacoby, Louie Palu, Reniqua Allen, Christopher Leonard, Frank Foer, Katherine Mangu-Ward, Christine Rosen e todos os membros por seu apoio e conselhos valorosos em tudo, desde falar em público a formatar notas de rodapé. A David Gray por me aconselhar no início a pensar como os homens se inserem na sobrecarga, a Phil Longman por me informar sobre taxas de fertilidade global. E a Lisa Guernsey, que me trouxe à Nova América, para começar, e quem, juntamente com Konstantin Kakaes, leu o capítulo sobre políticas quando tinha o peso de um grosso *Guerra e Paz*. Ambos ofereceram a orientação de especialistas. Agradeço, também, a Alex Sorin e Liam Malakoff por ajudarem na transcrição de entrevistas.

Pelo formato da jornada e temas do livro, sou eternamente agradecida a meu amigo Larry Robertson, que partilhou os princípios que usou para escrever seu livro sobre empresários, *A Deliberate Pause* (Uma pausa intencional), que se tornou meu duplo guia para minha própria pesquisa pela serenidade do tempo: por que as coisas são como são? Como elas podem ser melhores? A Martin Seligman, pelo TED Talk a que assisti um dia em que estive doente, o qual me deu a ideia de investigar a pressão do tempo nas três grandes arenas que formam a boa vida: trabalho, amor e lazer. E a Dan Heath, que, quando confessei que desejava encontrar esperança sem recorrer a chavões adocicados, sugeriu que eu me concentrasse na procura de Pontos Luminosos reais.

Devo mais do que posso dizer da generosidade de todas as pessoas e pesquisadores que partilharam seu tempo, muitos dos quais são mencionados no livro ou citados em notas e muitos outros que desempenharam papéis essenciais nos relatos. Um agradecimento especial a Lyn Craig, por seu bom humor e generosidade, Kimberly Fisher, Almudena Sevilla-Sanz, Melissa Milkie, Barbara Schneider, Jonathan Gershuny, Liana Sayer, Oriel Sullivan, Linda Haas, Marielle Cloin, Mariam Beblo, Laurent Lesnard, Leslie Stratton, Catherine Sofer, Elena Stancanelli, Rachel Connelly, Kathleen Gerson, Betsy Thorn, Brittany McGill, Maria Stanfors, Max Haller e os muitos pesquisadores da Iatur que generosamente disponibilizaram seu trabalho. Sou muito grata por ter aprendido com a magistral Suzanne Bianchi antes de ela falecer.

Sou grata a Laura Carstensen, Chandra Mason, Tim Elmore, Yelizavetta Koffman, Kim Parker, Anne McMunn, Michelle Budig, Tom Smith, Jane Waldfogel, Stephanie Coontz, Sharon Hays, Philip Cohen, Kei Nomaguchi, Jen Hook, Patrick Markey, Laurie Rudman, Linda Duxbury, Stephen Sweet,

Russel Matthews, Claire Kamp Dush e Sarah Schoppe-Sullivan. Para pesquisadores que dividiram seu trabalho inovador sobre as conexões entre sobrecarga, cultura profissional e saúde com a Rede de Trabalho, Família & Saúde, sou grata a David Almeida, Rosalind King, Ellen Ernst Kossek, Leslie Hammer e Erin Kelly, e a Lisa Buxbaum, Jenifer Coury e Mary Sawyers. Sou grata a Dan Pink por generosamente me colocar em contato com Christena Nippert-Eng e Mihaly Csikszentmihalyi.

Por me instruir sobre o cérebro e a sobrecarga, estou em dívida com Emily Ansell, Rajita Sinha, Tara Chaplin e Keri Tuit do Centro de Estresse de Yale. Quero agradecer Huda Akil, Brue McEwen e Ronald Glaser. E o trabalho de Britta Holzel sobre consciência expandindo a estrutura cerebral é mais do que promissor e muito legal.

Sou grata a Ellen Galinsky e Ken Matos por partilharem seus dados e por sua orientação experimentada não só para compreender a sobrecarga, mas para me conectar com empresa e indivíduos que ativamente buscam mudá-la. A Ellen Bravo por garantir que as pessoas, independentemente de seu nível socioeconômico, querem tempo para pão e rosas. E a minha amiga Krishna Leyva, que conseguiu que famílias de imigrantes que enfrentam dificuldades me confiassem suas histórias porque confiavam nela. A Kathleen Christensen, Cali Yost e Judi Casey da Rede de Pesquisadores do Trabalho e da Família, cujo rico arquivo me levou a Ann Burnett quando minha ideia original para o Capítulo 3 desmoronou. Sou grata a Ann e ao arquivo de cartas das festas que ela tão generosamente mostrou, e a Edson Rodriguez, Lynne Casper, John De Graaf e Ben Hunnicutt por sua atenção sobre o significado do tempo e esforço na vida moderna.

Estou em dívida com as brilhantes Joan Wiliams, Cynthia Calvert, Manar Morales e ao Center for WorkLife Law, David Lopez, Sharon Terman, Renate Rivelli, Rebecca Pontikes, Ariel Ayanna, Dawn Gallina, Kamee Verdrager, Calla Rubino, Leslie Zaikis, Theresa Dove, Sarah Bailey, Alison Gregory e Ellen Grealish e Sheila Murphy da Flexforce Professionals. Jenn Folsom é uma fantástica aliada e parceira para todas as ocasiões. Sou grata a Jody Thompson por explicar os resíduos. E a Christine Keefer e às fantásticas trabalhadoras mulheres da alta tecnologia que conheci no Vale do Silício. Quero agradecer

Bryce e Lee Arrowood por me darem total acesso à Clearspire e a todos os seus advogados. E sou grata a Rich Sheridan e todos da Menlo Innovations pela visita inspiradora e revigorante. Por me ajudarem a entender como – e o quanto – é difícil reconectar a cultura do local de trabalho. Quero agradecer Udaya Patnaik, da Jump Associates, e às dras. Hannah Valantine e Ewen Wang, da Escola de Medicina da Universidade de Stanford. O entusiasmo de Alison Maitland quanto a uma revolução do Trabalho Futuro é contagiante. Um agradecimento especial a Michele Flournoy.

Sou grata a Pat Schroeder por me conceder tanto de seu tempo, a Pat Buchanan, por me receber em sua casa, e a ambos por partilhar suas opiniões divergentes sobre a história e a filosofia que fundamentam a política familiar nos Estados Unidos. Também gostaria de agradecer a Andrea Camp, Edna Ranck, Patty Siegel, Mary Ignatius, Arianne Hegewisch, Dina Bakst, Susan Labin, Danelle Buchman, Desiree Wineland, Grace Reef, Michelle Noth, Elly Lafkin, Andria Swanson, Eileen Appelbaum, Jenya Cassidy e Netsy Firestein. Sou grata por Netsy ter me posto em contato com Tia Stoller e Dionne Anciano.

Este livro simplesmente não existiria em sua forma atual sem Jessica DeGroot e o The ThirdPath Institute. Jessica ouviu com atenção, fez perguntas instigantes, ajudou-me a ver os meus pontos cegos e me pressionou, pressionou e pressionou a pensar com mais afinco e aprofundar-me para compreender como os fatos acontecem e chegar mais alto na busca de soluções. Ao longo do caminho, enquanto melhorava o livro, ela ajudou minha família a melhorar as nossas vidas. Sou grata por suas sugestões, seu humor, sua honestidade e amizade.

E sou grata a Catherine Birndorf por partilhar sua equação de relacionamento. De fato, é verdade que, em uma equação $A + B = C$, se A muda e se torna A-primo, então C, a relação, também vai mudar. E, finalmente, o mesmo acontecerá com B.

Quero agradecer à MomsRising, ao Projeto Hot Mommas, às WoMoBiJos – "Bom o Suficiente é a Nova Perfeição" – às Mocha Moms, às Enterprising Moms, ao Success in the City, ao Wednesday Morning Group, ao Montgomery County Women Entrepreneur's Group, a Melanie Meren, à DC Urban Moms, a Alexandria's OldTownMoms, a Working Moms Against Guilt, a Working Mawma, a Mompetition, a Eden Kennedy, Kathy Masarie,

AGRADECIMENTOS

Jean-Anne Sutherland, Wendy Donohue, Andrea O'Reilly, M. K. Countryman, Georgi Laufenberg, Mararget Nelson, Lauri Teagan, Lisa Dean, Lea, Rebecca Deen, Rayna St. Pierre, Melissia Larson, Barbara Almond e Beth Anne Shelton. À proundamente atenciosa Cassandra Dickson e às Mães da Simplicidade, e a Kitty Eisele por me apresentar a elas, para começar. A Christine Carter e Suniya Luthar. Sou grata a Karin Graf, por sua generosidade e sinceridade e ao feliz acaso de encontrá-la certa manhã em uma oficina Volkswagen quando nossos carros quebraram. Eu tinha ficado sem ideias para escrever sobre a tarefa intensiva de ser mãe, e ela me convidou para passar um dia em sua vida. E uma expressão de gratidão pública a Sarah Blaffer Hrdy e ao dia mágico em sua fazenda de nozes.

Estou em dívida para com Brad Harrington, Matt Schneider, Howard Kaibel, Hogan Hilling e Warren Emerson. E agradeço ao apoio de inspiração do Simpósio de Jornalismo & Mulheres, incluindo Mary Kay Blakeley, Phuong Ly, Amy Aelxander, Lisen Stromberg e Lauren Whaley.

Por me ajudar a compreender a história das mulheres e do lazer, sou grata a Karla Henderson, Sue Shaw, Heather Gibson, Roger Mannel, Eileen Green e Tess Kay. Meus agradecimentos a Stuart Brown e Barbara Brannen, e a Julia Day e à equipe do Leisure Trens Group por me mostrarem suas pesquisas sobre brincadeiras. Para Ali Sacash e Hilary Harding por me mostrarem como as mães ainda podem brincar ao ar livre, e para Jessica Haney e Jen Kogod por partilharem o trabalho do grupo de autorrenovação de sua mãe, embora eu não tivesse conseguido ir até lá. Ainda não acredito que Nadia Stieglitz e Sara Baysinger me colocaram em um trapézio. Sou eternamente grata a elas por abrir seu grupo Camundongos que Brincam para mim e por me ajudar a reacender a paixão pelas brincadeiras.

Toda a jornada para a Dinamarca começou com uma xícara de café no Café Caboose com minha amiga norueguesa Heidi Vatanka, que conhecia Rachel Ellehuus, que me colocou em contato com sua cunhada dinamarquesa Catarina Ellehuus e seus amigos Vibeke e Søren Koushede. Vibeke me apresentou a Michelle Hviid e Søren Broenchenburg, que arranjaram para que eu conhecesse várias outras famílias. Sou grata a todos eles, assim como a Sharmi Albrechtsen por contar a história de sua vida e sua busca por entender a felicidade dinamarquesa, a Jens Bonke por me mostrar sua pesquisa sobre uso de tempo e me servir um delicioso *smorgasbord*. Sou grata a minha amiga Riikka Noppa por me apresentar suas impressões sobre a Finlândia, e para pesquisadores sobre paternidade na Dinamarca e na Suécia e ao playground de pais em Copenhague. E não posso deixar de agradecer a meus queridos amigos Fran Schwartzkopff e Eric Guthey por graciosamente abrirem sua casa e uma janela mais ampla para a cultura dinamarquesa.

Sou grata a Terry Monaghan por me ensinar a arrumar a desordem em minha cabeça e a Tony Schwartz por me ensinar a trabalhar em ondas. Quero agradecer Carolyn Semedo-Strauss, Ellen Ostrow, Michele Woodward, Cosper Scafidi, Pontish Yeramyan, Marlene Caroselli, Rick Hanson, Whitney Johnson, Christine Hohlbaum, Liz Lucchesi e Tara Brach.

Com imensa gentileza, meus amigos me deram apoio e me ajudaram em cada passo ao longo dessa jornada. Sou grata a Marcia Call, que leu rascunho após rascunho, ofereceu sugestões inteligentes, ensinou-me a diferença entre tempo *kairos* e tempo *chronos* e me trouxe rosas brancas. E ao seu marido, Lonnie Rich, que me estimulou com entusiasmo com sua pergunta quase diária: "Em que capítulo você está agora?". A Molly Sim, pelo privilégio de partilhar sua história, e a sua irmã, Elizabeth Wash, que me ofereceu um fim de semana em sua casa na área rural de Virgínia, onde eu finalmente tive tempo e tranquilidade para montar a proposta do livro. A Trudi Schraner, Elaine Bergmann, Angelika Olsen, Meg Connelly, Deb Riley, Leslie Turley, Amy Young e David Malakoff, Kathryn Klvana, Kathy Poor, Mark Sullivan, Nancy Needell, Lisa Shuchman, Fara Courtney, Wendy Moniz e MOAB, as Mães do Abracadabra, por lerem rascunhos, deixando-me usar seus cérebros, conectando-me com outros que se tornaram essenciais para o livro e oferecendo-me feedback sincero e valioso. A Jon Tilove e Jo Ann Moriarty, que me deram *bagels* e salmão defumado quando eu ficava encurralada. A Ann Killion e Matt Gillespie, que não só me puseram em contato com trabalhadores da área de alta tecnologia, mas graciosamente permitiram que eu e meu barulhento carro alugado nos hospedássemos em sua linda casa na região da baía. A Mathew Hirschmann e Lisa Carey pelas sugestões oferecidas para a capa original. À equipe de Ragnar Van on the Run, às Binders Full of Fun Women, Alexandria Community

AGRADECIMENTOS

Rowing e Sandy Timmons e o grupo B & RB, por manterem minha cabeça desanuviada, e aos Del Ray Dads. A Stepen Baranovics, Peter Heimberg, Sharon Frances e Philippe Depeyrot por me deixarem – relutantemente – pronta para a câmera. E para Sara Schroerlucke por transformar o meu escritório doméstico em um oásis de "fluxo". E por todos os quilômetros e quilômetros que minha grande amiga e parceira de corrida Jenny Heimberg pacientemente correu comigo enquanto eu desenredava os fios deste livro, ouvindo atenciosamente quando eu me perguntava como os teceria e oferecendo conselhos sábios e delicados quando eu os transformava em nós. Deus sabe que este livro é tanto dela quanto meu.

E, finalmente, a minha família, sem a qual eu não poderia respirar. Sou grata aos meus pais, Ruth e Arthur Schulte. A minha prima Maura Youle, que abriu sua casa para minha família e abriu minha mente. E a minhas irmãs, Claire Schulte e Mary Nelson, que são mais que irmãs – elas são minhas melhores amigas. A Tessa Schulte, que eu gostaria que ainda estivesse aqui. Para a minha filha maravilhosa, Tessa Bowman, que entrou em meu escritório certo dia com um biscoito de açúcar em uma assadeira de plástico cor-de-rosa enquanto eu lutava para conseguir redigir minhas mil palavras diárias. Para a sabedoria além de sua idade, ela pegou meu rosto preocupado entre as mãos e disse: "Está tudo bem, mamãe, às vezes a gente tem que correr riscos". Ao meu filho Liam, minha criança milagrosa, que faz de todos os dias um presente. E ao meu marido, Tom, que percorreu esta jornada comigo, e que torna a minha vida não apenas uma Boa Vida, mas excelente.

FONTE: Arno Pro
IMPRESSÃO: Paym

#Figurati nas redes sociais